아버지는 살아 있다

아버지가 남긴 상처의 흔적을 찾아서

정신건강의학과 전문의 이병욱 지음

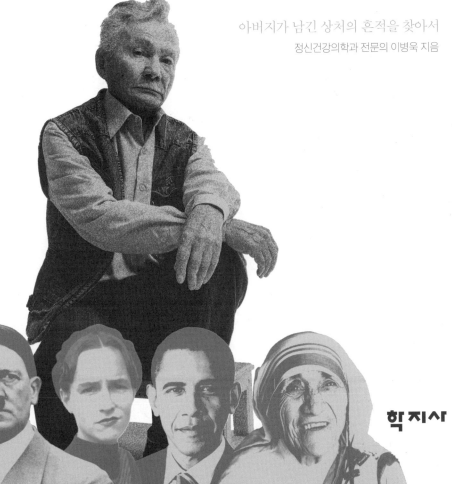

학지사

나의 사랑하는 딸 경림과 아들 승기에게
이 책을 바친다.

프롤로그: 아버지의 이름으로

우리 모두는 어머니의 몸을 통해 이 세상에 나왔지만, 일생 동안 아버지의 성을 지니고 살아가기 마련이다. 그런데 사람들은 모성애라는 낱말에는 매우 익숙하고 친밀감을 느끼면서도 부성애라는 낱말에는 뭔가 어색하고 거리감을 느끼기 쉽다. 그것은 과연 어째서일까. 어렵게 생각할 것도 없다. 어머니는 모든 것을 조건 없이 받아 주고 챙겨 주는 존재지만 아버지는 항상 감시하고 혼내며 설교하는 두려운 존재이기 때문이다.

일찍부터 우리말에 엄부자모(嚴父慈母)라는 말이 있다. 그렇게 오랜 세월 유교적 가부장 문화에 익숙한 우리 사회는 어려서부터 어머니에게는 응석을 부리는 반면에 아버지로부터는 항상 꾸중을 듣는 일이 너무도 당연한 일이었지만, 오늘날에 와서는 오히려 어머니의 간섭과 잔소리에 익숙하고, 권위를 상실한 아버지는 마치 영화에서 보는 서양의 아버지처럼 친구 같은 존재로 여기게 되었으니 실로 격세지감을 느끼지 않을 수 없게 된다. 따라서 요즘 세태는 엄모자부(嚴母慈父)라는 말이 차라리 적절한 표현일 듯싶다. 그럼에도 불구하고 여전히 아버지라는 존재는 어머니라는 일차원적 존재에 밀려 변방을 서성이는 제3의 인물로 여겨지는 경우가 적지 않다.

그런 점에서 이 세상에 가진 것이 없어도 자식들로부터 사랑과 존경을 동시에 받을 수 있는 부모가 있다면 그들만큼 행운아도 없을 것이다. 왜냐하면 사랑은 해도 존경할 수 없는 부모, 또는 존경은 하지만 사랑할 수 없는 부모도 많기 때문이다. 심지어는 사랑도 존경도 모두 할 수 없는 부모마저 있다. 아무리 사랑을 퍼 주어도 가난에 찌든 부모는 존경받기 어렵고, 아무리 출세해서 떵떵거리며 살아도 사랑을 베풀지 못하면 역시 존경받기 어려울 수밖에 없다. 그러니 부모 노릇도 결코 쉬운 게 아니다. 특히 아버지 노릇은 더욱 힘겹다. 어머니는 가진 게 없어도 사랑만으로 모든 일을 해결할 수 있지만, 아버지는 아무리 부성애를 발휘해도 생색이 나지도 않을뿐더러 더군다나 가진 게 없으면 가장으로서의 체면이나 권위마저 잃기 십상이기 때문이다.

특히 우리 사회는 요즈음 나도는 시쳇말로 금수저, 흙수저 논쟁으로 몹시 시끄러운 형편이다. 마치 아버지의 직업과 경제력이 모든 것을 좌우한다는 듯한 인식이 팽배해지면서 자신이 애써서 뭔가를 이룩한다는 생각보다는 아버지가 남겨 줄 유산에 더욱 큰 관심을 기울이기도 한다. 그리고 아버지 입장에서도 자식들의 관심과 효도를 계속 받기 위해서는 본심이 아닌 줄 알면서도 돈을 무기 삼아 자신의 권위와 위치를 고수하려 들기도 한다. 그런 위기감 때문에 살아생전에 결코 유산을 미리 분배하지 말라는 말이 나돌기도 한다. 그러니 남겨 줄 재산이 아무것도 없는 아버지는 그야말로 천덕꾸러기 신세가 될 수밖에 없다. 참으로 비열하고도 치사한 세상이 아닐 수 없다.

그런데 지금으로부터 한 세기 전 자애롭고 헌신적인 어머니와 엄격하고 두렵기만 한 아버지 밑에서 자란 유대인 의사 프로이트는 부모자식 관계를 중심으로 오이디푸스 콤플렉스의 가장 핵심적인 주제라 할 수 있는 무의식적 근친상간욕구와 부친살해욕구를 언급함으로써 세상의 비난과 비웃음을 사기도 했다. 하지만 실제로 그런 삼각관계에서 비롯한 거세공포와 남근선망의 갈등 문제가 노이로제 발생에 가장 핵심적인 요인으로 작용한다는 점이 수많은 환자들의 심층 분석을 통해 충분히 입증된 사실이기도 하다. 물론 남근 위주의 이론적 발상 자체가 특히 페미니스트 학자나 작가들로부터 남성우월주의의 발로라는 비난을 듣기도 했지만, 인간의 무의식 자체가 이성적 판단이나 상식을 초월한 세계라는 점을 인정한다면 굳이 현실적 차원의 남녀평등 문제라는 잣대로 가늠한다는 일 자체가 무리일 듯싶다.

어쨌든 이 책을 통해 저자가 독자들에게 전하고 싶은 내용은 전작인 《어머니는 살아있다》(학지사, 2018)의 연장선상에서 이번에는 아버지로 인해 상처받은 사람들의 삶에 관한 스토리라 하겠다. 비록 개인마다 정도의 차이는 있겠지만, 본의든 아니든 간에 아버지라는 존재 때문에 자식들이 받은 상처의 흔적이 알게 모르게 일생을 두고 그 영향력을 행사했다면 그것은 분명 예사롭게 지나칠 일이 아닐 것이다. 정신분석학파 가운데 특히 대상관계이론에서는 내적 대상(internal object)과의 관계가 일생 동안 지속되며 대인관계에도 영향을 줄 수 있다고 보는데, 예를 들어 어려서부터 마음속에 간직한 부정적인 아버지상을 상대로 끊임없이 반발하고 투쟁을 벌이는 사람일 경우, 자신의 주변에서도 그런 아버지와 비슷한 사람들을 상대로 계속해서 마찰과 갈등을 빚고 자신도 힘겨워할 수 있다는 것이다. 물론 독자 여러분은 이 책을 통해 그런 사례들을 충분히 만나 볼 수 있을 것이다.

이 책은 모두 9장으로 나뉘어 있다. 1장은 정치적 권력을 쟁취한 사람들에 관한 것이며, 2장은 나름대로 정의로운 사회를 추구하며 투쟁한 사람들, 그리고 3장은 인류의 정신적 스승으로 간주되는 사람들, 4장은 본의 아니게 세상을 상대로 복수한 사람들, 5장은 예술적 승화로 자신의 갈등을 해소한 사람들, 6장은 일생 동안 독신을 고수한 사람들, 7장은 자살과 타살 등으로 인해 비극적인 최후를 맞이한 사람들, 8장은 대중적 인기를 누렸으나 개인적으로는 고통을 겪은 사람들의 삶을 다루었다. 마지막으로, 9장은 아버지로 인해 상처를 받았거나 고초를 겪은 한국인들에 관한 내용으로 엮어졌다.

물론 이들의 삶을 지배한 심리적 배경으로 아버지와의 갈등이나 상처가 큰 자리를 차지한다는 점에서 소개한 것이기도 하지만, 그것이 전부라고 장담할 수는 없을 것이다. 왜냐하면 세상의 모든 부모자식 관계는 단지 어느 한 사람만의 탓으로 돌리기에는 너무도 복잡한 역학관계가 얼키설키 뒤섞여 있기 때문이다. 그런 점에서 '아버지는 살아있다'라는 제목 자체도 착한 어머니와 못된 아버지라는 이분법적 구도의 차원에서 붙인 것이 아니라, 특히 아버지로 인해 받은 상처의 앙금이 오래도록 마음에 새겨진 경우를 뜻한다고 이해해 주기 바란다.

끝으로, 부족한 점이 많은 이 책의 출간을 선뜻 허락해 주신 학지사의 김진환 사장님과 책이 나오기까지 수고하신 편집부 임직원 여러분께 이 자리를 빌려 감사의 말씀 올린다.

이병욱

차례

c o n t e n t s

3장 인류의 귀감이 된 정신적 스승들

5장 예술적 승화의 달인들

4장 세상을 상대로 복수한 사람들

9장 아버지로 인해 고초를 겪은 한국인들

1장

권력의 정상에 오른 사람들

부왕에게 복수한 아자타샤트루

고대 인도 북부에는 카필라 왕국과 마가다 왕국이라는 두 개의 왕국이 서로 경쟁관계에 있었다. 그런데 카필라 왕국의 정반왕과 마가다 왕국의 빔비사라 왕 두 사람 모두 대를 이을 왕손이 없어 노심초사하던 중에 때마침 정반왕의 왕비였던 마야부인이 왕자를 출산하자마자 곧 죽고 말았다. 그 왕자는 후에 출가하여 해탈함으로써 부처가 되었는데 그가 바로 불교를 창시한 석가모니다.

경쟁상대의 득남 소식에 더욱 초조해진 빔비사라 왕은 유명한 점술가들을 불러 자문을 구했는데, 산중에 수도 중인 현자가 곧 입적하게 되면 그가 왕자로 환생하여 태어나게 될 것이라는 답을 얻었다. 왕은 지체 없이 그 현자에게 사람을 보내 언제쯤 그가 죽게 되는지 물어보았지만, 그의 대답은 3년을 더 기다려야 한다는 것이었다. 결국 탐욕에 눈이 어두워진 왕은 그렇게 오래 기다릴 순 없다고 여기고 부하를 시켜 그를 살해하고 말았다. 현자는 죽어 가면서 자신이 왕자로 환생해 반드시 원수를 갚을 것이라는 저주를 퍼부었다.

그 후 빔비사라 왕의 부인 바이데히가 임신을 하게 되었으나 현자의 저주가 마음에 걸린 왕은 왕비와 상의해 아기를 죽이기로 결심하고 일부러 높은 누각 위에 올라가 출산토록 해서 아기를 땅에 떨어뜨리고 말았다. 그러나 운 좋게도 아기는 손가락만 부러졌을 뿐 목숨을 건지고 살아남았으며, 그 후 왕자는 아자타샤트루라는 이름으로 아무 탈 없이 무럭무럭 자랐다. 그러던 어느 날 부처와 숙적 관계인 데바닷타가 나타나 왕자의 출생에 관한 비밀을 귀띔해 주며 왕자를 유혹했다. 부모가 자신을 한때 죽이려 했었다는 사실을 깨닫자 갑자기 증오심에 불타오른 왕자는 부왕을 옥에 가두고 왕권을 빼앗고 말았다.

한편, 바이데히 부인은 아들 몰래 음식을 준비해 옥에 갇힌 왕을 찾아가 위로하며 기운을 차리도록 했는데, 이 사실이 발각되자 화가 머리 끝까지 난 아자타샤트루는 칼을 집어 들어 어머니를 죽이려 했으나 신하들이 나서서 필사적으로 만류하는 바람에 결국 칼을 내던지고 부하들에 명하여 어머니를 궁궐 깊은 방에 유폐하도록 했다. 마가다 왕국의 수도 왕사성에서 벌어진 이 비극을 전한 것은 중국의 유송시대에 서역인 카라야사스가 한역한 《관무량수경(觀無量壽佛經)》으로, 이 경전의 대부분은 유폐된 바이데희 부인이 비탄에 빠져 부처님께 구원을 요청하고 그녀의 뜻을 아신 부처가 직접 부인 앞에 나타나 극락정토에 왕생하기 위한 수행법에 대해 설법하신 내용으로 채워져 있다.

감옥에서 부왕이 죽자 회한의 고통에 시달리던 아자타샤트루(Ajatashatru, 재위기간: BC 492-BC 460)는 결국 몹쓸 악창에 걸리고 말았다. 일설에 의하면, 당시 명의였던 기바가 나타나 세존께 귀의해서 병을 고칠 것을 권하면서 바라나국의 아일다에 관한 사례를 설명해 주었다고 한다. 기바는 아일다가 아자타샤트루보다 더 지독한 패륜을 저지른 인물이었음에도 불구하고 결국은 세존께 나아가 참회하고 구원을 받았다는 일화를 소개하면서 왕을 설득한 것이다. 그렇게 해서 마침내 불법에 귀의한 아자타샤트루는 마음의 평온을 얻고 악창을 이겨 낸 후 어머니와도 화해를 이루었다고 한다.

아자타샤트루

그렇다면 과연 아일다는 무슨 죄를 저질렀을까. 바라나국에 살던 아일다는 자신의 모친과 정을 통하고 부친을 살해했으며, 나중에는 그 어미가 다른 사내를 넘본다 하여 어미까지 죽인 아주 몹쓸 패륜아였다. 뿐만 아니라 친구가 자신의 죄상을 알고 있다는 이유로 그 친구마저 죽여 버린 것이다. 그 후에 자신의 죄를 뉘우치고 기원정사를 찾은 아일다는 비구들마저 자신의 죄상을 알고 받아 주지 않자 더 이상 성을 참지 못하고 사원에 불을 지르고 여러 사람을 또 죽이고 말았다. 그럼에도 아일다는 세존을 찾아가 출가를 허락받고 모든 죄업을 소멸할 수 있었다는 것이다. 만약 프로이트가 아일다의 이야기를 들었다면 "바로 이것이다."라고 무릎을 치면서 오이디푸스라는 이름 대신에 아일다 콤플렉스로 명명했을지도 모르겠다. 오이디푸스 콤플렉스의 핵심은 곧 근친상간과 부친살해이기 때문이다. 다만 아일다의 일화는 그 이야기의 진위 여부가 분명치 않다는 점이 문제라 할 수 있다.

그런데 왕사성의 비극으로부터 2,500년이 지난 오늘날에 와서 석가모니가 태어난 고향이기도 한 네팔 왕국의 왕세자 디펜드라(Dipendra Bir Bikram Shah, 1971-2001)는 자신의 혼인에 반대한 부모에게 불만을 품고 술에 만취한 채 왕궁 만찬회장에 뛰어들어 총을 난사함으로써 부왕인 비렌드라와 어머니 아이슈와라 왕비, 자신의 형제들을 포함해 9명의 왕족들을 현장에서 사살하는 엄청난 범행을 저질렀다.

범행 직후 자살을 시도해 치명상을 입은 왕세자는 곧바로 병원에 실려 갔는데, 의식불명 상태임에도 국법에 의해 왕위에 올랐으나 불과

3일 만에 사망함으로써 부왕의 동생인 갸넨드라가 대신 왕이 되었다. 하지만 갸넨드라는 오히려 왕실 학살사건의 배후조종 인물로 의심받게 되면서 국민들로부터 지탄의 대상이 되었으며, 게다가 우발적인 충동에 의한 오발사고였다고 조사결과를 발표하자 그에 대한 반대시위가 잇달았다. 결국 갸넨드라는 대국민 사과문을 발표해 가까스로 내전을 종식시켰으나 국민투표에 의해 왕정이 폐지되고 공화국이 수립되는 바람에 결국 네팔 왕국은 종말을 고하고 말았다.

비록 네팔은 전통적인 힌두교 국가이기는 하나 원래 석가모니가 태어난 고향이기도 했다. 그런데 네팔 남부에 위치한 카필라 성주 정반왕의 아들로 태어난 석가모니가 일찍 어머니를 잃고 자란 후에 출가해서 깨달음을 얻고 부처가 된 반면에, 동시대 인물로 인접한 왕사성의 아자타샤트루 왕자는 부왕을 살해해 왕위를 찬탈하고 자신을 배신한 어머니 바이데히 부인마저 유폐하는 패덕을 저질렀으며, 그보다 더욱 극단적인 아일다의 일화까지 전해지고 있다는 점에서 이미 고대사회의 동양에도 오이디푸스 콤플렉스가 존재했음을 알 수가 있다. 더군다나 수천 년의 세월이 지난 오늘날에 와서도 그와 비슷한 사건이 네팔 왕국에서 재연되었으니 단순한 우연의 문제로 돌리기 어렵지 않겠는가.

천하를 두고 대결한 유비와 조조

후한 말 중국 대륙이 황건적의 난으로 민생은 도탄에 빠지고 국운마저 기울었을 무렵, 숱한 영웅들이 나타나 군웅할거하며 저마다 천하를 차지하기 위한 야망을 불태웠는데, 그중에서도 가장 독보적인 존재는 한나라 황실 후손을 자처하며 촉나라를 세운 유비(劉備, 161-223)와 후한의 대승상으로 천하를 제패하며 호령했던 조조(曹操, 155-220)라 할 수 있다. 특히 유비는 관우, 장비, 조자룡 등의 맹장뿐 아니라 제갈량이라는 탁월한 지략가를 참모로 두어 압도적인 군사력을 앞세운 조조의 반격을 물리치면서 필생의 대업을 이룩하는 데 성공했다.

원래 유비는 한나라 황실의 후손이었으나 어려서 일찍 아버지를 여의고 홀어머니 밑에서 자라며 짚신과 멍석을 만들어 생계를 유지하던 가난한 촌부에 불과했다. 평소 말수가 적은 데다 항상 겸손하고 공손한 태도로 남을 대하며 좀처럼 자신의 감정을 드러내지 않는 유비지만, 내심으로는 황손이라는 자부심에 가득 차 있었는데, 그의 인품에 감화된 관우, 장비와 도원결의를 맺고 형제처럼 지냈으며, 셋이 함께 황건적 토벌에 나서 공을 세우기도 했다. 당시 조조는 횡포가 극심했던 동탁을 제거하고 대승상의 자리에 올라 천하를 호령하고 있었는데, "내가 천하를 버릴지언정 천하가 나를 버리지 못한다."라고 큰소리칠 정도로 막강한 권력을 과시하고 있었다.

하지만 아버지 없이 자란 유비가 대업에 대한 야망을 통해 자신의 초라한 신분과 열등감을 극복하고자 했다면, 조조는 자신이 환관의 손자라는 열등감에서 벗어나고자 그토록 권력에 집착한 것으로 보인다. 물론 환관이 어떻게 자손을 낳을 수 있었을까 의문이 들겠지만, 조조의 아버지 조숭은 환관이 아니며 당시 권세를 누렸던 환관 조등의 양자로 들어가 조조를 낳은 것이니 조조는 분명 환관의 아들이 아니었다. 어쨌든 유비와 조조 두 사람 모두 나름대로 그럴듯한 대의명분을 지니고 권력을 추구했지만, 결국 따지고 보면 자신들에게 주어진 불공정한 조건에 반발해 천하

유비

를 지배함으로써 뿌리 깊은 열등감에서 벗어나고자 한 것이 아닐까 한다.

그런 점에서는 제갈량(諸葛亮, 181-234) 역시 그들과 비슷한 동기를 지 녔다고 할 수 있다. 그는 여섯 살에 아버지를 잃고 15세 이전에 천애고 아가 되고 말았는데, 부모를 대신해 자신을 키워 주던 숙부가 백성들의 반란으로 무참하게 살해당하자 형주로 이주해 속세와 인연을 끊고 오 로지 학문과 농사로만 소일했지만, 마음속으로는 잘못된 세상을 바로 잡기 위한 대업의 꿈을 철저히 숨기고 있었다. 그렇지 않고서야 유비와 손잡고 촉나라를 세우는 일에 자신의 모든 것을 다 바칠 수 있었겠는가. 물론 사람들은 제갈량이 유비의 끈질긴 삼고초려 끝에 마지못해 응한 것으로 알고 있지만, 기록에 따라서는 제갈량이 먼저 유비를 찾았다는 주장도 있다.

어쨌든 유비는 오나라의 손권과 힘을 합쳐 적벽대전에서 조조의 대 군을 크게 격파했으나 나중에 관우가 손권에 의해 죽임을 당하게 되자 조조뿐 아니라 손권과도 맞서게 되었으며, 조조가 죽은 후 그 아들 조비 가 후한을 멸망시키고 스스로 황제가 되자 유비도 제갈량의 권유에 따 라 촉한(蜀漢)을 건국하고 나이 60세에 비로소 황제의 자리에 올랐다. 그 렇게 해서 중국 천하는 마침내 위(魏), 촉(蜀), 오(吳) 삼국으로 나뉘어 대 립하게 되었는데, 그 후 장비가 관우의 복수를 위해 출정했다가 부하장 수들에게 암살을 당하고, 유비 또한 오나라 원정에 실패하자 화병이 도 져 몸져눕게 되면서 제갈량에게 국사를 부탁하고 62세를 일기로 눈을 감았다. 그 후 제갈량은 8년에 걸쳐 여러 차례 북벌을 단행해 위나라를 공격했으나 그 역시 뜻을 이루지 못하고 53세 나이로 오장원 진중에서 세상을 뜨고 말았다.

그런데 유비와 조조에 대한 평가는 기록에 따라 차이가 난다. 물론 우리가 익히 잘 알고 있는 나관중의 〈삼국지연의〉에서는 유비를 후덕한 인품의 소유자로 묘사한 반면에 조조는 간악하고 교활한 역적으로 간주하고 있지만, 유비가 항상 긍정적인 모습만을 보여 준 것은 결코 아니며, 소심하고 비겁한 데다 배신을 밥 먹듯 계속한 인물이기도 했다. 단적인 예로 한때 조조가 자신에게 몸을 의탁하고 있던 유비에게 "지금 천하에 영웅이 있다면 그대와 나뿐이다."라고 말하자 유비는 그 말을 듣고 놀라 젓가락을 떨어뜨린 적이 있었는데, 유비는 때마침 울리던 천둥 탓으로 둘러대긴 했으나 사실은 당시 조조를 암살할 계획에 은밀히 동참하고 있었기 때문에 도둑이 제 발이 저려 놀란 것이다.

또한 후한서에는 유비를 속과 겉이 다르고 잔꾀에 능한 인물로 보고 있으며, 동진의 사학자 습착치는 신의를 저버리고 속임수로 유장의 땅을 습격해 빼앗은 일을 두고 유비를 군자의 도리에서 벗어난 인물로 보기도 했다. 실제로 유비는 수시로 배신을 일삼았으며, 삼국지 전체를 통해서 보더라도 가장 많은 배신행위를 저지른 인물이기도 하다. 하지만 비록 용병술이나 지략은 조조에 비해 뒤떨어졌어도 적에게 끝까지 굴복하지 않는 자긍심 하나만큼은 남달리 컸다고 할 수 있다. 숱한 실패와 좌절을 겪으면서도 자신의 대업에 대한 꿈을 포기하지 않고 결국에는 황제의 자리에 올랐으니 말이다. 그야말로 칠전팔기의 모습을 보인 대표적인 인물이라 할 수 있다.

이런 유비에 비한다면, 위나라의 기틀을 마련하고 죽은 조조는 탁월한 지략과 배짱을 겸비한 인물로 숱한 영웅호걸들과 제후들을 연달아 물리치고 중국대륙의 대부분을 통일한 대업의 장본인이기도 했다. 특히 용병술과 통솔력에 탁월한 재능을 발휘한 조조는 뛰어난 언변과 놀라운 순발력으로 사람들을 감동시키는 남다른 재주가 있었는데, 예를 들어 농민들에게 피해를 주지 않기 위해 군사들이 말을 타고 보리밭에

조조

들어가지 못하게 금지했으나, 오히려 실수로 자신의 말이 보리를 밟는 일이 생기자 스스로 자신의 목을 자르려고까지 했다. 이에 놀란 부하들이 머리카락을 자르는 일로 대신하도록 권유해 가까스로 말렸는데, 물론 그것은 일종의 쇼맨십이었겠지만, 그 후로 군사들이 더욱 조심했다고 한다.

조조는 전사자들의 유족들에게도 논밭을 내주어 생계에 지장이 없도록 하는 등 세심한 부분까지 신경을 썼으며, 인재를 고르는 일에도 사사로운 감정에 얽매이지 않고 과감히 등용하곤 했다. 다만 편집증적 성향이 매우 강했던 그는 의심이 많아서 사람을 잘 믿지 못했으며, 제갈량과 쌍벽을 이루던 지략가인 사마의마저 믿지 못해 그를 항상 경계했다. 더욱이 평소 원인을 알 수 없는 지병으로 만성 두통에 시달린 조조는 자신을 치료했던 당대의 명의 화타마저 쥐새끼 같은 존재라고 업신여겨 죽여 없애는 우를 범하기도 했는데, 화타를 죽인 것은 조조가 저지른 실수 중에 가장 큰 과오였다고 할 수 있다. 조조는 관우가 죽은 이듬해에 65세 나이로 죽었는데, 화타를 죽이지만 않았어도 더 오래 장수해서 위나라 초대 황제가 되었을 것이다.

부왕을 죽이고 권력을 찬탈한 수양제

중국역사 최대의 폭군으로 알려진 수양제(隋煬帝, 569~618)는 수나라를 세운 문제의 차남으로 28세 때 동생 양량과 함께 고구려를 쳤다가 대패한 후 부왕인 문제로부터 스스로 자결하라는 지시를 받았으나 어머니인 독고황후의 만류로 가까스로 살아남았다. 그런 앙금을 가슴속에 품은 채 매우 금욕적인 어머니의 지침에 따라 평소에도 여색을 탐하지 않고 검소한 생활로 일관했는데, 마침 황태자인 형 양용이 사치와 방탕한 행실이 문제가 되어 폐위되자 어머니의 도움에 힘입어 태자의 자리에 올랐다.

하지만 황태자가 된 지 2년 만에 어머니 독고황후가 세상을 뜨자 그때부터 본색을 드러내기 시작한 그는 평소 마음에 담아 두었던 선화부인 진씨를 범하려다 미수에 그치고 말았는데, 그녀는 바로 부왕 문제의 후궁으로 그 소식을 전해 들은 문제는 와병 중임에도 불구하고 부하들을 시켜 아들을 문책하고자 했다. 이에 반발한 황태자는 오히려 반란을 일으켜 대신들과 궁녀들을 무자비하게 살해한 후 부왕인 문제마저 처형해 버렸다. 더 나아가 후환을 없애기 위해 형 양용도 처형했으며, 그후 곧바로 선화부인 진씨를 강제로 범하는 패륜까지 저질렀다.

그렇게 천륜까지 짓밟으며 황제가 된 수양제는 대규모 토목공사를 벌여 북경에서 항주를 잇는 대운하 공사에 착수했으며, 수도인 장안 대신 낙양에 거대한 궁궐을 짓도록 해 강제노역에 동원된 백성들이 숱하게 죽어가면서 온 나라에 원성이 잦았다. 더욱이 대운하 건설 과정에서 수만 명의 인부를 생매장하는 잔혹함도 보였으니, 그런 참담한 현실에 접한 백성들 가운데는 스스로 팔다리를 잘라 강제노역을 피하려는 사람들까지 생겨났다.

하지만 극심한 폭정뿐 아니라 수양제의 몰락을 재촉한 것은 두말할 것도 없이 세 차례에 걸친 무리한 고구려 원정이었다. 이미 젊은 시절에 고구려에 패한 후 부왕에 의해 죽임까지 당할 뻔했

수양제

던 뼈아픈 기억을 지녔던 터라 유난히 고구려에 대한 원한이 깊었던 수양제는 국력을 총동원해 고구려를 정벌하고자 했으나 번번이 실패하고 말았다. 우선 100만 대군을 이끌고 공격한 1차 원정에서는 요동성 함락에도 실패했을뿐더러 이를 우회해 직접 평양성을 치러 출동한 30만 병력의 별동군마저 을지문덕 장군이 벌인 살수대첩에서 거의 전멸하다시피 하는 바람에 결국 처참한 모습으로 퇴각하고 말았다. 그 후에도 분을 이기지 못한 수양제는 두 차례나 대군을 이끌고 고구려를 쳤으나 군사들의 사기도 말이 아니었을 뿐만 아니라 엎친 데 덮친 격으로 국내에서 반란이 터지는 바람에 울며 겨자 먹기로 물러날 수밖에 없었다.

결국 수양제는 무리한 대규모 토목공사와 무모한 고구려 원정으로 국고를 탕진하는 가운데 설상가상으로 가뭄과 홍수까지 겹치면서 백성들의 원성을 샀으며, 그 결과 수나라 전국에서 반란이 그칠 날이 없었다. 그럼에도 불구하고 사치와 향락에 빠진 수양제는 국정을 제대로 돌보지 않았으며, 마침내는 고구려 원정 당시 살수대첩의 패장 우문술의 아들이 일으킨 반란에 놀라 도망치려 하다가 군사들에게 붙들려 매고 있던 허리띠로 목이 졸려 살해당하고 말았다. 그 이듬해 결국 수나라는 망하고 당나라가 들어서게 되었다.

초원의 정복자 칭기즈 칸

몽골의 정복왕으로 세계 역사상 그 유례가 없는, 유라시아 대륙에 걸쳐 가장 광대한 영토를 지배했던 몽골제국의 창건자 칭기즈 칸(成吉思汗, 1162-1227)은 원래 이름이 테무진으로 보르지긴족의 수장 예수게이와 메르기트족 출신의 아내 호엘룬의 아들로 태어났다. 아버지 예수게이는 테무진의 나이 9세 때 적대관계에 있던 타타르족에 의해 독살당했는데, 죽기 전에 보르테를 아들의 배우자로 정해 주었지만, 그녀는 복수를 다짐한 메르기트족에 납치되어 강간까지 당하고 아들 주치를 낳았다.

아버지가 살해된 것도 억울한데 자신의 부족으로부터 배신까지 당하는 바람에 어머니와 함께 초근목피로 연명하며 갖은 고초와 핍박을 겪은 테무진은 그럴수록 강인한 생존력을 발휘해 살아남았으며, 결국에는 친구 자무카의 도움으로 메르기트족을 공격해 아내 보르테를 되찾고 자신의 세력을 다시 일으켜 세워 권력을 되찾는 데 성공했다. 그 후 보르테는 차가타이, 오고타이, 툴루이 등 세 아들을 낳았는데, 이들은 제각기 차가타이 한국과 오고타이 한국을 세웠으며, 특히 막내 툴루이의 아들 쿠빌라이는 원나라 초대 황제가 되었다.

물론 장남 주치는 혈통 문제로 시비의 대상이 되기도 했지만, 칭기즈 칸은 그런 것에 연연하지 않고 주치에게 가장 멀리 떨어진 우랄 강 부근의 영토를 물려주고 죽었는데, 14명에 달하는 주치의 아들 가운데 차남 바투는 그 후 킵차크 한국을 세워 몽골제국과는 관계를 끊고 독자노선을 걸었으며, 자신의 아버지 한을 대신해서 풀어 주기라도 하듯이 러시아와 유럽 동부를 질풍노도처럼 휩쓸어 백인들에게 공포의 대상이 되었다. 따라서 유럽인들을 두려움에 떨게 만든 황화론의 주인공은 사실 칭기즈 칸이 아니라 무자비한 정복자로 소문난 바투였다.

비록 칭기즈 칸은 몽골인의 자부심을 드높여 준 희대의 영웅으로 칭송받아 왔으나 메르기트족을 굴복시키며 몽골 부족을 통일할 때부터 이미 그 잔혹함을 드러내고 있었다. 그의 주된 전략은

칭기즈 칸

후환을 없애기 위한 초토화 작전이었으며, 따라서 그의 군대가 지나간 곳은 풀 한 포기 남아나지 않는 폐허로 변하기 일쑤였다. 특히 중앙아시아 정벌에서는 모든 도시를 파괴하고 주민 전체를 몰살했으며, 모든 가축과 관개시설까지 피괴해 유령도시로 만들어 버렸는데, 그는 그렇게 멸족한 주민들의 해골 10만 개로 거대한 탑을 쌓기까지 했다.

족장의 아들로 태어나 어린 나이에 아버지를 억울하게 잃은 후 부족에게서도 버림받고 아내까지 납치되어 겁탈을 당했을 뿐만 아니라 믿었던 친구 자무카마저 자신을 배신하고 적으로 돌아서자 자신에게 그런 고통과 시련을 안겨 준 세상 전체를 증오하게 된 테무진은 결국 그런 세상 전체를 정복하는 일이야말로 가장 확실한 복수라고 여겼음직하다. 다만 그동안 북방 야만족에 머물며 단 한 번도 통일된 문명사회를 이루어 보지 못한 채 뿔뿔이 흩어져 살던 몽골 부족을 하나로 뭉치게 만든 그의 카리스마적 지도력만큼은 정말 대단하다고 높이 평가할 수 있겠다. 그러나 그들의 사나운 말발굽에 온 나라가 초토화되었던 뼈아픈 경험을 안고 있는 우리 입장에서 볼 때, 그의 존재는 결코 위대한 정복왕이 아니라 단지 피에 굶주린 살인마였을 뿐이다.

탁발승에서 황제가 된 주원장

몽골족이 세운 원나라를 무너뜨리고 명나라를 건국한 주원장(朱元璋, 1328-1398)은 빈농의 아들로 태어나 어린 나이에 역병으로 부모형제를 모두 잃고 천애고아가 되었는데, 당시 전 세계를 휩쓴 흑사병에 가족들이 희생된 것으로 보인다. 가족의 시신을 묻을 못자리조차 구하지 못해 지주 댁을 찾아 애걸했으나 문전박대를 당하고 쫓겨난 그는 사정을 딱하

게 여긴 이웃이 제공해 준 땅에 간신히 가족의 시
신을 매장할 수 있었다. 그 후 오갈 데 없는 처지
로 전락한 그는 결국 황각사에 들어가 승려가 되
었으나 그마저 일정한 거처도 없이 탁발승으로
여기저기를 전전하며 가까스로 생계를 유지하는
비참한 신세였다.

주원장

그러던 중 대기근이 겹쳐 수백만 명이 굶어 죽
는 사태가 벌어지면서 홍건적의 난이 일어나자
당시 탁발승이었던 그는 과감히 승복을 벗어던지
고 홍건적에 일개 병졸로 가담해 관군과 싸웠는데, 차츰 그 능력을 인정
받고 승승장구하며 제2인자의 자리에까지 올랐다. 그 후 홍건적이 자체
분열을 일으키며 그 힘이 쇠퇴해지면서 독자적인 행보에 나선 주원장
은 자신만의 세력을 규합해 마침내 남경을 포함한 중국 남부를 평정하
기에 이르렀다.

이처럼 홍건적에 기반을 두고 자신의 세력을 확장한 그는 홍건적 군
벌들과의 패권 다툼에서 승리한 후 스스로 왕이라 지칭하며 몽골족을
내쫓고 한족 독립의 기치를 내세우는 민족 지도자로 행세했다. 결국 나
이 40에 이른 1368년 남경에서 명나라를 건국하고 황제가 된 그는 곧이
어 북벌을 단행해 북경을 점령함으로써 원의 세력을 만리장성 이북으
로 완전히 내모는 데 성공했다.

건국 초반에는 몽골의 잔재를 없애고 성리학 전통을 복구시켜 학문
을 크게 장려하기도 했으나 원래 편집증적 의심이 많고 학문에 대한 열
등감이 컸던 그는 점차 독재로 흐르기 시작해 외척 및 개국공신들과 연
루된 3만 명에 달하는 인원을 모조리 처형하는 잔혹함을 보였으며, 자
신에게 고언을 마다하지 않던 외조카 이문충마저 독살해 버리기까지

했다. 하지만 무엇보다 학자들에 대한 박해가 유달리 컸는데, 조그만 실수에도 무자비한 태형을 가해 모욕을 주었을 뿐만 아니라 심지어는 매를 맞다 죽은 학자들도 부지기수였다고 한다.

주원장의 열등감이 어느 정도 깊었는지 알려 주는 일화로는 자신의 생전에 생(生)과 칙(則)이라는 어휘를 사용하지 못하게 금지한 일을 예로 들 수 있다. 왜냐하면 소년시절 탁발승 노릇으로 여기저기를 전전하며 설움을 겪었던 일과 자신이 비적 출신이라는 과거 전력 때문에 그랬던 것으로 보이는데, 생(生)은 중을 뜻하는 승(僧)과 발음이 비슷하고, 칙(則)은 도적을 의미하는 적(賊)과 비슷하기 때문이다. 따라서 금지된 두 글자를 사용해 상소문을 올린 자는 곧바로 처형하도록 했으니 그의 열등 감과 피해의식이 어느 정도였는지 알 수 있다.

어쨌든 빈농의 아들로 태어나 일찍 고아 신세로 전락했던 그가 아버지 없는 설움과 가난 때문에 문전걸식으로 생계를 이어 가는 초라한 탁발승 노릇을 비롯해 온갖 살생을 벌이는 비적의 우두머리가 되는 등 오로지 살아남기 위해 수단방법을 가리지 않았으나, 그런 수치스러운 과거를 딛고 일어서 급기야는 자신의 세력을 기반으로 삼아 명나라를 세우고 황제의 자리에 오르며 천하를 거머쥐기까지 했으니 실로 놀라운 생존능력과 변신의 귀재가 아닐 수 없다. 물론 그런 능력은 하루아침에 생겨난 것이 아니라 일가족이 당한 참변으로 인해 어린 나이부터 뼈저 린 고통을 겪는 가운데 서서히 터득하게 된 결과였다.

주원장은 자신에게 온갖 불행과 시련을 남긴 채 무기력하게 죽어 간 아버지와는 달리 세상에서 가장 강력한 힘을 지닌 황제가 되어 천하를 호령했을 뿐만 아니라 자신의 외롭고 불행했던 과거에 대한 보상 욕구 때문인지 무려 26명의 후궁과 40명에 달하는 많은 후손을 남기고 70세 나이로 죽었다. 비록 장남인 태자 주표가 젊은 나이로 일찍 죽는 바람에 권력 계승 문제에 우여곡절이 많았지만, 그럼에도 그가 세운 명나라는 17세기 중엽 청나라에 의해 멸망당하기까지 280년 가까이 존속했다.

중세 일본을 평정한 3대 영걸

중세 일본의 정치 판도를 좌지우지했던 권력 3인방을 꼽자면 오다 노부나가와 도요토미 히데요시, 그리고 도쿠가와 이에야스를 들 수 있다. 그중에서도 오다 노부나가(織田信長, 1534-1582)는 혼란이 극에 달했던 전국시대를 평정하고 강력한 오다 정권을 수립해 천하를 호령했으며, 과감히 서양 문물을 받아들여 천주교 포교를 허용하고 조총을 실용화하는 한편, 자유무역과 도량형 통일 등 혁신적인 상업 진흥정책을 펼침으로써 일본 산업화의 기초를 닦은 인물로 알려졌다. 비록 그는 무로마치 막부를 종식하고 천하통일을 목전에 둔 상태에서 부하의 모반에 휘말려 혼노지(本能寺)에서 자결해 버렸지만, 그가 이룩한 통치 기반은 그 후 도요토미 히데요시를 거쳐 도쿠가와 이에야스로 넘어가면서 일본 통일의 밑거름이 되었다고 볼 수 있다.

일본 남서부 나고야를 중심으로 오다 가문을 이끌었던 무장 오다 노부히데의 아들로 태어난 그는 12세 때 아버지의 뜻에 따라 당시 집안과 적대관계에 있던 사이토의 딸과 마음에도 없는 정략결혼을 했는데, 이미 어린 시절부터 오다 본가에 불을 지르는 등 반항적인 모습을 보인 사고뭉치였다. 16세 때 그는 갑자기 부친상을 당했으나, 후계자에 대한 언급도 분명히 하지 않은 상태에서 그것도 애첩의 품에 안겨 숨을 거둔 아버지에 대한 반감이 얼마나 컸던지 상주임에도 불구하고 장례식에 통 그 모습을 보이지 않다가 식이 거의 끝나갈 무렵에야 비로소 나타나

오다 노부나가

고인의 영정 앞에 향을 내던지듯 뿌리는 매우 불손하고도 무례한 행동을 보여 문중의 반감을 사기도 했다.

결국 그런 거칠고 오만방자한 성정 때문에 더욱 많은 적을 만든 그는 가문 내에서조차 극심한 반발을 불러일으켜 처음부터 고전을 면치 못했지만, 아버지로부터 물려받은 뛰어난 지략과 전투력에 힘입어 오다 가문의 내분을 잠재우고 더욱 세력을 확장해 마침내는 무력으로 쇼군마저 내쫓고 무로마치 막부시대에 막을 내리게 함으로써 강력한 오다 정권을 세우기에 이른 것이다. 하지만 천하통일의 염원을 이루고자 했던 그에게는 너무도 많은 적들이 나타나 끊임없이 전투를 이어 가야 했으며, 결국에는 부하장수마저 모반을 일으키는 바람에 모든 것을 포기한 그는 타오르는 불길 속에 뛰어들어 스스로 목숨을 끊고 말았다. 당시 그의 나이 48세였다.

그가 남긴 시 〈울지 않으면 죽여 버리겠다, 두견새야〉에서 보듯이 매우 거칠고 조급한 성격을 지녔던 노부나가는 깡마른 체격에 앙칼진 목소리의 소유자로 전형적인 일본 무사의 특성을 지닌 인물이었으며, 대화할 때도 빙빙 돌려 말하는 것을 제일 싫어했다고 한다. 따라서 숱한 전투를 통해서도 한 치의 동정심조차 보이지 않아 잔혹하기 그지없는 만행도 서슴지 않았는데, 남녀노소를 가리지 않고 승려와 주민 수백 명을 학살하는가 하면, 항복한 적장들을 거꾸로 매달아 찔러 죽이거나 부녀자 수백 명을 십자가에 매달아 찔러 죽이고 나머지는 가옥에 가둔 뒤 불태워 죽이기까지 했다. 그런 아버지를 구출하려다 실패한 장남 오다 노부타다 역시 스스로 목숨을 끊고 말았다.

한편, 오다 노부나가 휘하에서 출세의 길을 다진 도요토미 히데요시
(豊臣秀吉, 1537-1598)와 도쿠가와 이에야스(德川家康, 1543-1616)는 동시대에
활약한 무장으로 치열한 권력투쟁을 벌인 맞수이자 적수이기도 했지
만, 빈농 출신으로 매우 왜소하고 볼품없는 체격에 추남이었던 도요토
미가 밑바닥 생활부터 시작한 매우 저돌적인 성격의 소유자였던 반면
에, 성주의 아들로 태어난 도쿠가와는 어려서부터 정쟁의 희생양이 되
어 오랜 기간 인질생활의 수모를 겪으면서 살아남기 위한 처세술을 몸
에 익힌 인물로 여간해서는 자신의 본심을 드러내지 않는 매우 신중한
성격의 소유자였다.

빈농의 아들로 태어난 도요토미 히데요시는 6세 때 아버지를 잃었는
데, 어머니가 가난한 승려와 곧바로 재혼해 남매를 낳게 되자 8세 무렵
사찰 고메이지(光明寺)에 들어가 불문에 입적했다가 얼마 견디지 못하고
뛰쳐나오고 말았다. 그 후 15세에 망부의 유산 일부를 가지고 방랑생활
로 소일하다가 17세 때 당시 세도가인 오다 노부나가 밑에 들어가 그의
총애를 받으며 승승장구하기 시작했다. 출세욕에 불탄 도요토미는
28세에 고노에 사키히사의 양자로 입적했으나, 그것도 오로지 출세를
위한 자구책이었을 뿐이다. 하지만 임진왜란 당
시 어머니가 80세 나이로 세상을 뜨게 되자 그 소
식을 듣고 충격을 받은 나머지 졸도할 정도로 극
진한 효자이기도 했다.

오다 노부나가가 죽자 그의 권력을 계승한 도
요토미는 계속해서 세력을 확장한 결과, 일본 전
국을 통일하는 위업을 달성함으로써 사실상의 일
본 최고의 권력자 위치에 오르게 되었으며, 자신
에게 반기를 든 오다 일가의 저항도 무력으로 제

도요토미 히데요시

압했는데, 당시 오다 일가 편에 섰던 도쿠가와는 전투에서 승리했음에도 불구하고 오다 노부나가의 아들 노부카쓰의 배신으로 어쩔 수 없이 도요토미에 굴복해 그의 신하가 되었다. 도요토미 히데요시의 여동생과 정략 결혼한 도쿠가와 이에야스는 그 후 의심을 받지 않기 위해 당시 권력의 중심지인 교토와 멀리 떨어진 간토 지방에서 은밀히 자신의 세력을 키워 나갔으며, 그렇게 해서 에도 막부 시대의 기틀을 마련하기 시작했다.

어쨌든 도요토미 히데요시는 도쿠가와 이에야스를 자신의 휘하에 두는 데 성공하긴 했으나 그의 세력 확장에 경계심을 늦추지 않았는데, 단적인 예로 임진왜란을 일으켰을 당시에도 자신이 직접 출병하지 않고 고니시 유키나가, 가토 기요마사 등 자신의 휘하에 있는 장수들에게 전쟁 수행의 전권을 일임한 것은 자신이 자리를 비운 사이 도쿠가와 등 일본 국내 실력자들이 어떤 변란을 일으킬지 안심할 수 없었기 때문이다.

게다가 건강이 악화된 도요토미 히데요시는 자신의 어린 아들 도요토미 히데요리의 후사를 도쿠가와 등 5명의 가신들에게 부탁하고 62세를 일기로 숨을 거두었는데, 당시 전투 중인 왜군의 사기를 염려해 그의 죽음은 한동안 비밀에 부쳐져 장례식도 치르지 않았다. 하지만 도요토미 히데요시가 죽은 후 권력을 차지한 도쿠가와 이에야스는 도요토미 일파에 대대적인 공격을 가함으로써 도요토미 히데요리는 생모와 함께 오사카 성에서 자결하고 말았으며, 그로 인해 도요토미 가문의 대는 영원히 끊어지게 되었다.

자신의 본심을 철저히 숨기고 있다가 결정적인 순간에 대권을 움켜잡은 도쿠가와 이에야스는 원래 오카자키 성주의 아들로 태어났으나 불과 두 살도 채 안 되어서 친정으로 쫓겨난 어머니와 헤어져야 했으며, 5세 때에는 정치적 곤경에 빠진 아버지가 어린 아들을 인질로 보내 이마가와의 군사원조를 받고자 했으나 도중에 정적인 오다 노부히데에게 납치당해 2년간 갇혀 지내야 했다. 오다 노부히데는 다름 아닌 오다 노부나가의 아버지였다. 그동안에 도쿠가와의 아버지는 신하에게 배신을 당하고 살해되고 말았는데, 당시 아버지는 22세였고 도쿠가와는 6세에 불과했다. 그 후 이마가와가 인질 교환을 통해 도쿠가와를 구해 냈으나 본국으로 보내지 않고 이번에는 자신의 인질로 삼아 성인이 될 때까지 10년 이상

도쿠가와 이에야스

잡아 두었는데, 그동안에 이마가와 요시모토의 조카딸과 혼인까지 했으나 그 혼인은 자신을 배신하지 못하도록 묶어 두려는 이마가와의 뜻에 따른 결과였다.

　이처럼 태어난 직후부터 숱한 시련을 겪으며 정상적인 부모 밑에서 자랄 기회를 박탈당한 도쿠가와는 권력의 정상에 오르기까지 오로지 참고 견디며 기회를 엿보는 습성을 몸에 익히게 되었는데, 그가 죽을 때 마지막으로 남긴 유훈에서 "인내는 무사장구(無事長久)의 근원이요, 분노는 적이라 생각하라. 이기는 것만 알고 지는 것을 모르면 그 피해는 너 자신에게 돌아갈 것이다. 너 자신을 탓할 뿐 남을 탓하지 마라. 미치지 못함이 지나친 것보다 낫다."라고 했던 말에서도 보듯이 어려서부터 온갖 수모와 죽음의 고비를 극복하고 살아남은 그의 삶 자체가 '인내의 달인'으로 불리기에 족하고도 남음이 있을 것이다.

청조의 멸망을 가져온 서태후

우리의 조선왕조는 1910년 일제의 강압에 의해 500년 만에 그 막을 내렸지만, 만주족이 300년간 중국을 지배한 청나라는 한족이 일으킨 신해혁명으로 인해 1911년 마침내 종말을 고하게 되었다. 그리고 청조의 멸망에 직접적인 도화선이 되었던 의화단 운동과 서구 열강의 침략은 결국 청나라 말기 48년에 걸쳐 독재 권력을 휘두른 서태후(西太后, 1835-1908)의 실정에 따른 불가피한 결과였다고 할 수 있다.

출생지가 분명치 않은 서태후는 원래 귀족 출신이 아니며 직급이 매우 낮은 말단 관리의 딸로 태어났다. 하지만 어려서 아버지가 억울한 누명을 쓰고 화병으로 세상을 떠난 후로는 막일에 종사하며 생계를 꾸려갔는데, 그녀가 그토록 권력에 집착한 이유도 그런 배경에서 이해할 수 있을지 모르겠다. 17세가 되었을 때 단아한 외모가 눈에 띄어 궁녀로 뽑힌 후 함풍제의 시중을 들게 된 그녀는 마침내 황제의 승은을 입고 아들 재순(載淳, 동치제)을 낳음으로써 곧바로 의비(懿妃)에 책봉되었다. 당시 함풍제는 서태후와 동태후 두 명의 황후를 두고 있었는데, 자금성에 위치한 처소의 방향에 따라 서태후와 동태후로 구분해 부른 것이다.

서태후

아편전쟁이 터지면서 열하지방으로 피난을 떠난 함풍제가 갑자기 병으로 죽고 아들 동치제가 불과 다섯 살 나이로 황제에 즉위하자 섭정에 나선 서태후는 반대파들을 모조리 숙청하며 모든 국정을 독차지했지만, 생모인 자신을 멀리하고 오히려 동태후를 더 따르는 아들의 모습에 심기가 몹시 뒤틀리고 말았다. 그도 그럴 것이 의례적인 문안인사 올리는 일을 제외하고는 어머니와 접촉할 기회가 거의 없었던 동치제는 엄하고 차갑기 그지없는 어머니 서태후보다 착하고 자상한 동태후에게서 더욱 큰 모성애를 느꼈기 때문이다. 하기야 일찍 아버지를 여의고 치열한 생존경쟁에 뛰어들어야 했던 서태후는 여성적인 자질보다 남성적인 강인함이 더욱 돋보인 여성이었으니 그녀로서도 어쩔 도리가 없었을 것이다.

그런 마당에 동치제가 혼사를 치를 15세가 되자 서태후와 동태후는 제각기 신붓감을 골랐지만, 아들은 생모가 아닌 동태후가 추천한 아로특씨(阿魯特氏)를 황후로 선택함으로써 서태후의 화를 더욱 돋게 만들었다. 결국 서태후는 아들에게 학업을 핑계 삼아 황후 침실에 드나들지 못하게 했는데, 그 후 동치제는 20세 나이로 요절하고 말았다. 물론 그의 공식적인 사인은 천연두로 기록되었지만, 당시 장안에는 천연두가 아니라 매독에 걸려 죽었다는 소문이 파다했다. 서태후의 감시로 인해 황후를 만나기 어려웠던 동치제가 환관의 권유로 은밀히 사창가에 드나들었다가 매독에 감염된 것이다. 실제로 동치제는 전신에 붉은 반점이 생겼을 뿐만 아니라 악취가 진동하는 종기로 고생했는데, 당시 황실 어의였던 이덕립도 나중에 증언하기를, 황실의 체통이 걸린 문제라 황제의 성병 감염 사실을 함부로 발설할 수 없었다고 고백한 바 있다.

동치제가 그렇게 젊은 나이로 갑자기 죽게 되자 서태후는 자신의 어린 조카 광서제를 내세워 섭정을 계속했다. 하지만 사사건건 정무에 간섭하며 권력을 넘겨주지 않는 서태후에 반감을 느낀 광서제는 청일전쟁 패배로 서태후의 위상이 잠시 주춤해진 상태를 이용해 친정체제를 구축하려 했으나 이를 눈치 챈 서태후는 오히려 정변을 일으켜 광서제를 유폐하고 직접 국정을 다스렸다. 하지만 중국에서 서구 열강들의 입김이 거세지면서 위기감을 느낀 서태후는 의화단을 부추겨 서구 열강

세력에 대항하도록 했으며, 그럼에도 불구하고 서구 8개국 연합군이 북경을 함락하자 광서제와 함께 서안으로 피난을 가는 도중에 후궁 진비를 우물에 빠트려 죽이기까지 했다.

의화단 사건이 해결되고 간신히 북경에 돌아온 후에도 서태후는 광서제를 계속 감금했으나, 그가 37세라는 젊은 나이로 세상을 떠나자 곧바로 광서제의 이복조카 부의를 황제로 명한 직후 하루 만에 갑자기 숨을 거두고 말았는데, 최근에 밝혀진 사실에 의하면 당시 실력자였던 원세개에 의해 독살당한 것으로 알려지고 있다. 비록 그녀는 유언을 통해 다시는 자신처럼 여인이 정사에 관여하는 일이 없도록 하라는 지시를 내렸지만, 그런 염려는 기우였을 뿐이었다. 왜냐하면 그녀가 죽은 지 불과 3년 만에 손문이 일으킨 신해혁명으로 청조는 막을 내리게 되었기 때문이다.

3세라는 어린 나이로 황제에 오른 부의(溥儀)는 원세개에 의해 강제로 퇴위당한 후 만주로 도망쳐 일본의 지원 아래 만주국 황제를 자처했으나, 일본이 패망하자 일본으로 망명하려다가 소련군에 체포되어 중국 공산당에 인계되었으며, 10년간의 사상개조훈련을 받고 모범수로 풀려난 후 식물원 정원사로 일하다 암으로 세상을 떠났다. 특기할 만한 사실은 10년에 걸친 끈질긴 사상개조를 통해 황제로 하여금 일개 평범한 시민으로 살아가도록 조치한 중국공산당에 비해 황제 일가족을 재판절차도 거치지 않고 총살해 버린 소련 당국의 처사는 실로 무지막지한 공포정치의 서막을 알리는 불길한 징조였다는 점이다.

노동자의 천국을 건설한 레닌

마르크스 이론을 혁명의 도구로 삼아 인류 최초로 프롤레타리아가 주도하는 소비에트 사회를 건설한 레닌(Vladimir Lenin, 1870-1924)의 본명은 블라디미르 일리치 울리야노프로 러시아 남동부 볼가강변에 위치한 작은 도시 심비르스크에서 태어났다. 아버지 일리야 니콜라예비치 울리야노프는 장학사를 지낸 교육자였고, 어머니 마리아 알렉상드로바 블랑크는 유대계 혈통의 여성이었다. 소련 당국은 오랜 기간 레닌의 어머니가 유대계라는 사실을 철저히 숨겨 왔으며, 레닌 역시 자신의 혈통에 대해 탐탁지 않게 여긴 것으로 보인다.

레닌의 외조부 모세 블랑크는 러시아제국 서쪽 변방 볼리니아 지방에서 주류판매업을 하던 유대인 상인이었는데, 불같은 성격의 소유자로 알려진 이 노인은 밀주 보드카 판매 혐의로 고발당하는가 하면, 자신의 아들과 법정소송을 벌이기도 하고, 건초 도난 혐의, 방화 혐의 등으로 수차례 고소당한 경력이 있는 매우 호전적인 인물이었다. 더 나아가 그는 생존을 위한 자구책으로 기독교로 개종까지 했으며, 심지어는 한술 더 떠서 철저한 반유대주의자로 돌변해 내무장관에게 유대인을 압박하라고 호소하는 내용의 편지를 쓰기도 하는 등, 동족을 배신하는 배교자의 행동을 서슴지 않았다. 레닌은 자신의 외가 쪽에 그런 조상을 두었다는 사실 자체에 상당한 혐오감을 지니고 있었겠지만, 자신의 목적을 위해 수단방법을 가리지 않는 그의 도발적인 성향은 외조부의 특성을 매우 닮았다고 할 수 있다. 생전에 그가 남긴 "약속이란 어차피 부스러지기 쉬운

레닌

파이와 같은 것이다."라는 유명한 말을 통해서도 그런 특성을 엿볼 수 있다.

레닌의 세상에 대한 불신은 어린 시절부터 이미 싹트고 있었다고 볼 수 있다. 그는 태어난 후 3년 동안 꼼짝도 않고 주변상황을 조심스레 관찰만 하는 일로 시간을 보내며 제대로 걷지도 못하다가 누이동생이 태어나 걸음마를 시작하자 그때 가서야 비로소 걷기 시작했다고 하는데, 나중에 커서도 워낙 의심이 많아 다른 아이들이 애쓰며 배우는 모습을 곁에서 오랜 기간 살펴보고 기다린 후에 가서야 비로소 배우기 시작했으며, 사춘기에 접어들면서부터는 이런 특성에 더해 뻔뻔스러움과 냉소주의적 태도까지 덧붙여지게 되었다.

레닌의 나이 16세 때 아버지가 갑자기 뇌출혈로 쓰러져 사망했는데, 당시만 해도 그는 자신의 감정을 겉으로 드러내지 않았지만, 그 이후부터 점차 성격이 거칠어지면서 신앙도 저버렸으며, 어머니에게 대들고 모욕적인 언사를 예사로 퍼붓는가 하면 가장 노릇을 하게 된 형 사샤와도 수시로 말다툼을 벌이기 시작했다. 그리고 아버지가 사망한 이듬해에 형 사샤가 러시아 황제 암살 미수사건 용의자로 체포되어 교수형에 처해졌을 때도 그는 별다른 반응을 보이지 않았다. 연이은 부자의 죽음으로 어머니는 자살까지 생각할 정도로 충격이 컸지만 레닌은 의외로 침착했다. 그렇게 그는 자신의 감정을 철저히 숨길 줄 알았던 것이다.

아버지와 형의 죽음을 계기로 점차 체제에 대한 불만에 눈뜨기 시작한 그는 유대인 마르토프가 이끌던 사회주의 동맹 조직에 가입해 활동하기 시작했다. 더욱이 그는 형의 경력 때문에 카잔대학 법학부에 입학하고도 곧바로 제적당해 쫓겨나야 했는데, 당시 19세였던 레닌은 그 후 마르크스의 《자본론》을 탐독하며 공산주의혁명을 꿈꾸게 되었다. 그러나 사회주의자들에 대한 러시아 당국의 탄압이 본격화되면서 그는 결국 1895년에 체포되어 시베리아 유형에 처해졌다. 5년간의 유배생활을 하는 가운데 그는 같은 혁명 동지 나데즈다 크루프스카야와 결혼해 함께 생활하다가 유배생활을 마치고 풀려난 후에는 부인과 함께 러시아를 떠나 국외로 망명했다.

망명생활 기간에 레닌이라는 필명으로 혁명 활동을 개시한 그는 1905년 러시아에서 피의 일요일 사건을 계기로 혁명의 열기가 러시아 전국으로 번지기 시작하자 곧바로 귀국해 혁명을 시도했으나 실패한 후 다시 망명길에 올라 10년의 세월을 더 기다려야 했다. 그러다가 1917년 2월 혁명으로 뜻하지 않게 제정 러시아가 무너지고 온건파 사회주의자 케렌스키가 이끄는 임시정부가 수립되자 스위스 취리히에 망명 중이던 레닌과 그 일행은 독일제국이 제공한 봉인열차를 타고 러시아에 비밀리에 잠입했다. 제1차 세계대전이 한창이던 당시 상황으로 볼 때 독일제국이 느닷없이 스위스에 망명 중이던 레닌 일행을 도와 적대국인 러시아로 잠입시킨 처사는 분명 정치적 계산이 깔린 매우 이례적인 사건이었다.

어쨌든 러시아에 도착하자마자 레닌은 대중연설을 통해 케렌스키 정부는 인민을 위한 정부가 아니며 오로지 농민과 노동자들에 의한 프롤레타리아 독재만이 살길이라고 역설하고 자유주의, 민주주의, 부르주아 등 모든 것을 거부한다고 외쳤다. 처음에는 정신 나간 헛소리로 들렸던 레닌의 주장은 점차 지지자들을 규합하기 시작했으며, 마침내 레닌은 유대인 트로츠키와 힘을 합쳐 볼셰비키 적위대를 조직하고 1917년 10월 케렌스키 정부를 급습해 정권을 탈취함으로써 드디어 그토록 꿈꾸었던 프롤레타리아 혁명을 완수하고야 말았다. 소비에트 정부의 수반으로서 레닌은 숱한 포고령을 내려 귀족층과 부르주아 계급의 모든 토지와 재산을 몰수하고 도로와 철도 등도 국유화했다. 동시에 러시아 황제 일가족의 처형을 지시하고 교회도 탄압했다. 그야말로 한순간에 세상이 뒤집어진 것이다.

하지만 건강이 따라 주지 않은 그는 불과 5년에 걸친 정치활동으로 만족해야 했는데, 50대 초반에 뇌일혈로 쓰러진 이후 생애 마지막 1년 간은 실어증까지 겹치면서 권력을 거의 행사할 수 없는 지경에 이르렀다. 그럼에도 불구하고 매사에 의심이 많았던 그는 자신이 사망한 이후에 벌어질 후계 구도에 대해 명확한 언질도 없이 숨을 거둠으로써 결국에는 그의 오른팔 노릇을 자임한 트로츠키마저 스탈린에게 밀려나 숙청당한 후 멕시코 망명지에서 스탈린이 보낸 자객의 손에 무참히 살해당하고 말았던 것이다.

레닌이 사망하자 이미 자신의 권력기반을 은밀히 다지고 있던 스탈린은 그의 최대 정적으로 간주되었던 트로츠키를 포함한 유대인 혁명동지들을 모조리 숙청하여 제거함으로써 1인 독재체제를 확립하고 레닌을 우상화하는 동시에 자신에 대한 개인숭배를 더욱 강화해 나갔으며, 그 결과 마르크스-레닌주의는 스탈린주의로 탈바꿈해 또 다른 폭압적인 전체주의를 낳고 말았다. 하지만 레닌이 꿈꿨던 노동자의 천국은 불과 70년 만에 그 거대한 사회적 실험의 막을 내리게 되면서 한때 세상을 양분했던 소비에트 체제는 지구상에서 영원히 사라지고 말았다.

사생아로 태어나 영부인이 된 에바 페론

한때 '에비타'라는 애칭으로 불리며 아르헨티나 국민의 사랑을 독차지했던 에바 페론(Eva Perón, 1919-1952)은 남편인 페론 대통령과 함께 과감한 서민 중심의 정책으로 국민적 우상이 되어 그 인기가 하늘을 찌를 듯

치솟기도 했으나 그녀가 자궁암에 걸린 사실을 숨기고 부통령 후보에 나섰을 때 그녀에게 후보 사퇴를 강요했던 군부가 그 후 재선에 성공한 남편 페론 대통령을 쿠데타로 축출하면서 이들 부부는 하루아침에 몰락하고 말았다.

탁월한 미모와 극적인 제스처로 폭발적인 인기를 끌며 남편인 페론 대령을 대통령 자리에까지 올리는 데 결정적인 역할을 했던 그녀지만, 사실 영부인의 위치에 오르기까지 그녀의 삶은 실로 파란만장하기 그지없었다. 다른 무엇보다 그녀는 부유한 목장주의 사생아로 태어나 어머니와 함께 생부로부터 버림을 받았는데, 어머니는 삯바느질로 어렵게 생계를 이어 가며 자녀들을 키워야 했다. 그런 비정한 아버지가 죽었을 때 어머니는 자녀들을 이끌고 장례식에 참석하고자 했으나 본부인의 거부로 교회 입구에서 쫓겨나는 수모까지 겪어야 했으니 당시 일곱 살이었던 에바는 아무리 어린 나이였다 해도 아버지에 대한 원망이 가슴에 사무쳤을 것이다.

어머니는 에바가 평범한 청년과 혼인해서 행복하게 살기를 바랐으나 가난한 살림에 치를 떤 그녀는 15세 때 화려하기 그지없는 영화배우를 꿈꾸며 집에서 무단가출해 부에노스아이레스로 향했는데, 영화배우보다는 모델 활동과 라디오 출연으로 인기를 끌기 시작했다. 그러던 중 1만 명 이상의 희생자를 낳은 산후안 대지진으로 이재민 구호기금을 마련하는 자리에서 당시 노동부 장관이었던 후안 페론을 만나 결혼까지 하게 된 그녀는 그 후 부통령을 거쳐 대선에 출마한 남편을 도와 선거 유세에 나서면서 폭발적인 인기몰이를 하며 후안 페론을 대통령에 당선시켰다.

영부인이 된 후 그녀는 노동자와 하층민의 복지정책에 관여하고 여성 페론당 대표로 여권운동을 주도했으며, 에바 페론 재단을 설립해 각

에바 페론

종 자선사업에 힘을 기울임으로써 그녀에 대한 대중적 인기는 날이 갈수록 높아만 갔다. 가난의 현실을 직접 겪었던 그녀였으니 당연한 결과였다. 더욱이 사생아로 태어난 뼈아픈 과거를 지녔던 그녀는 사생아도 부모를 지닌 자녀들과 똑같은 법적 혜택을 받을 수 있게끔 법을 개정하도록 영향력을 행사하기도 했다. 하지만 페론 부부의 무분별한 선심성 복지정책은 정도가 지나쳐 결국 재정 파탄으로 이어졌으며, 특히 군부와 상류층의 반발을 산 나머지 스스로 자기 무덤을 판 결과가 되고 말았다.

다른 무엇보다 1950년 그녀는 자궁암 진단을 받고도 그 사실을 숨긴 채 이듬해에 부통령 지명을 받았다가 군부의 압력으로 철회했으며, 남편의 재선을 위한 유세에도 아픈 몸을 이끌고 참가해 결국에는 재선에 성공시켰으나 그녀 자신은 얼마 가지 않아 33세라는 젊은 나이로 유명을 달리하고 말았다.

비록 국민의 애도 속에 성대한 국장이 치러졌지만, 재선에 성공한 페론 대통령은 불과 3년도 채 안 되어 군부의 쿠데타로 축출되고 말았는데, 군부는 이미 죽은 에바의 후광을 두려워한 나머지 방부 처리된 그녀의 시신을 빼돌려 스페인에 망명 중인 후안 페론에게 넘겼으며, 대서양을 건너갔던 그녀의 시신은 그 후 페론의 두 번째 부인 이사벨 페론이 대통령직을 수행하던 1975년 다시 아르헨티나로 송환되어 대통령궁에 안치되었다. 죽어서도 대서양을 두 차례나 오고 간 것이다.

이처럼 죽어서도 편히 쉴 짬이 없었던 그녀는 그 후 다시 쿠데타가 일어나면서 군사정권에 의해 가족 공동묘지로 이장되는 수모를 겪어야 했는데, 물론 군부가 그녀의 시신에 그토록 신경을 쓴 것은 페론주의의 부활을 염려했기 때문이다. 어쨌든 지금까지도 에바 페론에 대한 아르헨티나 국민들의 추모 열기와 각별한 애정은 식을 줄 모르고 있지만, 그녀에 대한 부정적인 평가 역시 만만치가 않다. 다른 무엇보다 아르헨티나의 경제파탄과 페론 독재의 방패막이 노릇을 했다는 점에서 특히 그렇다.

쿠바 혁명의 아버지 카스트로

피델 카스트로(Fidel Castro, 1926-2016)는 중남미 최초로 공산정권을 수립한 쿠바의 혁명가다. 체 게바라와 함께 불과 80명의 대원을 이끌고 쿠바에 상륙해 게릴라전을 벌인 끝에 마침내 독재자 바티스타를 내쫓고 1959년 사회주의 혁명을 완수한 이래 2008년 건강 문제로 동생 라울에게 권력을 계승하기까지 무려 50년 가까이 쿠바를 통치한 역사상 최장기 독재자로 꼽히는 그는, 그럼에도 불구하고 오랜 세월 가난과 폭정에 신음하던 절대 다수의 쿠바인들로부터 절대적인 지지를 받으며 체 게바라와 함께 중남미사회에서는 거의 신화적인 존재로 군림했다.

그는 쿠바 동부에 위치한 마을 비란에서 부유한 사탕수수 농장주의 아들로 태어났는데, 그가 태어났을 당시 어머니 리나는 농장주 부인의 시중을 드는 하녀 신분이었기 때문에 사실상 그는 사생아였던 셈이다. 그가 15세가 되어서야 비로소 부인과 이혼한 아버지가 피델 카스트로의 생모와 재혼했으며, 17세가 되면서 어머니의 성을 버리고 공식적으로 카스트로라는 성을 얻게 되었다. 비록 그는 어려서 가톨릭교회에서 세례를 받았으나 예수회 계통 학교에 다닐 때부터 이미 반항적인 소년이 되어 무신론자임을 자처했으며, 아바나 대학에서 법학을 공부할 때는 마르크스 사상에 눈이 뜨이면서 격렬한 학생운동을 주도하는 등 혁명가의 길을 걷기 시작했다. 지주였던 아버지에 대한 환멸과 반항심이 공산주의 혁명가로 나서게 만든 가장 강력한 동기가 되었던 것으로 보인다.

도미니카에서 혁명운동을 벌이다가 정부군을 피해 쿠바로 다시 돌아온 그는 인권변호사로 활동하다 정계에 진출했으나 반공주의자인 바티스타 장군이 쿠데타로 정권을 차지하게 되자 무장투쟁을 선언하고 자신의 추종자들과 함께 몬카다 병영을 습격했다가 체포되어 감옥에 갇히고 말았다. 운 좋게 특별 사면으로 풀려난 후 멕시코로 망명해 혁명군을 조직한 그는 당시 합류한 체 게바라와 함께 불과 80명의 혁명군을 이끌고 힘겹게 쿠바에 상륙하는 모험을 단행하고 곧바로 게릴라전에 돌입했으며, 비록 살아남은 대원이 20명도 채 못 되었지만 날이 갈수록 혁명군에 가담하는 지원자들이 늘어나면서 막강한 세력을 갖추게 되어 바티스타 정부군을 격파하고 마침내 1959년 아바나에 입성함으로써 쿠바 혁명을 성공시키는 기적을 이뤄 냈다.

중남미 최초로 공산국가를 건설한 카스트로는 거의 모든 산업체를 국유화하고 가톨릭교회를 폐쇄했으며, 자신의 오른팔이었던 체 게바라를 산업부장관에 임명하기도 했으나 이념과 외교노선에서 두 사람은 점차 의견 대립을 보이기 시작했다. 특히 체 게바라는 미국에 대한 핵공격 등 대미 강경노선을 주장했을 뿐 아니라 혁명과업을 중남미 전역으로 확대해야 한다는 입장을 고수함으로

피델 카스트로

써 쿠바혁명의 성공에 안주한 카스트로 입장에서는 그렇게 일만 크게 벌이려는 체 게바라가 마음에 들지 않았으며, 더욱이 체 게바라에 대한 대중적 인기가 날이 갈수록 높아지게 되자 서서히 그를 견제하기 시작했다. 결국 체 게바라는 결별을 선언하는 편지를 남긴 채 잠적한 후 볼리비아 밀림에서 게릴라전을 벌이다가 정부군에 붙들려 사살되고 말았지만, 당시 카스트로는 곤경에 빠진 체 게바라를 적극적으로 돕지 않았다. 어쨌든 나이 80대에 이르러 기력이 떨어진 그는 마침내 자신의 친동생 라울에게 권력을 넘겨주고 정치 일선에서 물러난 후 90세를 일기로 사망했는데, 그의 장례 행렬은 쿠바 전국을 순회하는 장장 900km에 달한 대장정이었다.

빌 클린턴의 도전과 부적절한 관계

미국의 제42대 대통령으로 미국 역사상 가장 풍요로운 경제적 번영을 이룩한 빌 클린턴(Bill Clinton, 1946-)은 1978년 32세라는 젊은 나이로 미국 최연소 주지사에 당선되어 대통령이 되기까지 무려 12년간 아칸소 주지사를 지낸 최장수 기록을 남기기도 했던 입지전적 인물로, 대통령 재임 중에 터진 르윈스키 사건만 아니었다면 가장 유능한 대통령으로 기억될 수도 있었으나 불미스러운 섹스 스캔들로 인해 대통령 탄핵이라는 초유의 사태 직전까지 내몰림으로써 그동안 힘겹게 쌓아올린 업적을 스스로 물거품으로 만들어 버린 불운의 대통령이기도 했다.

클린턴의 본명은 제퍼슨 블라이드 3세로 미국에서도 아주 낙후되고 가난한 아칸소주에서 그것도 유복자로 태어났다. 외판원으로 일하던 친부 윌리엄 블라이드는 아들이 태어나기 4개월 전에 이미 교통사고로 사망했기 때문에 그는 아버지 얼굴도 모른 채 자라야 했다. 하지만 클린턴 자신의 회고에 의하면, 친아버지의 존재는 그의 가슴속에 항상 채워지지 않는 텅 빈 부분으로 남아 있었다고 한다. 비록 그는 항상 아버지에 대한 그리움에 젖어 살았지만, 실제의 아버지는 그다지 성실한 인물이 아니었으며, 바람둥이 기질이 다분했던 사람이었을 뿐이다. 물론 아들의 그런 그리움은 아버지 없는 설움이 그만큼 컸기 때문일 것이다.

더군다나 그는 어린 나이에 어머니와 떨어져 외갓집에서 키워졌는데, 어머니가 간호사 공부를 위해 멀리 뉴올리언스로 떠났기 때문이다. 그가 네 살 때 집으로 돌아온 어머니는 자동차 판매대리점을 운영하는 로저 클린턴과 재혼했으며, 자연히 그는 계부의 성을 따라 빌 클린턴으로 불리게 되었다. 하지만 노름꾼에 알코올 중독자였던 계부는 걸핏하면 술에 취해 그들 모자를 폭행하는 바람에 어머니는 한동안 그와 헤어졌다가 다시 재결합하는 등 우여곡절을 겪기도 했는데, 계부가 암으로 사망하자 제프 드와이어와 재혼한 어머니는 다시 사별을 겪으면서 딕 켈리와 재혼했으며, 그 후 아들이 대통령에 취임한 이듬해에 71세 나이로 세상을 떴다.

이처럼 여러 계부를 거치며 살아야 했던 그는 특히 어린 시절 자신과 어머니를 학대한 계부 클린턴 때문에 마음의 상처를 크게 입었으며, 결과적으로 그런 시련을 안겨 주고 사라져 버린 친부에 대한 원망도 그리움 못지않게 컸을 것으로 보인다. 더욱이 복잡하기 그지없는 가정환경에서 자랐기 때문에 어려서부터 유달리 정에 굶주렸던 클린턴은 결국 억척스럽고도 냉담한 성격의 어머니를 빼닮은 동창생 힐러리를 생의 반려자로 선택하고 의지했던 것으로 보인다. 또한 친아버지가 없다는 열등감을 뛰어난 학업성적을 통해 만회했으며, 학창시절 뺀질이라는 별명으로 통할 만큼 말도 잘하고 여학생들로부터 인기도 많았다.

하지만 다른 무엇보다도 거칠고 난폭한 계부로 인해 받은 상처가 너무도 컸던 그는 우울한 속마음을 드러내지 않고 오히려 수다를 떨며 쾌활한 모습으로 지내기도 했지만, 독재적인 계부를 타도하고자 하는 도전정신뿐 아니라 계부의 폭력으로부터 어머니를 구하려는 구원환상(rescue fantasy) 또한 매우 강해서 계부가 어머니를 상대로 폭력을 휘두를 때면 과감하게 나서서 차라리 자기를 때리라고 대들어 계부를 물러나게 만든 경

빌 클린턴

우도 있을 정도로 부당한 폭력 앞에서는 정면으로 대응하는 면모를 보이기도 했다. 어쩌면 그런 점이 클린턴으로 하여금 권력에 대해 끊임없이 도전하도록 이끈 강력한 동기를 제공했는지도 모른다.

어쨌든 클린턴 못지않게 정치적 야심이 강했던 힐러리는 원래 아칸소 주지사 시절부터 바람기가 농후했던 남편의 허물을 계속 덮어 주고 지나갔지만, 그것은 남편에 대한 깊은 이해심 때문이라기보다 본인 자신의 출세를 더욱 염두에 두었기 때문일 것이다. 따라서 대통령 재임 중에 섹스 스캔들이 터졌을 때도 오히려 남편을 두둔하고 나선 그녀의 태도에 대해 고개를 갸우뚱하는 사람들도 있었지만, 통 큰 포용력을 보여 준 여걸다운 모습이라며 박수갈채를 보낸 사람들 역시 적지 않았다. 하지만 결국 그 여파는 힐러리 여사에게 최대의 악재로 작용해 민주당 대선 후보의 자리를 오바마에게 내주었을 뿐만 아니라 그 후 대선에서도 공화당의 트럼프에 패하는 수모를 겪어야 했으니 클린턴으로서는 입이 열 개라도 할 말이 없게 되었다.

원래 클린턴은 사람들을 매혹하는 탁월한 언변과 매너로 정평이 나 있는 정치가다. 그는 강력한 카리스마를 발휘함으로써 사람들로부터

호감과 관심을 이끌어 내는 데 천부적인 능력을 지닌 것으로 보이기도 하지만, 솔직히 말해 최고 정상에 올라 숱한 박수갈채와 환호를 받는 위치에 있는 사람들 대부분은 나르시시즘의 노예가 될 수밖에 없을 것이다. 따라서 그들은 끊임없이 타인들의 환호와 찬사를 밥 대신 먹고 살 수밖에 없지만, 동시에 그들은 늘 고독하고 외로울 수밖에 없다. 마음을 터놓고 진심으로 대하는 인물들이 주변에 드물기 때문이다. 그런 점에서 르윈스키는 이미 준비된 욕망의 터전 위에 단지 냄새만 뿌린 셈이다.

어쨌든 전국을 벌집 쑤신 듯 발칵 뒤집어 놓은 스캔들로 인해 클린턴 부부와 르윈스키 모두가 도에 지나친 욕망의 피해자로 전락하고 만 셈이 되었다. 다만 클린턴이 법정 진술에서 밝힌 부적절한 관계라는 말 때문에 많은 부모들이 곤욕을 치러야만 했는데, 아이들마다 도대체 부적절한 관계가 무엇이냐는 질문을 부모에게 퍼붓기 시작했기 때문이다. 참으로 난감한 질문이 아닐 수 없다. 그러나 클린턴의 삶에 있어서 진정한 의미의 부적절한 관계란 성적인 차원의 문제 이전에 이미 태어날 때부터 성장 기간 내내 그에게 주어진 비틀린 부자관계를 뜻한다고 보는 것이 오히려 타당할 듯싶다.

철의 여인으로 불린 베나지르 부토

철의 여인이라고 하면 보통 영국의 대처 수상을 연상하기 마련이지만, 동양에도 그렇게 불린 여성이 있었다. 파키스탄의 총리를 지낸 베나지르 부토(Benazir Bhutto, 1953-2007)가 바로 그런 여성이었다. 그녀는 파키스탄 대통령과 총리를 지낸 줄피카르 알리 부토의 딸로, 아버지가 군사쿠데타로 축출된 후 1979년 사형을 당했을 때 그녀 역시 체포되어 투옥생활을 겪어야 했다. 1984년 영국으로 망명했으나 망명상태에서도 아버지가 세운 파키스탄 인민당(PPP) 당수가 되어 투쟁을 계속해나갔다.

마침내 그녀는 1988년 총선에서 승리함으로써 이슬람 국가에서는 가장 최초로 여성 총리가 되었으나 그 후 군부의 압력으로 사퇴했다가 1993년 재선되어 총리직에 다시 복귀했다. 하지만 1999년 부패 혐의로 유죄판결을 받고 두바이로 망명했으며, 와신상담 재기를 노리다가 2008년에 치러질 총선을 앞둔 상태에서 8년간의 망명생활을 마치고 귀국한 그녀는 선거 유세 도중에 일어난 자살폭탄 테러사고의 위기를 무사히 넘긴 지 불과 두 달 후에 암살범이 쏜 총에 맞아 사망하고 말았다. 아버지와 딸이 마치 약속이나 한 듯이 50대 초반으로 유명을 달리한 것이다.

원래 파키스탄은 영국으로부터 독립할 당시 이슬람과 힌두교의 종교 분쟁으로 인도와 분리되어 따로 독립했으나, 국토가 동파키스탄과 서파키스탄으로 양분되는 기묘한 형태를 띠고 있었다. 그러던 중 1971년 동파키스탄이 방글라데시로 분리 독립하면서 파키스탄 인민당을 이끌었던 줄피카르 알리 부토가 파키스탄 대통령에 취임했으며, 그 후 내각 책임제로 헌법이 바뀜에 따라 그는 총리가 되었다. 당시 그의 딸 베나지르 부토는 미국 하버드 대학에 수학하면서 민주주의 정신을 배웠으며, 다시 영국으로 건너가 옥스퍼드에서 정치, 경제, 외교에 대한 전반적인 지식을 익혔다.

베나지르 부토

하지만 개혁정책을 추진하던 아버지 부토가 1977년 정통 이슬람 세력이 지원하는 군부 쿠데타로 실각한 후 1979년 부패 및 살인죄 혐의로 교수형에 처해졌는데, 당시 가택연금 상태에 있던 그녀는 아버지의 구명운동에 혼신의 힘을 다했으나 아무 소용이 없었다. 쿠데타 이후 어머니를 포함한 그녀의 가족은 2년간 감금상태에 있었으며, 1981년 군사정권은 마침내 베나지르 부토를 사막지대 독방에 따로 가둠으로써 그녀는 언제 독살당할지도 모를 위기에 처하고 말았다.

사막 한가운데 벽도 없는 독방에 갇힌 그녀는 뜨거운 사막 열기로 피부 화상은 물론 모여드는 온갖 벌레에 시달리면서도 이를 악물고 견디어 냈는데, 마침내 감금생활 6년 만에 가까스로 풀려난 후 당국으로부터 가족과 함께 파키스탄을 떠나도 좋다는 허락을 받기에 이르렀다. 쿠데타 주역인 지아 장군이 결국 끈질긴 국제적 압력에 굴복하고만 것이다. 물론 그녀가 이처럼 가혹한 시련을 이겨 낼 수 있었던 것은 쿠르드족 출신의 어머니로부터 물려받은 강인한 생존력의 힘으로 볼 수도 있겠지만, 억울하게 죽임을 당한 아버지의 한을 풀어 주고자 했던 집념이 없었다면 결코 그런 시련을 이겨 낼 수 없었을 것이다.

영국으로 망명한 후에도 그녀가 군부 독재에 맞서 정치적 투쟁을 계속하자 지아 장군은 1985년 그녀의 막내동생 샤나와즈를 프랑스 니스에서 독살까지 하면서 압박을 가했으나 그녀는 결코 굴하지 않았다. 그런 시련에도 불구하고 1987년 아시프 알리 자르다리와 혼인한 그녀는 1988년 지아 장군이 불의의 비행기사고로 숨지게 되자 민주적으로 치러진 총선을 통해 압승을 거두고 총리에 취임함으로써 마침내 아버지의 한을 풀게 된 것이다. 비록 그 후에도 계속해서 군부의 압력으로 망명과 재기를 반복하다가 결국에는 괴한의 피격으로 생을 마감하고 말았으나 그녀의 용기와 집념 하나만큼은 그저 놀라울 뿐이다.

그녀의 남편 자르다리는 그녀가 암살당한 이듬해인 2008년에 파키스탄 11대 대통령에 취임함으로써 아내의 한을 풀어 주기도 했는데, 그는 파키스탄 역사상 가장 최초로 민주적 선거 절차에 의해 당선된 대통령이기도 했다. 비록 그는 아내인 베나지르와 정치적 견해 차이로 반목하며 지내던 처남 무르타자 부토가 1996년 암살당한 사건의 배후인물로 지목되어 오랜 기간 투옥생활을 하기도 했으나, 결국에는 무혐의로 풀려나 최고통수권자의 자리에까지 오르게 되었으니 그의 집념 또한 베나지르 부토에 결코 뒤지지 않는다고 할 수 있다.

미국 최초의 흑인 대통령 버락 오바마

2009년 미국의 44대 대통령에 취임한 버락 오바마(Barack Hussein Obama, 1961-)는 역대 대통령 가운데 가장 특이한 인물이라 할 수 있다. 우선 그는 흑인으로서는 가장 최초로 백악관에 입성한 대통령인 동시에 미 본토가 아닌 하와이 태생으로 대통령에 당선된 가장 최초의 인물이기도 하며, 미국에서 현직 대통령으로는 유일하게 노벨 평화상을 수상한 기록도 남겼다. 더욱이 그는 와스프(WASP, White Anglo-Saxon Protestant)가 아니면 미 대통령 자리를 감히 넘볼 수 없다는 오랜 금기를 깨트린 장본인으로 소외계층 위주의 민생복지정책을 과감히 추진하는 등 진보적 성향을 드러냄으로써 정적들로부터 사회주의적 발상이라는 공격을 받기도 했으나 오히려 재선에 성공하는 등 국민의 압도적인 지지를 받았다.

하지만 정상에 오르기까지 그의 삶은 결코 순탄치 않았다. 하와이 호놀룰루 태생인 그는 케냐 출신 흑인 아버지와 백인 어머니 사이에서 태어난 혼혈아로 그가 태어나자마자 별거에 들어간 부모가 곧바로 이혼함으로써 생부의 얼굴조차 제대로 기억할 수 없었다. 더군다나 4세

버락 오바마

때 어머니가 인도네시아인과 재혼하면서 그는 자카르타에서 무슬림의 영향을 받고 자라야 했는데, 그런 이유 때문에 후세인이라는 그의 이름이 나중에 정적들에게 시빗거리를 제공하기도 했다. 이처럼 백인 어머니와 흑인 아버지, 동양인 계부를 두면서 정체성 혼란(identity confusion)을 느끼며 자란 그는 10세가 되자 하와이에 사는 백인 외조부모와 함께 지냈는데, 그의 어머니 앤 던햄은 아들이 대통령이 되는 모습을 보지도 못하고 1995년 52세 나이로 자궁암에 걸려 사망했다.

오바마의 친부는 18세 때 이미 혼례를 치르고 자식까지 둔 상태에서 하와이 유학 중에 앤 던햄을 만나 오바마를 낳았으며, 그 후 하버드 대학에서 만난 유대계 여성 루스 베이커와 함께 케냐로 돌아가 그곳에서 재혼했으나 그녀와 헤어진 후로는 다시 첫 번째 부인 케지아 아오코 곁으로 돌아가 지내기도 했다. 네 번째 부인 오티에노는 아들 조지와 함께 2년간 한국에서 근무하기도 했다. 이처럼 복잡한 사생활을 보낸 친부는 여러 차례 사고를 당해 불구자 상태로 지내다가 1982년 케냐의 나이로비에서 교통사고를 당해 46세 나이로 사망했는데, 1971년 당시 열 살이었던 아들 오바마의 얼굴을 단 한 번 보았을 뿐이라고 한다.

어쨌든 그렇게 혼란스러운 환경에서 자란 오바마는 하와이에서 고등학교를 졸업하고 그 후 뉴욕으로 건너가 컬럼비아 대학에서 정치학을 공부했지만, 고교시절에는 자신의 정체성 문제로 고민하며 한동안 마약에 손대기도 했다. 자연히 그는 소수민족과 소외계층에 많은 관심을 기울이게 되면서 시민단체 운동가로 활동하는 가운데 아버지의 고향 케냐를 찾아 여러 친척들을 만나기도 했다. 당시 그의 아버지는 이미 고인이 된 후였다.

    그 후 하버드 대학 로스쿨을 졸업하고 변호사로 일하면서 로스쿨 선배인 미셸 로빈슨을 만나 결혼까지 하게 되었다. 오랜 기간 시카고 대학 로스쿨 강사로 근무하던 그는 어머니가 세상을 뜨면서 마침내 정계에 진출하기 시작해 탁월한 연설 솜씨로 상원의원을 거쳐 민주당 대선 후보에까지 오르게 되었는데, 당시 강력한 경쟁 상대였던 힐러리 여사를 누른 여세를 몰아 공화당의 존 매케인을 압도적인 차이로 물리치고 드디어 대망의 대통령 자리에 오른 것이다. 그런 점에서 검은 피부를 지녔다는 열등감뿐 아니라 복잡한 사생활로 불행한 삶을 마친 흑인 아버지와 백인 어머니 사이에서 비롯된 정체성 혼란의 문제를 극복하고 미국의 최고통수권자로 우뚝 선 오바마야말로 진정한 인간승리의 표본이 아닐 수 없다.

2장

정의로운 사회를 추구한 사람들

정신병원의 개혁을 주도한 도로시아 딕스

　미국의 사회개혁 운동가 도로시아 딕스(Dorothea Dix, 1802~1887)는 19세기 초 보스턴에서 아동복지와 여성교육 시설을 설립한 데 이어 정신질환자의 인권보호와 정신병원 개혁운동에 힘을 쏟아 미국에서 인도주의 치료의 효시가 되었는데, 18세기에 활동한 영국의 윌리엄 튜크, 프랑스의 피넬과 더불어 정신병환자에 대한 도덕적 치료(moral treatment)의 문을 연 3대 의료 개혁가의 한 사람으로 꼽힌다. 도덕적 치료란 환자들에 대한 비인도적 폭언과 폭행, 부당한 감금, 쇠고랑 채우기 등 인간 이하의 대우에 반대한 운동을 말한다. 특히 그녀는 정신질환자의 치료와 보호는 국가가 책임지고 해결할 문제임을 역설하고 줄기차게 국회 로비를 벌여 법제화하는 데 큰 공을 세우기도 했다.

　그녀는 결혼도 마다하고 독신으로 생을 마칠 때까지 60년간 오로지 불우한 아동과 정신질환자의 복지를 위해 헌신했지만, 그녀로 하여금 그토록 불행한 사람들을 위해 일생을 바치게 한 주된 동기는 그녀 자신이 어린 시절 겪은 매우 고통스러운 경험에서 찾아볼 수 있다. 미국의 최북단 메인주 햄든에서 감리교 목사의 딸로 태어난 그녀는 12세 무렵에 보스턴에 사는 할머니 집으로 가서 그곳에서 자라야 했는데, 부모가 모두 알코올 중독에 빠진 데다 특히 아버지의 학대가 극심했기 때문이다.

그렇게 불우한 아동기를 거친 그녀는 19세 때 이미 보스턴에서 가난하고 불우한 아동들을 위한 학교를 세워 아동복지에 힘쓰는 한편, 아동 서적을 써서 출간하기도 했으며, 20대 말에는 소녀들을 위한 이상적인 학교를 세우기도 했다. 하지만 건강이 여의치 못했던 그녀는 신병 치료차 영국으로 건너갔다가 그곳에서 퀘이커교도이며 사회개혁 의지가 매우 강한 래스본 일가를 만나 깊은 인상을 받았다. 그녀는 그들의 소개로 정신요양시설에 대한 개혁운동에 처음으로 관심을 기울이게 되었으며, 그 후 귀국해 매사추세츠주의 실태 조사에 착수했다가 발가벗긴 채 쇠사슬에 묶인 상태에서 채찍으로 매를 맞는 환자들의 모습에 큰 충격을 받고 당국을 상대로 적극적인 로비활동을 펼침으로써 주립정신병원의 확대를 법적으로 제도화하는 데 성공했다.

전국을 순회하며 정신질환에 대한 실태를 조사한 그녀는 마침내 1854년 정신질환자의 복지를 위한 법안을 국회에서 통과시키는 데 성공했으나 당시 피어스 대통령의 거부권 행사로 인해 실행에 옮기지는 못하고 말았다. 하지만 딕스의 법안은 미국에 정신보건의 중요성을 새롭게 인식시키는 한편, 주 정부 차원에서 정신질환자에 대한 관리 책임을 강화하는 데 크게 일조했다고 볼 수 있다. 그 후 남북전쟁이 발발하자 북군 간호사 총감독으로 활동한 그녀는 게티즈버그 전투에서 패하고 퇴각한 남군이 버리고 간 부상자 5,000명을 돌보기도 했다. 종전 후에도 남부의 정신요양시설 개선에 힘쓴 그녀는 85세를 일기로 눈을 감았다.

도로시아 딕스

노예해방의 불을 지핀 스토우 부인

남북전쟁이 한창이던 1863년 링컨 대통령은 노예해방 선언을 통해 수백만 명에 달하는 노예들이 자유의 몸이 되도록 하는 데 결정적인 역할을 했으나 그보다 훨씬 이전인 1852년에 노예해방론자였던 스토우 부인(Harriet Beecher Stowe, 1811-1896)은 비인도적인 노예제도의 실상을 고발한 소설 〈톰 아저씨의 오두막〉을 써서 미국 북부와 남부 간의 격렬한 논쟁을 불러일으켰으며, 링컨 대통령도 그녀의 소설을 읽고 크게 감명을 받았다고 한다.

그런데 아이러니컬하게도 그녀의 아버지 라이먼 비처는 독실한 장로교 목사이면서도 노골적인 노예찬성론자였다. 하기야 당시만 해도 흑인 노예들은 동물이나 다름없는 존재로 취급되었으며, 노예를 부리던 남부 사람들 역시 기독교신자들이었으니 성직자라 해서 예외가 될 수 없었겠지만, 5세 때 일찍 어머니를 여의고 12명에 달하는 형제들과 함께 계모 밑에서 자란 그녀는 세 번이나 결혼한 아버지와 정서적 유대관계를 맺고 지내는 일에 어려움을 겪었으며, 그녀뿐 아니라 다른 형제들 역시 매우 독단적인 아버지에게 등을 돌리고 정반대의 길을 걸었다.

단적인 예로 목사가 된 남동생 헨리 워드 비처는 열렬한 노예폐지론자로 활동하는 가운데 노예해방을 지지하는 단체에 소총을 보내 지원하기도 했는데, 당시 언론에서는 그 무기를 '비처의 바이블(Beecher's bibles)'이라 부르며 대대적으로 보도하기까지 했다. 그 일로 해서 헨리는 남부 지역에서 증오의 대상이 되었으며 수시로 살해 위협을 당하기도 했다. 어쨌든 그녀의 아버지 비처 목사는 레인 신학교 교장 시절에도 노골적인 노예찬성론을 학생들에게 가르쳐 이에 반발한 학생들이 집단 퇴교하는 소동을 불러일으키기까지 했으니 지독한 백인우월주의였음에 틀림없다.

하지만 스토우 부인은 아버지의 그런 왜곡된 신앙심에 비판적 안목을 지니게 되었으며, 더욱이 노예로 팔려 간 딸이 어머니와 강제로 떨어져야만 하는 비참한 실상을 목격하고 아버지와는 달리 철저한 노예폐지론자가 되었다. 아마도 그것은 어린 시절 어머니를 잃는 아픔을 겪은 그녀 자신의 고통스러운 기억과도 무관치 않았을 것이다. 그녀는 25세 때 신학교 교수였던 캘빈 스토우

스토우 부인

와 혼인해 7남매를 두었는데, 이들 부부는 도망친 흑인 노예들을 자신의 집안에 숨겨 주는 위험도 마다하지 않았다.

그녀가 40세 때 발표한 소설 〈톰 아저씨의 오두막〉은 출판되자마자 큰 센세이션을 일으켰는데, 남북전쟁이 발발한 직후 백악관에 초대된 스토우 부인을 향해 당시 링컨 대통령은 "이처럼 몸집이 작은 여성이 그토록 엄청난 전쟁을 일으킨 책을 쓰신 분이군요."라고 인사했다고 한다. 소설 한 편으로 역사의 흐름을 뒤바꾼 스토우 부인은 그 후에도 많은 작품을 발표했지만, 〈톰 아저씨의 오두막〉만큼의 인기를 끌지는 못했다. 1886년 남편 사망 이후 건강이 급격히 악화된 그녀는 말년에 치매를 앓았던 것으로 보이지만, 그럼에도 불구하고 미국사회의 존경을 한 몸에 받는 가운데 85세를 일기로 생을 마감했다.

자본가의 아들로 공산주의자가 된 엥겔스

공산주의 역사에서 카를 마르크스와 함께 가장 중추적인 역할을 맡

은 프리드리히 엥겔스(Friedrich Engels, 1820-1895)는 마르크스주의 창시자인 동시에 1847년에 발표한 그 유명한 〈공산당 선언〉의 공동 집필자이기도 하다. 그는 40년 넘게 마르크스와 이념적 동지로 함께 활동하면서 마르크스의 생계까지 지원했는데, 끊임없는 배신과 숙청으로 몸살을 앓은 공산주의 역사에서 이들처럼 흔들리지 않는 우정과 의리를 죽을 때까지 변치 않고 유지한 경우도 매우 드물다고 하겠다.

중산층 유대인 변호사의 아들로 태어난 마르크스에 비해 방적공장을 운영하는 부유한 독일인 사업가의 아들로 태어난 엥겔스는 공산주의식으로 말하면 반동적 지주계급의 자식이요, 요즘 식으로 말하면 '금수저'라고 할 수 있는데, 비록 남부럽지 않은 환경에서 유복하게 자랐으나 점차 자신의 집안 배경에 반감을 느끼고 무신론에 빠지면서 독실한 기독교신자인 부모와 갈등을 겪기 시작했으며, 한때는 가출해 숨어 다니기도 했다. 결국 고등학교를 중퇴한 후 한동안 베를린에서 청년 헤겔 운동에 가담해 사회개혁 의지를 불태우기도 했던 그는 1842년 아들의 장래를 걱정한 아버지의 권유에 의해 영국 맨체스터에 있는 아버지 소유의 공장에 근무하게 되었지만, 노동자계급의 사회적 위치와 자본주의 사회의 모순에 대한 연구를 계속해 나갔다.

이처럼 엥겔스는 자본가로 키워 가업을 물려주려는 아버지의 뜻에 따라 마지못해 사업 일선에 뛰어들었으나 자신의 아버지와 같은 자본가에게 착취당하며 살아가는 노동자들의 비참한 현실에 분노를 느낀 나머지 자본주의를 비판한 두 권의 저서 《정치경제학 비판 요강》과 《영국 노동자계급의 상태》를 출간함으로써 프롤레타리아의 위대한 미래와 그들이 맡은 역사적 사명에 대해

프리드리히 엥겔스

확고한 신념을 정립한 최초의 인물로 떠오르게 되었는데, 귀국길에 들린 파리에서 마르크스를 만나 서로의 공통된 이념을 확인하고 그 후 일생 동안 지속된 우정관계를 맺게 되었다. 결국 두 사람은 공동 저작으로 《신성가족》과 《독일 이데올로기》를 발표해 변증법적 사적 유물론의 기초를 다지는 한편, 공산주의 동맹을 결성해 그 강령으로 《공산당 선언》을 발표하기에 이르렀다.

그 후 엥겔스는 독일 혁명에 가담했으나 혁명이 실패로 돌아가자 다시 영국 맨체스터로 돌아갔으며, 그 경험을 토대로 《독일 농민전쟁》과 《독일의 혁명과 반혁명》을 집필하고, 런던에 망명 중인 마르크스의 생계는 물론 그의 《자본론》 완성을 돕는 일에 힘을 쏟았다. 1870년에는 아예 런던으로 이주해 마르크스와 함께 활동한 그는 《자연변증법》, 《가족, 사유재산 및 국가의 기원》, 《포이에르바하론》 등을 집필했으며, 마르크스가 사망한 이후로는 《자본론》 간행에 전념하면서 유럽 노동운동의 지도자로 활동했다.

결혼제도를 부르주아의 관습으로 간주한 엥겔스는 마르크스와는 달리 결혼을 거부하는 대신 아일랜드 노동자계급 출신의 여성 메리 번즈와 오랜 기간 동거했는데, 그녀가 1863년 40세로 사망한 후로는 그녀의 동생 리디아 번즈와 동거생활을 유지하다가 그녀마저 1878년 사망하게 되자 숨을 거두기 직전 서둘러 결혼식을 치렀다. 의리로 똘똘 뭉친 그는 마르크스가 하녀 헬렌 데무트 사이에서 낳은 사생아 아들 프레데릭을 자신이 대신 보살폈으며, 마르크스가 죽은 후에는 헬렌을 가정부로 고용해 돕기도 했다. 엥겔스는 1895년 후두암으로 생을 마쳤으며, 그의 유언에 따라 화장한 재는 영불해협에 뿌려졌다. 죽어서도 부모의 곁으로 돌아가고픈 마음은 없었나 보다.

드레퓌스의 무죄를 주장한 에밀 졸라

〈루공-마카르 총서〉로 대표되는 19세기 프랑스 자연주의 문학의 대가 에밀 졸라(Émile Zola, 1840-1902)는 1898년 그 유명한 〈나는 고발한다〉라는 제목의 공개장을 발표함으로써 그동안 반역죄 혐의로 종신형을 선고받고 남미 기아나의 악마의 섬에 유폐된 유대인 장교 드레퓌스 대위의 복권에 결정적인 역할을 담당했다. 드레퓌스 대위는 그 후 대통령 특사로 풀려나 무죄가 확정되면서 육군에 복귀해 소령으로 진급하고 레지옹 도뇌르 훈장까지 받았으며, 1907년 현역에서 은퇴한 후에도 제1차 세계대전이 발발하자 예비역 장교로 참전해 중령으로 진급하는 등 자신의 애국심을 입증해 보였다. 하지만 그는 생전에 자신을 구해 준 에밀 졸라와 단 한 번도 상면할 기회를 얻지 못한 채 1935년 75세를 일기로 기구한 삶을 마감했다.

드레퓌스 사건을 통해 정의가 살아 있음을 만천하에 입증해 보인 에밀 졸라는 파리 태생으로 어머니가 프랑스인이었지만 아버지는 베니스 출신의 이탈리아인 토목기사였다. 하지만 그가 7세 때 아버지가 일찍 사망한 후 홀어머니 밑에서 외동아들로 자란 그는 아버지 없는 설움 속에 지독한 가난을 겪으며 지내야 했는데, 어린 시절 친구들로부터 온갖 무시와 괴롭힘을 당하던 나약한 졸라를 구해 준 것은 단짝 친구였던 화가 폴 세잔이었다. 비록 졸라는 자신과 달리 부유한 은행가 아버지의 경제적 지원으로 생계를 걱정할 필요 없이 제멋대로 살아가는 세잔과 사이가 틀어지고 말았으나, 어쨌든 졸라 입장에서는 아버지가 없다는 이유로 자신이 어릴 때 겪은 그런 치욕스러운 경험이 나중에 세상으로부터 치욕적인 수모를 당한 드레퓌스 대위를 옹호하는 일에 발 벗고 나선 주된 동기가 되었던 것으로 보인다.

에밀 졸라

가난에 시달리던 어머니는 아들이 법률가가 되어 출세하기를 바랐지만 대학 예비시험에 낙방한 그는 작가가 되기로 결심하고 출판사에 근무하면서 틈틈이 소설을 썼다. 초기작 〈테레즈 라캉〉을 통해 이미 자연주의 작가로 인정을 받은 그는 계속해서 〈나나〉, 〈목로주점〉, 〈제르미날〉 등의 문제작을 발표했는데, 전 20권으로 이루어진 방대한 분량의 〈루공-마카르 총서〉는 하층민 일가의 비극적인 삶의 실상을 마치 의사가 환자를 진찰하듯이 냉철한 수법을 동원해 묘사한 것으로, 인간의 추악한 일면과 비참한 실상을 적나라하게 파헤침으로써 졸라는 일약 자연주의 문학의 대가로 떠오르게 되었다. 하지만 그의 작품들은 부도덕하다는 이유로 가톨릭교회에서 비난을 들었으며, 반유대주의를 부추긴 나치당이 베를린 광장에서 유대인 서적을 불태울 때 함께 소각되는 운명을 겪기도 했다.

가난하고 소외된 사람들에 대해 각별한 애정을 지녔던 졸라는 30세 때 창부 출신의 침모 알렉상드린 멜레와 결혼했는데, 비록 그들 사이에는 자식이 없었으나 부부 금슬은 좋아서 졸라가 죽을 때까지 그녀는 헌신적으로 남편을 내조했다. 하지만 그의 나이 48세 때 아내가 고용한 침모 잔 로제로와 불륜에 빠진 졸라는 그녀에게서 두 아이까지 낳았으며, 그런 사실이 드러나면서 이혼 직전까지 갔지만 다행히 극적으로 화해가 이루어지면서 졸라는 그 후에도 계속해서 잔과 두 자녀의 지원을 아끼지 않았다. 물론 이런 스캔들은 드레퓌스 사건이 발생하기 훨씬 전의 일로 그 후 정의를 위해 그 어떤 위협도 두려워하지 않은 졸라의 공적인 활동과 대비해 볼 때 너무도 모순된 모습이 아닐 수 없지만, 40세 나이에 어머니를 잃고 자식까지 두지 않은 그의 입장에서는 자신의 후손에 대한 미련이 더욱 컸을 수 있다.

어쨌든 유대인을 비호했다는 이유만으로 죽을 때까지 가톨릭 국수주의자들과 군부로부터 온갖 야유와 살해위협에 시달린 졸라는 1902년 자신의 아파트에 피워 둔 난로에서 새어 나온 일산화탄소 가스에 중독되어 사망했는데, 나중에 알려진 사실은 한 굴뚝청소부가 누군가의 지시로 졸라의 아파트 굴뚝을 막아 놓았다는 것이지만, 정확한 내막은 끝내 밝혀지지 않았다. 졸라의 사망 소식이 알려지자 반유대주의자들은 환호성을 지르며 기쁨을 감추지 못한 반면에, 그의 장례식에 모여든 수만 명의 군중은 안타까움과 슬픔으로 그의 죽음을 애도했다. 특히 드레퓌스 대위는 더욱 마음이 착잡했을 것이다.

에스페란토를 창시한 자멘호프

폴란드의 안과의사 자멘호프(Ludwik Zamenhof, 1859-1917)는 프로이트와 동시대에 활동한 유대인으로 1887년 에스페란토 박사라는 가명으로 국제공용어에 관한 저서를 처음 출간했는데, 에스페란토는 희망을 뜻하는 말이었다. 그 후 1905년 세계 최초로 국제 에스페란토 대회가 열렸지만, 반유대주의 감정이 팽배하던 당시 사회분위기에 민감했던 그는 자신이 벌인 평화운동의 취지가 오해될까 두려워한 나머지 공식적인 지도자 위치에 오르지는 않고 단지 배후에서 지원만 하고 있었는데, 그런 사실마저 의혹을 받기도 했다.

편협한 민족주의를 거부했던 그는 시오니즘 운동에도 동조하지 않았을 뿐만 아니라 반유대적인 의도로 러시아에서 작성된 시온의정서에 대해서도 잘 알고 있었기 때문에 극도로 조심스러운 행보를 할 수밖에 없었을 것이다. 그는 1910년 노벨 평화상 후보에도 올랐으나 수상하지는 못했으며, 그가 세상을 떠난 후 국제연맹에서 에스페란토 사용을 검토했다가 프랑스 대표의 반대로 무산되기도 했다.

인류 최초로 국제공용어 에스페란토를 창시한 자멘호프는 러시아 지배하에 있던 폴란드의 비알리스톡에서 독일어 교사의 아들로 태어났는데, 그의 조부 역시 외국어를 가르치는 교사였다. 그가 태어나고 자랐던 고향에는 폴란드인, 러시아인, 독일인, 유대인 등이 뒤섞여 살고 있었기 때문에 제각기 다른 언어가 혼용되고 있어서 서로 다른 민족끼리 반목과 마찰이 끊이지 않았다. 하지만 러시아어를 주로 사용하던 집안에서도 언어적 혼란이 있었는데, 이디시어를 사용하는 어머니와 독일어에 능통했던 아버지 사이에도 의사소통에 어려움을 겪어야 했기 때문이다.

유대교 신앙에 별다른 관심이 없었던 아버지는 이디시어에 능숙지 못했으며, 오히려 러시아 동화정책에 적극 동조하는 입장을 보이고 있었기 때문에 자멘호프는 어려서부터 이미 언어적으로나 신앙적으로나

자멘호프

매우 복잡한 환경에서 자라야 했을 뿐만 아니라 가혹한 폭정을 일삼는 제정 러시아에 야합해 굴종적인 모습을 보인 아버지에 대해서도 반감을 지니고 있었다. 사춘기 시절에 바르샤바로 이주해 유대인 거주지에 살던 자멘호프는 그곳에서 학교를 다니면서 다시 폴란드어를 배워야 했는데, 그때부터 이미 하나의 공용어가 있으면 서로 다투지 않고 화목하게 살 수 있겠다는 매우 소박한 생각을 갖게 되었다.

그렇게 해서 고등학교 시절에 이미 그는 아버지 몰래 자신이 연구하던 공용어 일부를 완성하고 동급생들에게 시험적으로 가르치기 시작했으나, 그 사실을 알게 된 아버지는 러시아 당국의 처벌을 두려워한 나머지 공용어 작업을 포기하겠다는 서약을 강요했을 뿐만 아니라 그래도 안심할 수 없었던지 모스크바 의대로 멀리 유학을 보내 버린 후 아들이 작성한 초안을 벽장 속 깊이 감춰 버렸다.

그러나 타지생활이 힘겨웠던 자멘호프는 도중에 집으로 돌아와 바르샤바 대학에 편입했으며, 의사자격을 딴 후로는 안과 전문의로 개업해 환자를 진료하는 가운데 아버지의 눈을 피해 은밀히 공용어 연구를 계속해 나갔다. 그 무렵 자멘호프는 부유한 유대인 사업가의 딸 클라라와 결혼해 3남매를 두었는데, 그중에서 막내딸 리디아는 결혼도 마다하고 아버지의 유지를 받들어 에스페란토 운동의 보급에 발 벗고 나섰지만, 세 남매 모두 나치 수용소에서 비극적인 최후를 맞이하고 말았다. 불행 중 다행인지 자멘호프는 나치가 등장하기 직전인 1917년 제1차 세계대전이 막바지에 접어들었을 무렵, 57세 나이로 갑자기 세상을 뜨는 바람에 나치의 만행을 모면할 수 있었다.

'붉은 엠마'로 불린 무정부주의자 엠마 골드만

20세기 초 일체의 권력과 권위 체제를 부정하는 급진적 아나키스트로 '붉은 엠마'라 불리며 사회적 부조리에 대해 극렬한 투쟁을 벌여 미국 정부를 곤혹스럽게 만든 엠마 골드만(Emma Goldman, 1869-1940)은 미국뿐 아니라 유럽 전체를 휘젓고 다니며 한 시대를 뒤흔들었던 맹렬여성이었다. 노동자 파업은 물론 여권운동을 주도한 그녀로 인해 골머리를 앓던 미국정부는 급기야는 그녀를 러시아로 추방하고 말았지만, 소련에서마저 환영받지 못한 그녀는 '조국이 없는 여성'이라는 그녀 자신의 자조적인 표현대로 여기저기를 떠도는 생활로 일관하다 결국에는 캐나다 토론토에서 70세를 일기로 이롭게 세상을 떴다.

원래 제정 러시아가 지배하던 리투아니아의 유대인 게토에서 불같은 성격의 폭군적인 아버지와 무심한 어머니 사이에서 태어난 그녀는 어린 시절부터 유달리 아버지로부터 극심한 학대를 받았는데, 단순한 구박 정도가 아니라 채찍으로 잔인하게 때리는 가혹한 체벌이었으며, 그런 상황에서도 어머니는 남편을 적극적으로 뜯어말릴 생각은 않고 단지 살살 좀 때리라는 말만 건넬 정도로 수수방관한 여성이었으니 어려서부터 부모에 대한 원망과 반항심이 남달리 클 수밖에 없었다.

나중에 그녀의 회고에 의하면, 당시 아버지가 자신을 그토록 괴롭힌 것은 성적인 욕구불만 때문이었던 것으로 보았는데, 그 화풀이를 딸에게 퍼부었다는 것이다. 하지만 남성우월주의와 아들 선호사상에 물든 아버지는 후처로 들어온 아내 타우베가 두 딸 헬레나와 레나를 데리고 들어오자 더욱 아들 낳기를 고대했으나 막상 엠마가 태어나자 크게 실망했으며, 그 후 남동생 셋이 태어났음에도 불구하고, 유난히 엠마를 미워해 조금이라도 반항하는 기색만 보이면 채찍으로 매질하기 일쑤였다.

이처럼 무지막지한 아버지와 수수방관으로 일관한 어머니 밑에서 크게 상처받으며 자란 엠마를 그나마 아끼고 보살펴 준 것은 9년 연상인 의붓언니 헬레나로 사실상 어머니 노릇을 대신 해 준 셈이다. 반면에 레나는 냉담하고 무심했다. 어릴 적 엠마는 길에서 채찍으로 얻어맞는 농부의 모습을 목격하고 큰 충격을 받았는데, 자신을 채찍질하던 아버지의 모습을 떠올리고 폭력을 휘두르는 모든 남성적 권위에 대해 강한 반감을 지니게 되었다.

그런 반감은 7세 때 학교에 들어가면서 더욱 강해졌다. 왜냐하면 한 선생이 특히 반항적인 그녀에게 집중적으로 체벌을 가했기 때문이다. 그 후 생계가 어려워지면서 학교 진학도 못하고 옷가게 점원 노릇을 하며 돈을 번 엠마는 아버지에게 학교에 보내 달라고 애걸했으나 그는 불같이 화를 내며 딸의 책을 집어

엠마 골드만

난롯불에 내던지면서 "계집애가 공부는 해서 뭣하냐, 요리나 하고 남자에게 애들이나 많이 낳아 주면 되지!"라고 고함을 질렀다고 한다.

결국 그녀는 혼자 힘으로 독학하면서 체르니셰프스키의 소설 〈무엇을 할 것인가〉를 읽고 주인공 베라 파블로브나처럼 억압적인 가족으로부터 벗어나 자유롭게 살기를 갈망하게 되었다. 하지만 아버지는 엠마가 15세가 되면 곧바로 시집보낼 생각이었으며, 그런 문제로 부녀간에 심한 언쟁이 벌어졌는데, 사랑하는 사람이 아니면 절대로 결혼하지 않겠다며 완강히 버티는 딸의 고집 앞에서는 아버지도 두 손을 들고 말았다.

설상가상으로 아버지의 옷가게에서 일하던 그녀는 러시아 남성들로부터 성희롱을 당했으며, 결혼을 요구하는 한 끈질긴 남자에게 호텔로 끌려가 추행을 당한 이후로는 모든 남성들을 짐승처럼 여기게 되었다. 엠마가 나중에 세상의 모든 남성들을 상대로 여성의 행복할 권리를 위해 그토록 맹렬히 투쟁한 것도 사실 따지고 보면 아버지의 횡포와 어머니의 굴종적인 모습을 어려서부터 일찍 목격했기 때문으로 보인다.

결국 그녀는 지겹고도 혐오스러운 집과 러시아를 떠나 새로운 희망

의 땅 미국으로 향하기로 작심했다. 당연히 아버지는 펄펄 뛰며 반대했지만 자신의 뜻을 받아 주지 않으면 강물에 뛰어들어 죽어 버리겠다는 딸의 위협에 굴복하고 말았다. 그렇게 해서 불과 16세 나이에 의붓언니 헬레나와 함께 러시아를 떠나 뉴욕에 도착한 그녀는 하루 10시간씩 의류공장에서 일하며 돈을 벌었다. 당시 그녀는 동료 직공 제이콥 커슈너와 눈이 맞아 18세 나이로 결혼까지 했지만, 첫날밤 그가 성불구임을 알게 되면서 결국 헤어지고 말았다. 이래저래 불평등한 세상에 대한 불만으로 가득 차 있던 그녀는 때마침 시카고에서 벌어진 무정부주의자들의 폭탄테러사건으로 그들에 대해 교수형이 집행되자 이에 분격한 나머지 곧바로 아나키스트 신문 편집장인 조 모스트를 찾아가 그의 문하생이 되었다.

그 후 노동자 파업을 부추기는 조 모스트의 선동에 따라 그녀는 이념적 동지이자 반려자이기도 했던 알렉산더 버크만과 함께 카네기 철강회사의 공장주 암살 계획을 세우고 무기까지 구입했는데, 그 책임자는 공장파업 당시 수많은 노동자들을 살해한 혐의를 받고 있었다. 하지만 암살시도는 실패로 돌아가고 버크만은 경찰에 체포되어 투옥되었으며, 홀로 남아 투쟁을 계속하던 그녀 역시 얼마 가지 않아 투옥되고 말았다. 그녀는 미국에서 정치적인 이유로 투옥된 최초의 여성이기도 했다.

형기를 마치고 감옥에서 풀려난 그녀는 선동적인 대중파업을 피하고 대신 여성운동에 치중해 투쟁을 계속했으나 그 후에도 산아제한 문제 및 반전운동 혐의로 두 차례나 감옥을 다녀와야 했다. 결국 버크만과 함께 소련으로 강제 추방된 그녀는 노동자들의 천국이라고 믿었던 소련 사회 역시 전체주의적 폭정에 얼룩진 세상임을 깨닫고 레닌을 공개적으로 비난함으로써 소련마저 떠나야 했다.

그 후 스페인 내전이 발발하자 프랑코 장군에 대항하는 인민공화파에 가담해 투쟁을 벌였으나 파시스트들이 승리하면서 신변의 위협을 느끼고 프랑스로 일단 피신했다가 다시 캐나다로 건너갔으며, 그곳에서 뇌졸중으로 쓰러져 파란만장했던 생을 마감했다. 국가나 종교 등 이 세상 그 어떤 권위도 인정하지 않았던 그녀는 그렇게 자신의 신념대로 살다가 홀로 외롭게 세상을 하직했지만, 아우슈비츠 수용소에서 비참한 최후를 맞이해야 했던 그녀의 동족들에 비하면 그래도 운이 좋은 편이었다.

이처럼 한 시대를 뒤흔들며 고루한 남성 본위의 가치관에 과감히 도전장을 던지고 극렬한 투쟁을 벌인 붉은 엠마는 그야말로 아마존의 여성전사로 변신해 뭇 남성들을 두려움에 떨게 만들었는데, 일체의 권력과 권위체계를 부정한 그녀는 당시 자본주의와 공산주의, 파시즘이 3파전을 벌이며 주도권 다툼이 극에 달하던 시기에 그 모든 이념을 부정하며 맞서 싸움으로써 한때는 세상에서 가장 위험한 여성으로 간주되기도 했다. 하기야 어린 시절 아들이 아니라는 이유로 그녀를 모질게 학대하며 괴롭혔던 아버지도 자신의 딸이 세상의 모든 남성들을 그토록 두렵게 만드는 그런 존재가 되리라고는 꿈에도 생각하지 못했을 것이다.

매카시즘의 마녀사냥에 맞서 싸운 도로시 파커

20세기 초 남녀차별이 심했던 미국사회에서 세상의 부조리에 맞서 싸운 가장 최초의 여류작가로 손꼽히는 도로시 파커(Dorothy Parker, 1893-1967)는 뉴저지주 롱브랜치에서 독일계 유대인 아버지와 스코틀랜드계 후손인 어머니 사이에서 태어났다. 그녀의 본명은 도로시 로스차일드였지만 유대계 대자본가로 유명한 로스차일드 일가와는 아무런 관계도

도로시 파커

없다. 5세 때 어머니를 일찍 여의고 계모 밑에서 자란 그녀는 계모를 엄마라 부르지 않는다고 심하게 때리는 아버지에 대들며 반항하기 일쑤였는데, 3년 뒤 계모가 사망할 때까지도 고집스레 아줌마라고 부르며 아버지와 계모를 몹시 증오했다. 하지만 그토록 미워했던 아버지마저 세상을 뜨면서 그녀는 나이 스물에 천애고아가 되고 말았다.

졸지에 고아가 된 그녀는 생계를 위해 무용학교에서 피아노 반주를 해 주는 가운데 간간이 시를 썼으며, 그 후 잡지사에 근무하기도 했으나, 신랄한 독설로 인해 잡지사에서도 쫓겨나 자유기고가로 활동했다. 24세 때 주식중개인으로 일하는 에드윈 파커와 결혼한 그녀는 농담 반, 진담 반으로 아버지가 물려준 자신의 유대인 성 로스차일드가 싫어서 서둘러 결혼했노라고 말하곤 했다. 하지만 결혼식을 치르자마자 남편이 제1차 세계대전에 참전하는 바람에 서로 떨어져 지내야 했으며, 결국 결혼 10년 만에 헤어지고 말았다. 그동안 작가로 성공하겠다는 일념으로 창작에 몰두한 그녀는 단편소설 〈빅 블론드〉로 오 헨리 상을 받으며 두각을 나타내기 시작했다.

이혼 후 정서적으로 몹시 불안정했던 그녀는 숱한 스캔들로 유산을 하고 우울증에 빠진 나머지 자살시도까지 했으며, 그때부터 정치적인 문제에 관심을 기울여 적극적으로 좌익 활동에 가담하기 시작했다. 1934년 유대계 출신의 배우 앨런 캠벨과 재혼한 후 남편과 함께 할리우드로 가서 시나리오 작가로도 활약한 그녀는 자신이 대본을 쓴 영화 〈스타탄생〉으로 오스카상 각본상 후보에 오르기도 했다. 그러나 그녀보다 10년 연하로 양성애자였던 남편은 외도가 심했으며, 그녀 자신도 알코올에 젖어 사는 등 서로 충돌이 잦아졌다. 결국 이들은 이혼과 재결합, 별거 등 숱한 우여곡절을 겪으며 살얼음판 위를 걷는 불안한 삶을 이어 갔는데, 1963년 앨런이 자살한 지 4년 뒤에 그녀 또한 남편의 뒤를 따랐다.

이처럼 개인적으로는 몹시 불행한 삶의 연속이었지만, 소설 창작 외에도 그녀의 공적인 활동은 몹시 분주했다. 그녀는 스페인 내전에서 인민공화파를 지지하고 반파시즘 운동에 앞장서는가 하면 인종차별문제에도 관여하면서 급진적인 좌파 작가 이미지를 다졌으며, 특히 전후 할리우드를 휩쓴 매카시즘 선풍에 반기를 들고 끝까지 대항하는 모습을 보임으로써 좌파운동가의 면모를 유감없이 발휘했다. 당연히 할리우드의 블랙리스트에 오른 그녀는 더 이상 할리우드 활동이 불가능해지자 뉴욕으로 다시 돌아가 홀로 쓸쓸한 여생을 보내야 했다. 뉴욕에서 73세를 일기로 눈을 감은 그녀는 유산을 물려줄 자식이 없었기 때문에 자신의 재산을 마틴 루터 킹 목사에게 증여하도록 유언했지만, 그녀가 죽은 지 1년도 채 못 되어 킹 목사가 암살당하면서 그녀의 유산은 흑인인권단체로 넘어가고 말았는데, 정작 화장한 그녀의 재는 인수해 갈 가족이 없어 변호사 사무실 금고 등 여러 곳에 나뉘어 보관되었다고 한다.

나치를 상대로 벌인 뮤리엘의 전쟁

미국의 정신분석가이며 정신과의사인 뮤리엘 가디너(Muriel Gardiner, 1901-1985)는 빈 유학 시절 가녀린 여성의 몸으로 나치의 만행에 대항해 홀로 외로운 싸움을 벌인 지식인 여성이다. '메리'라는 암호명으로 그녀가 수행한 임무는 주로 반체제인사들을 해외로 도피시키는 일이었는데, 자신이 거주하던 아파트를 비밀 은신처로 제공하는 한편, 국외 탈출에 필요한 가짜 여권과 자금 마련 등 모든 작업을 도맡은 것으로, 그런 행동이 발각될 경우에는 목숨도 잃을 수 있는 매우 위험한 일이었다. 그녀의 활동은 프레드 진네만 감독의 영화 〈줄리아〉를 통해 널리 알려졌으며, 세상에서는 그것을 '뮤리엘의 전쟁'이라고 부른다.

원래 그녀는 시카고의 유명한 재벌 에드워드 모리스의 딸로 어머니 헬렌 스위프트 역시 쟁쟁한 재벌가의 일원이었다. 어려서부터 아무런 부족함이 없이 자란 그녀지만, 12세 때 아버지를 일찍 여의면서 처음으로 상실의 아픔을 겪게 되었는데, 4년 후 어머니가 영국 출신의 극작가 프랜시스 닐슨과 재혼함으로써 낯설기만 한 계부와 함께 살아야 했다. 이처럼 물질적으로는 풍족했을지 모르나 가정적으로는 결코 평탄치 않은 환경에서 자란 그녀는 일찌감치 가난한 사람들의 고통스러운 처지에 마음 아파하면서 자신의 출신 배경에 대해 떳떳지 못함을 느끼고 성인이 되어서도 일생 동안 불우한 소외계층을 돕는 일에 모든 힘을 쏟았다.

유복한 환경에 힘입어 20대 초반 유럽 유학을 떠난 그녀는 옥스퍼드대학을 거쳐 빈으로 건너갔는데, 원래는 프로이트에게 정신분석을 받기 위한 목적으로 빈을 방문한 것이었다. 하지만 이미 노쇠한 프로이트는 본인 대신 다른 분석가를 소개해 주었으며, 정신분석을 받는 가운데 빈 의대에 진학해서 의사자격까지 땄다. 당시 의대생 신분으로 사회주의 이념에 몰두하게 된 그녀는 사회주의 운동가인 요제프 부팅거와 결혼해 딸까지 낳았으며, 점차 반파시즘 운동에 적극 가담하게 되었는데, 나치당원들이 학교를 급습해 유대인 학생들을 창밖으로 집어 내던지는 만행을 목격한 것이 결정적인 계기가 되었다.

그 후 '메리'라는 암호명으로 비밀리에 반체제인사들의 국외 탈출을 돕기 시작한 그녀는 나치 독일이 오스트리아를 합병하자 어쩔 수 없이 미국으로 귀환했으나 귀국한 후에도 난민 구호활동에 전념하면서 뉴욕에 도착한 수많은 망명자들을 돌봤다. 그녀는 그들 망명자뿐 아니라 빈에 계속 남아 있던 프로이트의 환자 세르게이 판케예프도 계속 돌봐 주었으며, 늑대인간(wolf man)이라는 별명으로 알려진 그에 관한 저서를 출간하기도 했다. 미국에서 정신분석 수련을 마친 후에도 아동과 청소년을 돌보

뮤리엘 가디너

는 교사, 사회사업가, 의사들을 상대로 교육활동에 힘쓴 그녀는 자신의 재력에 힘입어 정신분석 발전에 아낌없는 지원을 마다하지 않았으며, 런던의 프로이트 기념관 건립도 그녀의 후원에 따른 결과였다.

말년에 암에 걸린 그녀는 83세를 일기로 눈을 감았는데, 공교롭게도 유명한 소아과 의사였던 언니 루스도 같은 해에 세상을 떴다. 어쨌든 뮤리엘 가디너는 시카고의 명문 재벌가의 딸로 태어나 막대한 유산을 물려받은 행운아임에도 불구하고 일생 동안 죄책감을 지니고 살면서 고통 받는 빈민과 망명자들을 위해 자신의 재산을 아낌없이 헌납한 여성이었을 뿐만 아니라 사회정의를 위해서는 목숨을 건 투쟁도 마다하지 않았던 보기 드문 용기의 소유자이기도 했다. 적어도 고도의 전문지식을 습득한 정신분석가나 정신과의사가 된 인물 가운데 그녀처럼 목숨을 내걸고 나치에 대항해 지하운동을 벌인 경우는 전례가 없던 일이며, 더군다나 대재벌의 딸로 태어나 사회주의 이념에 몰두한 경우도 매우 드문 일에 속한다고 할 수 있다.

칠레의 민중시인 네루다

1971년 노벨 문학상을 수상한 칠레의 시인 파블로 네루다(Pablo Neruda, 1904-1973)는 오랜 세월 폭정에 시달려 온 라틴아메리카 민중 사이에서 가장 폭넓게 사랑받은 시인 가운데 한 사람이었으나 특히 스탈린을 열렬히 숭배한 공산주의자였기 때문에 여러 차례 노벨상 후보에 오르기만 했을 뿐 좀처럼 수상하지 못하다가 칠레에 아옌데 좌파 정부가 들어선 후에야 비로소 노벨상 수상자로 지명되기에 이르렀다. 그는 아옌데 대통령의 제안으로 노벨상 수상을 축하하는 7만 군중 앞에서 자신의 시를 낭송하기도 했다.

대학에 재학 중인 20세 때 2권의 시집을 출간해 일약 문단의 총아로 등장하며 대중적 인기를 독차지한 그는 그런 인기에 힘입어 20대 중반 나이에 이미 외교관으로 발탁되어 각국을 전전하며 영사활동을 펼쳤는데, 스페인에 주재할 당시 좌파 인민정부가 무너지고 프랑코 우익 독재정권이 들어서는 모습을 목격하고, 특히 동료시인 로르카가 처형당한 사건 이후 공산주의 이념에 기울어지면서 노골적인 정치적 성향을 띠기 시작해 파시즘에 대항하는 시를 계속 썼다.

파블로 네루다

1945년 귀국한 후 공산당에 가입한 네루다는 열렬한 스탈린 숭배자로 공개적인 시낭송회를 벌이며 대중적인 인기를 누리기도 했으나 당시 공산당을 불법화한 칠레 정부의 탄압으로 해외로 망명해 오랜 기간 떠돌이생활을 전전해야 했다. 1952년 다시 칠레로 복귀한 그는 이듬해에 레닌 평화상을 받는 등 국제적인 명성을 날렸으며, 스탈린과 체 게바라가 죽었을 때 그들의 죽음을 애도하는 글을 바치기도 했는데, 그의 자서전《사랑하고 노래하고 투쟁하다》라는 제목에서 보듯이 그야말로 민중의 아픔을 대변하고 정의로운 세상을 위해 투쟁한 시인이었다고 할 수 있다. 하지만 무자비한 숙청으로 공포정치를 이어 간 스탈린을 그토록 숭배했다는 사실은 매우 이율배반적이기도 하다.

칠레 남부 파랄에서 철도노동자의 아들로 태어난 그는 원래 본명이 리카르도 네프탈리 레예스 바소알토였으나 성인이 되자 법적으로 아버지의 성을 버리고 네루다로 바꿨다. 물론 처음에는 단순히 필명으로 사용하다가 나중에는 아예 법적으로 성을 바꿔 버린 것인데, 그것은 결국 아버지에 대한 반항의 몸짓인 동시에 아버지의 흔적을 자신의 삶에서 완전히 지워 버리기 위한 시도로 볼 수 있다. 아버지라는 존재 자체를 부정한 셈이다.

하지만 그는 왜 굳이 그렇게까지 해야만 했을까. 물론 거기에는 나름대로 이유가 있었다. 교사 출신인 어머니는 네루다를 낳자마자 한 달 만에 세상을 떴는데, 그녀가 죽은 직후 아버지는 곧바로 재혼함으로써 네루다는 다른 이복형제 로돌포, 라우라와 함께 자라야 했다. 그런데 로돌포는 이미 9년 전에 아버지와 계모의 불륜으로 낳은 이복형이었으며, 이복누이 라우라는 또 다른 여성이 낳은 딸이었으니 그런 부도덕한 아버지를 증오하게 된 것은 너무도 당연한 결과였다.

다행히 계모는 온순하고 다정한 여성이라 그녀를 따르고 좋아했지만, 매우 거칠고 무지막지한 아버지는 집에만 들어서면 소리나 버럭버럭 질러 댔지 아들에게는 아무런 관심조차 두지 않았다. 생모의 얼굴도 모른 채 고독한 어린 시절을 보낸 네루다는 황량한 들판에 무섭게 쏟아지는 폭우를 바라보며 외로움을 달래기 일쑤였다. 그리고 그런 외로움을 달래기 위해 어려서부터 시를 쓰기 시작했지만, 아버지는 시인이 되고자 하는 아들의 뜻을 무시하고 애써 쓴 시를 창밖으로 내던지고 불태우기까지 했던 폭군이었다.

그럼에도 불구하고 소년시절에 이미 아버지 몰래 시집을 출간한 그는 그때부터 19세기 체코 시인 얀 네루디의 이름을 본떠 네루다라는 필명을 사용했는데, 그것은 물론 시를 쓰지 못하게 하는 아버지가 눈치채지나 않을까 두려웠기 때문이다. 더군다나 나중에는 그 필명을 자신의 법적인 이름으로 삼게 되었으니 그렇게 함으로써 자신의 삶에서 아버지의 존재를 영구적으로 거부하는 동시에 아버지에 대한 마지막 복수를 가한 것으로 볼 수도 있다.

사후에 출간된 네루다의 시집《질문의 책》에서 그는 내 속에 있던 그 아이가 어디로 갔는지 궁금해하는가 하면, 나무가 자신의 뿌리를 감추고 있는 이유를 모르겠다는 질문을 던지기도 했는데, 물론 그의 뿌리는 아버지 호세와 어머니 로사였지만, 그는 자신의 뿌리를 감춘 게 아니라 아예 잘라 버렸다고 할 수 있다. 왜냐하면 어머니의 존재는 기억에 남아 있는 게 없으며, 아버지의 존재는 그의 성을 버림으로써 완전히 인연을 끊었기 때문이다. 하지만 그런다고 해서 어떻게 어린 시절의 흔적이 완전히 사라질 수 있겠는가. 기억에 남아 있지 않더라도 무의식 깊은 곳에는 여전히 자리 잡고 앉아 알게 모르게 영향을 주기 마련 아닌가.

따라서 네루다의 시들은 근원적인 어머니의 품 안을 그리는 염원을 담고 있는 동시에 강압적인 아버지의 존재를 거부하는 몸짓이기 쉽다. 물론 그는 어머니의 얼굴을 기억조차 하지 못하는 입장이었지만, 그녀의 죽음을 재촉한 이면에는 필시 폭군적인 아버지의 학대가 있었을 것으로 믿었는지도 모른다. 게다가 그녀를 대신한 계모 역시 매우 선량한 여성으로 아버지의 학대를 참고 견디며 살던 여성이었으니 어린 아들 입장에서는 두 여인의 이미지가 하나로 겹쳐 오래도록 마음속에 간직

되었을 것이다.

결국 폭군적인 아버지의 손아귀에서 순결한 두 어머니를 구하고자 하는 구원환상을 토대로 그는 독재자들의 폭압에 시달리는 자신의 모든 불행한 이웃들을 구해 내고자 하는 열망을 지니게 된 것으로 보이는데, 네루다의 그런 열망은 실제로 체 게바라나 아옌데와 같은 라틴아메리카의 사회주의자들에게 강력한 동기와 정당성을 부여해 준 결과를 낳기도 했다.

어쨌든 1969년 네루다는 칠레 공산당 대통령 후보로 지명되었으나 아옌데에게 양보하고 후보직을 사퇴했으며, 이듬해 아옌데가 대통령에 당선되자 프랑스 주재 칠레대사에 임명되기도 했지만, 당시 그는 이미 전립선암에 걸린 상태로 건강이 악화되고 있던 시기였다. 더욱이 1973년 아옌데 정권이 피노체트의 군사 쿠데타로 힘없이 무너지자 당시 암과 투병 중이던 그는 병상에서 격렬한 항의를 보낸 직후 얼마 가지 않아 숨을 거두고 말았다. 군사정부는 네루다의 공개적인 장례식 거행을 거부했을 뿐만 아니라 그의 집과 소장품마저 모조리 파괴하고 말았다. 폭군 아버지를 거부하고 스탈린을 숭배했던 그가 결국에는 죽어서까지 군사 독재자에 의해 시련을 겪었으니 네루다의 운명도 참으로 얄궂다고 하겠다.

집념의 나치 사냥꾼 시몬 비젠탈

제2차 세계대전 당시 자행된 유대인 학살 범죄의 실상을 조사한 홀로코스트 연구가로 종전 이후에도 집요하게 나치 전범들을 추적함으로써 나치 사냥꾼이라는 별명을 지니게 된 시몬 비젠탈(Simon Wiesenthal,

1908-2005)은 오스트리아 제국에 속한 갈리치아 지방에서 유대인 상인의 아들로 태어났다. 그의 아버지는 제정 러시아의 유대인 학살을 피해 이주한 사람으로 비젠탈이 여섯 살 때 오스트리아 제국 군인으로 제1차 세계대전에 참전했다가 동부전선에서 전사하고 말았다.

어린 나이에 아버지를 잃은 후 비젠탈은 어머니와 함께 빈으로 도피했다가 러시아 군대가 물러나자 다시 폴란드로 돌아가 학교를 다녔는데, 어머니가 재혼해 멀리 떠나 버리자 혼자 남아 학업을 계속했다. 그후 프라하 공대에서 건축공학을 공부한 그는 결혼까지 하고 폴란드 르부프에서 건축 기술자로 일했는데, 제2차 세계대전이 발발하면서 소련군이 도시를 점령하자 건축업마저 계속할 수 없게 되었으며, 엎친 데 덮친 격으로 계부가 반동으로 몰려 끌려가 감옥에서 죽는 바람에 다시 어머니를 모시고 살게 되었다.

하지만 독일군이 소련을 침공하면서 더욱 끔찍스러운 악몽이 시작됐다. 게토에 갇힌 후 강제노동에 동원된 그는 여러 수용소를 거치며 숱하게 죽을 고비를 넘겨야 했는데, 당시 르부프에 거주하던 수천 명의 유대인들이 우크라이나 민병대와 나치 친위대에 의해 학살당했다. 다행히 그의 부인은 신분을 위조해 간신히 살아남을 수 있었으며, 종전 이후에 이들 부부는 극적으로 다시 상봉할 수 있었지만, 그의 어머니는 나치 수용소에서 비참하게 죽어갔으며, 장모는 자신의 집 앞에서 우크라이나 경찰의 총에 맞아 죽었다. 이들 부부는 거의 90명에 가까운 친척들을 홀로코스트로 잃었다.

독일이 패망하자 미군을 도와 전범 자료를 수집하는 일에 종사하던 그는 린츠에 자료센터를 설립하고 홀로코스트 악마로 알려진 아이히만의 행방을 추적하는 일에 전념하기 시작했는데, 결국 그의 협조로 이스라엘의 모사드는 1960년 아르헨티나에 은신하고 있던 아이히만 체포에 성공하고 법정에 세운 끝에 사형을 집행할 수 있었다. 그 후에도 비젠탈은 수많은 나치 잔당들을 추적해 고발했으나 정작 아우슈비츠의 도살자로 알려진 요제프 멩겔레의 체포에는 실패하고 말았다. 그의 공적을 기려 1977년 미국 로스앤젤레스에는 시몬 비젠탈 센터가 세워져 나치의 만행을 고발하는 역사 교육장으로 이용되고 있다.

시몬 비젠탈

비젠탈은 1970년 오스트리아의 크라이스키 내각에 나치당원 출신들이 있다고 폭로해 큰 물의를 일으켰는데, 당시 매우 격노한 크라이스키 수상은 비젠탈을 유대인 파시스트라고 몰아세우기도 했다. 어쨌든 그런저런 이유로 비젠탈은 종전 40주년이 되는 1986년 노벨 평화상 후보에 오르고도 다른 홀로코스트 생존자인 엘리 위젤에게 수상의 영예를 양보해야만 했는데, 비정한 나치 사냥꾼이라는 이미지가 오히려 그에게 불리하게 작용했을 수 있다. 그렇게 반평생을 바쳐 나치 잔당을 쫓는 일에만 전념하던 그는 2003년 아내가 95세 나이로 죽은 직후 더 이상 그들을 추적해 법정에 세우는 일은 의미가 없다면서 마침내 은퇴를 선언하기에 이르렀으며, 2년 뒤에는 아내의 뒤를 따라 세상을 떴다. 향년 96세였다.

비록 그가 복수심에 불타는 나치 사냥꾼으로 불리고 때로는 다소 사실과 다른 주장으로 비난의 대상이 되기도 했지만, 유럽의회 의장을 지낸 영국의 정치가 테리 데이비스의 말처럼 그는 정의의 용사인 동시에 불의를 저지른 사람에게 응분의 대가를 치르게 함으로써 유럽에 양심이 살아 있음을 입증한 장본인이며, 그런 집념을 통해 불행했던 과거를 청산하고 새로운 화해와 용서가 가능할 수 있는 길을 터 준 인물이었다고 본다.

어쨌든 시몬 비젠탈이 그토록 일생을 바쳐 나치 전범 추적에 남다른 집념을 보인 것은, 결국 유대인이면서도 독일인을 위해 전장에서 목숨까지 바친 아버지와 소련군에 의해 반동분자로 몰려 죽은 계부로 인해 홀로 고달픈 삶을 헤쳐나가야만 했던 그의 입장에서 어머니와 장모마저 무자비한 유대인 박해로 희생당하게 되자 처음에는 오로지 복수의 일념에서 나치 잔당을 뒤쫓게 되었지만, 점차 자신이 하는 일이 인류의 양심과 도덕성 회복에 커다란 의미를 부여한다는 자각을 통해 오히려 남다른 사명감과 자부심을 지니게 됐기 때문인 것으로 보인다. 그런 점에서 그를 단순히 나치 사냥꾼으로 부르는 것은 나치가 저지른 엄청난 죄악을 오히려 호도하는 행위로 볼 수도 있다.

인종차별의 벽을 허문 넬슨 만델라

악명 높은 인종차별정책 아파르헤이트를 폐기한 공로로 1993년 데 클레르크 대통령과 함께 노벨 평화상을 수상한 남아프리카 공화국 최초의 흑인 대통령 넬슨 만델라(Nelson Mandela, 1918-2013)는 1964년 종신형을 선고받은 이래 1990년 석방될 때까지 무려 26년의 세월을 감옥에서 보냈는데, 45세에 로벤 섬으로 이감된 이후 71세에 비로소 풀려났으니 실로 대단한 인내심과 의지력의 소유자가 아닐 수 없다. 그 후 노벨 평화상을 수상하고 이듬해 흑인들이 최초로 참여한 자유 총선거의 실시로 압도적인 지지를 받아 대통령에 취임한 그는 정치적, 인종적 보복을 일소하고 용서와 화해에 입각한 대도의 길을 걸음으로써 전 세계인들로부터 아낌없는 찬사를 받았다.

만델라는 원래 템부족 족장의 아들로 움타타의 음베조 마을에서 태어났다. 그의 아버지는 각기 다른 마을에 사는 4명의 부인을 거느렸는데, 모두 4남 9녀의 자식들을 두었으며, 만델라의 어머니 노세케니는 세번째로 얻은 부인이었다. 그의 부모는 비록 문맹이었지만 독실한 기독교인이었으며, 일찌감치 아버지와 떨어져 어머니와 함께 지낸 만델라는 7세 무렵 감리교 학교에 들어가 그때부터 교사가 지어준 '넬슨'이라는 이름을 사용하기 시작했다.

9세 때 겨우 아버지와 함께 지낼 수 있었지만, 그것도 잠시일 뿐 아버지는 원인을 알 수 없는 병으로 곧 사망하고 말았기 때문에 아버지와의 접촉은 거의 없었다고 할 수 있다. 더욱이 아버지는 부패 혐의로 족장자리에서 내쫓기고 말았는데, 만델라는 자신의 아버지가 백인들에 의해 억울한 누명을 쓴 것으로 알고 있었으며, 비록 아버지의 정을 받은적이 없어 원망스러운 감정도 없지는 않았겠지만, 자신이 아버지의 강한 자부심과 반항정신을 이어받았다고 주장할 정도로 이미 어린 시절부터 족장의 아들이라는 자부심에 가득 차 있었음을 알 수 있다.

아버지가 죽은 후 어머니는 어린 아들의 양육을 당시 템부족 족장 부부에게 맡겼는데, 다행히 그들은 만델라를 마치 친자식처럼 아껴 주었으며, 교육에도 정성을 기울였다. 하지만 성인식을 치른 소년시절까지만 해도 서구식 교육의 결과로 백인 지배자들이 흑인을 착취하는 압제자가 아니라 오히려 교육 등 많은 혜택을 가져다준 고마운 은인으로 여기던 그는 대학에서 법학을 공부하던 시절부터 점차 백인들이 주도하는 극심한 인종차별정책의 실상을 절감하게 되면서 비로소 족장의 아들이라는 특권의식에서 벗어나 동족의 비참한 현실에 동참하기 시작했다.

넬슨 만델라

아프리카 민족회의(ANC)에 가담해 청년운동을 벌이기 시작한 그는 변호사로 활동하는 가운데 아파르헤이트 정책에 반대하는 흑인인권운 동에 본격적으로 뛰어들어 시민불복종운동을 벌인 결과, 당국에 수차 례 체포되기도 했지만, 그 후 대규모 집회현장에서 경찰의 발포로 유혈 사태가 벌어지자 평화적 시위에서 무장투쟁 노선으로 선회함으로써 마 침내 국가 반역죄 혐의로 종신형을 선고받고 로벤 섬에 수감되었는데, 그렇게 시작한 투옥생활이 무려 26년이나 지속된 것이다.

만델라는 오랜 옥고를 치렀음에도 불구하고 95세까지 장수했으며, 76세에 대통령에 취임해 81세에 퇴임과 동시에 정계를 은퇴할 때까지 실로 놀라운 업적을 남겼는데, 다른 무엇보다 진정한 민주정치의 회복 과 인종차별의 철폐, 가해자들에 대한 사면과 용서, 피해자들에 대한 위 로와 지원 등을 통해 아프리카 정치사에 새로운 이정표를 세웠으며, 참 혹한 내전으로 얼룩진 아프리카 흑인들에 대한 세상의 편견을 불식하 는 일에도 크게 공헌했다고 볼 수 있다. 전립선암 진단을 받은 만델라는 92세 고령에도 불구하고 2010년 남아공에서 개최된 월드컵 축구 폐회 식에 참석까지 했으나 그 후로는 공개적인 자리에 모습을 드러내지 않 다가 3년 후 폐렴으로 파란만장했던 생을 마감했다.

흑인 무슬림 지도자 말콤 엑스

백인이 흑인을 지배하는 미국사회에 저항해 흑인 우월주의를 내세운 말콤 엑스(Malcolm X, 1925-1965)는 비폭력 저항운동을 전개한 온건파 마틴 루터 킹 목사와는 달리 급진적 흑인 이슬람 종교단체 '네이션 오브 이슬 람(Nation of Islam)'을 이끌며 단순한 인종차별 철폐가 아니라 미국에 흑인들만으로 이루어진 국가를 따로 세우고자 하는 흑인 분리주의까지 외친 인물이다. 그러다가 과격한 입장에서 다소 후퇴해 '네이션 오브 이슬람'을 탈퇴하고 인종차별 반대와 인권신장 등을 요구하는 온건 노선으로 방향을 선회했으나 그를 배신자로 여긴 과격파 이슬람 단체 소속의 흑인 세 명에 의해 암살되고 말았다.

말콤 엑스가 그토록 급진적 저항운동에 몸담게 된 것은 전적으로 어려서부터 겪은 불행 때문이었다. 미국 네브래스카주 오마하에서 침례교 신자 얼 리틀과 루이스 노턴의 아들로 태어난 그의 본명은 원래 말콤 리틀이었으나 나중에 감옥생활을 마치고 석방된 후에는 아버지가 사용한 백인식의 성을 버리고 아무도 알 수 없다는 뜻에서 엑스(X)를 자신의 성으로 사용하기 시작했다. 아프리카에서 노예로 끌려온 흑인 조상들의 성을 결코 알 수 없기 때문이라는 이유에서였다.

어쨌든 그의 가족은 처음부터 극심한 인종차별 때문에 한곳에 정착하지 못하고 여기저기를 옮겨 다녀야 했는데, 흑인 인권운동에 가담한 아버지는 계속해서 KKK단의 살해 위협에 시달렸으며, 그가 네 살 때에는 살던 집이 불에 타 버리기도 했다. 결국 그가 6세 때 아버지는 길에서 의문사를 당하고 말았는데, 백인우월주의자의 소행이라는 소문이 파다했다. 더욱이 그가 13세가 되었을 때는 설상가상으로 어머니마저 정신병원에 입원하게 되었는데, 당시 그녀는 자신에게 임신까지 시킨 애인이 갑자기 사라져 버리자 큰 충격을 받고 정신이상 증세를 일으킨 것으로, 말콤 엑스는 그런 어머니를 몹시 경멸하고 증오했다.

원래 그의 어머니는 흑백혼혈 여성으로 아버

말콤 엑스.

지가 스코틀랜드인이었는데, 그런 이유로 그녀의 피부는 거의 백인에 가까울 정도로 옅었다고 한다. 말콤 엑스는 그런 어머니를 닮아 피부색이 무척 옅었으며, 아버지는 그런 아들을 매우 좋아했지만, 어머니는 오히려 자신을 닮은 아들을 싫어했다고 한다. 나중에 흑인우월주의자가 된 말콤 엑스는 자신의 몸에 섞인 백인의 피 한 방울마다 모두 증오한다고 일갈했는데, 백인에 대한 증오심이 어느 정도인지 알 수 있게 하는 말이다. 더욱이 아버지의 죽음이 백인들의 소행이라고 굳게 믿은 그였으니 백인에 대한 감정이 오죽했겠는가.

어머니가 정신병원에 입원하면서 졸지에 고아나 다름없는 신세가 된 그는 그 후 위탁가정을 전전하며 지내다가 16세 때 비로소 이복누이 집에 얹혀살게 되었는데, 이미 반항적인 소년으로 성장한 그는 뉴욕 할렘가를 중심으로 마약 거래, 매춘 알선, 도박, 강도 등의 범죄세계에 빠져들고 말았다. 20대에 접어들어 주로 부유한 백인여성이 사는 집을 상대로 강도행각을 벌이다 결국 경찰에 체포되어 징역 8년을 선고받고 수감생활을 시작한 그는 그곳에서 백인을 악마로 취급하는 '네이션 오브 이슬람'에 가입하고 무슬림이 되면서 기도와 독서로 시간을 보내는 등 자신의 불행한 과거와 단절하기 위해 애쓰는 모습을 보였다.

1952년 출감한 이후 급진적 이슬람주의 지도자로 두각을 나타내기 시작한 그는 190cm가 넘는 장신에 미남형으로 강력한 카리스마와 탁월한 연설 솜씨를 발휘하며 흑인 무슬림들을 사로잡기 시작했다. 하지만 비폭력 노선으로 많은 백인들의 지지를 받은 킹 목사와는 달리 지나치게 과격한 노선 때문에 흑인사회에서조차 경계의 대상이 되고 말았다. 특히 케네디 대통령의 암살사건을 두고 오히려 잘된 일이라며 매우 냉소적인 반응을 보임으로써 미국인들의 공분을 샀으며, 여론이 급속히 악화되자 결국 그는 이슬람 과격단체에서 탈퇴하고 이슬람 성지 순례를 떠나고 말았다. 떠나기 직전 킹 목사를 만나기도 했던 그는 성지 순례를 다녀온 후부터 온건노선으로 바뀌면서 그동안 자신이 했던 과격한 발언들에 대해 후회한다고 말하기도 했는데, 그런 모습에 대해 흑인 과격파들은 백인들에 굴복한 위선자 내지는 배신자로 간주하고 수시로 테러 위협을 가하다가 마침내는 그를 암살하고 만 것이다. 당시 그의 나이 39세였다. 그로부터 불과 3년 뒤에 마틴 루터 킹 목사는 백인우월주의자의 총에 맞아 숨졌다.

마틴 루터 킹 목사의 비폭력 저항

미국의 흑인 인권운동가 마틴 루터 킹 목사(Martin Luther King, Jr., 1929-1968)는 말콤 엑스의 무슬림 폭력주의 노선에 반대하고 비폭력 저항운동을 전개함으로써 양심적인 백인들로부터 많은 지지를 얻었을 뿐만 아니라 1963년 그 유명한 워싱턴 대행진을 이끌며 "나에게는 꿈이 있습니다."라는 역사적인 대중연설을 통해 전 세계를 감동시키기도 했다. 그리고 그 이듬해에 노벨 평화상을 받음으로써 그야말로 세계가 인정하는 인권운동의 상징적 존재가 되었으나 얼마 가지 않아 한 백인우월주의자의 총에 맞아 숨지는 비운을 겪고 말았다.

마틴 루터 킹 목사는 앨라배마주와 더불어 흑인 차별이 극심하기로 악명이 자자했던 미국 남부 조지아주 애틀랜타에서 흑인 침례교 목사의 아들로 태어났는데, 완고한 아버지의 이름 역시 아들과 똑같은 마틴 루터 킹이다. 어려서부터 음악을 매우 좋아하는 어머니의 손에 이끌려 여러 교회를 돌아다니며 성가대의 노래를 자주 들었던 그는 오르간주자이며 합창 지휘자이기도 했던 어머니의 영향으로 교회 성가대에서

마틴 루터 킹

노래를 부르며 신앙심을 키우기도 했다.

하지만 자상하고 세심한 성격의 어머니에 비해 완고하고 엄격하기 그지없던 아버지는 그가 15세가 될 때까지도 정기적으로 매질을 가하며 혹독하게 다루었는데 얼마나 호되게 아들을 다그쳤는지 그 소리가 이웃집에까지 다 들릴 정도였다. 따라서 그가 비폭력 저항운동을 전개한 뿌리는 아버지의 폭력에 노출된 그때부터 이미 싹트고 있었다고 봐야 할 것이다. 다시 말해서, 그는 백인들의 폭력에 노출되기 훨씬 이전부터 흑인 목사 아버지로부터 폭력에 대한 소극적인 저항의 방식을 이미 습득하고 있었던 셈이다.

그럼에도 불구하고 그는 흑인 신분으로 기죽지 않고 당당하게 백인 경찰과 가게 주인들에 맞서는 아버지의 기백과 자부심만큼은 크게 본받을 만하다고 여겼으며, 비록 자신을 어려서부터 가혹하게 길들였던 인물이긴 했으나 오히려 그런 아버지를 동일시한 결과 마침내는 아버지처럼 신학교를 지원해 목사가 되었으며, 더 나아가 흑인 인권운동가로 나서기에 이른 것이다. 정신분석에서는 그런 경우를 적대적 동일시(hostile identification)의 결과로 보기도 한다.

어린 시절 한때 그는 부유한 집안의 한 백인 소년과 친구가 되었지만, 학령기에 접어들어 제각기 다른 흑인학교와 백인학교에 다니게 되면서 서로 헤어지게 되었는데, 설상가상으로 그 친구의 아버지가 더 이상 흑인 아이와 어울리지 말라고 다그치는 바람에 영원히 그 친구를 볼 수 없게 되자 몹시 우울한 상태에 빠지기도 했다. 그런 우울증은 상당 기간 오래 지속되었는데, 12세 무렵 외할머니가 죽었을 때는 자시 자신을 비난하며 죽으려고 2층 창문에서 뛰어내리기까지 했다.

다행히 크게 다치진 않았지만, 그 후로는 주일학교에서 예수의 부활을 부정하는 등 신앙적으로 몹시 회의적인 태도를 보이기도 했다. 물론 나중에는 결국 복음정신을 다시 받아들이긴 했으나 청소년기에 접어들면서 그런 우울증은 점차 부당한 현실에 대한 분노로 변해 가기 시작했으며, 고등학교에 가서는 토론 팀의 일원으로 논쟁에 가담해 탁월한 달변가로 알려졌을 뿐만 아니라 웅변대회에서 상을 타기도 했다.

한번은 학교에서 집으로 돌아가는 길에 교사와 함께 버스를 탔는데, 운전기사가 빈 좌석이 있는데도 불구하고 그들이 앉지 못하게 하면서 백인승객들이 자리를 잡을 때까지 계속 서 있도록 했다. 운전기사의 부당한 요구에 그가 불응하려고 들자 곁에 있던 교사가 나서서 말리는 바람에 가까스로 참고 지시에 따르고 말았다. 당시 그 교사는 만약 운전기사의 말에 따르지 않을 경우 법을 어기는 결과가 된다고 설득한 것인데, 마틴 루터 킹은 그때가 자신의 인생에서 가장 화났던 순간이었다고 회상했다.

킹 목사가 본격적으로 인권운동에 뛰어들게 된 계기는 흑인여성 로자 파크스가 버스에서 백인남성에게 자리를 양보하지 않아 경찰에 체포된 사건을 통해서였다. 당시 버스 보이콧운동을 벌이기 시작한 킹 목사는 그때부터 인권운동가로 세상의 주목을 받기 시작했으며, 그 운동은 곧바로 전국적인 비폭력 저항운동으로 발전하는 기폭제가 된 역사적인 사건이 되었다. 비록 그는 1968년 테네시주 멤피스에서 백인우월주의자 제임스 얼 레이의 총을 맞고 39세라는 젊은 나이로 숨지고 말았지만, 흑인 인권운동의 어머니로 추앙받은 로자 파크스는 92세까지 장수하고 2005년에 타계했는데, 그녀의 장례식에 참석한 라이스 장관은 흑인여성 출신으로는 가장 최초로 국무장관이 된 인물이기도 했다. 어쨌든 라이스 장관의 퇴임과 동시에 미국 최초의 흑인 대통령 오바마가 백악관에 입성하는 경사를 맞게 되었으니 킹 목사의 희생도 결코 헛된 죽음이 아니었다고 할 수 있다.

사형제도를 폐지한 바댕테르

프랑스의 법률가이자 정치인으로 미테랑 정부에서 법무장관을 지낸 로베르 바댕테르(Robert Badinter, 1928-)는 1981년 프랑스에서 사형제도를 폐지하는 데 앞장선 인물이다. 당시 프랑스는 지구상에서 사형수를 상대로 단두대 처형을 시행하는 유일한 국가였는데, 프랑스 대혁명 이후 오랜 전통을 지니고 내려온 단두대 처형뿐 아니라 아예 사형제도 자체를 폐기해 버린 획기적인 조치였다.

소르본 대학에서 법학을 공부한 바댕테르는 1965년 이래 모교에서 오랜 기간 법학교수로 재직하는 가운데 인권운동에도 뛰어들어 눈부신 활동을 벌였으며, 일찌감치 사회당의 일원으로 정치적 활동에도 가담했다. 1972년 자신이 변호했던 한 죄수가 명백히 살인을 저지르지 않았음에도 불구하고 사형이 선고되는 현실에 분격해 사형폐지 운동에 발 벗고 나서기 시작한 그는 1976년 8세 아동을 납치 살해한 패트릭 헨리의 변호를 자청해서 맡았는데, 물론 그것은 살인범을 위해서가 아니라 사형언도를 막기 위해서였다. 결국 재판은 바댕테르가 승리해 무기징역 선고를 이끌어 내기에 이르렀다.

바댕테르의 활약은 당시 사회당 당수였던 미테랑의 눈에 들어 대통령 선거에서도 사형제도 폐지를 선거 공약으로 내걸었으며, 대통령에 당선된 직후 바댕테르를 법무장관에 임명해 본격적으로 사형폐지 정책을 추진하게 되었다. 이처럼 프랑스 역사상 최초로 사형제도를 폐지한 바댕테르는 그 후에도 10년간 헌법위원회 의장직에 있으면서 인권보호에 힘썼으며, 사형폐지의 확산을 위한 국제운동에도 크게 공헌해 왔다.

바댕테르

1981년 9월 사형제도 폐지에 앞서 바댕테르는 프랑스 의회에서 행한 연설을 통해 정의에 바탕을 둔 역사적 진보는 개인적인 보복 차원을 뛰어넘어 진행되어 왔다는 점에서 더 이상 "눈에는 눈, 이에는 이"라는 오랜 전통의 탈리온 법칙에 집착해서는 안 될 것임을 호소하고, 그럼에도 불구하고 살인과 폭력과의 싸움은 끝없이 계속되어야 한다고 말하기도 했다.

바댕테르가 이처럼 살인과 폭력에 반대하는 운동에 자신의 모든 것을 바치게 된 계기는 제2차 세계대전 당시 희생당한 아버지 때문으로 보인다. 그의 아버지는 러시아에서 이주한 유대인으로 제2차 세계대전 중에 독일군에 체포되어 소비보르 수용소로 끌려가 그곳에서 참혹한 죽임을 당했는데, 당시 바댕테르는 어린 소년에 불과했지만, 자신의 아버지가 그토록 비참한 최후를 마친 사실에 대해 일생 동안 지울 수 없는 큰 상처를 받게 된 것이다. 그래서 그는 법학자가 되었을 뿐만 아니라 결혼도 페미니스트 작가와 했다.

어쨌든 바댕테르의 노력에 힘입어 오늘날 사형제도를 완전 폐지한 나라는 120개국에 이르고 있는데, 전 유럽과 캐나다, 호주, 멕시코, 아르헨티나, 남아연방 등이 이에 속하지만, 대부분의 이슬람 국가들과 중국, 인도, 남북한, 일본 등을 포함한 아시아국가, 미국 등은 여전히 사형제도를 포기하지 않고 있다. 바댕테르는 특히 민주국가의 표본인 미국이 사형제도를 계속 고집하고 있는 현실에 불만을 나타내고 있지만, 그의 뜻대로 되지 않는 것은 미국뿐만이 아니다.

왜냐하면 지금도 중국, 북한, 이란, 사우디아라비아에서는 공개처형이 시행되고 있으며, 이란과 아프가니스탄에서는 돌로 때려죽이는 투석형이, 그리고 카타르와 사우디아라비아에서는 여전히 참수형이 시행되고 있기 때문이다. 더욱이 북한에서는 최고지도자인 김씨 일가를 모독한 죄인에 대해서는 몽둥이로 때려죽이는 장살형까지 시행하고 있으니 그야말로 인권의 사각지대가 아닐 수 없다.

바댕테르는 지금 이 순간도 국제정의를 위해 정력적으로 활동하고 있으며, 특히 미국과 중국을 상대로 사형제도 폐지를 위해 노력 중이다. 하지만 티베트 고유문화의 파괴에 대해 문화적 인종학살로 규정하고 달라이 라마의 비폭력 저항운동을 극찬하는 등 중국 당국의 눈에 거슬리는 행보 때문에 적어도 중국에서는 그의 노력이 난관에 처해 있다고 볼 수 있다.

아랍인과 평화적 공존을 외친 아모스 오즈

현대 히브리 문학의 새로운 희망으로 떠오르고 있는 이스라엘의 작가 아모스 오즈(Amos Oz, 1939-)는 이스라엘이 독립하기도 전인 영국령 팔레스타인 땅 예루살렘에서 열렬한 극우파 시온주의자 예후다 클라우스너의 아들로 태어났다. 하지만 그가 12세 때 매우 지적이고 섬세한 여성이었던 어머니가 우울증에 시달리던 나머지 갑자기 자살해 버리자 큰 충격을 받은 후부터 아버지에 대한 반항심에서 아버지 노선과 정반대되는 사회주의적 시온주의를 따르게 되었으며, 14세가 되자 무단가출해 집단농장 키부츠에 들어가 공동체의 일원이 되면서 자신의 성도 클라우스너에서 오즈로 바꿔 버렸다. 얼마나 아버지를 증오했으면 그 랬을까 싶다. 그 후로는 완전히 아버지와 등을 돌리고 살면서 일체 상종 하지 않았다.

히브리 대학에서 철학과 문학을 공부한 그는 25년간 키부츠의 고등 학교에서 교사로 일하는 가운데 농사일과 집필활동을 병행했는데, 1965년 첫 단편집 《자칼의 울음소리》로 문단에 데뷔한 이래 발표하는 작품마다 대중의 찬사를 받으며 현대 히브리 문학의 거장으로 떠올랐 으며, 창작활동뿐 아니라 반전단체를 설립해 이스라엘과 팔레스타인의 평화로운 공존을 위한 운동에도 힘썼다.

젊은 시절 애국심에 불타오른 그는 1967년 제3차 중동전쟁인 6일 전 쟁에서 탱크부대원으로 시나이 전투에 참가하면서 전쟁의 참혹함을 겪 은 후 공존과 타협의 필요성을 뼈저리게 느끼고 배타적인 유대인 민족 주의에 강한 회의를 갖게 되었으며, 그런 체험을 토대로 꿈과 현실의 통 합과 조화의 중요성을 설파한 소설 〈나의 미카엘〉을 발표해 세계적인 명성을 얻게 되었다. 그 후 〈물결을 스치며 바람을 스치며〉에서도 제 2차 세계대전을 배경으로 젊은 유대인 남녀의 이 별과 재회를 통해 증오로 가득 찬 세계에서 화해 의 중요성을 강조하고 있다.

1986년 그는 초기 키부츠의 이상이 퇴색해 가 는 현실에 실망했을 뿐만 아니라 아들의 천식 치 료를 위해 25년간 몸담은 키부츠 생활을 청산하 고 네게브 사막지대의 아라드시로 이주했는데, 그 후에도 아랍인과 공존의 필요성을 느끼게 되 면서 주위로부터 배신자 취급을 받게 되는 소년

아모스 오즈

의 이야기를 담은 자전적 소설 〈지하실의 검은 표범〉, 마을에서 사라진 동물들을 찾아 나선 두 주인공을 통해 왜곡된 마음들이 서로 화해하는 과정을 담은 〈숲의 가족〉 등을 발표함으로써 줄기차게 타협과 화해의 정신을 강조하고 있다. 그런 점에서 아모스 오즈는 진정으로 한 우산을 둘이 함께 쓸 줄 아는 공존의 필요성을 그 누구보다 문학적인 승화로 표현한 보기 드문 작가라 할 수 있다. 하지만 아버지와의 타협과 화해만큼은 생각처럼 그렇게 여의치가 않은가 보다.

사생아로 태어나 사생아를 낳은 제시 잭슨 목사

마틴 루터 킹 목사와 함께 흑인 민권운동에 앞장서 유명해진 제시 잭슨(Jesse Jackson, 1941–) 목사는 1965년 말콤 엑스에 이어 1968년 킹 목사까지 암살당하자 그들의 뒤를 이어 가장 강력한 흑인 지도자로 나서면서 미국을 대표하는 인권 목사의 이미지를 확실하게 다졌다. 흑인들의 전폭적인 지지에 힘입어 정계에 뛰어든 그는 그 여세를 몰아 1984년에 이어 1988년 민주당 대통령 후보 경선에 재도전했으나 마이클 듀카키스에게 패하고 말았다. 대선에서 듀카키스는 공화당의 조지 부시에게 무릎을 꿇고 얼마 후 정계 은퇴를 선언했으나, 잭슨 목사는 상원의원으로 정치활동을 계속했다.

하지만 21세 때 재클린 브라운과 결혼해 5남매를 둔 그는 1999년 자신의 부하 여직원 카린 스탠퍼드와 불륜관계를 맺고 사생아 딸까지 낳은 사실이 알려지면서 정치생명에 큰 타격을 입게 되었으며, 그동안 쌓아 온 인권 목사 이미지에도 스스로 먹칠을 하고 말았다. 결국 그는 모든 인권운동에서 손을 떼게 되었지만, 이처럼 생전에 개망신을 당한 잭슨 목사보다는 그래도 사후에 불륜과 성추문 사실이 알려진 마틴 루터 킹 목사가 차라리 운이 좋았다고 할 수 있다. 그런데 잭슨 목사의 문제는 거기서 끝나지 않았다. 인종차별을 빌미삼아 여러 기업을 상대로 금전적 거래를 하는가 하면, 제3세계의 독재자들과 이권거래도 서슴지 않았는데, 특히 아랍 세력의 지원을 받아 유대인을 비난함으로써 스스로 인종차별주의자임을 입증하는 자가당착에 빠지기도 했다.

제시 잭슨

이처럼 자기모순에 빠진 모습을 보인 제시 잭슨 목사는 원래의 본명이 제시 루이스 번스로 그의 생부는 전직 프로복서였던 노아 루이스 로빈슨이었다. 그의 어머니 헬렌 번스는 불과 16세 때 고교생 신분으로 당시 33세였던 기혼남 로빈슨과 관계를 맺고 제시를 낳았으니 결국 그는 사생아로 태어난 셈이다. 제시가 태어난 후 얼마 지나지 않아 어머니가 우체국 직원 찰스 헨리 잭슨과 결혼함으로써 자연스레 계부의 성을 따르게 된 그는 일곱 살이 될 때까지 친부의 존재를 모르고 있었다. 그 후 성장해 가면서 친구들로부터 사생아라는 놀림을 받고 크게 상처를 받기 시작한 그는 그때부터 자신이 반드시 성공해야만 사람들로부터 무시를 당하지 않을 것이라고 느꼈다. 또한 그런 설움 때문에 수시로 친부를 찾아갔으며, 할아버지인 제시 로빈슨 목사에게서 웅변술을 배우기도 했는데, 당시 그는 친부와 계부 두 남자를 모두 자신의 아버지로 여기고 지냈다.

사생아로 놀림 받는 일보다 차라리 흑인 전용으로 지정된 버스 뒷좌석에 탑승하고 수돗물도 따로 마시는 일이 더욱 손쉽다고 여긴 그는 그런 열등감과 모멸감에서 벗어나기 위해 고교시절 반장도 맡고 학업 성적 역시 뛰어났으며, 야구, 축구, 농구 등 스포츠에도 만능일 정도로 항상 남보다 앞서가는 일에 자신의 모든 것을 걸었다. 하지만 프로선수로 성공할 야심을 지니고 있던 그는 점차 자신의 노력만으로 안 되는 일이 있다는 사실을 피부로 절감하기 시작했는데 그것은 바로 인종차별의 높은 벽이었다. 그래서 방향을 급선회해 시카고 신학교에 들어갔으며, 비록 인권운동에 전념하느라 졸업하지 못하고 중퇴하고 말았으나 그럼에도 불구하고 1968년 침례교 목사로 안수까지 받았다.

그 후 잭슨 목사는 마틴 루터 킹 목사가 주도하는 인권운동에 뛰어들어 이름을 날리기 시작했는데, 킹 목사는 비록 그의 노골적인 야심과 사람들의 이목을 끌고자 지나치게 과장하는 스타일이 마음에 들진 않았지만, 그의 뜨거운 열정과 뛰어난 조직력 하나만큼은 크게 인정해 그에게 단체의 요직을 맡기게 되었으며, 결국 킹 목사가 암살당한 직후부터는 흑인 민권운동을 실질적으로 이끌어 가는 후계자가 되었다.

하지만 흑인들의 지지만 믿고 대선에 도전할 정도로 무모함을 보였던 그는 결국 자기관리에 소홀함으로써 정치생명을 스스로 단축하고 말았다. 어쩌면 그것은 사생아로 태어나게 만든 부모에 대한 양가적인 감정과 어릴 때 당했던 치욕감 때문에 그 자신도 사생아를 낳음으로써 무언의 복수를 한 결과일 수도 있으며, 그런 열등감에서 비롯된 지나친 정치적 야망으로 인해 대중적 인기에만 연연했지 지도자로서의 자질이 어떠해야 하는지에 대해서는 미처 깨닫지 못했던 것으로 보이기도 한다.

군사독재에 항거한 아웅 산 수지 여사

미얀마 민주화 투쟁의 상징적 존재인 아웅 산 수지(Aung San Suu Kyi, 1945-) 여사는 버마 독립의 민족적 영웅 아웅 산 장군의 딸로 불교적 사회주의를 내세운 군사정권에 의해 20년 이상 가택연금을 당한 상태에서도 굴하지 않고 민주화를 위한 평화적인 비폭력 저항운동을 전개해 미얀마 국민뿐 아니라 전 세계인들에게 큰 감동을 안겨 주었는데, 그런 공로가 인정되어 그녀는 1991년 노벨 평화상까지 받았다.

아웅 산 장군의 노력과 희생에 힘입어 영국의 지배에서 벗어날 수 있었던 버마는 1947년 비로소 독립국가가 되었지만, 정작 아웅 산 장군은 공식 정부가 출범하기 6개월 전에 랑군의 회의실에서 정적들에 의해 다른 각료들과 함께 암살당하고 말았다. 당시 두 살이었던 아웅 산 수지는 그 후 홀어머니 밑에서 자라면서 자신의 아버지가 얼마나 위대한 인물이었는지, 그리고 그의 비극적인 최후에 대해 소상히 알게 되었는데, 어머니는 새로 독립한 버마 정부에서 인도 주재 대사로 임명되어 근무했으며, 그동안에 아웅 산 수지는 인도와 영국에서 정치학을 공부했다. UN에 근무할 때 만난 영국인 마이클 에어리스와 결혼한 그녀는 남편과 함께 런던에 거주하면서 오로지 학업에만 몰두하고 있었다.

하지만 버마는 1962년 불교식 사회주의를 표방한 네윈 장군의 군사 쿠데타 이래 오랜 군부독재로 인해 숱한 민주투사들의 희생은 물론 아시아 최빈국으로 전락하면서 대다수의 국민들이 폭정에 신음하고 있었으나 그래도 군부는 아웅 산 장군의 존재에 대해서만큼은 최대의 경의를 표시하며 국부로 대우하고 있었다. 그러던 차에 1988년 병든 어머니를 돌보기 위해 모처럼 귀국한 아웅 산 수지는 바로 그해에 미얀마 전국에 대규모 반정부 시위가 일어나면서 무자비한 학살로 정권을 차지한 신군부의 쿠데타를 목격한 후 비로소 조국의 참담한 현실을 깨닫고 본격적인 민주화 투쟁에 뛰어들게 되었다.

아버지를 암살로 잃은 후 생의 대부분을 해외에 머물렀으며, 더군다나 영국인과 결혼까지 했던 그녀는 사실상 자신의 조국 실정에 별다른 관심을 갖고 있지 않다가 자신의 눈으로 직접 참혹한 실상을 목격하게 되면서 새삼스레 자신의 정체성에 눈을 뜨고 아버지의 희생으로 독립한 조국 미얀마의 미래를 걱정하기 시작한 것이다. 하지만 민족민주동맹을 발족한 후 1989년 그녀는 군부에 의해 가택연금에 처해지고 말았으며, 해외로 떠나면 자유를 주겠다는 군부의 제안도 거부한 채 그 후 20년 동안 연금 상태에 있으면서도 미얀마 국민들에게 민주화에 대한 희망을 심어 주는 상징적 존재로 그들과 고통을 함께 공유하는 모습을 보였다.

1990년 연금된 상태에서 치러진 총선에서 그녀가 이끄는 민족민주동맹이 압승을 거두어 당연히 수지 여사가 총리로 취임했어야 하나 군부는 선거 무효를 선언하며 계속해서 폭압적인 독재체제를 고수했다. 전 세계 여론이 악화된 가운데 이듬해에 수지 여사는 마침내 노벨 평화상을 수상했으나 2010년 극심한 감시하에 치러진 총선에서 여당이 압승을 거두자 미얀마 군부는 비로소 그녀에 대한 가택연금 조치를 해제했는데, 그녀가 자유롭게 되기까지 무려 20년 이상의 세월이 걸린 셈이다.

그토록 오랜 기간 동안 불과 다섯 차례 밖에 면회가 허용되지 않은 남편 마이클은 1995년 영국 옥스퍼드에서 암으로 사망하고 말았지만, 당연히 그녀는 남편의 장례식에 참석조차 할 수 없었다.

아웅 산 수지

일단 출국하면 군부가 재입국을 허용하지 않으리라는 것을 너무도 잘 알고 있었기 때문이다. 어쨌든 오랜 기간에 걸친 그녀의 끈질긴 비폭력 저항에 힘입어 오늘날 미얀마는 마침내 군부독재에 종식을 고하고 비록 제한적이긴 하나 민주화를 향해 서서히 나아가고 있는 중이지만, 그래도 역시 아직까지는 갈 길이 멀다 하겠다.

3장

인류의 귀감이 된 정신적 스승들

사생아로 태어나 인류의 스승이 된 공자

유교 사상의 시조로 알려진 공자(孔子, BC 551-BC 479)는 수천 년간 동양 문화권에서 정신적 지주 노릇을 해 온 고대 중국 노나라의 사상가이자 교육자로, 그에 대해서는 여러 말이 필요 없을 정도로 중국은 물론 동아시아 문화권의 정신세계를 지배해 온 불세출의 사상적 거인이 아닐 수 없다. 그는 특히 인(仁)에 바탕을 둔 덕치주의를 강조해 혼란에 빠진 세상을 바로잡고자 천하를 주유하면서 많은 군주를 상대로 가르침을 펼쳤으나 자신의 정치철학에 귀를 기울이는 군주들이 없자 크게 낙담한 나머지 말년에는 고향으로 돌아가 후학 양성에만 매진하다 72세를 일기로 세상을 떴다.

공자는 중국 산동성 곡부 인근 마을에서 몰락한 귀족의 후예인 하급 무사 숙량흘의 서자로 태어났는데, 당시 이미 노년에 접어든 숙량흘은 2명의 본처에게서 9명의 딸과 아들 맹피를 두고 있었지만 그 아들이 장애인이었기 때문에 건강한 아들을 원한 나머지 동료 무사의 딸 안징재를 통해 공자를 낳은 것이다. 이처럼 정상적인 혼인관계를 통해 공자를 낳은 것이 아니었기 때문에 이들 모자는 숙량흘이 불과 2년 뒤에 세상을 뜨게 되자 다른 마을로 이사했으며, 아무런 유산도 받지 못해 매우 궁핍한 생활고에 시달리며 살아야 했다. 더욱이 어머니 안(顔)씨는 시력까지 잃게 돼 어린 공자는 막일로 어머니를 부양해야 했으니 자신에게 그런 시련을 안겨 준 아버지에 대한 원망이 컸을 법도 하다.

더욱이 16세 때 어머니마저 잃고 고아가 되면서 비통함에 잠긴 공자는 아버지의 무덤을 수소문해서 알아낸 후 어머니의 유해를 합장함으로써 그동안에 쌓인 한을 털어 냈으며, 그 후 18세에 송나라 출신 여인과 혼인해 아들까지 낳았으나 당시 그의 생계수단은 창고지기나 축사를 돌보는 비천한 일들뿐이었다. 그렇게 사생아로 태어난 설움을 톡톡히 겪은 그의 유일한 소망은 귀족 가문의 후손으로 인정받는 일이었으나 세상일은 그의 뜻대로 돌아가 주지 않았다.

키가 9척이 넘는 장신으로 기골이 장대했던 공자는 무사가 되기에 손색이 없는 풍채의 소유자였지만, 무사였던 아버지와는 달리 글과 학문의 길을 걷고자 작심하고 노자를 비롯해 당대에 소문난 스승들을 찾아 닥치는 대로 배웠으며, 마침내 30대에 이르러서는 노나라에서 가장 박식한 인물이 되어 그의 가르침을 배우러 찾아오는 제자들이 줄을 잇

공자

게 되었다. 사생아로서의 설움과 열등감을 드높은 학문적 탐구로 승화시킨 셈이다.

그에 관한 소문이 널리 퍼지면서 40대 중반에 처음으로 관직을 맡아 올바른 정치를 펼치고자 했으나 그를 시기한 권신들의 모함으로 결국 노나라를 떠나 여러 제후국을 떠돌며 자신의 정치철학을 실현하고자 애썼다. 하지만 그의 가르침에 귀를 기울이는 군주들이 없자 68세에 이르러 노나라로 돌아가 제자들을 가르치는 일에 전념했

는데, 말년에 이르러 아들을 비롯해서 아끼던 제자 안연과 자로가 잇따라 죽게 되자 크게 상심하기도 했다.

공자는 아들 대신 어린 손자 자사를 직접 키웠는데, 그 후 자사는 조부의 학맥을 이어 나가는 일에 크게 공헌했으며, 공자가 세상을 떠난 후 제자들은 스승의 가르침을 모아 책으로 엮은 《논어》를 세상에 알림으로써 수천 년에 걸쳐 유교문화권 전체에 지대한 영향력을 행사하기에 이르렀다. 비록 중국 대륙이 공산화된 후 문화내혁명 시기에 홍위병이 주도한 공자 타도의 구호 아래 유학서가 불태워지고 공자묘까지 파괴되는 수모를 겪기도 했지만, 백성을 중시하는 그의 덕치주의는 지금까지도 진정한 휴머니즘을 대변하는 정치철학으로 여전히 빛을 발하고 있다.

그런데 공자의 맥을 이은 맹자(孟子, BC 372-BC 289) 역시 일찍 아버지를 여의고 홀어머니 밑에서 자라야 했는데, 차이점이 있다면 맹자의 어머니는 맹모삼천지교(孟母三遷之敎)라는 말이 생길 정도로 아들 교육에 헌신적이어서 그런 현모에게서 큰 감화를 받은 결과 공자에 버금가는 대학자로 성장할 수 있었다. 맹자는 공자의 사상을 계승 발전시키는 가운데 공자의 인(仁)을 인(仁)·의(義)·예(禮)·지(智) 등 사단(四端)으로 세분했을 뿐만 아니라 인간관계를 부자유친(父子有親), 군신유의(君臣有義), 부부유별(夫婦有別), 장유유서(長幼有序), 붕우유신(朋友有信) 등 다섯 가지로 구분한 오륜(五倫)설을 통해 유학의 기초를 닦았으며, 순자의 '성악설'과 대비되는 '성선설'을 내세워 덕치주의에 입각한 왕도정치의 이상을 이룩하고자 했다. 하지만 법가의 득세로 사람들이 자신의 말에 귀를 기울이지 않게 되자 세상과의 타협을 거부한 그는 은둔생활에 들어가 세상과 담을 쌓고 지냈다고 한다.

4세기 동로마제국에서 활동한 기독교 성직자 성 니콜라스(Saint Nicholas, 270-345)는 원래 유복한 집안에서 태어났으나 어릴 때 역병으로 일찍 부모를 여의고 고아가 된 이래 파타라의 주교인 삼촌 밑에서 자랐으며, 그 후 장성해서 삼촌의 지시에 따라 삭발하고 성직에 몸담기 시작했다. 성지 순례를 다녀온 후 터키 남부 지중해연안에 위치한 도시 뮈라의 주교로 임명되어 죽을 때까지 그곳에 살면서 아버지로부터 물려받은 막대한 유산을 가난한 사람들에게 모두 나눠 줌으로써 인류 최초의 자선사업가가 되었다.

숱한 전설을 남긴 그가 75세 나이로 죽자 그의 명성이 전 유럽에 알려지면서 그의 이름을 딴 예배당들이 사방에 생겨났으며, 또한 17세기에 신대륙으로 이주한 네덜란드인들이 현재 뉴욕이 위치한 땅에 뉴암스테르담을 건설하면서 본국에서 지내던 신터 클라스 축제를 신개척지의 풍습으로 부활시켰는데, 성 니콜라스의 라틴어 이름 상투스 니콜라우스에서 유래한 신터 클라스라는 이름의 발음이 변형되어 그 후 영어권에서 산타클로스로 불리게 된 것이다.

오늘날 크리스마스이브에 전 세계 어린이들이 산타클로스 할아버지의 선물보따리를 기다리며 잠자리에 들고 있지만, 사실 우리가 알고 있는 산타클로스의 모습은 오랜 세월을 거치면서 많은 부분이 각색되어 전해진 것으로 실제의 성 니콜라스와는 다른 내용이 많다고 할 수 있다. 물론 성 니콜라스는 남몰래 많은 선행을 했지만, 소아시아 지방 터키에 살았던 그가 사슴이 끄는 썰매를 타고 다녔을 리 없었으며, 더욱이 크리스마스이브에만 선물을 나눠 준 것도 아니었다.

지금도 서양의 많은 어린이들은 산타클로스가 북극에 살고 있는 줄

알고 매년 수백만 통의 편지를 보내고 있다고 하
는데, 그런 오해가 생긴 것은 그에 관한 이야기가
추운 지방에 살던 노르만족에 의해 유럽 각지에
전해진 결과로 볼 수 있으며, 그 후 12세기에 이
르러 프랑스의 수녀들이 성 니콜라스의 축일인
12월 6일 전날에 그의 선행을 기리는 뜻으로 가난
한 아이들에게 선물을 나눠 주기 시작하면서 그
런 풍습이 전국으로 확대된 것이다.

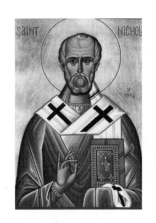

성 니콜라스

특히 빨간 털모자와 외투를 걸친 산타클로스
의 모습은 1931년 미국의 음료회사 코카콜라가 겨울철에 판매량이 급
격히 감소하는 현상을 막기 위해 코카콜라를 상징하는 붉은색을 산타
클로스에 입혀 홍보에 나서면서 더욱 크게 알려지는 계기가 되었다고
할 수 있다. 하지만 원래 가톨릭 추기경이 붉은색 의상을 착용하듯이 성
니콜라스 역시 주교였기 때문에 붉은색 옷으로 표현했을 수도 있다.

또한 산타클로스가 항상 굴뚝을 통해 들어온다고 믿은 것도 성 니콜
라스에 관한 미담에서 비롯된 내용이기 쉽다. 당시 세 명의 딸을 둔 한
아버지가 집안이 너무 가난해서 시집보낼 엄두조차 내지 못하다가 사
창가에 팔아넘기려 한다는 소문을 들은 성 니콜라스는 세 자매를 돕기
위해 남몰래 그녀들이 살던 집 굴뚝 속에 금덩이를 떨어트렸는데, 그것
이 신기하게도 벽에 걸린 양말 속으로 들어가 그 돈으로 세 자매가 결혼
까지 하게 되었다는 것이다. 하지만 실제로 굴뚝을 이용했는지는 분명
치 않으며 아무도 모르게 살짝 창문을 통해 황금이 든 자루 세 개를 집
안에 던져 놓고 돌아갔다는 내용이 더욱 신빙성이 있어 보인다. 한 손에
3개의 황금 덩어리를 들고 서 있는 성 니콜라스의 상징은 그런 미담에
서 생긴 것으로 보인다.

어쨌든 그는 오른손이 하는 일을 왼손이 모르게 하라는 예수 그리스도의 말씀에 따라 자신의 전 재산을 가난한 사람들을 위해 모두 바친 것인데, 그렇게 자비로운 그도 325년에 개최된 제1차 니케아 공의회에 참석했을 때 예수 그리스도의 신성을 부인하던 아리우스파 성직자의 얼굴을 흥분한 나머지 주먹으로 때리기까지 했으니 나중에 성인으로 추대되기까지 하며 수많은 나라에서 수호성인으로 숭배의 대상이 되었던 그의 이미지와는 다소 다른 느낌을 받는다. 하지만 어린 나이에 일찍 고아가 되어 부모 없이 자란 그가 예수 그리스도와 성모 마리아를 자신의 상징적 부모로 여기고 극진히 섬겼던 점을 고려한다면 충분히 그럴 만도 했을 것이다.

맨발의 성자 프란체스코

가톨릭 수도회 가운데 베네딕토 수도회, 도미니코 수도회와 더불어 가장 오랜 전통을 지니고 있는 프란체스코 수도회의 창시자 아시시의 성 프란체스코(San Francesco d'Assisi, 1181-1226)는 사제 서품을 거부하고 평생을 가난과 청빈 속에서 보내며 예수 그리스도의 사랑을 몸소 실천한 수사였다. 그는 비록 부유한 상인의 아들로 태어나 젊은 시절 한때는 사치와 향락에 빠져 지냈으며, 한창 혈기왕성하던 시절에는 전쟁에 참가했다가 포로로 잡혀 1년간 고생하기도 했으나 그 후 다시 군대에 자원입대하기 위해 길을 떠났다가 도중에 아시시로 돌아가라는 내용의 환청을 체험하고 고향으로 돌아가 영적인 생활에 전념하게 되었다.

아시시로 돌아온 후 그는 친구들도 만나지 않고 혼자 사색하는 일이 많아졌는데, 친구들이 결혼 여부에 대해 물으면 자신은 가난과 결혼할 것이라 답하기도 했다. 마침내 그는 나병 환자들을 돌보면서 길에서 구걸하는 거지들과 함께 어울려 지내기도 했으며, 당시 로마 순례를 마치고 집으로 돌아가던 길에 잠시 들린 성당에서 기도하던 도중에 십자가상으로부터 예수 그리스도의 음성을 듣게 되자 그 후 곧바로 집으로 돌아가서 값비싼 옷가지를 모두 내다 팔아 아버지의 분노를 샀다. 아무래도 세속적인 부에 탐닉해 돈밖에 모르고 살아가는 아버지에 대한 반감이 매우 컸었나 보다.

아버지는 아들의 마음을 돌리기 위해 온갖 수단을 다 동원해 봤지만 끝내 말을 듣지 않자 결국 아들에게 아무런 유산도 물려주지 않겠다고 위협했는데, 아버지 스스로가 요청한 재판에서 프란체스코는 자신의 상속권을 포함해 부자관계마저 포기한다고 선언하고 자신이 지닌 돈과 옷을 모두 아버지에게 돌려주면서 앞으로는 자신의 생부가 아니라 하늘에 계신 아버지만을 아버지로 부르겠다고 말했다. 그 후부터 그는 집을 나와 거지차림으로 돌아다니며 사랑의 메시지를 전파하기 시작했다.

아시시의 거리에서 복음을 전파하며 설교를 시작한 그는 점차 자신을 따르는 추종자들이 늘어나게 되자 교황 인노첸시오 3세를 알현하고 수도회 설립에 대한 인가를 받아 냈으며, 그 후 그의 설교에 감동한 여성 클라라와 함께 여성 수도회도 설립하게 되었다. 십자군 전쟁이 한창이던 1219년에는 순교를 각오하고 이집트의 술탄을 직

성 프란체스코

접 방문해 그를 개종시키려고 했는데, 비록 그 뜻을 이루지는 못했지만, 그의 고결한 인품에 감화된 술탄은 매우 정중한 태도로 그를 대해 주었으며, 예외적으로 성지 예루살렘에서 프란체스코회의 활동을 보장해 주었다.

당시 그는 술탄에게 자신의 믿음을 보여 주기 위해 뜨거운 불길 속으로 걸어 들어갔다는 기록도 있지만, 그것은 프란체스코의 행적을 미화하기 위해 지나치게 과장된 묘사로 보인다. 어쨌든 술탄은 그의 몸에 아무런 해도 입히지 않고 그대로 그를 십자군 진영에 돌려보냈는데, 무슬림 지배자를 개종시키겠다고 적지에 들어간 그의 행동은 매우 무모한 시도로 보이기도 하지만, 그런 프란체스코를 곱게 돌려보낸 술탄의 관대함이 더욱 돋보이는 일화라 하겠다. 더군다나 참혹한 전쟁을 일으킨 당사자는 교황이었다는 점에서 프란체스코는 설득 대상을 잘못 짚은 셈이다.

어쨌든 그는 무사히 돌아온 후 수도회 발전에 힘을 쏟는 한편, 1224년에는 단식기도 중에 예수 그리스도의 성흔을 받는 기적도 일으켰는데, 역설적이게도 성흔을 받고난 후부터 건강이 급속도로 악화되어 앞을 볼 수가 없었으며, 여러 도시를 돌아다니며 치료를 받았으나 아무런 효과가 없었다. 결국 치료를 포기하고 자신의 오두막으로 돌아온 그는 시편 구절을 노래하는 가운데 조용히 눈을 감았으며, 그가 선종한 후 교황 그레고리오 9세는 프란체스코를 성인으로 추대했다.

항상 누더기 옷을 걸치고 맨발로 다니며 설교한 프란체스코는 자연의 모든 생명체를 사랑해서 새들에게도 설교했다고 하며, 한때는 도시를 위협하던 늑대를 상대로 설교해서 감화시킨 것으로도 알려졌다. 그는 태양과 달과 별, 불과 물, 바람과 땅, 죽음 등 모든 자연현상에 대해서도 형제자매로 호칭하고, 심지어는 자신이 앓고 있던 질병들조차 자매들이라 부르며 친근감을 표시했는데, 물론 그렇게 승화된 사랑은 일생 동안 유지된 금욕주의에서 비롯된 것으로 볼 수 있으며, 성을 타락의 지름길로 보고 멀리한 결과라 할 수 있다. 그의 극단적인 금욕주의는 중세 유럽의 기독교사회에 결정적인 영향을 끼친 것으로 평가된다.

성직자의 사생아로 태어난 에라스무스

네덜란드의 가톨릭교회 사제이며 인문주의자로 동시대의 교회와 성직자들의 권력 남용을 신랄하게 비판한 에라스무스(Desiderius Erasmus, 1466-1536)는 특히 그의 대표적인 저서 《우신예찬(愚神禮讚)》을 통해 종교개혁 운동에 지대한 영향을 끼친 신학자로 당대 최고의 기독교 인문주의자라는 평가를 받으며 명성을 떨쳤으나 종교개혁을 주도한 마르틴 루터를 광신적인 인물로 비판함으로써 가톨릭과 개신교 양측으로부터 모두 공격당하는 곤경에 처하기도 했다. 하지만 그는 동시대의 많은 지식인들로부터 지지를 받고 대단한 인기를 누렸으며, 셰익스피어, 세르반테스 등의 작가들에게도 많은 영향을 준 것으로 평가된다.

이처럼 한 시대를 풍미했던 그였지만, 개인적으로는 매우 불행한 성장과정을 거친 인물이기도 했는데, 태어날 때부터 사생아였던 그는 그런 자신의 떳떳지 못한 출생배경에 대해 일생 동안 심적 부담을 안고 살았으며, 그래서인지 자신이 태어난 도시 로테르담을 한번 떠난 이후로는 두 번 다시 그곳을 찾지 않았다. 가톨릭 신부였던 아버지와 그의 가정부였던 것으로 추정되는 어머니는 비록 정상적인 부부관계는 아니었으나 그래도 그가 17세가 될 때까지 보살펴 주었는데, 부모는 당시 유럽을 휩쓴 흑사병에 걸려 사망하고 말았다. 졸지에 고아가 된 그는 생계가

막연해지자 여러 수도원을 전전하며 지내다가 25세에 가톨릭 사제로
임명받았다.

하지만 당시 부패한 교회에 대해 매우 비판적인 태도를 지녔던 그는
사제 활동에 안주하지 않고 유럽 각지를 돌아다니며 토머스 모어 등 여
러 학자, 문인들과 교류하는 동시에 한때는 영국 옥스퍼드 대학에서 그
리스어를 가르치기도 했는데, 교회의 타락과 권위주의에 빠진 성직자
들을 신랄하게 비판하고 조롱한 《우신예찬》도 토머스 모어의 집에 머
물 때 쓴 책이다. 그의 나이 51세 때 독일의 마르틴 루터는 종교개혁을
일으키면서 당시 명성을 날리던 에라스무스의 지지를 받고자 했으나
급진적 성향의 종교운동에 회의적인 반응을 보인 에라스무스는 루터의
동참 요구를 정중히 거절했다. 루터는 그런 에라스무스의 중립적인 태
도를 소심한 의지박약 탓으로 돌리고 심지어 "세상을 욕되게 한 자들 가
운데 가장 사악한 자"라며 맹비난을 퍼붓기까지 했다.

어쨌든 가톨릭과 개신교 그 어느 쪽에도 손을 들어 주지 않은 그는
당연히 양측으로부터 비난의 대상이 될 수밖에 없었는데, 결국 몸담을
데가 없어진 그는 그나마 자신에게 우호적인 태도를 보인 스위스 바젤

에 정착해 말년을 보내려고 했으나 그곳마저 완
전히 개신교로 개종하게 되자 그곳을 포기하고
대신 독일 남부에 위치한 프라이부르크에 정착했
다. 하지만 여왕으로부터 고국 방문 초청을 받고
여행을 준비하던 중에 잠시 들린 바젤에서 갑자
기 이질에 걸려 69세를 일기로 사망했다.

이처럼 어느 한곳에 정착하지 못하고 여기저
기를 떠돌다 생을 마친 그는 신앙 면에서 가톨릭
교회의 타락상을 맹렬히 비난하면서도 성직을 내

에라스무스

놓거나 루터의 종교개혁을 지지하지도 않았는데, 그런 그의 모호한 태도는 결국 자신과 같은 사생아를 낳은 부모에 대한 원망, 특히 가톨릭 사제였던 아버지에 대한 모멸감에서 비롯된 것으로 볼 수 있으며, 그런 가운데서도 자신의 뿌리이기도 했던 부모의 존재를 부정할 수도 없다는 매우 이율배반적인 양가감정(ambivalence)을 드러낸 것이기 쉽다.

그런 복잡한 감정은 반어법적인 제목의 《우신예찬》을 통해서도 여실히 드러난다. 더욱이 사생아라는 자격지심 때문에 독신으로 살 수밖에 없는 성직을 택했으면서도 신도들을 직접 상대하는 사목활동을 피하고 학문적 탐구와 방랑생활로 일생을 보낸 것은 자신의 뿌리 깊은 열등감에서 비롯된 자괴감 때문이 아니었을까 짐작해 본다. 결국 자신의 모호한 출생 배경과 종교적 입장 때문에 그는 가톨릭과 개신교 사회 어디에서도 환영받지 못하는 곤욕을 치러야만 했으니 참으로 기구한 운명의 주인공이라 할 수 있다.

종교개혁의 아버지 마르틴 루터

오랜 역사와 전통을 자랑하는 기독교가 처음 공식적으로 분열된 것은 11세기 무렵 로마가톨릭과 동방정교회로 갈리면서부터였지만, 유럽 사회는 16세기에 이르러 마르틴 루터가 일으킨 종교개혁 이전까지는 여전히 절대적인 권위를 지녔던 바티칸의 교황 영향 아래 있었다. 하지만 신의 대리자를 자처하며 무소불위의 권력을 휘두르던 교황의 존재는 마르틴 루터의 종교개혁으로 그 권위가 땅에 떨어지고 말았으며, 로마가톨릭의 대안으로 나타난 개신교의 위세가 마침내 전 유럽을 석권하기에 이르렀다.

당시 유럽 인구의 1/3에 해당하는 목숨을 앗아 간 흑사병의 공포와 더불어 십자군운동의 광란, 악명이 자자했던 종교재판을 통해 수십만 명의 여성들을 산 채로 화형대에 올린 마녀사냥으로 얼룩진 중세 암흑기에 교황청의 전횡에 감히 반기를 들고 마침내 종교개혁의 포문을 열게 만든 장본인은 독일의 신학교수 마르틴 루터(Martin Luther, 1483-1546)였다. 이처럼 서구사회에 엄청난 지각변동을 일으킨 그는 신성로마제국 시절 독일의 작센 지방 출신으로 그의 아버지는 광부로 출발해 제련소 사업가로 성공한 입지전적 인물이었는데, 아들이 법률가로 출세하기를 바란 아버지의 강요에 의해 억지로 대학에서 법학을 공부하던 중에 뜻하지 않은 계기를 통해 인생의 진로가 180도 뒤바뀌게 되었다.

그는 어느 날 집에 들렀다가 대학으로 돌아가던 길에 엄청난 굉음과 함께 무시무시한 벼락이 바로 곁에 떨어지는 순간 죽음의 공포에 사로 잡힌 나머지 땅에 엎드려 광부들의 수호성인 안나를 부르며 도움을 요청하는 자리에서 불현듯이 수도사가 되기로 결심했다. 그런 말도 되지 않는 이유로 대학을 그만두고 수도사가 되겠다고 주장하는 아들의 말을 듣고 매우 엄격하고 권위적이었던 아버지는 당연히 불같이 화를 내며 반대했지만, 그런 아버지에 대한 반항심으로 똘똘 뭉친 루터는 결국 자신의 뜻을 밀고 나가 곧바로 대학을 그만두고 수도회에 들어가 매우 금욕적인 수련을 받았으며, 마침내 사제 서품까지 받고 신학박사가 되어 비텐베르크 대학 신학교수로 근무하며 신학을 강의했다.

이처럼 아버지의 세속적인 야망을 꺾고 신학자로 성공한 그는 드디어 교황을 포함한 성직자의 권위보다 복음 자체의 진리가 우선임을 깨닫고 그런 신념에 따라 마침내 1517년 교황청의 면죄부 판매에 항의해 그 유명한 〈95개조 반박문〉을 마인츠 대주교 앞으로 발송함으로써 교황청의 심문을 받게 되었다. 하지만 아버지보다 더욱 두려운 존재였던 교황청의 압력에도 굴복하지 않은 루터는 마침내 공개적으로 교회 법규집과 교황의 교서 내용을 불태우는 행동을 보이면서 1521년 교황 레오 10세에 의해 파문당했으며, 독일 황제 카를 5세 역시 그에게 이단을 선고했다.

마르틴 루터

그러나 교황청의 파문 선고에도 아랑곳하지 않고 자신의 신념을 계속 밀고 나간 루터는 당시만 해도 일반신도의 접근이 불허된 신약성서의 독일어 번역을 완성했을 뿐만 아니라 더욱 충격적인 사건은 성직자의 신분으로 자신보다 무려 15년 연하인 전직 수녀 출신의 카타리나 폰 보라와 결혼해서 6남매의 자녀까지 낳았다는 사실이다. 더욱이 그녀는 시토 수도회 수녀로 있을 때 루터가 수녀원에서 도망칠 수 있도록 도움을 준 12명의 수녀 가운데 한 사람이었다.

어쨌든 성직자의 혼인을 몸소 실천했다는 점에서 루터의 종교개혁은 사실상 성직자의 성해방 운동이었다고 볼 수도 있다. 실제로 그는 왕성한 성욕의 소유자로 그 자신이 한때는 철저한 금욕을 따르기도 했으나 모든 성직자에게 강요되는 금욕주의를 그는 도저히 견딜 수가 없었던 것이다. 따라서 루터의 개혁을 통해 개신교의 모든 성직자들은 결혼이 가능해지게 되었으며, 인위적인 금욕이라는 사슬에서 해방될 수 있게 된 것이다.

당시만 해도 성직자가 결혼해 자식을 낳는다는 생각은 상상도 할 수 없던 시절로 그런 이유 때문에 동료들조차 그의 결혼을 한사코 반대하면서 만약 그가 결혼하게 된다면 온 세상과 사탄이 비웃을 것이며, 그가 모처럼 이룩한 종교개혁의 위대한 이상도 한순간에 수포로 돌아갈 수 있음을 염려했다. 하지만 루터 자신은 오히려 결혼해 자식을 낳는 일이 사탄에 대적하는 최후의 수단이라고 믿었는데, 그런 말의 의도는 인간의 자연스러운 정욕을 인위적으로 억압하는 일이야말로 사탄적 행위라는 의미가 아니겠는가.

한때 프로이트와 교류했던 스위스의 개신교 목사 오스카 피스터는 로마가톨릭에 대한 비판에서 가톨릭의 이상은 결국 자연이 준 본능적 욕구의 억압에 있으며, 많은 성자들 역시 도덕적으로는 존경을 받고 있지만, 그들이 한평생 노력한 것은 결국 자신들의 욕망을 부분적으로 승화한 것에 지나지 않는다고 주장하기까지 했는데, 그런 점에서 마르틴 루터는 성직자에게 주어진 가장 큰 짐 가운데 하나를 덜어 준 위대한 공로자였다고 볼 수 있다. 그럼에도 불구하고 그는 항상 불안정하고 때로는 우울상태에 빠졌으며, 자신의 신념에 대해서도 끝없는 회의와 확신 사이를 오가며 갈등하고 고뇌한 인물이기도 했다.

그런 루터에 대해 미국의 저명한 정신분석가 에릭 에릭슨은 그의 저서 《청년 루터》를 통해 루터의 심리를 분석하기도 했는데, 부친살해욕구 및 거세공포 그리고 항문기적 고착(anal fixation) 등이 그로 하여금 바티칸의 상징적 아버지라 할 수 있는 교황을 거부하고 대적하게끔 이끌었으며, 다른 한편으로는 지상의 아버지를 포기하고 하늘에 계신 이상적 아버지를 열렬히 추구하도록 했다는 것이다.

물론 루터의 아버지는 아들이 수도사가 되기로 결심했을 때 주장했던 신의 계시란 궤변에 지나지 않는 것으로 간주하고 사실상 마귀의 음성을 들은 것이라고 계속 주장했는데, 루터는 일단 아버지의 의지를 꺾고 자신의 뜻대로 신학자가 된 이후에는 그 화살을 바티칸의 교황에게로 돌리게 되었다. 이처럼 항상 반항심에 젖어 있던 루터에게 권위적인 아버지와 교황의 존재는 매우 강한 양가감정의 대상이었다. 복종과 반항에 따른 죄의식 사이를 오가던 그에게 지상의 부권을 거부하고 천상의 부권을 맞이하기까지에는 상당한 정신적 방황이 수반되어야만 했다. 따라서 루터의 주된 갈등의 주제는 부권에 대한 반항인 것으로 보인다. 루터가 일으킨 개신교운동이 어원상 반항을 뜻하는 프로테스탄트로 불리게 된 배경을 이해할 만하다.

이처럼 루터는 아버지의 권위와 요구에 반항했을 뿐만 아니라 지상의 상징적인 아버지 교황이라는 존재에 대해서도 감히 반기를 들었다. 물론 그런 남다른 용기와 행동은 그 이면에 가로놓인 거세공포를 극복하기 위한 초강수였던 것으로 보인다. 더구나 그는 왕성한 성욕의 소유자로 모든 성직자에게 강요되는 금욕주의를 도저히 견딜 수가 없었다. 당연히 그는 그런 금욕의 벽도 함께 허물어 버렸다. 따라서 루터의 개혁을 통해 모든 성직자들에게도 결혼의 문이 활짝 열리게 되었으며 인위적인 금욕이라는 사슬에서 해방될 수 있게 되었다.

결국 분석적으로 볼 때, 성직자의 결혼은 각자의 오이디푸스 욕망을 대신할 수 있는 이성과의 결혼을 통해 근친상간적인 욕구의 해소가 가능해졌음을 의미하는 것이며, 따라서 잠재적인 오이디푸스 갈등의 해소는 더 이상 성모 마리아 숭배의 필요성이 없어진 것이기에 오로지 복음이 전하는 메시지 자체에만 몰두할 수 있게 된 것으로 볼 수 있다. 개신교에서 성모 마리아의 존재가 슬며시 사라지게 된 것은 바로 그런 배경 때문 아니겠는가. 결국 마르틴 루터는 그런 무의식적 갈등 요인을 일거에 해소해 주는 중추적 역할을 떠맡은 셈이라 할 수 있다.

어쨌든 아버지에 대한 반항과 항명으로 처음에는 아들이 승리한 것처럼 보이기도 했지만, 아들의 성정을 꿰뚫어 보고 있던 아버지는 자신의 아들이 금욕적인 성적생활을 오래 버티지 못할 것으로 이미 예견하고 있었는데, 아버지의 그런 예견은 매우 정확한 통찰이었음에 틀림없지만, 예기치 못하게 그 아들이 만인의 상징적 아버지인 교황에 대적하고 파문까지 당한 후 성직자의 결혼이라는 극적인 반전을 통해 곤경을 헤치고 나가면서 역으로 아버지의 뒤통수를 치고 말았다. 이처럼 일생 동안 반항과 복종, 항명과 죄의식의 반복에 시달리던 루터는 63세 때 여행을 떠났다가 병세가 악화되어 곧 숨을 거두었다.

자신의 아버지처럼 자식을 버린 루소의 참회

몽테스키외, 볼테르와 더불어 18세기 최대의 프랑스 계몽사상가로 알려진 장 자크 루소(Jean-Jacques Rousseau, 1712-1778)는 《사회계약론》과 《인간불평등기원론》 등을 통한 사회평등사상으로 프랑스혁명의 사상적 아버지로 불릴 뿐만 아니라 《에밀》, 《참회록》 등의 저서를 통해서도 교육, 문화, 문학 등 서구사회 전반에 걸쳐 지대한 영향을 끼친 사상계의 거목이다. 하지만 사상가로서의 명성에도 불구하고 루소는 《에밀》에서 기술한 반종교적인 내용이 교회의 반발을 불러일으켜 체포령이 내려지자 스위스로 도피한 후 유럽 각지를 전전해야만 했으며, 오랜 도피생활을 마치고 간신히 귀국한 후에도 은둔생활을 계속하다 66세를 일기로 생을 마감했다.

그런데 이처럼 위대한 사상가로 우뚝 선 루소도 개인적으로는 매우 불행한 삶을 누릴 수밖에 없었다. 스위스 제네바에서 가난한 시계제조공의 아들로 태어난 루소는 태어나자마자 어머니를 잃었으며, 그 후 아버지가 갑자기 어디론가 사라져 버리는 바람에 졸지에 고아가 되면서 형과도 헤어진 채 여기저기를 떠돌아다니는 신세가 되고 말았다. 그 후 프랑스 파리에서 재봉사 테레즈와 동거생활에 들어간 루소는 자식들을 양육할 능력이 없자 자신의 아이들을 모두 고아원에 맡겨 버리고 말았

는데, 그와 앙숙 관계에 있던 볼테르가 그런 사실
을 폭로하자 루소는 《참회록》을 써서 스스로를
변명하기에 이른 것이다.

장 자크 루소

물론 루소는 오랜 동거생활 끝에 56세에 이르
러 뒤늦게나마 테레즈와 결혼식을 올리지만 공식
적인 혼인신고를 한 것은 아니며, 따라서 이들은
죽을 때까지 합법적인 부부관계가 아니었다. 그
런 점에서 루소는 결혼이라는 것 자체에 대해 매
우 부정적인 생각을 지니고 있었거나 아니면 두
려움을 느꼈는지도 모른다. 왜냐하면 자신의 불행한 운명을 초래한 근
본적인 원인이 부모의 결혼에 있었기 때문이다.

루소의 생애는 그야말로 도주와 방랑생활로 점철된 삶이라 할 수 있
는데, 물론 이유와 동기는 다르지만 루소는 자신의 아버지와 똑같이 제
네바를 탈출했으며, 아버지처럼 자신도 아이들을 버렸다. 그리고 젊은
시절에는 여기저기를 방랑하고 말년에는 도피와 은신으로 일관하며 망
명생활을 보내야 했다. 법망을 피해 다닌 것도 아버지를 닮았다. 정신
분석에서는 그런 경우를 적대적 동일시의 결과로 보기도 하지만, 어찌
됐건 루소는 항상 쫓기는 신분이었으며, 자신을 돌봐 주고 보호해 줄 인
물들을 계속 찾아다닌 셈이다.

비록 그는 생전에 프랑스혁명을 보지 못하고 죽었지만, 인류 최초의
시민혁명으로 철옹성과도 같은 절대왕정을 무너뜨린 대혁명의 사상적
기반에 지대한 공헌을 끼친 장본인이기도 했다. 그런 점에서 볼 때, 루
소의 생애에서 가장 정력적인 활동시기였던 1754년에서 1762년 사이에
《에밀》과 《사회계약론》 등의 대표적인 저서들이 나왔지만, 이 기간에
보인 그의 실제 모습은 매우 불안정하고 의심에 가득 차 있었으며, 모든

세상만사에 불만을 느끼고 있던 상태였던 것으로 보인다. 루소는 그렇게 세상에 대한 분노와 적개심으로 인해 국가와 사회를 악으로 간주하고 자연인으로 살 것을 외친 것이다.

더우이 루소는 인간은 태어날 때부터 선하다는 성선설을 주장하며 기독교의 원죄설을 정면으로 부인하고 나섬으로써 교회로부터 박해를 받고 쫓기는 신세가 되고 말았다. 물론 그는 무신론자가 아니었지만, 신앙적으로도 가톨릭과 칼뱅교 사이를 오가며 방황을 거듭했으며, 그런 방황은 일정한 국적도 없이 프랑스, 스위스, 독일, 영국 등지를 전전하며 살아야만 했던 그의 환경적 조건뿐 아니라 그 자신의 심리적 불안정에서도 그 원인을 찾을 수 있겠다.

생전에 출판이 금지된 그의 《에밀》과 《참회록》은 마치 실과 바늘의 관계처럼 매우 밀접한 관계에 있다고 할 수 있다. 《참회록》이 그 자신의 모순되고 부도덕한 삶에 대한 회오와 변명이었다면, 자연으로 돌아갈 것을 외친 《에밀》은 자신의 불행한 삶의 원인을 규명하고 이상적인 삶의 모습을 재구성함으로써 새롭게 보상받고자한 것으로 볼 수 있다. 다시 말해서, 《참회록》이 자신의 과거에 대한 자기 해명서라면, 《에밀》은 미래에 대한 자신의 소망을 담은 가상적인 교육소설인 동시에 일종의 자기 부정인 셈이기도 하다.

그러나 《에밀》에서 보여 준 루소의 탁월한 발상에 의해 유아 양육의 패턴이 크게 바뀐 사실에 주목할 필요가 있다. 왜냐하면 모유의 직접적인 수유의 중요성을 강조한 루소의 영향에 힘입어 그 후 서구 귀족사회에서는 유모에게 아기를 맡기지 않고 엄마가 직접 수유하는 일이 부쩍 늘었기 때문이다. 물론 루소 자신은 친모의 수유 경험이 전혀 없었던 인물이었지만, 정신분석이 출현하기 훨씬 이전에 이미 심리발달 차원에서 그런 선구적인 안목을 제시한 사실 자체가 실로 놀라운 일이 아닐 수 없다. 어쩌면 태어난 직후 어머니를 잃은 상처의 흔적을 그 자신이 절감했기 때문일지도 모른다.

어쨌든 조기 부모상실의 부정적인 영향뿐 아니라 그런 심리적 외상이 오히려 사회적 성공 및 성취에 대한 강력한 동기를 부여할 수도 있다는 점에서 긍정적인 효과 또한 무시할 수 없으며, 이는 수많은 정치적, 종교적, 창조적 분야의 인물들을 통해 확인할 수 있는 사실이기도 하다. 따라서 그가 겪은 어린 시절의 심리적 외상이 오히려 그의 창의력 발휘에 강한 자극과 원동력을 제공했을 것이라는 주장이 상당히 그럴듯한 설명으로 와 닿는 것이다. 그것은 뜻하지 않은 상실로 인한 애도과정의 경험이 인간의 적응과정에 필수적인 요인이 될 수 있을 뿐만 아니라 동시에 다양한 창조적 작업에 강력한 동기를 제공한다는 일부 견해를 통해서도 뒷받침될 수 있는 내용이기도 하다.

물론 루소가 보여 준 부모 역할은 가장 최악의 모습이라 매도할 수도 있겠지만, 위대한 업적을 남긴 인물들이 모두 훌륭한 부모 역할을 한 것만은 아니다. 특히 예술가들은 더욱 그러했다. 따라서 루소가 자신의 저서에서 내세운 위대한 선언들과는 달리 전혀 상반된 삶을 살았던 점을 부인하기 어려운 것도 사실이지만, 루소 스스로도 인정한 바 있듯이, 그는 편견에 사로잡힌 인간이 되느니 차라리 역설적인 인간으로 살 것이라고 감히 선언했던 것이다. 다만 편견에 사로잡힌 사람은 비교적 갈등이 적은 반면에 역설적인 인간은 고통스러울 수밖에 없다는 점에서 루소는 부조리 그 자체였으며 그 시대의 무거운 짐을 떠맡은 프로메테우스였다고 할 수도 있겠다.

루소는 어린 나이에 일찍 아버지로부터 버림받고 세상으로부터도 버림받음으로써 고립무원의 상태에 있었지만, 그 자신만의 고독한 투쟁을 결코 멈추지 않았다. 비록 자신의 과오에 대하여 자기변명으로 일관한 측면도 있지만, 그가 처했던 불행한 삶의 배경을 이해한다면, 충분히 그럴 수도 있었으리라 공감할 수 있을 것이다. 루소가 걸었던 삶의 노정과 똑같은 길을 우리 자신이 걷게 된다면, 과연 그와 같은 위대한 업적을 남길 수 있었을까 자문해 보지 않을 수 없기 때문이다.

그런 점에서 우리는 비록 도덕적인 측면에서 그를 비난할 수는 있겠지만, 일생 동안 버림받고 쫓기는 삶 속에서도 결코 굴하지 않고 홀로 세상과 맞선 인물이었다는 점에서 그의 남다른 용기와 배짱에 두 손을 들 수밖에 없다. 그의 홀로서기는 매우 가혹한 대가를 지불한 결과이기도 하지만, 루소 자신의 오기와 자만심이 뒷받침되지 못했다면 그는 인생 실패자로 전락한 탕자 신세로 여기저기를 전전했을지도 모른다. 하지만 그는 개인적으로는 자신의 불행한 운명을 뒤집어엎은 진정한 자아의 혁명가였으며, 대외적으로는 부당한 현실에 반기를 들고 세상을 변화시켜야 한다는 소명의식에 불탄 혁명적 사상가였다. 그렇게 루소는 자신의 온갖 결함을 상쇄하고도 남을 위대한 사상가로 거듭난 인물이 된 것이다.

근대 교육의 아버지 페스탈로치

스위스의 교육자이자 자선사업가인 페스탈로치(Johann Heinrich Pestalozzi, 1744-1827)는 취리히에서 의사의 아들로 태어나 6세 때 아버지를 여의고 홀어머니 밑에서 자랐다. 비록 자상한 어머니였으나 아버지가 없는 결손가정에서 자란 탓인지 항상 자신감이 없고 소극적인 데다 사람들과 잘 어울리지 못하고 몹시 수줍음을 타는 내성적인 성격의 소유자가 된 그는 학교에 가서도 제대로 적응하지 못해 열등생 취급을 받았다. 하지만 주말이면 목사인 외할아버지를 찾아 함께 인근 마을과 학교를 방문하기도 했는데, 그때 비로소 가난한 농부들과 어린 나이에 공장에서 일하는 아이들의 비참한 현실을 목격하고 그들의 처지에 깊은 동정심을 지니게 되었다.

페스탈로치

외할아버지의 영향으로 신학을 공부한 그는 목사가 되기로 결심했으나 소심하고 수줍음을 많이 타는 성격 때문에 사람들 앞에서 설교하는 일에 어려움을 느껴 결국 성직을 포기하고 말았다. 마침 루소의 사상에 깊은 감명을 받은 그는 신학을 포기하는 대신 법률과 정치에 관심을 기울여 사회개혁에 대한 의지를 실천할 뜻도 지녀 보았으나 현실적인 장벽 때문에 좌절만 느끼게 되었다. 더욱이 당시 스위스에서는 루소를 매우 불온한 사상가로 간주하고 있었으니 루소의 이상을 따르고자 했던 페스탈로치 역시 많은 정적들만 키우고 말았다.

크게 낙담한 그는 차라리 농부가 되기로 결심하고 한 독지가의 후원으로 취리히 근교에 버려진 땅을 개간해 농장을 세웠으며, 안나 슐테스와 결혼까지 했다. 그는 그곳에 새로 집을 짓고 '노이호프'라고 명명했으나 농장 운영에 실패하면서 무일푼이 되자 그 집을 가난한 아이들 교육을 위한 장소로 제공하기에 이르렀다. 당시 그는 사회발전의 밑거름이 아동교육에 있으며, 사람들을 도울 수 있는 가장 최선의 길이 교육에 있음을 깨닫고 빈민학교를 세운 것인데, 비록 재정난으로 불과 수년 후에 문을 닫고 말았지만 그곳에서 그가 행한 실험적 인성교육은 교육의 역사에 큰 획을 긋는 이정표가 된 사건으로 기록된다.

그 후 아동교육에 관한 저술활동에 몰두하는 가운데 계속해서 고아들과 빈민층 어린이들을 위한 교육에 여생을 바친 그는 자신의 불우했던 유년시절을 회상하고 특히 어머니의 역할을 강조했는데, 그가 수립한 독자적인 교육이론의 핵심은 '머리, 손, 가슴에 의한 학습(learning by head, hand and heart)'이라는 기본 모토에 따라 올바른 인성 개발을 통해 사회개혁을 추구한다는 것으로, 심신의 조화뿐 아니라 적절한 기술 습득 또한 강조한다.

결국 그가 말한 머리, 가슴, 손의 고른 조화와 개발은 한마디로 지덕체(智德體) 교육을 강조한 삼육론(三育論)에 해당하는 셈이지만, 거기에 더해 사랑의 대화를 통한 모성 중심의 가정교육 또한 매우 중요하다고 보고 가정이야말로 인격형성의 가장 중요한 토대가 된다고 주장했다. 하지만 그는 필요에 따라서는 체벌도 가능하다는 입장을 보임으로써 도덕성 발달 측면에서는 여전히 보수적인 입장을 고수하기도 했다.

루소의 《에밀》에서 비롯된 아동 중심 신교육의 전통은 어린이도 하나의 인격체로 대우한 페스탈로치에 이르러 그 정점을 이루었다고 할 수 있는데, 그의 뒤를 이어 유아교육의 아버지로 불리는 독일의 프뢰벨(Friedrich Fröbel, 1782~1852)이 생후 9개월에 어머니를 잃고 계모 밑에서 외로운 유년기를 보낸 인물이었다는 사실과 비교해 볼 때, 페스탈로치는 비록 아버지를 일찍 잃었으나 그래도 다정한 어머니가 있었으니 운이 좋은 편이었다고 할 수 있다. 루소는 생후 10일 만에 어머니를 잃고 10세 때 아버지로부터 버림까지 받지 않았는가. 어쨌든 아동교육의 선각자라 할 수 있는 루소와 페스탈로치를 비롯해 세계적인 아동심리학자 장 피아제 역시 스위스 태생이라는 점에서 아동문제와 스위스는 매우 특별한 인연이 있는 듯이 보인다.

청소년의 아버지 돈 보스코 신부

돈 보스코(Don Bosco, 1815-1888) 신부는 본명이 조반니 보스코로 이탈리아 북서부에 위치한 토리노 근교 작은 마을에서 농장 머슴으로 일하던 프란체스코 보스코의 세 아들 중 막내로 태어났다. 그가 태어났을 때는 나폴레옹 전쟁의 여파로 전국이 초토화된 데다 가뭄까지 겹쳐 대기근에 시달릴 때였는데, 그렇게 살기 힘겨운 시절에 태어난 그는 두 살도 채 못 되어 아버지를 여의고 홀어머니 밑에서 자라야 했다. 혼자 힘으로 3형제를 키운 어머니 마르게리타는 신앙심이 매우 깊은 여성으로 특히 어린 돈 보스코에게 많은 영향을 끼쳤다.

아홉 살 무렵 그는 자신의 장래를 결정짓는 일련의 꿈을 꾸었는데, 그 내용은 가난한 소년들이 매우 신성모독적인 불경스러운 놀이를 하고 있을 때 갑자기 나타난 귀족 차림의 한 남성이 그에게 이르기를, "너는 저 친구들을 폭력이 아니라 친절로 이겨야 한다. 그러니 지금 바로 그들에게 가서 죄악은 추하고 선이 아름답다는 것을 보여 주렴."이라고 했다는 것이다. 물론 그는 이 꿈을 마치 종교적 계시처럼 받아들였겠지만, 아버지 없이 자라며 지독한 가난으로 학교에도 못 가고 온종일 목동으로 일해야 했던 어린 소년의 간절한 소망이 담긴 내용이기도 했을 것이다.

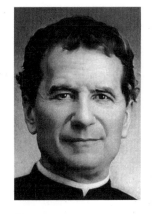

돈 보스코

어린 시절 몹시 무지했던 그는 마을 신부에게서 처음으로 가르침을 받았는데, 그런 영향으로 신부가 되는 것을 꿈꿨으며, 또한 당시만 해도 신부는 특권층에 속하는 직업으로 간주되던 시절이라 일반인들에게는 선망의 대상이기도 했다. 하지만 그런 꿈을 이루는 데 가장 큰 걸림돌은 바로 큰형 안토니오였다. 농부로 사는 것을 운명으로 알고 있던 형은 계속 공부하기를 열망하는 동생의 꿈을 한사코 반대했던 것이다. 그런 일로 형과 끊임없이 말다툼을 벌이던 그는 결국 형과 함께 지내는 일이 참을 수 없게 되어 12세 무렵 집을 뛰쳐나오고 말았다.

어린 나이에 무단가출을 단행한 그는 마땅한 일자리를 찾지 못해 여기저기를 전전하다가 가까스로 와인 농장에서 일하게 되었으나 학교에 다닐 형편이 되지 못해 혼자 독학으로 공부할 수밖에 없었다. 그러던 중에 15세 때 우연히 만나 알게 된 카파소 신부의 도움으로 신학공부를 마친 그는 마침내 토리노에서 그토록 바라던 신부가 되었다. 마침내 자신의 꿈을 이룬 것이다.

신부로 활동하면서도 어린 시절 자신이 겪었던 고통스러운 경험을 잊지 않고 있던 그는 특히 거리로 내쫓긴 불우 청소년들과 부랑아들을 상대로 선도와 교육에 몸담기 시작했으며, 살레시오 수도회를 창설해 청소년 교육과 보살핌의 대상 범위를 가난한 소녀들에게까지 확장했는데, 어릴 때 꿈에서 본 내용대로 징벌이 아니라 사랑과 관용으로 청소년들을 가르쳤다. 이처럼 불우 청소년을 위해 일생을 바친 그는 1934년 교황 비오 11세에 의해 성인으로 공표되었으며, 그가 세운 살레시오 수도회는 오늘날에 이르러 전 세계 130여 개 나라에서 활동하고 있다.

헬렌 켈러의 스승 앤 설리번

갓난아기 시절부터 보고 듣고 말하지 못하는 삼중고에 시달리는 고통을 겪어야 했던 헬렌 켈러(Helen Keller, 1880-1968)는 7세 때 처음 만난 헌신적인 스승 앤 설리번 선생의 도움으로 기적과도 같은 새로운 삶에 성공해 대학까지 마치고 수많은 장애인들에게 꿈과 용기를 심어 줌으로써 세계적인 유명인사가 되었지만, 소녀시절부터 대학을 마칠 때까지 그녀의 곁에 항상 그림자처럼

헬렌 켈러와 스승 앤 설리번

붙어 다니면서 학업을 일일이 챙기며 도와준 설리번 선생이 아니었다면 오늘날 우리가 알고 있는 헬렌 켈러는 탄생하지 않았을 것이다. 하지만 정작 그런 기적을 일궈 낸 설리번 선생은 일생 동안 불행한 삶을 살아야 했던 비운의 여성이었다.

헬렌 켈러와 운명적인 만남을 가졌던 앤 설리번(Anne Sullivan, 1866-1936)은 아일랜드 대기근을 피해 미국으로 이주한 이민자의 딸로 그녀의 부모는 문맹이었다. 다섯 살에 트라코마에 감염되어 시력을 잃은 그녀는 8세 때 어머니마저 여의고, 10세 무렵에는 아버지가 어린 남매를 버리고 어디론가 사라져 버림으로써 오갈 데 없는 고아신세가 되고 말았다.

남동생 제임스와 함께 빈민구호소에 보내진 그녀는 그곳에 입소한 지 3개월 만에 동생마저 숨을 거두는 비극을 겪었는데, 이처럼 참담한 불행을 겪으면서도 그런 가혹한 시련을 용케 견디며 14세에 퍼킨스 맹아학교에 들어가 로라 브리지먼에게서 철자법 쓰기를 배웠다. 로라 브리지먼(Laura Bridgman, 1829-1889)은 헬렌 켈러보다 이미 50년 전에 삼중고를 극복했던 여성으로 퍼킨스 맹아학교 출신으로는 최초로 그곳에서

교사로 일하고 있었는데, 헬렌 켈러의 명성에 가려 그녀의 존재는 세상에 제대로 알려지지 않고 있었다.

어쨌든 두 번에 걸친 수술로 겨우 책을 읽을 정도까지 시력을 회복하게 된 앤 설리번은 20세 때 학교를 졸업한 후 일자리를 찾던 중 맹아학교 교장의 추천으로 헬렌 켈러와 인연을 맺게 되었으며, 그 인연은 50년 가까이 지속되었다. 39세 때 하버드 대학 강사 존 메이시와 결혼까지 했으나 9년 만에 별거하게 된 그녀는 외로운 노년을 보내다가 건강이 악화되면서 69세에 이르러 결국 시력을 다시 잃고 말았으며, 이듬해 색전증으로 세상을 떴는데, 헬렌 켈러의 손을 쥐고 조용히 숨을 거두었다. 임종 시에도 설리번 선생은 헬렌에 대한 사랑과 하느님에 대한 감사의 마음을 마지막 유언으로 남겼다고 한다.

그 후 1968년 헬렌 켈러가 죽었을 때 그녀의 재는 자신의 부모가 아닌 스승 설리반의 재가 묻힌 자리 옆에 안장되었다. 어찌 보면 사랑하는 부모가 있었던 헬렌보다 더욱 불행한 고통을 겪었다고 할 수 있는 고아 출신의 설리번 선생은 자신의 가혹한 운명에도 불구하고 그것을 세상에 대한 원망이 아니라 오히려 자신보다 불행한 타인을 돕는다는 헌신적이고도 이타적인 행동으로 승화시킨 위대한 영혼의 소유자였다고 할 수 있다. 사실 이타주의(altruism)만큼 성숙한 방어기제도 없다고 말들은 쉽게 하지만, 설리번 선생처럼 일생 동안 그것을 몸소 실천한 인물은 참으로 찾아보기 힘들다고 할 수 있다.

인도를 구하고 자식 농사를 망친 마하트마 간디

인도 독립의 아버지이며 국부로 추앙받는 마하트마 간디(Mahatma

Gandhi, 1869-1948)는 인도 서부 포르반다르의 최상류층 명문가 출신으로 불과 13세 때 한 살 연상인 카스투르바이와 혼인해 네 아들을 차례로 얻었는데, 비록 간디 자신은 서구식 교육을 받았지만, 그 아들들에게는 전통 인도방식의 교육을 강요함으로써 이에 크게 반발했던 장남 하릴랄(Harilal Gandhi, 1888-1948)은 결국 부자의 인연을 끊고 가출해 이슬람교로 개종했으며, 나중에는 알코올 중독자가 되어 걸인처럼 지내다가 간디가 암살당한 바로 그해에 봄베이의 시립병원에서 사망했다.

독실한 자이나교도였던 어머니의 영향으로 어릴 때부터 채식주의, 자기 정화를 위한 단식, 잘 참고 인내하며 화해시키는 능력 등을 배운 간디지만, 그 스스로 자신의 자서전에서도 고백하고 있듯이 그는 어린 시절에 매우 겁이 많고 소심했을 뿐만 아니라, 특히 아버지와 밤도둑, 그리고 도깨비를 무서워했음을 알 수 있다. 당시 종교적 관습에 따라 소년시절에 혼인을 올린 그는 15세 때 만삭 중인 아내와 잠자리를 가진 바로 그 시간에 아버지가 숨을 거두면서 임종을 하지 못하고 말았는데, 얼마 후에 태어난 간디의 첫아기도 며칠 후에 사망했다. 그 후 하릴랄을 포함해 4형제를 더 낳았지만, 병든 아버지가 숨을 거두는 바로 그 순간, 자신의 아내와 성관계에 몰두하느라 임종을 하지 못했다는 사실로 인해 그는 극도의 죄의식을 느끼게 되었다.

간디는 그런 사실을 '이중의 수치'라고 불렀는데, 그것은 물론 자신이 육욕에 사로잡혀 있었다는 사실과 아버지의 임종을 하지 못한 사실을 염두에 두고 한 말이었지만, 단순한 수치의 차원이라기보다는 오히려 이중으로 중복된 죄에 해당한 것으로 받아들였기 쉽다. 결국 그런 이중의 죄가

마하트마 간디

특히 금욕과 절제, 채식과 단식 등을 통한 자기징벌적인 형태로 나타나게 된 것이 아니겠는가. 그렇지 않아도 어릴 때부터 아버지의 존재를 두려워했던 간디로서는 자신이 가장 엄숙하고 경건하게 맞이해야 할 아버지의 임종 순간에 쾌락적 육욕에 빠져 있었으니 입이 열 개라도 할 말이 없었을 것이다.

그런 간디에 대해 미국의 저명한 정신분석가 에릭슨은 그의 대표적인 저서 《간디의 진실》에서 매우 피상적인 태도로 다룬 감이 있지만, 또 다른 정신분석가 유진 볼펜슈타인이 가한 해석은 오히려 간디의 본질에 더욱 가까이 접근한 것이 아닐까 한다. 다른 무엇보다 볼펜슈타인은 간디가 자신의 자서전에서도 묘사했듯이 부모에 대한 상반된 태도에 주목했기 때문이다. 즉, 간디는 아버지의 두 가지 결정적인 결함, 불같은 성미와 매우 속물적인 탐욕을 비난하고 그것을 닮지 않기 위해 노력했다는 고백을 통해 자신이 방탕한 아버지를 몹시 두려워한 동시에 섹스 또한 두려워했음을 지적한 것이다. 그뿐 아니라 간디가 어머니에 대해서는 순결하고 거룩한 성녀인 것처럼 묘사하면서 특히 자신의 순결함은 어머니에게서 물려받은 것이지 아버지에게서 받은 것이 아니라고 한 주장을 통해서도 알 수 있듯이 어머니에 대한 그의 이상화는 그녀가 수시로 행했던 금식을 그대로 모방하고 따랐던 그의 행적을 통해서도 드러난다.

하지만 어머니의 자학적인 금식은 종교적 이유만이 아니라 남편과 자녀들을 다스리고 조정하기 위한 전략적 도구이기도 했으니 당연히 그녀는 아들 간디 역시 그런 방식으로 다루었을 것이 분명하다. 이는 결국 권위적인 존재와 어떻게 대결할 것인지에 대한 생생한 모범을 어려서부터 어머니가 그에게 보여 준 것으로 아버지보다 더욱 강력한 힘을 지닌 대영제국의 권위를 상대로 투쟁할 때도 간디가 채택한 저항 방식은 죽음을 불사한 단식이었다.

물론 간디의 금욕주의나 단식이 무조건 종교적인 영향이나 어머니에 대한 모방으로만 보기도 어렵다. 왜냐하면 간디 자신이 성욕을 자제하는 일에 매우 큰 어려움을 겪었다고 스스로도 고백했기 때문이다. 그는 그런 절제의 어려움이 마치 칼날 위를 걷는 것과 같다는 표현을 썼는데, 그것은 달리 말해 육욕을 느낄 때마다 거세공포(castration fear)가 작용했음을 의미하는 것이기도 하다. 거세공포란 오이디푸스 콤플렉스의 핵심 부분으로 어머니를 향한 근친상간적 욕구에 대한 보복으로 아버지가 자신의 성기를 거세할지도 모른다는 두려움을 갖게 되는 현상을 가리킨다.

간디의 비폭력 무저항주의는 그 숭고한 정신으로 인해 전 세계인의 존경을 받기에 이르렀지만, 그는 정작 내부의 적, 다시 말해서 분리 독립을 원하는 이슬람교도와 정치적 권리를 요구하는 불가촉천민의 문제에 대해서는 매우 냉담한 태도로 일관했다. 뿐만 아니라 간디는 자신의 장남을 폐인이 되도록 방치함으로써 조국 인도의 영혼은 구했으나 자기 아들의 영혼만은 구하지 못하는 오점을 남기기도 했다. 이는 분명 위대한 영혼 마하트마라는 칭호에 어울리지 않는 간디의 유일한 약점으로 남는 부분이다. 그런 점에서 에릭슨의 《간디의 진실》은 불행히도 간디의 진실을 밝힌 것이 아니라 오히려 은폐시켜 준 결과를 낳았으며, 그리고 그런 은폐는 모든 인도인에게 나름대로 만족과 안도감을 제공했을 것으로 보인다.

그렇다면 그토록 위대한 간디의 아들 하릴랄은 무슨 이유로 폐인으로 전락했을까. 간디 자신의 고백에 의하면, 그의 삶에서 가장 큰 후회는 그가 설득할 수 없었던 유일한 두 인물, 즉 아버지에 반항한 아들 하릴랄과 무슬림의 분리 독립을 고집했던 알리 지나였다고 한 바 있듯이,

비록 간디는 위대한 성자로 추앙받았지만 개인적으로는 아들을 잃고 국가적으로는 인도의 통합을 잃은 두 가지 재앙에 직면해야 했다. 그리고 간디가 암살당한 바로 그해 6월에 그의 장남인 하릴랄 역시 알코올 중독에 의한 간질환으로 봄베이의 한 시립병원에서 숨을 거두었다. 그는 20대 초반에 아버지 간디와 절연하고 가출하여 그 후 이슬람교로 개종했으며, 노숙자 신세로 간디의 장례식에 남몰래 참석까지 했으나 아무도 그를 알아보지 못했다고 한다.

하릴랄은 일찍부터 자신의 아버지처럼 변호사가 되기를 꿈꾸고 영국 유학을 원했으나, 간디는 서구식 교육은 더 이상 불필요하다는 이유를 내세워 이를 끝까지 반대했으며, 이에 불만을 품은 아들은 자포자기 심정으로 가족과 인연을 끊고 알코올 중독과 도박, 매춘, 사기 등의 자기 파괴적인 행동에 빠져 걸인처럼 거리를 배회하고 다녔으며, 인도 전통 의상 차림을 하고 다녔던 아버지와 달리 의도적으로 영국산 수입품 의상을 걸치고 다니는 등 간디의 얼굴에 먹칠을 하는 행동을 서슴지 않았다. 그는 경찰에도 여러 차례 구속되기도 했다. 또한 간디의 명예에 더욱 치명적인 사건은 이 아들이 힌두교를 버리고 이슬람교로 개종해서 이름도 압둘라 간디로 바꾸었다는 점이다. 이런 아들의 배교에 대해 간디는 모든 것을 신의 뜻으로 돌리며 스스로를 달래기도 했지만, 장남 하릴랄의 존재야말로 간디에게는 가장 큰 골칫거리요, 치명적인 아킬레스건이었던 셈이다.

간디는 자신의 자서전에서도 이 아들의 존재에 대해 자세한 언급을 회피했다. 다만 자녀교육 부분에서 자신의 맏아들이 바람직하지 못한 생활을 하는 것은 제대로 된 공교육을 시키지 못했기 때문이 아니라 간디 자신의 철없던 젊은 시절을 반영하는 것으로 간주했다. 이런 말의 의미는 결국 환경도 중요하지만, 조상으로부터 물려받은 소질 또한 결코 무시할 수 없다는 주장이다. 간디는 자신이 이상적인 아버지가 되지 못한 점은 매우 유감이나, 아버지의 노력에도 불구하고 자식에게 부족한 점이 생기는 것은 아버지의 관심 부족 때문만이 아니라, 부모 양쪽에 모두 결함이 있다는 점을 드러내는 것이라며 은근히 자신의 아내에게 책임을 전가하기도 했다. 다시 말해서, 패륜아로 전락한 아들의 문제는 간디 자신에게 책임이 있는 것이 아니라 유전과 아내 탓이라는 주장이다.

간디는 아들에게 노예교육의 속박에서 벗어날 수 있는 자유를 준 것이라고 주장하며 끝까지 자신의 선택이 옳았음을 내세웠다. 또한 아들의 개종에도 불구하고 간디는 동요하지 않았다. 모든 종교는 하나라는 것이 간디의 굳은 신념이었기 때문이다. 그리고 아들이 저지른 배교 행위는 그리 신경 쓸 일이 아니라면서 그것은 단지 아들의 의지가 약한 탓으로 돌렸다. 개종을 하는 사람은 모두 의지가 약하기 때문이라는 말인데, 그렇다면 간디에 실망해서 힌두교를 버리고 불교로 개종한 불가촉천민의 지도자 암베드카르와 그 추종자들 50만 명은 모두 의지가 약한 사람들이었을까 의문이 든다. 오히려 거꾸로 강한 의지의 표현이 아니었겠는가.

물론 말은 그렇게 했겠지만 간디 자신도 내심으로는 몹시 괴롭고 곤혹스러웠을 것이다. 그리고 서로 한 치의 양보도 보이지 않는 이 두 고집스러운 부자 사이에서 간디의 아내 카스투르바이가 겪었을 고충은 이루 말할 수 없었을 것이다. 간디는 자신의 아버지에 대한 불만과 반항심을 아버지가 아닌 그보다 더욱 강력한 권위의 상징, 대영제국을 상대로 싸우고 투쟁하는 과정을 통해 표출했지만, 정작 자신의 아들이 아버지의 권위에 반기를 들었을 때, 간디는 그 어떤 도전도 용납하지 않았다. 간디의 소극적인 저항정신의 모태는 물론 어머니의 영향을 따른 것이기는 하나, 권력의 화신인 아버지에 대한 두려움이 더욱 컸기 때문일 수 있다. 방탕하고 절대 권력을 휘두른 아버지와는 달리 그는 어머니의 수동-공격적인 태도(passive-aggressive attitude)를 그대로 따르고 모방했다. 그리고 그런 특성은 간디의 아들 역시 마찬가지였다. 아들 하릴랄은 위대한 성자로 추앙받는 아버지의 명예를 떨어트리는 행동을 의도적으로 나타내 보임으로써 아버지에게 간접적인 방식으로 복수를 가한 셈이다.

그러나 간디는 자신의 개인적인 욕구와 동기를 조국의 독립을 위한 이타적인 희생으로 승화한 반면에, 그 아들은 오로지 자기파괴적인 방향으로만 나감으로써 삶의 깊은 수렁에 빠져 헤어 나오지 못하고 말았다. 어떻게 보면 간디는 자신의 아들을 희생시켜 개인적인 영광을 유지했다고까지 혹평할 수도 있겠지만, 간디 입장에서는 아들 한 개인보다 인도의 장래가 더욱 큰 문제였을 것이다. 그는 비록 아들 한 사람을 희생시켰는지는 모르겠으나, 수억에 달하는 인도인의 더 큰 희생을 막았다는 점에서는 그 아들도 이의를 제기할 수 없었을 것이다. 따라서 간디는 한 아들의 아버지 노릇을 포기하는 대신에 인도의 아버지가 된 것이다. 공교롭게도 이들 부자는 1948년 같은 해에 숨을 거두었는데, 아버지 간디는 78세였고, 그 아들은 60세였다.

고아들과 운명을 함께한 위대한 의사 코르착

우리에게는 잘 알려지지 않은 생소한 인물이지만, 폴란드의 유대계 소아과의사 야누스 코르착(Janusz Korczak, 1878-1942)은 일생을 아동교육과 고아들 양육에 바친 위대한 교육자인 동시에 의사로 아동을 위한 수많은 저서를 남긴 작가이기도 했다. 그는 제2차 세계대전 당시 도피할 기회가 있었음에도 불구하고 바르샤바에 남아 자신이 돌보던 고아들 200명과 함께 죽음의 수용소로 알려진 트레블린카에 당도한 직후 가스실에서 최후를 마친 것으로 알려졌다.

바르샤바에서 유대인 변호사의 아들로 태어난 그는 12세 무렵 아버지가 정신병원에 입원하면서부터 가세가 기울기 시작해 스스로 학비를 벌어 공부해야 했는데, 6년 뒤 아버지가 사망하자 이미 그때부터 작가로 데뷔해 야누스 코르착이라는 필명을 사용하기 시작했다. 그 후 바르샤바 대학에서 의학을 공부해 소아과의사가 되었으며, 노일전쟁에 군의관으로 참전한 후 바르샤바에서 다시 의업을 계속하던 그는 결혼도 하지 않고 1911년 유대인 아동을 위한 고아원 책임자로 일하기 시작했는데, 어린 시절 아버지로 인해 자신이 겪은 불행한 기억 때문에 굳이 그런 선택을 한 것으로 보인다. 결국 그는 적절한 역할을 완수하지 못하고 죽은 아버지를 대신해 많은 아이들을 책임 맡아 키우는 모범적인 아버지 노릇에 자신의 일생을 바친 셈이다.

자신만의 독자적인 교육이념에 따라 당시로서는 아무도 생각하지 못한 민주적인 방식으로 고아원을 운영하기 시작한 그는 고아들 스스로 자율적인 방식에 따라 고아원을 이끌어 나가도록 했으며, 고아원 내부에 자체적으로 의회나 법정을 설치하고 신문도 발행하도록 했다. 일종의 민주공화국 체제라 할 수 있는 그런 제도하에서 고아들은 획일적인 통제를 강요당하지 않고 자유롭게 자신들의 의견을 드러내며 지낼 수 있었는데, 유대인이면서도 불가지론자였던 그는 특정 종교를 고아들에게 강요하지도 않았다.

1930년대에 들어 그는 라디오 방송을 통해 아동들의 권익을 위한 프로그램을 진행함으로써 정부로부터 훈장까지 받았으며, 그의 비범한 교육사상으로 인해 유럽 전국에 이름이 알려지는 계기가 되었다. 단적

아누스 코르착

인 예로 그의 저서 《아이들》에 나오는 내용을 일부 소개하자면 다음과 같은 구절을 들 수 있다. "똑같은 교복을 입고 있어도 그 안에는 수백의 다른 심정이 뛰고 있습니다. 그리고 각각은 서로 다른 난제이고, 서로 다른 과업이며, 서로 다른 염려와 관심을 베풀어야 할 대상입니다."

제각기 서로 다른 개성과 난제들을 지니고 있는 아이들을 어떻게 존중하고 사랑해야 할지에 대한 그의 탁월한 혜안은 획일적인 강요와 통제가 횡행하고 있던 당시로서는 그야말로 폭탄선언과도 같은 내용이 아닐 수 없다. 하지만 그런 민주적인 교육방식에 대한 호소가 바로 인접한 나치 독일에서는 그야말로 뚱딴지같은 헛소리에 지나지 않았을 것이다. 그리고 실제로 획일적인 나치이념에 사로잡힌 독일군이 폴란드를 침공하면서 각자의 개성이나 난제는 깡그리 무시되고 말았다.

독일군은 코르착과 고아들을 바르샤바 게토에 가두었으며, 마침내 1942년 8월에는 고아들을 수용소로 보내기 위해 한곳에 집결시켰는데, 당시 비밀구호단체 제고타는 그에게 안전지대로 피신할 것을 수차례 제의했으나 그는 아이들과 떨어질 수 없다는 이유로 그 제안을 거절하고 고아들과 함께 기꺼이 후송열차에 올랐다. 일설에 의하면, 바르샤바의 집결지에 모여 일행이 대기 중일 때도 국제적인 명성을 지닌 그의 존재를 알아보고 친위대 장교 한 사람이 그에게 탈출할 기회를 주었지만, 그는 한사코 거절하고 기차에 올랐다고 한다.

게토를 떠날 당시 고아들은 깨끗한 옷차림에 좋아하는 책과 장난감이 든 배낭을 메고 코르착과 함께 나란히 행진해 갔는데, 그는 모자도 쓰지 않은 채 아이들의 손을 잡고 길을 떠났다. 당시 그 모습을 목격한 피아니스트 스필만의 증언에 의하면, 아이들은 마치 소풍을 가는 기분으로 활기에 차 있었다고 한다. 스필만은 로만 폴란스키 감독의 영화 〈피아니스트〉의 실제 모델이었던 인물이다.

트레블린카 수용소에 도착하자 기차에서 빨리 내리라고 호령하는 독일군 병사에게 "우리는 소풍을 가는 중일 뿐입니다."라고 했다는 그의 대답은 참으로 우리의 가슴을 아프게 만들지만, 소풍을 가는 것으로 알고 길을 떠난 아이들이 가스실로 향했을 때의 심정이 어땠을까 상상하는 일은 더더욱 우리의 마음을 어둡게 한다. 이처럼 위대한 의사이자 교육자였던 코르착을 기리기 위해 폴란드의 명감독 안제이 바이다는 1990년 영화 〈코르착〉을 제작했는데, 각본 역시 여성감독으로 유명한 아그네츠카 홀란드가 맡았다.

빈자의 성녀 마더 테레사

마케도니아 출신의 알바니아계 가톨릭 수녀로 인도 캘커타의 빈민가에서 '사랑의 선교회'를 운영하며 평생을 바쳐 희생적인 봉사활동을 펼침으로써 숭고한 인도주의를 실천한 공로로 1979년 노벨 평화상을 받은 테레사 수녀(Mother Teresa, 1910-1997)는 오토만 제국의 지배를 받던 마케도니아의 수도 스코페 태생으로 알바니아계 가톨릭 집안에서 태어났다. 하지만 그녀가 8세 때 사업가로 활동하며 알바니아인의 인권을 위해 투쟁하던 아버지가 45세 나이로 갑자기 의문사하는 비극을 겪었는데, 가족들은 세르비아인들에게 독살당한 것으로 굳게 믿었다.

일찍부터 그런 시련을 겪은 그녀는 12세 때 이미 성직자의 길을 걷기로 결심하고 18세 때 집을 떠나 아일랜드로 건너갔으며, 그곳 로레토 수

녀회에 들어가 테레사로 개명한 후로는 두 번 다시 자신의 가족들과 만나지 않았다. 마침내 19세 때 인도로 건너간 그녀는 처음에는 히말라야 산중에 위치한 벵갈 북부의 다질링에서 수녀 견습을 받았으며, 그 후 신의 소명을 받고 기난힌 시람들을 위헤 일생을 비치기로 결심하고 1950년 캘커타에 '사랑의 선교회'를 설립해 빈민과 고아, 병자들을 위해 일생을 바쳤는데, 인도가 독립을 이루면서 아예 인도로 귀화해 인도 시민으로 생을 마쳤다. 처음에는 힌두교도들의 반발이 심했으나 종교의 차이를 떠나 아무런 사심 없이 헌신적으로 가난한 이들을 위해 봉사하는 모습을 보고 그들도 그녀의 활동을 기꺼이 받아들였다.

하지만 이처럼 희생적인 삶을 살았던 테레사 수녀에 대해 일부 진보적인 인사들은 매우 비판적인 시각으로 바라보기도 했다. 왜냐하면 그녀가 비록 일생 동안 빈민을 위해 헌신했다고는 하나 가난과 고통도 다 하느님의 뜻이요, 축복이기 때문에 겸허하게 받아들일 것을 요구함으로써 민중의 투쟁의식을 마비시키고 사회적 모순을 개혁해 나갈 수 있는 여지를 차단했기 때문이라는 것이다. 따라서 인공유산이나 피임 등의 현실적인 문제뿐만 아니라 모든 진보적인 신학에 대해서도 반대 입장을 보인 그녀에 대해 사회개혁을 부르짖는 사람들이 결코 좋은 시선을 보내기 어려웠을 것이다.

그럼에도 불구하고 오로지 자신의 신앙에 입각해 예수 그리스도의 복음정신을 실천한다는 테레사 수녀의 숭고한 뜻만큼은 그 어떤 이념적 가치마저 뛰어넘는 고귀한 정신을 담고 있다 하겠다. 평소 심장병을 앓고 있던 그녀는 병원에 입원해 심장수술까지 받았는데, 그녀가 87세를 일기

마더 테레사

로 세상을 떠났을 때 인도 정부는 국장으로 그녀에 대한 예우를 지켰다. 오늘날 사랑의 선교회에서는 전 세계 120개국에 걸쳐 5,000명의 수녀들이 호스피스와 고아사업 등 다양한 봉사활동을 펼치고 있다. 테레사 수녀는 2016년 교황 프란치스코에 의해 성녀 반열에 올랐다.

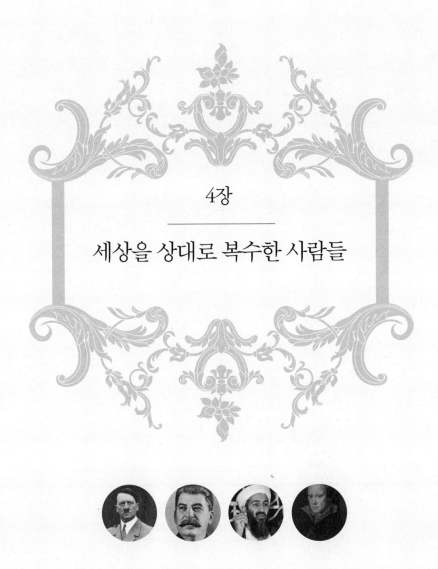

4장

세상을 상대로 복수한 사람들

피의 메리 여왕

'피의 메리(Bloody Mary)'라는 별명으로 알려진 메리 1세(Mary I, 1516-1558)는 엘리자베스 1세 여왕의 이복언니로 이들 배다른 자매는 어릴 때부터 궁중 암투에 휘말린 나머지 서로 철천지원수처럼 지내야 했는데, 특히 아들을 얻지 못해 안달이었던 아버지 헨리 8세로 인해 어머니 캐서린이 왕궁에서 쫓겨나고 자신은 계모 앤 불린의 딸 엘리자베스의 시중이나 드는 신세로 전락했으니 부왕에 대한 원한이 가슴에 사무칠 수밖에 없었다.

따라서 메리 여왕의 통치시대는 영국 역사에서도 가장 어두운 시기로 평가되는데, 스페인 왕가의 혈통을 이어받은 독실한 가톨릭 신자였던 그녀는 영국 성공회를 창립한 헨리 8세에 마치 복수라도 하듯이 개신교와 성공회를 잔혹하게 탄압해 온 나라에 악명이 자자했으며, 성공회 기도서 사용을 금지하고 수많은 성직자들과 신도들을 무자비하게 처형함으로써 '피의 메리'라 불리게 된 것으로, 칵테일의 일종인 블러디메리 역시 그녀의 별명에서 따온 명칭이다.

메리 여왕은 국민들의 반대여론에도 불구하고 스페인의 펠리페 2세와 결혼을 강행했는데, 그때문에 여기저기서 반란이 일어나기까지 했다. 그녀는 아이 갖기를 간절히 원했지만 난소암 때문에 뜻을 이루지 못했으며, 결국 5년 남짓 재위한 후 42세를 일기로 세상을 뜨고 말았다. 메리 여왕이 후손을 남기지 못하고 세상을 뜨자 국민들은 비로소 폭압 정치에서 해방되었음을 진심으로 축하했으며 메리 여왕이 일생을 두고 증오했던 엘리자베스의 즉위에 모두들 쌍수를 들어 환호했다.

메리 여왕이 엘리자베스를 그토록 미워했던 것은 물론 앤 불린의 딸이었기 때문이다. 그녀 입장에서 보자면 계모인 앤 불린이 자신의 어머니 캐서린을 불행에 빠트린 장본인이었으니 원한을 가질 만도 했다. 스페인의 이사벨라 여왕의 딸이었던 캐서린은 헨리 8세와 혼인했으나 아들을 낳지 못하고 폐경을 맞이하고 말았는데, 설상가상으로 자신의 시녀였던 앤 불린과 혼인하기 위해 헨리 8세가 결혼 무효를 요구하자 일언지하에 거절함으로써 왕의 분노를 샀으며, 그 일로 인해서 헨리 8세와 교황청 사이에 분란이 일어나 마침내 따로 독립적인 영국 성공회가 탄생한 셈이다.

결국 캐서린은 왕궁에서 쫓겨나고 어머니와 헤어진 메리 역시 천덕꾸러기 신세가 되어 이복동생인 엘리자베스의 시중이나 들어 줄 처지로 전락했으니 그 원한이 뼈에 사무칠 수밖에 없었을 것이다. 그러나 어쨌든 최후의 승리는 끝까지 참고 인내한 엘리자베스에게로 돌아갔으며, 메리 여왕은 불과 5년에 지나지 않는 짧은 재위 기간을 마치고 숨을 거둠으로써 그녀가 그토록 증오했던 엘리자베스에게 왕위를 넘겨주어야 했다.

메리 여왕

카라바조의 칼과 붓

중세 서양미술사에서 가장 미스터리한 화가로 꼽히는 카라바조 (Amerighi da Caravaggio, 1571-1610)는 39세 나이로 요절하기까지 살인과 결투, 탈출과 도피행각으로 일관한 그의 삶 자체가 매우 불가사의한 사건으로 점철되어 있는 데다 그의 마지막 행적이나 사인조차 제대로 알려진 적이 없이 그야말로 수수께끼 같은 베일에 가려진 인물이다. 더욱이 그의 존재는 수백 년간이나 지하에 묻힌 채 사람들의 기억에서 사라진 지오랜 상태였다가 20세기에 들어서서야 비로소 새롭게 재평가를 받고 다시 살아난 매우 특이한 인물이기도 하다.

이탈리아 밀라노에서 실내장식가의 아들로 태어난 카라바조는 5세 무렵에 페스트를 피해 부모와 함께 카라바조 마을로 이주해서 그곳에서 자랐으나, 이주한 바로 그 이듬해에 아버지가 일찍 죽는 바람에 집안에 위기가 닥쳤으며, 설상가상으로 13세 때에는 어머니마저 세상을 떠나 어린 나이에 천애고아가 되고 말았는데, 스스로 생계를 꾸려 가야만 했던 그는 오로지 혼자만의 힘으로 험난한 세파를 헤치고 나가야 하는 벅찬 시련에 부딪쳐야 했다. 비록 그 무렵부터 이미 회화를 배우기 시작해 바로크 미술의 대가로 성장하는 기초를 닦기도 했지만, 자신을 세상에 홀로 남기고 사라져 버린 부모에 대한 원망과 불신으로 인해 성장해 감에 따라 매우 거칠고 난폭한 성격의 인물로 변해 갔다.

20대 초반에 밀라노에서 경찰과 말다툼 끝에 부상을 입히고 로마로 달아난 그는 그 후에도 끊임없이 사방을 헤집고 돌아다니며 시비와 난동을 부렸는데, 25세 때에는 사소한 시비 끝에 말다툼 상대인 젊은이를 칼로 찔러 죽이고 나폴리로 달아났다. 당시 사형이 선고된 그에게는 현상금까지 걸린 상태였으나 한동안 그는 나폴리에서 콜로나 가문의 보

카라바조

호를 받으며 그림을 계속 그렸다. 그럼에도 불구하고 쫓기는 신세로 항상 신경과민 상태에 있던 그는 그곳마저 안전하지 못하다고 여긴 나머지 말타 섬으로 달아나 신변보호를 요청하고 말타 기사단의 일원까지 되었다.

하지만 그곳에서도 역시 말썽을 일으키고 기사 한 명에게 부상을 입히는 바람에 감옥에 갇히게 되었지만, 용케 그곳을 탈출해 시실리 섬으로 건너간 그는 옛 친구의 신세를 지기도 했으나 날이 갈수록 정신상태가 이상해지면서 완전히 편집증적 피해망상 증세까지 보이며 잠을 잘 때조차도 항상 곁에 칼을 두고 잘 정도로 극도의 경계심을 보였는데, 언제 들이닥칠지 모르는 추적자들의 위협에 대비하기 위해서였던 것으로 보인다. 결국 다시 나폴리로 달아난 그는 어느 날 갑자기 로마로 향하기 시작했는데, 로마의 실력자를 만나 자신이 저지른 살인죄에 대해 용서를 구하고 사면받고자 했던 것으로 보인다. 하지만 그는 포르토 에르콜레 근처에서 갑자기 열병에 걸려 죽고 말았는데, 정체불명의 추적자들에게 살해당했다는 주장도 있다.

당시 그가 그린 것으로 알려진 대표적인 걸작 〈다윗과 골리앗의 머리〉, 〈살로메와 세례 요한〉, 〈홀로페르네스의 목을 자르는 유디트〉 등을 보면 목이 잘린 희생자들의 얼굴이 모두 카라바조 자신의 모습임을 알 수 있는데, 상습적으로 칼싸움을 벌이고 다니며 살인까지 저지를 정도로 매우 충동적이고 난폭하기 그지없던 그가 갑자기 자신의 목이 잘린 그림들을 그린 이유는 도대체 무엇일까. 그런데 카라바조는 그 그림들을 말타 기사단장과 로마의 실력자이며 교황의 조카인 보르게세 추기경에게 보낼 계획이었던 점을 보아, 그동안 자신이 저지른 비행들에 대한 뉘우침의 표시로 자신의 목이 잘린 그림들을 뇌물로 바침으로써 자신이 저지른 살인행위에 대한 용서와 사면을 구하고자 했던 것으로 여겨지지만, 결국에는 그 뜻을 이루지 못하고 말았다.

하지만 정신분석적 의미나 상징적 의미 차원에서 볼 때, 자신의 목이 잘린 그림들을 계속 그린 행위의 배경에는 거세공포가 잠재해 있었을 것으로 보이기도 한다. 물론 그의 어린 시절에 대해서는 알려진 사실이 거의 없지만, 어머니의 존재를 가운데 두고 어린 아들이 아버지와 벌이는 치열한 경합을 통해 결과적으로 아버지의 보복을 두려워하는 거세공포가 유발되기 쉬운데, 아버지가 일찍 사망함으로써 그는 그런 갈등을 건설적으로 해소할 기회조차 잃은 셈이 되고 말았다. 프로이트는 그런 리비도적 욕망이 보다 안전한 머리나 팔다리 등의 신체부위로 이동해 나타나는 현상을 전치(displacement)라고 불렀는데, 독일의 정신분석가 오토 페니켈은 고대에 성행했던 참수형이야말로 사람들의 잠재된 거세공포를 가장 극대화하는 수단으로 활용되었을 가능성이 높다고 보았다.

어쨌든 카라바조의 비정상적인 광기와 포악한 행동의 원인에 대해서는 정확한 사실이 밝혀진 게 없지만, 어린 나이에 부모를 잃고 고아가 되어 정상적인 가정에서 자라 본 적이 없었던 점을 고려해 볼 때, 일찍부터 세상에 홀로 버림받은 사실에 대한 분노와 좌절이 매우 컸을 것으로 보이며, 더욱이 적절한 교육의 기회나 도덕적 관념을 배울 기회조차 없었다는 점에서 그의 거칠고 모난 성격 형성의 배경을 이해할 수 있을지 모른다. 어차피 그에게는 처음부터 자신을 보호해 줄 인물이 없었기 때문에 타인과 세상에 대한 불신이 클 수밖에 없었으며, 게다가 고아라는 뿌리 깊은 열등감도 남달리 타인의 평가에 민감한 반응을 일으키게 했을 것이다. 그가 가는 곳마다 시비와 말다툼이 벌어진 것도 결국은 고질적인 불신감과 열등감 때문에 빚어진 현상이 아니었겠는가.

카라바조는 어디를 가나 칼을 차고 다니며 걸핏하면 결투를 벌여 인명을 해치기도 했는데, 모든 세상을 적으로 간주하고 적대시한 결과 자신도 인제 어디서 공격을 당힐지 모른다는 피해의식 속에 살았다고 볼 수 있다. 어디 그뿐인가. 그의 걸작들에서도 드러났듯이 칼로 목을 베는 장면들을 즐겨 사용한 것이나 그 희생자들의 얼굴이 한결같이 자기 자신이었음을 볼 때, 그는 분명히 칼로 상징되는 남근에 집착한 것으로 보인다. 하지만 그 자신의 공격성과 열등감, 피해의식 등이 칼을 통해 부분적으로 해소된 반면에, 복수심과 죄의식, 불안과 외로움 등의 감정을 작품으로 표현할 때 사용한 부드러운 붓은 칼에서 묻어나는 두려운 감정을 달래고 보듬어 주는 모성적인 역할을 수행했다는 점에서, 결국 그는 칼과 붓의 적절한 타협을 통해 항상 살얼음 위를 걷듯 불안정하기만 한 자신의 삶을 힘겹게 지탱해 나갔다고 할 수 있다.

미국 최초의 연쇄살인범 헨리 홈즈

허만 머젯이 본명인 헨리 홈즈(Henry Holmes, 1861-1896)는 미국 최초의 연쇄살인범으로 알려진 인물이다. 하지만 놀랍게도 미시건 의대를 졸업한 의사였던 그는 시카고에서 헨리 홈즈라는 가명으로 의업과는 동떨어진 부동산 사업에 관여하는 가운데 1893년 시카고 세계 박람회에 때 맞춰 자신이 설계한 호텔을 세우고 그곳을 아지트로 삼아 무려 200명 이상에 달하는 사람들을 쥐도 새도 모르게 살해한 것으로 추정된다.

뉴햄프셔주 길맨턴에서 농부의 아들로 태어난 그는 폭력적인 주정뱅이 아버지와 독실한 신앙심을 지닌 어머니 밑에서 자랐는데, 남편의 폭력과 술주정에 시달리는 가운데서도 어머니는 항상 아들에게 성경책을 읽어 주었다고 한다. 어려서부터 머리가 좋았던 그는 학업 성적이 뛰어 났으나 소심하고 겁이 많아서 그를 시기한 심술궂은 친구들로부터 놀림감의 대상이 되었으며, 의사를 특히 무서워하는 그를 골려 주기 위해 강제로 사람의 해골을 만지게 했지만, 그는 오히려 이상하게 해골에 매력을 느끼고 그 후로 계속해서 시체에 집착하게 되었다고 한다.

조숙했던 그는 17세 때 이미 클라라와 결혼해 아들까지 낳은 후 미시 건 의대에 입학했는데, 당시 그는 실험실에서 시체를 훔쳐 훼손하는 이상한 행동을 보이기 시작했다. 의사를 무서워하던 그가 오히려 의대를 지망한 점이나 해골이나 시체를 접함으로써 안도감을 느끼게 된 것은 일종의 역공포 반응(counterphobic reaction)에 해당하는 것으로 보이기도 하지만, 에리히 프롬이 말한 네크로필리아(necrophilia), 다시 말해서 매우 도착적인 형태의 죽음에 대한 친화성을 이미 그때부터 보인 것으로 간주할 수 있다.

의대를 졸업한 뒤 시카고로 간 홈즈는 여러 사업에 손을 대면서 처자식이 있는 몸으로 다시 또 머타와 결혼해 딸까지 낳았으며, 그런 이중생활을 계속하면서 대부분의 시간을 시카고의 부동산 사업에 바치고 있었는데, 그 후 다시 덴버에서 조지아나와 결혼해 삼중생활을 동시에 이어 갔다. 뿐만 아니라 자신이 고용했던 종업원의 부인 줄리아와도 관계를 맺었는데, 결국 그녀는 나중에 홈즈에게 살해당하고 말았다. 이처럼 삼중생활을 계속한 이유는 자세히 알 수 없으나 자신의 어머니를 괴롭히던 아버지

헨리 홈즈

처럼 연약한 여성들을 대상으로 자신의 남성다움과 우월감을 유지하는 동시에 모든 결정권을 자신이 쥐고 있음을 스스로 즐긴 것으로 보이기도 한다. 물론 그것은 아버지에 대한 적대적 동일시의 결과로 볼 수도 있다. 쉽게 말해서, 증오이 대상을 오히려 닮게 된 것이다.

시카고에서 홈즈는 이웃에 사는 늙은 과부의 약국을 감언이설로 속여 빼앗고 그녀를 살해한 후 길 건너편의 땅을 매입해 3층 건물을 지었는데, 그것은 물론 살인 계획을 염두에 두고 용의주도하게 설계한 호텔이었다. 그래서 그 호텔은 나중에 '죽음의 성'으로 불리기도 했다. 홈즈는 수시로 건축업자를 바꿈으로써 내부 구조를 그 누구도 알지 못하게 하는 용의주도함을 보였으며, 따라서 호텔 구조를 아는 사람은 단지 홈즈 한 사람뿐이었다. 호텔 객실은 모두 방음장치가 설치된 창문이 없는 방들로 미로와 같은 구조로 되어 있었으며, 방문은 오로지 밖에서만 열게 만들어졌다. 호텔이 완공되자 홈즈는 주로 여성들로 이루어진 희생자 물색에 들어갔는데, 그 대상들은 자신이 고용한 직원들과 투숙객들, 그리고 자신의 애인들이었다.

그는 희생자들을 객실에 가두고 고문하다가 결국에는 살해했으며, 가스관을 통해 질식사시키기도 했다. 살해한 시체들은 지하실로 연결된 비밀 낙하 통로를 이용해 떨어뜨렸는데, 일부 시신은 절개하거나 깨끗이 씻어서 의과대학 해부 실험용으로 팔아넘기기까지 했다. 그는 거대한 소각로도 설치해서 그것을 통해 시신들을 화장했다. 그 후 자신을 도운 목수와 그의 세 아이들까지 살해한 홈즈는 결국 1894년 꼬리가 잡혀 보스턴에서 경찰에 체포되었으며, 목격자들의 증언에 의하면, 그와 동행해 호텔로 들어간 젊은 여성들치고 밖으로 나온 사람은 단 한 명도 없었다는 것이다. 이처럼 끔찍한 범죄를 저지른 홈즈는 필라델피아 감옥에서 교수형이 집행되었을 당시 매우 담담한 표정으로 아무런 동요의 빛도 보이지 않았다고 한다.

무력한 상태의 여성들을 상대로 고통을 가하고 잔혹하게 살해한 홈즈는 분명 광기 어린 사디스트요, 반사회적 인격파탄자임에 틀림없다. 하지만 34세로 교수형에 처해진 아들보다 15년이나 더 살다가 84세까지 장수한 아버지는 자신의 아들이 그토록 비인간적 괴물이 되리라고는 상상조차 못했을 것이다. 어쨌든 헨리 홈즈는 200명에 달하는 연약한 여성들만을 상대로 엽기저인 살인을 저지름으로써 남성답지 못한 자신의 소심함과 비겁함을 극복하고자 한 것으로 보이며, 이는 결국 폭력적인 주정뱅이 아버지로부터 당한 수모와 치욕감, 친구들로부터 당한 모멸감 등이 결합되어 세상에 대한 복수로 이어진 것이라고 할 수 있다. 그렇게 해서 자신도 힘이 있다는 것을 스스로에게 입증하기 위해 살인까지 했으나 여전히 비겁한 성격을 떨쳐 내지 못한 그는 힘없는 여성들만을 골라 범행할 수밖에 없었던 것이다. 그는 남성들과 감히 맞설 용기조차 없었기 때문이다.

독가스를 개발한 프리츠 하버

암모니아 합성의 공로를 인정받아 1918년 노벨 화학상을 받은 독일의 유대인 화학자 프리츠 하버(Fritz Haber, 1868-1934)는 프러시아의 브레슬라우에서 부유한 유대인 상인의 아들로 태어났다. 하지만 난산 끝에 출생 직후 어머니를 여읜 그는 6세 때 아버지가 재혼하면서 계모와 더불어 3명의 다른 이복 여동생들과 함께 지내게 되었는데, 그동안 어머니 없이 외롭게 자란 그는 아버지와는 사이가 몹시 좋지 않았으나 계모와 여동생들과는 오히려 사이좋게 잘 지냈다고 한다.

프리츠 하버

어린 시절 독일인과 유대인 학생들이 자리가 따로 구분된 교실에서 수업을 받은 그는 아버지로부터 이어받은 유대인 혈통에 극도의 수치심과 모멸감을 느낀 나머지 자신은 유대인이 아니라 독일인이라 여기고 학교를 다녔으며, 결국 나중에 유대교를 버리고 기독교로 개종까지 했다. 아버지는 아들이 자신의 가업을 이어가도록 하기 위해 염료회사 견습생으로 들어갈 것을 강력히 원했으나 그는 아버지의 뜻을 거스르고 하이델베르크와 베를린 대학 등에서 화학을 공부했으며, 그 후 카를스루에 대학에 근무하면서 비료와 폭발물의 주원료인 암모니아의 합성법을 개발해 노벨상까지 타기에 이르렀다.

하지만 제1차 세계대전 기간 중에 독일제국에 대한 충성심에서 수많은 독가스를 개발해 화학무기의 아버지로 불리기까지 했던 그는 수많은 인명 손실을 입힌 독가스 개발로 인해 씻을 수 없는 사회적 오명을 뒤집어써야만 했으며, 개인적으로는 유대인 아내 클라라의 자살로 인해 더욱 큰 오명을 뒤집어써야만 했다. 박사학위까지 받은 독일 최초의 여성 화학자로 열렬한 평화주의자이기도 했던 클라라는 남편이 인명살상용의 비인도적 화학무기를 개발하는 일에 적극 반대했지만, 그가 끝내 말을 듣지 않자 1915년 심한 언쟁 끝에 총으로 자신의 심장을 쏘아 자살해 버린 것이다. 그녀는 어린 아들의 품에 안겨 숨지고 말았다.

그런데 더욱 이해할 수 없는 일은 당시 하버가 보인 행동이었다. 그는 아내의 충격적인 자살에도 불구하고 즉시 러시아 동부전선으로 달려가 자신이 개발한 독가스의 성능을 확인했던 것이다. 그리고 당시 신문에서도 그녀의 죽음은 일체 보도되지 않았다. 참으로 비정한 남편이요, 무서운 세상이었다. 어머니의 비극적인 죽음을 목격한 아들 헤르만은 그 후 미국으로 이주했으나 제2차 세계대전이 끝난 직후인 1946년 그런 아버지에 대한 수치심 때문에 스스로 목숨을 끊고 말았다.

독가스 전쟁을 유발해 악명의 대명사로 떠오른 하버는 전쟁이 끝나자 이번에는 해수에서 금을 추출하는 일에 몰두하기 시작했는데, 그 후 등장한 나치독일은 그가 유대인이었음에도 불구하고 그의 천재성을 인정해 수용소로 보내지 않는 대신 그에게 다시 전쟁무기 개발에 착수하라는 지시를 내렸지만, 그동안 아무리 독일에 충성을 맹세한 하버였다 할지라도 이때만큼은 그런 지시에 불응하고 영국으로 도피했다. 하지만 전쟁에서 그가 개발한 독가스로 인해 수많은 희생자를 냈던 영국인들의 시선은 매우 차갑기만 했으며, 물리학자 러더포드는 그에게 악수조차 거부하기까지 했다.

결국 어디에도 몸담을 데가 없어진 그는 시온주의자 와이즈만의 제안으로 팔레스타인행을 결심하고 먼 길을 떠났으나 도중에 들른 스위스 바젤의 한 호텔에서 심장마비로 숨지고 말았다. 그 후 하버의 많은 친척들을 포함한 수백만 명의 유대인들이 나치 수용소에서 고통스럽게 죽어가야 했는데, 당시 사용하던 독가스 치클론은 바로 하버 연구소에서 만든 것이었으니 그런 참상을 알게 된 그의 아들 헤르만이 아버지의 죄를 대신해 스스로 목숨을 끊을 만도 했다. 그래도 그 아들은 아버지의 마지막 소원대로 어머니의 유해를 이장해 아버지 곁에 묻어 주고 죽었으니 아들로서의 도리는 다하고 죽은 셈이다.

물론 하버는 자발적인 악의를 지니고 독가스를 개발한 것이 아니었다. 유대인이 아니라 독일인으로 대우받으며 살고자 했던 그는 독일제국에 충성하는 길이 최선책이라 여겼기 때문에 국가의 명령에 따라 독가스를 개발한 것뿐이다. 하지만 유대인 혈통을 부정하고 독일인 기독교도가 되고자 했던 것이 출세를 위한 불가피한 행위였다면, 엄청난 재앙을 몰고 올 수 있음을 잘 알면서도 소중한 아내의 목숨과 바꿀 정도로 독가스 개발에 그토록 집착한 것은 아무리 생각해도 매우 위험하기 그지없는 무의식적 동기에 따른 결과로 보인다. 비록 그 동기의 정확한 실체를 입증할 수야 없겠지만, 어쩌면 하버 자신을 포함해 오랜 세월 유대인을 무시하고 박해해 온 세상의 모든 인간들에 대한 응징의 수단으로 독가스 개발에 박차를 가한 것일지도 모른다. 하지만 자신이 개발한 독가스가 오히려 유대인 말살정책에 역으로 사용되리라고는 하버 자신도 상상조차 하지 못했을 것이다.

피의 숙청을 단행한 스탈린

레닌의 뒤를 이어 소련의 강력한 지배자로 등극한 이오시프 스탈린 (Iosif Stalin, 1878-1953)은 피의 대숙청을 통해 모든 정적들을 무자비하게 제거함으로써 모든 권력을 독점하고, 그 후 그에게 가장 큰 위기로 닥쳐온 독소전에서도 승리함으로써 러시아 민족의 영웅으로 추앙되었을 뿐만 아니라 그동안 후진성을 면치 못하고 있던 러시아를 공업화로 이끌어 미국과 대등한 초강대국으로 만든 장본인으로 러시아 민중들 사이에서는 그야말로 거의 신적인 존재로 우상화되며 숭배의 대상이 되었던 인물이다.

하지만 대규모 숙청을 비롯해 종교 탄압과 무리한 강제이주정책, 우크라이나 대기근 등 그의 독단적인 지시로 희생된 사람들의 숫자가 히틀러에 의한 희생자들보다 훨씬 더 많다는 주장도 있을 만큼 악명이 자자한 인물이기도 했던 그는 더욱이 매우 편집적이며 잔혹한 성품에 변태적인 습성까지 겸비한 인물로도 정평이 나 있어 그에 대한 추문 또한 끝없이 이어졌다. 다른 무엇보다 그에 대해 가해지는 비판의 핵심은 무자비한 독재정치와 개인우상화에 있다고 할 수 있다.

본명이 이오세브 주가쉬빌리였던 스탈린은 그루지아 지방의 작은 도시 고리에서 가난한 구두수선공의 아들로 태어났다. 두 아들을 잃고 유일하게 살아남은 막내아들 스탈린을 극진히 사랑했던 어머니는 걸핏하면 폭력을 휘두르는 술주정뱅이 남편 때문에 마음고생이 컸지만 그래도 아들 하나만을 바라보고 위안을 삼으며 살았던 여성이었다. 하지만 폭군적인 술주정뱅이 아버지는 어린 아들을 무자비하게 구타했던 매우 난폭한 인물로 한번은 아버지가 어머니를 심하게 폭행할 때 어린 스탈린이 아버지에게 대들며 칼을 던진 적도 있었다.

아버지는 아들이 자신처럼 구두수선공이 되기를 바랐지만, 신앙심이 깊었던 어머니는 아들이 사제가 되기를 바랐기 때문에 티플리스의 그리스 정교회 신학교에 입학시켰는데, 이를 알고 화가 머리끝까지 난 아버지는 술에 취해 길길이 날뛰며 길에서 난동을 부린 탓에 살던 마을에서 추방되고 말았다. 당시 아버지는 학교에서 아들을 납치하기까지 했으나 외삼촌이 가까스로 구해 오기도 했다. 그 후 아버지는 가족과 떨어져 티플리스의 제화공장에서 일하다가 부랑자 신세로 전락해 결국에는 극빈자 묘지에 묻히는 비참한 말로를 겪고 말았다.

어쨌든 그렇게 포악하고 무지막지했던 아버지를 경멸하고 증오한 나머지 어려서부터 복수심에 가득 찼던 스탈린이었으니 모든 남성적 권위에 대한 반항심이 클 수밖에 없었는데, 그런 성향 때문에 신학교도 5년 만에 쫓겨나고 말았다. 비밀결사조직에 가담해 활동하고 금서로 지정된 공산주의서적을 탐독했다는 이유에서였다. 하지만 그는 성격적으로나 외모상으로 보더라도 성직자에 전혀 어울리지 않았다고 할 수 있다. 어머니가 그토록 간절히 원했던 성직자의 길을 포기하고 대신 혁명가의 길을 걷기 시작한 그는 그때부터 고기가 물을 만난 듯 노동자 파업 선동과 은행 절도, 요인 암살, 납치와 테러 등을 일삼았으며, 그때문에 수시로 투옥과 추방, 탈출을 되풀이했다. 포악하고 무자비한 아버지를 그토록 증오했으면서도 자신도 모르게 그런 아버지를 닮게 된 적대적 동일시의 과정을 보인 셈이다.

비록 스탈린은 잔혹한 방법으로 수많은 정적들을 처형하고 수백만 명을 강제노동수용소로 보낸 무자비하고 잔인한 독재자였지만, 대중들 앞에 나설 때는 한없이 어질고 선량한 모습으로 비치도록 처신함으로써 매우 거칠고 격정적인 모습으로 대중을 선동한 히틀러와는 묘한 대조를 이룬다. 하지만 음흉하고 포악하다는 점에서는 히틀러도 따라가기 힘들 정도로 이중적인 처신에 통달했던 스탈린도 속으로는 히틀러를 가장 두려워했다고 한다. 편집증적인 의심으로 그 누구도 믿지 않은 스탈린은 피의 대숙청을 통해 무려 1,200만 명에 달하는 인원을 희생시킨 것으로 알려졌는데, 만약 그것이 사실이라면 제2차 세계대전 기간 중에 희생된 소련군의 피해를 훨씬 웃도는 숫자가 아닐 수 없다.

이오시프 스탈린

1930년대 중반부터 제2차 세계대전이 발발하기 직전까지 지속된 피의 대숙청 기간 동안 스탈린은 트로츠키를 포함한 자신의 정적 제거에 전념하는 동시에 성급한 산업국유화와 집단농장체제, 그리고 숱한 비극을 낳은 강제이주정책 등으로 소련경제에 대혼란을 일으킨 결과, 우크라이나에서는 수백만 명의 아사자를 낳은 대기근을 초래함으로써 민중들의 원성이 극에 달했다. 연해주 등지에 거주하던 20만 명에 달하는 고려인을 중앙아시아로 강제 이주시킨 것도 바로 이때였다. 일본의 첩자가 될 수도 있다는 이유에서였다. 그러나 이주 과정에서 숱한 희생자를 낳기도 했다. 이처럼 피도 눈물도 없는 스탈린의 강압적 정책으로 인해 희생된 사람들의 숫자는 실로 부지기수였다. 그리고 아직까지도 그 정확한 실체에 대해서는 충분히 밝혀지지 않고 있는 실정이다.

스탈린이 벌인 끔찍하고 피비린내 나는 숙청과 살인적 만행의 행진은 제2차 세계대전이 발발하면서 비로소 멈추게 되었는데, 무자비한 공포정치로 흉흉해진 민심은 독일의 소련 침공으로 오히려 스탈린에게 전화위복이 되었다. 국가적 존망이 달린 위기에 힘입어 스탈린은 애국심에 호소하여 등 돌린 민심을 규합하는 데 성공했기 때문이다. 그러나 이미 대숙청 기간 중에 군 고위직 장교의 80% 이상을 간첩혐의로 처형해 버렸으니 이후에 벌어진 독소전에서 소련군이 고전을 면치 못한 것은 당연한 결과였다.

제2차 세계대전에서 가장 많은 전사자를 낸 국가는 바로 소련이었다. 1,000만 명 이상의 소련군이 독소전에서 희생되었으며, 민간인들의 피해는 그보다 더욱 컸다. 군에 대한 대대적인 숙청만 아니었어도 그토록 엄청난 희생은 막을 수 있었을지 모른다. 이처럼 잔악하기 그지없는 수법으로 희생된 사람들의 수는 아직까지도 정확히 알려져 있지 않다. 대숙청 기간에 처형된 숫자만도 70만 명에 이르는 것으로 추정되는데, 물론 여기에는 고문 도중에 죽거나 강제노동수용소에서 사망한 경우는 빠져 있으며, 강제이주 과정에서 죽은 사람들과 우크라이나 대기근으로 굶어 죽은 수백만 명을 포함하면 그 숫자는 기하급수적으로 늘어난다. 스탈린이 직접 서명한 총살형 집행자만도 무려 4만 명에 이른다. 그러나 이는 소련 당국이 발표한 공식적인 기록일 뿐이며 실제 희생자 수는 이보다 몇 배에 이를 것으로 추정된다.

따라서 현재 추정되고 있는 희생자 수는 사형집행자 150만 명, 강제수용소 굴락에서 사망한 인원 500만 명, 강제이주민 170만 명, 기타 100만 명 등 거의 1,000만 명에 달할 정도로 그 피해 규모는 상상을 초월한다. 여기에 우크라이나에서 굶어 죽은 아사자들까지 합하면 스탈린 치하에서 희생된 사람들의 숫자는 무려 1,500만 명에 이를 것이라는 주장이다. 한때 성직자가 되고자 했던 인물이 종교를 말살하고 10월 혁명을 주도한 동지들마저 무자비하게 대거 처형한 스탈린의 편집증적 잔혹성은 소련사회를 공포의 도가니로 변하게 만들었으며, 악명 높은 강제수용소 굴락은 넘쳐 나는 죄수들로 포화상태가 되었으니 이미 그 때부터 비인간적 공산정권의 말로를 예고하고 있었는지도 모르겠다. 그렇게 짧은 기간에 그토록 많은 피를 흘린 체제가 그래도 70년이나 버턴 것이 경이로울 뿐이다. 그런 희생자들이 흘린 피의 대가로 황제를 능가하는 절대 권력을 누린 스탈린은 1953년 한국전쟁이 막바지에 접어들 무렵, 뇌일혈로 쓰러져 급사하고 말았다.

뒤셀도르프의 흡혈귀 페터 퀴르텐

히틀러의 나치당이 집권하기 직전 독일 바이마르 공화국은 좌우익 사이에 벌어진 이념적 대립으로 극심한 정치적 격변기를 겪고 있기도 했지만, 페터 퀴르텐과 같은 잔혹한 연쇄살인범의 등장으로 사회적 혼란이 더욱 가중된 시대이기도 했다. 페터 퀴르텐(Peter Kürten, 1883-1931)이 '뒤셀도르프의 흡혈귀'로 불리게 된 것은 어린 소녀 희생자들의 신체에 가한 야만적인 행위뿐 아니라 그들의 상처에서 나온 피를 마시려고까지 한 엽기적인 행동을 보였기 때문이다. 결국 그는 1931년 사형선고를 받고 참수형에 처해졌다.

독일 서부 라인 강변에 위치한 쾰른에서 가난한 노동자의 13남매 가운데 셋째로 태어난 그는 어려서부터 거칠고 무지막지한 아버지의 술주정과 폭력에 시달려야 했는데, 술에 취한 아버지는 걸핏하면 애들이 다 보는 앞에서 어머니를 나체로 만들고 강제로 성관계를 갖기 일쑤였다. 심지어 아버지는 어린 딸을 성추행까지 해서 옥살이를 하기도 했으니 그런 아버지를 줄곧 지켜보며 자란 퀴르텐이 온전한 인간으로 성장하기를 바란다는 게 애초부터 무리였는지도 모른다. 그가 11세 때 벌어진 그 사건을 계기로 별거에 들어간 어머니는 결국 나중에 재혼해서 뒤셀도르프로 이주해 버렸다.

그렇게 막가는 집안 분위기에서 수시로 아버지로부터 매를 맞고 자란 퀴르텐은 이미 다섯 살 때 친구 한 명을 물에 빠트려 죽이려고 했으며, 걸핏하면 무단가출을 시도해서 거리의 악동들과 어울리는 수가 많았다. 아홉 살 무렵에는 같은 건물에 사는 이웃 남자와 친해졌는데, 그 남성은 유기견을 잡아서 고문하고 죽이는 일에 쾌감을 느끼는 매우 변태적인 인물로 마침내 퀴르텐도 그 남성과 함께 동물학대 행위에 가담하면서 어린 나이부터 그런 가학적인 쾌감에 맛을 들이게 되었다. 그의 생애에서 가장 최초의 살인이 이루어진 것도 바로 그 무렵이었다. 당시 그는 수영도 할 줄 모르는 친구 한 명을 뗏목에서 밀쳐 내 익사하도록 했는데, 물에 빠진 친구를 구하러 뛰어든 다른 친구까지 죽게 만든 것이다. 물론 두 소년의 죽음은 단순사고로 처리되고 말았다.

이처럼 그는 어려서부터 폭력적인 아버지에 대한 복수심과 살해욕구를 엉뚱한 곳에 푸는 일에 너무도 익숙해 있었지만, 그 누구도 그를 바

페터 퀴르텐

로잡아 주는 이가 없었다. 소년시절에 이미 가축 우리에서 염소나 돼지 몸통을 칼로 찌르며 성적인 희열을 느낀 그는 심지어 아버지로부터 괴롭힘을 당했던 누이에게도 아비지처럼 성추행을 시도하기도 했다. 결국 14세 때 학업마저 중단하고 돈을 훔쳐 달아난 그는 코블렌츠로 가서 두 살 연상의 창녀와 동거하기도 했으며, 당시 절도죄로 잠시 감옥에 다녀온 후 18세 소녀의 목을 졸라 살인까지 했다.

그 후 사기죄로 감옥에서 4년을 보내고 나온 그는 제1차 세계대전이 발발하면서 군대에 징집되었으나 곧바로 탈영해서 여기저기를 돌아다니며 농장의 헛간이나 건초더미에 방화하기 시작했다. 먼발치서 타오르는 불길을 바라보며 성적인 흥분을 느꼈기 때문이다. 하지만 탈영에 방화, 절도 혐의까지 겹친 그는 8년간 투옥생활을 해야 했으며, 독방생활을 즐기기 위해 고의적으로 말썽을 일으키기까지 했다. 왜냐하면 단체생활은 자신의 성적인 공상 활동에 방해가 되었기 때문이다. 그는 그렇게 고립된 감방 안에서 성적인 공상에 몰두할 뿐만 아니라 거리에서 집단적으로 사람들을 죽이는 상상만으로도 성적인 극치감을 얻는 매우 도착적인 변태 인간이었다.

어쨌든 걸어 다니는 괴물이라 할 수 있는 그가 출옥하면서부터 세상에 대한 본격적인 복수가 시작되었다고 볼 수 있는데, 주로 나약한 어린 소녀들을 범행 상대로 골라 목 졸라 살해한 후 칼이나 가위로 난자한 몸에서 솟구치는 피를 보면서 성적인 희열을 느꼈다고 한다. 더욱이 세 살 연상의 창녀 출신 여성 아우구스테 샤르프와 결혼까지 한 그는 아내가 야근을 나간 사이에 범행을 저질렀다고 하는데, 예외적으로 망치를 이용한 범행에서는 두 명의 여성이 살아남기도 했다.

하지만 결국 경찰에 꼬리가 잡힌 그는 정신감정을 의뢰받은 결과 현실 판단능력의 저하를 동반한 정신이상 징후가 발견되지 않는다는 전문가의 소견에 따라 마침내 가장 극형에 속하는 참수형을 선고받았다. 다만 그를 면담했던 카를 베르크 박사는 그의 가장 주된 살인 동기로 매우 가학적이고도 변태적인 쾌락 추구뿐만 아니라 어려서부터 겪은 아버지의 학대에 대한 복수심이 자신을 무시하고 소외시킨 세상에 대한 복수로 나타났다는 점을 지적하기도 했다.

한동안 온 도시를 공포의 도가니로 몰고 갔던 그는 결국 쾰른 감옥에서 처형되었는데, 단두대에 올라 참수되기 직전 곁에 있던 정신과의사에게 고개를 돌려 묻기를, 목이 잘리는 순간 목에서 피가 분출하는 소리를 자신도 들을 수 있는지 알고 싶다고 하면서 그것이 자신에게는 마지막으로 가장 큰 즐거움이 될 것이라고 말했다. 하지만 그는 곧바로 미소를 띠우며 "아니지."라고 스스로 답한 후 목이 잘렸으니 양심이라고는 털끝만치도 없는 인간이었음을 알 수 있다.

형이 집행된 후 그의 뇌는 법의학적 연구 대상이 되었으나 퀴르텐의 뇌에서는 아무런 이상 소견도 발견되지 않았다. 그리고 그의 정신상태를 감정했던 카를 베르크 박사는 성도착적인 연쇄살인범에 대한 가장 최초의 심리학적 연구 업적이라 할 수 있는 저서 《사디스트》를 출간하기도 했다. 퀴르텐의 머리는 제2차 세계대전이 끝난 직후 미국으로 옮겨져 위스콘신주의 리플리 박물관에 전시되고 있다. 1930년대 초에 제작된 프리츠 랑 감독의 걸작 스릴러영화 〈M〉은 퀴르텐 사건에서 부분적으로 영감을 얻은 것으로 알려지기도 했는데, 로베르 오셀 감독의 1965년도 프랑스 영화 〈뒤셀도르프의 흡혈귀〉는 전적으로 퀴르텐 사건에 초점을 맞춘 범죄영화로 감독 자신이 주연을 맡기도 했다.

20세기가 낳은 최대의 괴물 아돌프 히틀러

인류 역사에서 아돌프 히틀러(Adolf Hitler, 1889~1945)만큼 끔찍스러운 재앙을 가져온 인물도 아마 없을 것이다. 광기에 가득 친 그는 뛰어난 웅변술과 카리스마적 지도력으로 나치 독일을 이끌며 제2차 세계대전을 일으킴으로써 수천만 명의 군인과 민간인을 죽게 만들었을 뿐만 아니라 600만에 달하는 유대인을 집단적으로 대량 학살해 그야말로 전 세계를 지옥과 다름없는 아수라장으로 만들었던 장본인이다. 그런 괴물이 1939년 노벨 평화상 후보에 올랐다는 사실 또한 파시즘이 몰고 온 광란적 인기에 못지않은 20세기 최대의 미스터리라 하겠다.

아돌프 히틀러는 오스트리아의 브라우나우에서 알로이스 히틀러와 클라라 히틀러의 6남매 중 넷째로 태어났다. 그러나 형제자매들이 모두 이른 나이에 죽고 그와 누이동생 파울라만 살아남았다. 그의 아버지는 비록 사생아로 태어났지만 혼자 힘으로 자수성가해 세무공무원까지 된 인물이며, 어머니는 시골 출신의 순박하고 순종적인 여성으로 하녀로 일하다가 20년 연상인 알로이스의 세 번째 부인이 되었다. 하지만 이미 세 자녀를 모두 일찍 잃은 어머니는 아돌프마저 잃을까 두려운 나머지 더욱 애지중지하며 키우는 바람에 응석받이가 된 그는 뭐든지 제 뜻대로만 하려는 고집쟁이로 변해 갔다.

어린 시절 히틀러는 남동생 에드문트가 홍역으로 죽은 이후로 더욱 고립되고 심술궂은 성격으로 변하면서 아버지와 교사들에게 대들고 부딪치는 경우가 잦아졌으며, 특히 아버지에게 반항적이어서 수시로 아버지에게 대들다가 두들겨 맞기도 했다. 더군다나 아버지는 화가가 되고 싶어 하는 아들의 뜻을 무시하고 린츠에 있는 실업학교로 보내 버렸는데, 당시 그 학교에는 유대인 철강재벌의 아들로 나중에 분석철학의 대가로 성공한 비트겐슈타인도 다니고 있었다. 하지만 직접적인 접촉은 없었던 것으로 보인다.

어쨌든 히틀러의 나이 14세 때 아버지가 갑자기 세상을 떠나자 해방감을 느낀 히틀러는 더욱 학업태도가 불성실해지면서 결국 학교에서도 쫓겨나고 말았다. 그동안 화가의 꿈을 키우는 데 가장 강력한 장애물이 되었던 아버지의 존재가 사라지자 비로소 히틀러는 안심한 듯 빈의 미술학교에 수차례 입학을 시도했으나 화가로서의 재능이 보이지 않는다는 이유로 번번이 거절당했다. 더욱이 그가 18세 때 유일한 후원자였던 어머니가 유방암으로 세상을 떠나게 되자 크게 상심한 히틀러는 그나마 상속받은 돈을 모두 탕진하고 노숙자를 위한 시설에 머물며 빈 거리에서 자신의 그림을 팔아 생계를 유지하는 떠돌이 생활로 전전하기 시작했다.

히틀러는 가장 믿었던 어머니마저 잃고 완전히 고아가 되자 화가에 대한 자신의 꿈을 거부한 아버지의 나라 오스트리아를 떠나 독일 뮌헨으로 향했다. 학생시절부터 반유대주의자로 알려진 바그너 숭배자였던 그는 아버지에 대한 반항과 적개심으로 인해 더욱 독일 민족주의에 강한 집착을 보이며 자신도 독일인이 되기를 그토록 갈망했다고 볼 수 있는데, 뮌헨에서 자신의 정치적 기반이 되었던 나치당에 가입하면서 두각을 나타내기 시작해 마침내 당수직에 오르는 능력을 발휘했다. 그리고 1923년 그가 주도한 뮌헨 폭동으로 당국에 체포된 그는 5년형을 선고받고 투옥되지만, 감옥에서 집필한 《나의 투쟁》은 출간되자마자 베스트셀러가 되었으며, 그 후 나치독일의 바이블이 되었다.

아돌프 히틀러

1933년 총통에 오른 히틀러는 독일의 재무장에 박차를 가하기 시작했으며, 그리고 불과 5년 후인 1938년 드디어 자신의 조국인 오스트리아를 합병함으로써 자신의 삶에서 가장 극적인 반전을 이루고야 말았다. 그것은 자신의 뿌리 깊은 원망과 열등감에서 벗어나 전지전능한 우월감을 마련해 준 계기를 만든 것일 뿐만 아니라 자신의 존재를 무시하고 거부했던 아버지의 나라 오스트리아에 대한 통쾌한 복수를 실현하는 실로 극적인 순간이었기 때문이다. 하지만 히틀러의 과대망상과 편집중적 피해의식은 제2차 세계대전을 통해 더욱 광적인 모습으로 진행되면서 유대인 말살정책과 독소전으로 이어져 결국 자멸의 길을 재촉하고 말았다. 마침내 그는 소련군이 코앞으로 다가오자 모든 걸 체념하고 애인 에바 브라운과 함께 베를린의 지하벙커에서 동반 자살함으로써 광기로 가득 찬 생을 마감했다. 당시 그의 나이 56세였다.

젊은 시절 한때 화가를 꿈꾸기도 하고 일생 동안 바그너에 열광했던 낭만적인 기질도 보인 히틀러는 금연과 금주, 채식주의를 고집한 금욕적인 독신주의자인 동시에 어린이와 동물을 사랑한 자애로운 이미지로 독일 민중을 사로잡았으며, 강력한 카리스마와 뛰어난 연설 솜씨를 발휘해 매우 사색적인 민족으로 정평이 나있던 독일민족의 이성을 마비시키는 놀라운 대중선동 능력을 드러내 보였는데, 어떻게 그런 불가사의한 일이 벌어지게 된 것인지에 대해서는 오늘날에 와서도 여전히 미스터리로 남는 문제라 할 수 있다. 더욱이 열렬한 동물애호가였던 그가 어떻게 600만 명의 유대인을 포함해 수천만에 달하는 인명을 그토록 가볍게 여기고 무자비한 살상을 벌일 수 있었던 것인지에 대해서도 아직까지 수수께끼로 남아 있다.

더군다나 그는 수많은 독일 여성에게 거의 광적인 숭배의 대상이었으며, 그런 폭발적인 인기와 집단 히스테리에 힘입어 무소불위의 권력을 유지할 수 있었다고 보는데,《나의 투쟁》에서 말하기를, 대중은 마치 여성들과 같아서 여성들이 기대하는 강한 남성의 이미지를 보여 주기만 하면 대중을 마음대로 장악할 수 있다고 하면서 거짓말을 하려면 차라리 큰 거짓말을 동원해야 대중을 사로잡을 수 있다고 말했는데, 그는 실제로 그렇게 해서 최고 권력자의 자리에 오를 수 있었다. 더군다나 그는 생전에 정상적인 가정을 꾸리지 않고 자식을 낳아 키우지도 않았을 뿐만 아니라 그 자신 역시 공공연하게 조국 독일과 결혼한 자신은 가정을 꾸리지 않을 것이며 자신에게 주어진 정치적 사명에만 전적으로 매달릴 것이라고 공언했으니 독일인들이 열광하지 않을 수 없었을 것이다.

하지만 히틀러의 남성우월주의나 아리안인종 우월주의는 차라리 애교에 가깝다고 할 수 있다. 문제는 정상을 가장한 은밀한 광기라 할 수 있는데, 극도의 피해망상과 과대망상에 사로잡힌 히틀러의 광기는 세계정복에 대한 야망과 유대인 말살정책을 통해 더욱 걷잡을 수 없는 파국으로 치닫게 되었다. 특히 피의 순수성에 병적으로 집착한 나머지 유대인을 상대로 인류역사에서 전무후무한 대규모 학살을 자행한 것은 그가 저지른 실수 가운데 가장 어리석은 판단상의 오류로 꼽힐 수 있는데, 사실 그것도 히틀러 자신의 뿌리 깊은 열등감에서 비롯된 피해의식에 기인한 결과로 볼 수 있다. 왜냐하면 그의 아버지는 사생아 출신의 비천한 신분이었으며, 어머니 또한 매우 순박한 여성이긴 했으나 하녀 출신이었기 때문이다. 더군다나 히틀러의 가계에 유대인의 피가 섞여 있다는 의혹까지 나돌게 되자 히틀러의 편집증은 날이 갈수록 심해졌다. 따라서 유대인 말살정책도 그런 의혹을 잠재우기 위해서였다는 주장까지 나오게 된 것도 결코 무리가 아니다.

그렇다면 어째서 그토록 황당무계한 의혹이 일게 된 것일까. 우선 그의 아버지 알로이스는 사생아 출신으로 그 출생 배경 자체에 여러 의혹이 따랐다. 설상가상으로 히틀러는 이미 1930년대 초에 당시 영국에 살던 이복형의 아들로 조카였던 윌리엄 패트릭 히틀러(William Patrick Hitler, 1911-1987)가 보낸 협박성 편지를 받고 당혹감을 감추지 못했는데, 왜냐하면 그 편지의 내용은 히틀러 일가의 수치스러운 내막을 폭로하겠다는 것이었기 때문이다. 그 내막이란 다름 아닌 아버지 알로이스의 어머니, 다시 말해 히틀러의 할머니는 그라츠에 있는 한 유대인 일가의 가정부로 일한 적이 있었는데, 그 집안의 19세 난 유대인 아들 레오폴드 프랑켄베르거가 알로이스의 친아버지라는 것이었다.

윌리엄 히틀러는 그런 내용을 미끼로 삼촌인 히틀러를 협박하고 독일의 고위직을 요구하는 흥정을 벌였는데, 히틀러가 윌리엄의 영국 국적을 포기하면 그의 요구를 들어주겠다는 제안을 하자 그것이 함정임을 깨닫고 신변이 안전한 미국으로 도피해 버렸다. 그 후 윌리엄은 루스벨트 대통령의 특별 배려로 미 해군에 복무하면서 제2차 세계대전에 참전하기도 했다. 젊은 히틀러가 나이 든 히틀러를 상대로 전투를 벌인 것이다. 물론 이런 사실은 나치 당국에 의해 극비사항으로 다루어져 일반인들은 전혀 눈치채지 못한 상태였다. 어쨌든 자신의 아버지가 유대인 혈통을 이어받았다는 청천벽력과도 같은 내용을 접한 히틀러는 결국 고심 끝에 나치 변호사인 한스 프랑크에게 특별 지시를 내려 자신의 가족 배경에 대해 극비리에 조사할 것을 명령했다. 한스 프랑크는 그런 주장이 전혀 근거 없는 내용이 아니라는 사실을 일부 확보했지만, 전후 뉘른베르크 법정에서는 히틀러가 아리안 계열임에는 의심의 여지가 없다고 증언했다. 그리고 나치당국도 그동안 이런 사실을 일체 극비에 부치고 있었다.

물론 이런 주장은 많은 역사가들에 의해 근거 없는 억측일 뿐이라는 평가를 받고 있다. 왜냐하면 그라츠의 모든 유대인들은 15세기에 이미 전원 추방되었으며, 히틀러의 아버지 알로이스가 태어난 이후에도 유대인의 거주가 계속 불허되고 있었기 때문이다. 사생아로 태어난 알로이스는 오랜 기간 어머니를 따라 쉬클그루버라는 성을 사용하다가 1876년에 가서야 비로소 자신의 계부인 요한 히들러의 성을 따르기 시작했는데, 그 후 히들러라는 성이 히틀러로 바뀌게 된 것이다.

어쨌든 이런 뜬소문에 유달리 민감한 반응을 보였던 아돌프 히틀러는 그것이 단순히 자신을 음해하려는 정적들의 간교한 술책임을 인정하면서도 다른 한편으로는 자신의 몸속에도 유대인의 피가 흐를지도 모른다는 편집증적 의구심에 사로잡혀 유대인 말살정책에 더욱 광분했던 것으로 볼 수 있다. 물론 대다수의 독일 민중은 히틀러의 반유대주의에 적극 동조하고 따랐지만 조직적인 인종박멸 정책에 대해서는 그 자세한 내막을 모르고 있었다. 비밀경찰에 철저한 보안을 지시해 놓기는 했지만, 그래도 마음이 놓이지 않았던 히틀러는 전시 중인 1942년에 친위대장 히믈러에게 재조사를 명령했으나 아무런 성과도 없었다. 결국 히틀러의 할아버지가 과연 누구인지 그리고 유대인이었는지 아닌지 여부와 그 정확한 실체는 끝내 밝혀지지 못하고 말았다.

이처럼 자신의 집안 배경에 대해 뿌리 깊은 의혹과 열등감을 지니고 있던 히틀러는 사실이든 아니든 문제의 소지를 아예 없애 버리는 것이 가장 안전한 길임을 깨닫고 단순한 유대인 박해나 추방 차원이 아니라 근본적인 인종말살 정책으로 전환함으로써 마침내 1941년 가을 히틀러와 히믈러 사이에 독가스를 이용한 대규모 집단학살 방침으로 최종 합의가 이루어지게 되었는데, 그들은 그것을 '최종 해결책'이라고 불렀다. 그리고 그 합의 시점은 조카 윌리엄이 삼촌 히틀러를 협박하고 런던으로 달아난 배신행위와 결코 무관치 않아 보인다. 1942년 1월 아이히만 등이 참석한 최종 해결책과 관련된 고위층 회의에서 히틀러는 참석자에게 다음과 같이 말한 것으로 알려졌다. "이제부터 우리는 유대인을 박멸함으로써 우리의 건강을 되찾게 될 것이다."라고 말이다. 그것은 곧 문제의 소지를 아예 없애 버림으로써 히틀러 자신의 피의 순수성을 되찾는 것을 의미한 말이기도 했다. 어쨌든 사생아 출신의 아버지는 죽은 후에도 두고두고 아들 히틀러에게 가장 큰 골칫거리를 제공한 장본인이 되고 말았다.

히틀러는 분명 매우 복잡한 콤플렉스의 소유자임에 틀림없다. 특히 어머니의 상실에 따른 심리적 좌절과 폭군적인 아버지에게서 받은 인간적 모멸감, 그리고 젊은 시절 겪었던 자존감의 상처 등은 병적인 애국심과 민족주의 및 인종주의로 확대되어 세상 전체에 대한 분노와 적개심으로 이어졌다고 할 수 있다. 그러나 이 모든 분석적 이해가 그의 반인류적 파괴행위를 설명하기에는 역부족임을 느낀다. 그런 점에서 역사적 괴물인 히틀러와 나치의 존재는 아직까지도 완전히 규명되지 못한 수수께끼로 남는다.

히틀러 연구의 권위자인 요아힘 페스트는 말하기를, 히틀러는 비록 열등한 인물이었지만 그가 불러일으킨 불가사의한 힘의 폭발력은 결코 무시할 수 없는 인간 현상의 일부로서 그를 단지 권력욕에 사로잡힌 광기의 몽상가 또는 시대에 역행한 무지한 망나니로 치부해 버리기에는 너무도 그 자신은 대중들이 진정으로 원하는 것이 무엇인지 예리하게 꿰뚫어 보고 있던 인물이었으며, 시대적 요청에 대한 남다른 감각과 그 나름대로의 정치적 신념 및 예리한 합리성을 지닌 인물이었다는 것이다.

그런 점에서 히틀러를 악성 네크로필리아의 전형으로 간주한 에리히 프롬이 던진 경구는 매우 암시적이다. 그는 말하기를, "악인의 머리에 뿔이 달렸다고 믿고 있는 동안에는 결코 사람들은 악인을 찾아내지 못할 것이다. 악인을 손쉽게 찾아낼 수 있다는 단순한 가정은 커다란 위험을 가져온다. 파괴자라고 해서 모두가 히틀러가 되는 것은 아니다. 모든 사람이 히틀러와 같은 재능을 가진 것은 아니기 때문이다."라고 했는데 이는 정말 맞는 말이다.

히틀러를 단순히 한 마리 '미친개'에 불과한 인간 말종으로 치부해 버리고 말면 그만일 수도 있다. 하지만 그가 입증해 보였던 인간악의 내면적 실체를 철저히 이해하지 못한다면 그런 사악한 메시지에 휘말리기 쉬운 대중들의 속성이 변하지 않는 한, 히틀러의 망령과 마법은 언제 또다시 나타날지 모른다는 점에서 오늘을 살아가는 현대인에게도 여전히 경고의 신호등으로 남아 있다. 어쨌든 히틀러가 제2차 세계대전과 홀로코스트를 일으키지 않고 오로지 독일의 재건에만 힘을 쏟았다면 그는 독일역사에 영웅적인 존재로 길이 남아 오래도록 기억되었을 것이다.

영국 왕실을 농락한 심슨 부인

제2차 세계대전의 전운이 감돌기 시작할 무렵인 1936년 12월 영국의 에드워드 8세는 미국 출신의 이혼녀 심슨 부인과 결혼하기 위해 왕위를 내놓겠다는 충격적인 성명을 발표해 전 세계를 놀라게 했다. 당시 그는 심슨 부인과 사랑에 빠져 결혼하려 했으나 과거 이혼 경력뿐 아니라 재혼한 상태의 기혼녀였기 때문에 영국 왕실의 강한 반대에 부딪치고 말았는데, 영국 왕실이 그녀를 노골적으로 거부한 이유는 국가적 체면도 물론 있었겠지만, 그녀의 출신 성분이나 평소의 행실이 워낙 좋지 않기 때문이다. 하지만 다른 무엇보다도 일국의 왕이 사랑을 위해 왕관까지 버린다는 일이 참으로 로맨틱하게 들릴 수도 있겠지만, 거시적인 안목에서 보자면 국가의 안위가 위태로운 시기에 지극히 개인적인 문제로 최고 통수권자로서의 임무를 포기한다는 일은 너무도 무책임한 행위가 아닐 수 없다.

왕위를 동생 조지 6세에게 물려주고 윈저 공이 된 에드워드 8세는 그후 심슨 부인과 함께 세계 각지를 돌아다니며 매스컴의 집중적인 조명을 받았는데, 이들 부부는 사랑을 위해 왕관마저 뿌리친 세기적인 로맨스의 주인공으로 각광받으며 찬사를 듣기도 했지만, 다른 한편으로는 적국인 나치 독일의 히틀러를 찬양해 거센 비난을 들어야 했다. 당연히 그들은 독일에서 대대적인 환영을 받았는데, 윈저 공은 아무래도 사랑에 너무 깊이 빠진 나머지 세상 돌아가는 물정에는 매우 어두웠던 모양이다.

어쨌든 숱한 비난을 무릅쓰고 에드워드 8세와 결혼함으로써 윈저 공작부인 월리스라는 공식 호칭의 왕족으로 신분상승을 이루게 된 심슨 부인(Wallis Simpson, 1896-1986)은 원래 미국 태생으로 펜실베이니아 주의 한 휴양지 호텔에서 태어났는데, 그녀가 태어난 지 불과 수개월 만에 아버지는 결핵으로 사망하고 말았다. 아버지를 잃은 후 어머니와 함께 부유한 삼촌의 집에 얹혀살게 된 그녀는 그 후 이모의 보살핌을 받았으며, 14세 때 어머니가 재혼하자 삼촌의 도움으로 상류층 자제들이 다니는 여학교를 다녔다. 불우한 가정환경에도 불구하고 항상 좋은 옷을 입고 자유분방한 모습을 보인 그녀는 이미 그때부터 자신의 속내를 감추고 타인의 관심을 이끌어 내는 기술을 터득하고 있었다.

특히 아버지 없이 외롭게 자란 그녀는 남성에 대한 소유욕과 허영심이 남달리 컸는데, 물론 그것은 어릴 때부터 간직한 뿌리 깊은 열등감에서 비롯된 결과로 보인다. 여학교를 졸업하자마자 스무 살 이른 나이에 해군조종사 얼 스펜서와 결혼했으나 별거와 재결합을 반복하다 결국

이혼하고 돈 많은 해운업자 어니스트 심슨과 재
혼한 그녀는 그런 와중에서도 주로 외국의 고위
직 외교관이나 정치인들과 스캔들을 벌였는데,
그중에는 무솔리니의 사위로 외무상을 지낸 갈레
아초 치아노, 나치 외교관 요아힘 폰 리벤트로프,
영국 왕세자 에드워드 등도 포함된다.

심슨 부인

이를 통해 부와 권력에 대한 욕심이 얼마나 큰
여성이었는지 알 수 있기도 하지만, 더욱 큰 문제
는 그녀의 도덕적 판단에 있다고 할 수 있다. 무
분별한 스캔들이야 그렇다 치더라도 파시즘과 나치에 동조하고 아돌프
히틀러를 숭배한 나머지 그를 직접 만나 극진한 대우까지 받는 등 그녀
가 보인 기묘한 행적으로 인해 한때는 독일의 간첩이라는 의심까지 받
을 정도였는데, 물론 정상적인 가정에서 자라지 못했기 때문에 도덕성
발달에 문제가 있을 수도 있겠지만, 제2차 세계대전 기간 내내 자신의
침대 곁에 한때 연인이었던 나치 외무상 리벤트로프의 사진을 놓아 두
고 있었던 점을 보면 그녀의 나치 사랑은 정말 각별했던 것으로 보인다.
하기야 젊은 나이에 병약한 몸으로 무기력하게 세상을 떠난 아버지에
비하면 수많은 독일여성들을 사로잡으며 강력한 카리스마를 발휘한 히
틀러의 모습이 그녀에게는 얼마나 매력적인 남성상으로 다가왔을까 싶
기도 하다.

비록 그녀가 나치 이념을 어느 정도나 이해하고 있었는지 모르나 파
리가 독일군에 함락되었을 때조차도 프랑스가 부패했기 때문에 스스로
자초한 결과라며 냉소적인 반응을 보인 그녀의 언행으로 보아 그녀는
분명 자신의 친정인 미국과 시댁인 영국 모두에 대해 적대적인 감정을
지니고 있었음에 틀림없다. 하기야 유부녀의 몸으로 왕세자를 유혹해

왕관까지 벗게 만든 그녀의 솜씨는 경이롭기까지 하지만, 결과적으로 그녀는 자신을 행실이 좋지 못한 여성으로 끝까지 무시하고 반대했던 영국 왕실에 대해 통쾌한 복수를 가한 셈이며, 더 나아가 자신의 친정과 시댁의 적이기도 했던 나치 독일을 오히려 감싸고돌면서 자신이 속한 세상 전체를 모욕하고 복수한 셈이 되었다. 어쨌든 제2차 세계대전 기간 동안 카리브해 지역의 바하마 제도에 머물러 있던 윈저 부부는 종전 이후 프랑스에서 조용히 은둔하며 여생을 보냈지만, 영국 왕실과는 좀처럼 화해하지 못했으며, 특히 과거에 보인 나치 동조 혐의 때문에 세상으로부터 따가운 눈총 속에 살아야만 했다.

동양의 마타 하리 가와시마 요시코

일본제국과 만주국을 위해 일본 관동군 스파이로 중국에 침투해 활동하다 중일전쟁이 끝난 후 반역죄로 체포되어 중국 국민당 정부에 의해 처형당한 가와시마 요시코(川島芳子, 1907-1948)는 원래 일본인이 아니라 청나라 황족의 후예였다. 그녀는 북경에서 청나라 황족 숙친왕 산치의 14번째 딸로 태어났는데, 진비후이가 본명이다. 그녀의 아버지 숙친왕은 청나라가 멸망한 후 한때 푸이의 복위를 통해 청조를 되살리기 위해 노력했으나 뜻대로 되지 않자 결국 일본과 손잡게 되었는데, 그런 정치적 이용의 수단으로 자신의 어린 딸 진비후이를 일본 스파이 가와시마에게 입양시킨 것이다.

아버지의 뜻에 따라 8세에 불과한 어린 나이로 일본인의 양녀로 들어가 일본식 교육을 받으며 가와시마 요시코라는 이름의 일본여성으로 성장한 그녀는 도쿄에서 자유분방한 삶을 누리며 유도와 검도 등 각종 무예까지 익혔으나, 양부에게 겁탈까지 당하고 18세 때 아버지 숙친왕이 세상을 뜬 이후로는 학교도 그만두고 남장한 모습으로 살기 시작했는데, 이미 그때부터 평범한 여성의 삶을 거부하고 자신의 운명을 어긋나게 만든 모든 적들을 상대로 복수하기로 작심한 듯이 보인다. 물론 그녀의 가장 주된 적은 청조를 몰락시킨 중국이었다.

20세 때 몽골인과 잠시 혼인했다가 헤어진 그녀는 상하이에서 만난 일본군 정보장교 다나카와 동거하면서 그의 첩보원 노릇도 했는데, 주로 몽골과 만주 귀족들과 접선하는 것이 그녀에게 주어진 임무였다. 특히 청나라 마지막 황제 푸이와 절친했던 가와시마는 그가 북경을 떠나 만주로 거처를 옮기도록 설득하는 데 성공함으로써 일본군 전략에 일등공신 노릇을 톡톡히 해냈다. 그녀는 푸이의 부인 완룽이 만주로 도피할 때 곁에서 호위하기도 했다.

만주국이 세워진 후에도 그녀의 활약은 실로 눈부신 것이었다. 관동군 사령관 타다 하야오 소장의 정부로 있으면서 한때 항일유격대를 추적하던 수천 명의 마적 출신들을 모아 기마부대를 창설하기도 해 일본 신문에는 만주국의 잔 다르크로 소개되기까지 했다. 그러나 일본이 패망하자 북경에서 국민당 방첩부대에 체포된 그녀는 3년 뒤 반역죄 혐의로 총살형에 처해지고 말았는데, 신출귀몰한 스파이 활동으로 유명해져 '동양의 마타 하리'로 불리기도 했다. 그녀가 얼마나 신출귀몰했던지 총살이 집행된 후에도 그녀가 죽지 않고 생존했다는 소문이 끊이지 않고 나돌기까지 했는데, 그 내용은 그녀 대신 다른 여성이 처형당한 것이며, 실제로 그녀는 그 후에도 30년이나 더 생존해 1978년까지 길림성 장춘에 살고 있

가와시마 요시코

었다는 것이지만, 정확한 진상은 끝내 밝혀지지 않았다.

전설적인 은행 강도 보니 파커

경제 대공황 시기에 클라이드 배로와 함께 미국 전역을 돌며 은행 강도와 살인 행각을 벌인 보니 파커(Bonnie Parker, 1910-1934)는 비록 수많은 경찰관과 민간인을 살해한 강도범이었으나, 당시 일부 주민들은 그들을 영웅시해 은닉처를 제공해 주기까지 했다. 하지만 경찰의 집요한 추적 끝에 보니와 클라이드는 루이지애나의 어느 한적한 시골 도로에서 미리 잠복해 있던 경찰이 쏜 150발의 총탄 세례를 받고 무참히 사살되고 말았는데, 그들의 끔찍스러운 최후 장면은 아서 펜 감독의 영화 〈우리에게 내일은 없다〉에서 생생하게 재연되기도 했다.

텍사스에서 가난한 벽돌공의 딸로 태어난 보니 파커는 4세 때 아버지를 여의고 재봉일로 힘겹게 살아가는 홀어머니 밑에서 외롭게 자랐다. 이처럼 아버지 없이 가난하고 불우한 환경에서 자란 그녀는 일찍부터 반항심에 젖은 나머지 고등학교 2학년 때 제멋대로 학교를 중퇴하고 불과 16세 어린 나이로 동급생인 로이 손턴과 결혼까지 했으나, 로이의 잦은 범죄행각과 투옥생활로 그 관계는 오래 가지 못했다. 그럼에도 불구하고 그들은 이혼하지 않았으며, 그녀는 마지막 숨이 끊어지는 순간까지도 결혼반지를 손에 끼고 있었다. 감옥에서 그녀가 무참히 사살당했다는 소식을 듣게 된 손턴은 "차라리 잘됐지. 잡히는 것보단 그래도 훨씬 나으니까."라고 말했다고 한다.

손턴과 헤어진 후 그녀는 카페 종업원으로 일하며 어머니와 함께 살았는데, 당시 그 카페를 즐겨 찾았던 우체국 직원 테드 힌턴은 나중에 그녀를 뒤쫓는 추적대의 일원이 되었으며 보니와 클라이드를 무참히 사살하던 현장에도 함께 가담한 보안관이었다. 어머니는 비록 조용하고 상냥한 성격이었으나 외롭고 가난한 삶에 지겨움을 느낀 그녀는 아무런 희망도 찾아볼 수 없고 개미 쳇바퀴 돌듯 무료한 생활에 환멸을 느낀 나머지 어떻게든 그곳을 벗어날 궁리만 하고 있던 차에 때마침 우연히 만나 알게 된 클라이드 배로를 무작정 따라나섰다가 강도행각에 휩쓸리게 된 것인

보니 파커

데, 점차 세상을 골탕 먹이는 일에 희열과 재미를 느낀 것처럼 보인다.

당시 미국사회는 경제 대공황과 금주법으로 온갖 범죄가 끊이지 않고 있던 시기로 그중에서도 보니와 클라이드는 대중들에게 가장 잘 알려진 범죄 커플이었다. 특히 보니 파커는 시가를 즐기는 여성 갱의 이미지처럼 지나치게 부풀린 대중매체의 보도로 인해 그녀의 존재를 모르는 사람이 없을 정도로 유명해졌으며, 심지어는 이들 커플을 영웅시하고 지지하는 사람들까지 생겨날 정도였다. 하지만 그들의 최후는 너무도 비참했다. 추적대의 무차별 총탄 세례를 받은 두 남녀의 시체는 장의사가 염하기가 어려울 정도로 만신창이가 되었으며, 그들의 시신도 제각기 다른 장소에 묻혔다. 당시 그녀의 나이 불과 23세였다.

어쨌든 보니 파커의 일탈적 범죄행위는 결코 용납될 수 없는 것이지만, 일찍 아버지를 잃고 홀어머니 밑에서 가난에 찌들어 살아갈 수밖에 없는 자신의 불우한 처지로 인해 생긴 불만이 세상 전체에 대한 원망으로 확대된 것으로 보이며, 그런 원망이 복수심으로 발전해 이미 소녀시절부터 자신의 복수를 대행해 줄 수 있는 반사회적 범죄자에 특히 이끌린 것으로 보인다. 그런 점에서 클라이드 배로는 순진무구한 보니를 악

의 소굴로 유혹한 탓이라기보다 오히려 그녀의 의중을 간파하고 서로 복수심을 공유한 것이라 할 수 있다. 왜냐하면 클라이드의 유일한 삶의 목적은 강도짓을 통해 돈을 벌거나 유명해지고자 한 것이 아니라 교도소에서 자신을 괴롭혔던 공권력에 대해 복수하는 일이었기 때문이다.

히틀러를 숭배한 유니티 미트포드

영국의 귀족 가문으로 알려진 미트포드 일가는 특이한 행적을 남긴 여섯 자매로 유명하다. 그중에서도 특히 맏딸 낸시는 반파시즘으로, 3녀 다이애나는 파시스트로, 4녀 유니티는 히틀러의 연인으로, 5녀 제시카는 공산주의자로 이름을 날렸으며, 유일한 아들인 토머스는 파시즘을 지지해 독일과의 전투 참여를 거부하는 바람에 버마 전선에 배치되어 일본군과 싸우다가 그곳에서 전사했다. 이처럼 매우 독특한 7남매를 거느린 미트포드 남작 부부 역시 자신들의 자녀에 결코 뒤지지 않는 괴짜들로 아버지 미트포드 남작은 어릴 때부터 분노발작에 시달려 화를 참지 못하는 성미에다 유대인을 비롯해 모든 외국인을 지독하게 혐오한 인물이었던 반면에, 그의 아내 시드니 보울즈는 히틀러를 숭배한 나치 동조자였으니 한마디로 미트포드 일가는 그야말로 아무도 못 말리는 콩가루 집안이었던 셈이다.

어쨌든 나치 독일을 상대로 싸우며 숱한 피를 흘렸던 영국인들로서는 이적행위를 마다하지 않은 미트포드 일가에 대해 결코 곱지 않은 시선을 보낼 수밖에 없었는데, 특히 히틀러를 광적으로 숭배한 나머지 독일로 건너가 그의 총애를 받으며 연인 노릇까지 했던 유니티 미트포드(Unity Mitford, 1914-1948)는 반역죄로 처형당하지 않은 것만 해도 백번 감사할 일이었다. 나치 고위간부들은 총통에게 접근하는 유니티의 존재를 매우 의심스러운 눈초리로 바라봤지만 히틀러는 그런 것에 아랑곳하지 않고 매우 차가운 미모의 소유자였던 유니티를 아리안족 여성을 대표하는 완벽한 표본으로 간주하며 몹시 아꼈는데, 그녀의 존재에 질투심을 느낀 에바 브라운은 몹시 신경을 곤두세우기도 했다.

이처럼 겁 없이 나치의 권력 핵심에 접근했다가 제2차 세계대전의 발발과 동시에 영국이 독일의 적으로 간주되면서 크게 낙심한 그녀는 히틀러가 선물로 준 총으로 자살까지 시도했다가 실패로 돌아가자 강제 귀국 조치를 당하고 말았는데, 머리에 총알이 박힌 상태로 귀국한 후 걷지도 말하지도 못하는 상태에서 시름시름 앓다가 결국 뇌막염을 일으켜 짧은 생을 마감했다. 하지만 그 후에도 그녀가 히틀러의 아들을 낳았다는 소문이 계속 나돌아 가족들이 애를 먹기도 했다. 어쨌든 그녀의 기묘한 이적행위는 세상으로부터 손가락질을 받기에 족한 것으로 영국인의 입장에서는 그녀의 이해할 수 없는 행동 자체를 돌이킬 수 없는 국가적 수치로 받아들일 수밖에 없었을 것이다.

그런데 히틀러의 광적인 숭배자가 된 유니티와는 달리 그녀의 여동생 제시카(Jessica Mitford, 1917-1996)는 레닌을 열렬히 숭배하는 공산주의자가 되어 가족과 담을 쌓고 살았으니 참으로 기묘한 일이 아닐 수 없다. 어릴 때 한방을 함께 쓰며 자란 이들 자매는 방 안에 분필로 선을 긋고 서로 침범하지 않도록 약속한 상태로 지냈는데, 유니티는 자기 영역 안에 히틀러의 초상과 나치 문양을 걸어 놓고, 제시카는 레닌의 초상과 소련의 상징인 낫과 망치 문양을 장식하는 등, 좁은 방에서도 서로 한 치의 양보도

유니티 미트포드

없는 이념적 대결 양상을 보였다. 그리고 그들 사이에 벌어진 치열한 게임은 사분오열된 집안 사정을 그대로 드러내 보인 상징적 모습이기도 했다.

그렇다면 유니티와 제시카는 무슨 이유로 그토록 어린 나이부터 서로 다른 이념에 사로잡혀 히틀러와 레닌을 하늘처럼 떠받든 것일까. 이유는 매우 간단했다. 7남매 가운데 다섯째와 여섯째였던 그들은 부모의 관심을 전혀 끌지 못하고 자랐는데, 특히 아버지는 6명의 딸들이 벅적대는 집안에 엄청 짜증 난 상태로 걸핏하면 화를 폭발시키기 일쑤였으며, 당연히 자식들에게는 무관심으로 일관했다. 그런 환경에서 유니티가 부모의 관심을 끌 수 있는 유일한 방법은 아무도 생각지도 못한 기발한 일로 가족을 놀라게 하는 것이었으며, 그것은 곧 아버지 대신 히틀러를 숭배하는 행동으로 나타난 것이다.

하지만 이미 어머니와 언니 다이애나가 파시즘에 동조하는 입장이었기 때문에 단지 나치를 지지하는 정도만으로는 관심을 끌 수 없었기 때문에 유니티는 그들이 꿈도 꿀 수 없는 히틀러의 연인이 되는 길을 감히 선택한 것이다. 그리고 실제로 그녀는 그것을 행동으로 실천해 보였다. 스윈브룩 교회 묘지에 묻힌 그녀의 묘비에는 "투쟁이 소용없다고 말하지 마라."라는 글귀가 새겨져 있는데, 그 투쟁 상대가 아버지를 가리키는 것인지, 아니면 히틀러의 말을 대변한 것인지 그저 아리송하기만 하다.

발칸반도의 도살자 카라지치와 밀로세비치

유럽의 화약고로 불리는 발칸반도는 제1차 세계대전의 신호탄이 되었던 세르비아의 총성을 비롯해 제2차 세계대전과 유고 내전을 통해 가장 끔찍스러운 대학살이 자행된 악의 현장이기도 했다. 특히 발칸의 도살자로 악명이 자자했던 크로아티아의 지도자 파벨리치가 이끄는 우스타시에 의해 저질러진 잔혹한 만행은 수십만 명에 달하는 세르비아인의 희생을 낳았는데, 그로 인한 보복의 악순환은 오늘날에 와서도 결코 사그라질 줄 모르는 상태에 있다. 그리고 그런 해묵은 원한은 유고 내전을 통해 보복의 형태로 재연되어 또 다른 학살의 만행이 벌어지는 결과를 낳고 말았으며, 그 선두주자는 세르비아 민족주의를 대표하는 카라지치와 밀로셰비치였다.

카라지치(Radovan Karadžić, 1945-)는 제2차 세계대전의 악몽이 지난 직후 유고슬라비아 몬테네그로 지방의 작은 마을에서 구두수선공의 아들로 태어났는데, 아버지는 전쟁 기간 중에 유고왕국 망명정부의 군사조직인 체트니치 요원으로 활동하다 종전 후 공산정권에 의해 체포되어 감옥에 가는 바람에 카라지치는 어린 시절 내내 아버지를 볼 수 없었다. 그렇게 아버지 없이 홀어머니 밑에서 자란 그는 15세 때 사라예보로 가서 의대를 졸업하고 정신과의사가 되었지만, 자신의 부모 세대가 제2차 세계대전 당시 크로아티아인들에게 얼마나 참혹한 만행을 당했는지 어려서부터 잘 알고 있었던 그는 1987년 아버지가 사망하자 마침내 의업을 포기하고 정치에 뜻을 두기 시작해 1989년 세르비아 민주당 창설에 가담했으며, 1992년 보스니아에서 이슬람계와 세르비아계가 각기 독립을 선언하기에 이르면서 독자적으로 스르프스카 공화국을 선포하고 초대 대통령에 취임했다.

하지만 카라지치의 광적인 세르비아 민족주의는 곧이어 야만적인 인종청소로 이어졌으며, 특

카라지치

히 이로 인해 사라예보와 스레브레니차에서 수많은 이슬람 여성들이 무자비하게 강간당하고 남자들은 모두 살육되었다. 그런 반인륜적 만행에 국제적 여론이 악화되자 카라지치는 정치적인 고립상태에 빠지게 되었으며, 결국 권좌에서 밀려나고 말았다. 그 후 지하로 잠적한 그는 다비치라는 가명으로 자신의 신분을 숨기고 대체의학자로 위장한 채 활동을 계속했으며, 그를 여전히 비호하는 세력들에 의해 삼엄한 경비 속에 보호를 받아오다가 마침내 2008년 7월 베오그라드에서 체포되어 전범재판에 회부되는 신세가 되고 말았다.

유고 내전 당시 세르비아 사회주의 공화국 대통령을 지내며 잔혹한 학살 만행을 주도한 밀로셰비치(Slobodan Milošević, 1941-2006)는 제2차 세계대전이 한창이던 시기에 세르비아 동부에 위치한 포자레바츠에서 세르비아 정교회 신학자였던 아버지와 교사 출신의 열성 공산주의자였던 어머니 사이에서 태어났다. 하지만 그는 불과 4세 때 부모가 이혼하고 더 나아가 아버지가 권총으로 자살한 이듬해에 육군 장성을 지낸 외삼촌 역시 자살했으며, 그 후 어머니마저 목을 매 자살하는 비극을 겪는 등 연이은 가족의 불행한 사건으로 인해 세상에 대해 결코 곱지 않은 시선을 지니게 되었다.

밀로셰비치

베오그라드 대학에서 법학을 전공한 그는 대학을 졸업한 후 곧바로 정계에 진출해 출세 가도를 달렸으나, 티토가 사망한 후 유고 연방이 붕괴되자 세르비아 민족주의를 강하게 내세우며 크로아티아, 보스니아, 코소보 등 타민족 학살을 주도함으로써 국제사회로부터 지탄의 대상이 되고 말았다. 결국 국제적 고립을 면치 못하게 된 세르비아인들이 반정부 시위와 불도저 혁명을 통해 그를 권좌에서 몰아냈으며, 그 후 권력 남용 혐의로 체포되어 네덜란드 헤이그의 국제사법재판소로 신병 인도가 이루어졌다. 헤이그의 감옥에 수용된 그는 재판 절차를 기다리며 대기하던 중에 갑자기 심장 발작으로 사망했는데, 제대로 처벌을 받아 보지도 않고 죽은 사실에 대해 아쉬움을 표한 사람들이 많을 정도로 그에 대한 원성이 그만큼 컸다고 할 수 있다.

이처럼 카라지치와 밀로셰비치의 진혹한 학살행위의 배경에는 자신들의 아버지 세대가 겪은 참담한 정치적 상황뿐 아니라 민족주의적 복수심 또한 매우 중요한 요인으로 작용했다고 볼 수 있다. 그런 점에서 오늘날 세계 여론이 전후 세대인 세르비아 민족주의자 카라지치와 밀로셰비치가 저지른 보복적 차원의 학살 만행을 맹비난하면서도 과거 파벨리치가 이끌던 크로아티아 기독교인들이 동방정교 신도인 세르비아인을 상대로 저지른 더욱 참혹한 학살 만행에 대해서는 굳게 입을 다물고 있는 현실이 매우 의아스럽기까지 하다. 어쨌든 보복의 악순환에 빠진 발칸반도의 민족감정은 아직까지도 손쉽게 수그러들 기미를 보이지 않고 있는 안타까운 실정에 있다.

테러의 황제 오사마 빈 라덴

21세기에 접어들자마자 3천 명 가까운 사망자와 6천 명 이상의 부상자를 낳은 악몽 같은 9.11 테러의 주모자 오사마 빈 라덴(Osama bin Laden, 1957-2011)은 사우디아라비아의 억만장자인 사업가 모하메드 빈 라덴과 그의 10번째 부인 하미다 사이에서 태어났다. 하지만 그가 태어난 직후 아버지가 일방적으로 이혼을 선언하고 하미다를 자신의 동료인 아타스와 강제로 혼인시킴으로써 오사마는 계부 밑에서 4명의 의붓형제와 함께 성장했다.

그의 생부는 무려 22번 결혼한 인물로 정확한 숫자는 모르나 적어도 58명에 달하는 자식을 둔 것으로 알려졌다. 그러니 오사마는 그 많은 자식들 가운데 한 명이었던 셈인데, 비록 나중에 막대한 유산을 물려받긴 했으나 태어나자마자 자신과 어머니를 버린 생부에 대해 좋은 감정을 지닐 리가 없었을 것이다. 그의 아버지는 1967년 미국인 조종사의 실수로 비행기가 추락해 숨졌는데 당시 오사마의 나이 열 살 이었다. 그 후 빈 라덴 가문은 이복형인 살렘 빈 라덴이 이끌었으나 그 역시 1988년 미국에서 비행기사고로 숨졌으니 미국과는 이래저래 악연이 깊은 셈이다.

어머니를 닮아 193cm의 장신이었던 그는 대학에서 경영학을 공부했으나 자신의 전공보다 종교에 더욱 많은 관심을 기울였으며, 대학에 재학 중이던 17세 때 이미 첫 부인을 맞아들인 이래 그 후 5명의 부인들과 결혼해 20명 이상의 많은 자녀를 낳았다. 자신이 그토록 원망했던 아버지에 결코 뒤지지 않는 정력을 과시한 셈이다. 더 나아가 일찍부터 이슬람 근본주의에 심취한 그는 무슬림을 억압하는 미국과 이스라엘에 대항하기 위해 1988년 무장 테러조직 알 카에다를 조직하고 탈레반이 지배하는 아프가니스탄을 거점으로 삼아 숱한 테러를 자행했는데, 마침내 2001년 뉴욕의 세계무역센터 빌딩을 한순간에 붕괴시킨 9.11 테러를 일으켜 온 세상에 엄청난 충격을 안겨 줌으로써 아버지로부터 버림받은 앙갚음을 톡톡히 치른 셈이다.

그 후 오사마 빈 라덴의 처자식들은 이란으로

오사마 빈 라덴

도피해 이란 정부의 보호를 받아 왔으나 정작 그 자신은 파키스탄의 은 신처에 숨어 지내다 2011년 오바마 대통령이 비밀리에 파견한 미 해군 특수부대에 의해 사살당했다. 9.11 테러 이후 10년 만에 그것도 백인도 유대인도 아닌 미국 최초의 흑인 대통령 지시에 의해 최후를 맞이한 것 이니 참으로 기묘한 인연이 아닐 수 없다. 어쨌든 광신적 무슬림 근본주 의자인 그가 아무리 신의 이름을 내걸고 그 어떤 명분을 내건다 할지라 도, 그리고 겉으로는 아무리 온화하고 부드러운 태도로 그런 끔찍스러 운 테러를 지시했다손 치더라도 숱한 인명을 그토록 가볍게 여기고 무 참히 살상을 저지른 행위는 결코 용서받을 수 없는 죄악이라 할 수 있다.

경찰에 투항한 산적 여두목 풀란 데비

1980년대 초반 인도 북부 산악지대에서 산적 두목으로 활약하며 살 인과 도둑질을 일삼던 풀란 데비(Phoolan Devi, 1963-2001)는 놀랍게도 자그 마한 체구의 여성이었는데, 1983년 그녀 나이 20세 때 인도정부의 설득 으로 경찰에 투항한 후 11년간 감옥생활을 마치고 풀려나 정계에 입문 한 매우 희귀한 경우에 속한다. 희한하게도 인도 대중으로부터 오히려 영웅대접을 받은 그녀는 국회의원에 당선되기까지 했으나 수년 후에 자신의 집 앞에서 무장괴한에게 암살당하고 말았다.

히말라야 산맥에 인접한 우타르프라데시 지방의 마을에서 가난하고 무지한 농부의 딸로 태어난 그녀는 불과 11세의 어린 나이에 아버지의 강요로 돈에 팔려 시집을 가게 되었는데, 무지막지한 신랑이 아직 미성 년인 그녀를 억지로 범하고 신체적 학대까지 가하는 바람에 수차례 그

풀란 데비

집에서 도망쳐 고향으로 돌아왔으나 아버지가 끝내 받아 주지 않자 결국에는 고향마을에서도 쫓겨나 여기저기를 떠도는 신세로 전락하고 말았다.

온몸이 망신창이가 된 그녀는 설상가상으로 도적 떼에게 붙들려 두목에게 강간을 당할 위기에 처했는데, 곁에서 이를 말리던 부두목 비크람이 두목을 총으로 쏴 죽이고 스스로 대장이 된 후 풀란과 결혼까지 하게 되었다. 그렇게 산적의 일원이 된 그녀는 그 후 베마이 마을의 산적에게 남편이 살해당하고 그녀 자신도 베마이 마을로 끌려가 폭행과 집단윤간을 당하게 되자 가까스로 탈출해 산으로 도주했으며, 그곳에서 자신이 이끄는 산적 떼를 따로 결성해 살인과 도둑질을 일삼았다.

1981년 마침내 그녀는 자신이 당한 치욕을 복수하기 위해 부하들을 이끌고 베마이 마을을 습격해 산적 떼를 모조리 살해하고 달아났는데, 그런 살인극을 벌인 그녀에 대해 당시 오지에 살며 산적들에게 시달리며 살던 일부 주민들은 오히려 그녀의 존재를 무자비한 산적들로부터 자신들을 보호해 준 의적으로 간주하고 심지어는 힌두 여신이 부활한 것으로 여기기까지 했다. 그렇게 그녀에 대한 소문이 전국에 알려지자 인도 정부는 평화적으로 투항할 것을 공식 요구했으며, 마침내 1983년 그녀는 무기를 반납하고 경찰에 투항했다.

20대를 감옥에서 보내고 1994년 31세가 되어 출옥한 그녀는 마침내 정계에 진출해 1996년 국회의원에 당선되었지만, 불과 5년 뒤 무장괴한의 총을 맞고 사망하고 말았다. 경찰에 체포된 암살범은 과거 그녀가 베마이 마을을 습격한 사실에 대한 복수로 그녀를 살해한 것이었다고 진술하기도 했다. 어쨌든 그녀의 파란만장한 삶의 행적은 결국 자신을 어린 나이에 팔아먹은 아버지를 포함해 자신의 온몸을 만신창이로 만든 세상 남자들에 대한 복수요, 처절한 투쟁이었다고 해도 결코 과언이 아닐 것이다. 이처럼 그녀의 참담하고도 투쟁적인 삶의 실상은 셰카르 카푸르 감독의 1994년도 인도 영화 〈밴디트 퀸〉을 통해 널리 알려졌지만, 너무도 충격적인 내용으로 일관하고 있어서 도저히 현대 문명사회에서 벌어진 실화라고 믿기 이려울 정도다.

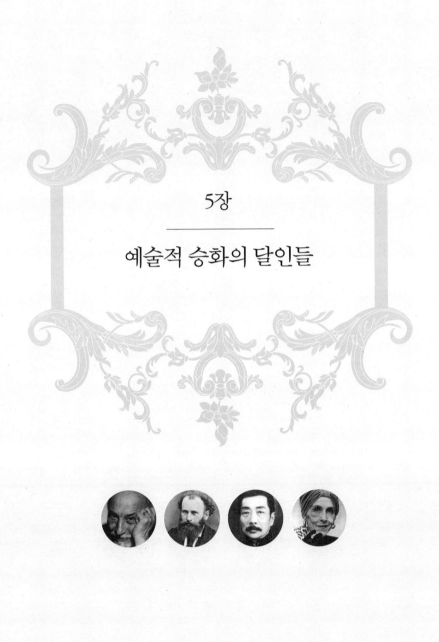

5장

예술적 승화의 달인들

아버지의 장례식에 불참한 모차르트

서양음악사에서 가장 뛰어난 신동으로 알려진 볼프강 아마데우스 모차르트(Wolfgang Amadeus Mozart, 1756-1791)는 비록 35세라는 젊은 나이로 요절하고 말았지만, 그토록 짧은 생애 동안 교향곡, 협주곡, 실내악곡, 오페라, 종교음악 등 거의 모든 장르에 걸쳐 600여 곡에 달하는 작품을 남겨 서양 고전음악의 완성자로 평가되는 불세출의 천재 음악가다. 하지만 어려서부터 몹시 허약했던 그는 항상 건강이 좋지 못했으며, 말년에는 갑자기 전신이 붓고 극심한 통증과 구토 증세를 동반한 원인을 알수 없는 질병에 시달리며 몸조차 제대로 가누지 못하는 상태로 고생하다 숨을 거두고 말았다.

오스트리아 잘츠부르크에서 궁정 오케스트라 음악감독 레오폴트 모차르트의 아들로 태어난 그는 어려서부터 신동으로 소문이 자자했는데, 그런 유명세의 대가로 다섯 살부터 이미 아버지 손에 이끌려 유럽각지를 순회하며 연주여행을 다니는 혹사를 당해야만 했다. 아들의 재능을 이용해 돈을 벌 욕심이 컸던 아버지는 아들의 건강보다 수입에 더신경을 쓸 정도로 매우 이기적인 사람이었다. 일찌감치 아들의 천재성을 알아보고 작곡활동까지 포기한 아버지는 전적으로 아들 매니저 역할에 매달리며 자신의 모든 것을 아들에게 걸었으나 무리한 장거리 여행으로 부자 모두가 건강을 해치고 말았다. 아버지 레오폴트 모차르트의 작품으로는 장난감 교향곡 정도가 알려졌을 뿐 이렇다 할 작품이 없는데, 이 곡마저 그동안 하이든이 작곡한 것으로 잘못 알려져 왔다.

35세라는 늦은 나이에 모차르트를 출산한 어머니는 아들이 22세 때 모자가 함께 여행하던 중에 파리에서 사망했는데, 그 후 모차르트는 26세 때 콘스탄체 베버와 결혼할 당시 아버지의 격렬한 반대에 부딪쳐 애를 먹기도 했다. 결국 아버지는 마지못해 결혼을 승낙하는 편지를 아들에게 보냈으나 모차르트는 그 편지가 도착하기 하루 전에 이미 결혼식을 치러 버리는 바람에 부자 사이가 더욱 틀어지고 말았다. 하지만 그 경위야 어쨌든 모차르트는 결혼을 통해 지나치게 권위적이고 지배적이며 소유욕이 강한 아버지의 지겨운 간섭에서 벗어나게 되었을 뿐만 아니라 아버지가 그토록 집착하던 피아노 연주를 접고 오로지 작곡에만 몰두해 숱한 걸작들을 무수히 쏟아 내는 초인적인 능력을 발휘하기 시작했다.

볼프강 아마데우스 모차르트

아들에게서 배신감을 느낀 아버지는 대신 딸 난네를이 낳은 손자를 데리고 지내며 위안을 얻었으나, 모차르트는 눈치 없게도 자신이 아내와 함께 연주여행을 갈 때 아버지가 자신의 아이들을 돌봐 주면 좋겠다는 요청을 했다가 아버지로부터 일언지하에 거절을 당하고 말았다. 사실 당시 아버지는 건강이 급속도로 안 좋아지기 시작했을 때임에도 불구하고 아버지와 별다른 왕래가 없었던 아들은 그런 사정조차 제대로 모르고 있었던 것이다. 그 정도로 아버지에 대해 무심했던 것은 어려서부터 자신을 착취하고 이용만 했던 아버지에 대한 일종의 소극적인 복수였다고 볼 수 있으며, 무명 작곡가로 전락한 아버지에 비해 상대적으로 국제적인 명성의 작곡가로 성공한 아들 입장에서 자만과 우월감에 빠진 나머지 아버지를 무시하고 업신여긴 결과로 보이기도 한다.

하지만 더욱 이해하기 어려운 일은 얼마 후에 아버지가 위독하다는 소식을 전해 듣고도 모차르트는 거리가 멀다는 핑계로 갈 수 없다는 편지를 보냈으며, 막상 아버지가 숨을 거두었을 때도 역시 거리가 멀다는 이유로 장례식에 참석하지 않았다는 사실이다. 아버지 장례식에 참석하지 못할 정도로 빈에서 잘츠부르크가 그렇게 먼 거리였을까 싶기도 한데, 물론 300km가 넘는 거리이니 서울에서 대구까지의 거리만큼 시간이 소요되는 일이기도 하지만, 마음만 먹었다면 얼마든지 서둘러 마차를 몰고 달려가 참석할 수도 있지 않았겠는가. 아버지의 존재를 얼마나 껄끄럽게 여기고 있었는지 짐작하게 해 주는 대목이 아닐 수 없다.

어쨌든 아버지가 사망한 지 불과 4년 후에 아들 모차르트도 세상을 떴는데, 그의 사인에 대해서는 수은중독, 인플루엔자, 급성 신장염, 사혈요법 부작용, 뇌혈종 등 여러 다른 의혹이 제기되고 있지만, 가장 널리 인정받고 있는 병명은 급성 류머티스성 열이다. 그런데 실제로 모차르트는 어릴 때부터 천연두를 비롯해 폐렴, 기관지염, 편도선염, 장티푸스 등을 앓아 신체적으로 몹시 병약했으며, 정서적으로도 매우 불안정한 상태에서 살았던 것으로 보인다. 그는 빈 교외에 위치한 성 마르크스 공동묘지에 묻혔는데, 영화 〈아마데우스〉에 묘사된 것처럼 극빈자 묘지에 아무렇게나 내던져진 것은 아니며 평민 신분에 맞춰 나름대로 엄숙하게 장례가 치러진 것으로 알려졌다.

계부를 친부로 알고 자란 바그너

독일 악극의 창시자로 작곡뿐 아니라 극장 감독, 음악이론가, 비평가로도 이름을 날린 리하르트 바그너(Richard Wagner, 1813-1883)는 특히 노골적인 반유대주의로 악명을 날렸으며, 그런 바그너를 숭배했던 히틀러는 매년 바그너의 악극을 공연하는 바이로이트 축제를 독일민족의 자긍심과 우월성을 고취하는 선전도구로 적극 활용했다. 나치가 지배하던 독일에서 바이로이트 축제 기간 중에는 마치 성지를 방문한 순례자들처럼 독일 전국에서 모여든 인파로 축제 장소는 문전성시를 이루었으며, 이곳은 독일인이라면 일생에 한 번은 반드시 찾아야 할 신성한 곳으로 간주되기도 했다.

아이로니컬한 사실은 그런 바그너가 태어난 곳이 하필이면 독일 라이프치히의 유대인 거주 지역이었다는 점이다. 그의 아버지는 그곳 치안을 담당한 경찰서 사무관이었으며 바그너는 9남매 중 막내로 어머니 나이 39세에 출산한 늦둥이였는데, 그가 태어난 지 6개월 만에 아버지는 장티푸스에 걸려 사망하고 말았다. 하지만 어머니가 곧바로 아버지의 친구였던 연극배우이자 극작가인 가이어와 재혼하면서 바그너는 계부인 가이어를 자신의 친아버지인 줄 알고 자랐으며, 실제로 그는 성장기간 내내 빌헬름 리하르트 가이어로 불렸다.

가이어는 바그너에게 연극에 대한 애정을 심어 주었으며, 음악에 재능이 있음을 알아본 것도 바로 계부였다. 하지만 8세가 되었을 때 그토록 자상했던 계부마저 사망하면서 그를 친아버지로 알고 있던 바그너는 크게 상심했다. 그 후 곧바로 기숙학교에 보내져 가족과 떨어져 지낸 그는 이미 13세에 연극과 음악을 결합시킨다는 야심을 품고 15세부터 음악 공부에 전념하기 시작했는데, 그가 악극을 창안하고 대본까지 직접 쓴 것은 전적으로 계부의 영향에 의한 것이었다.

말년에 이르러 바그너는 자신의 자서전 《나의 생애》를 준비하는 과정에서 계부였던 가이어의 편지들을 뒤늦게 발견하고 이를 통해 두 가지 중요한 사실을 믿게 되었는데, 바로 그것은 가이어가 자신의 생부임에 틀림없으며 동시에 가이어가 유대인 혈통이라는 사실이었다. 더군다나 한때 바그너와 교류했던 철학자 니체도 바그너가 유대인일 가능성이 있다고 말한 적이 있으며, 그 근거로 독수리를 뜻하는 독일어 발음 가이어, 아들러 등이 유대인의 성으로 흔히 사용된 사실을 들었다.

하지만 실제로 가이어는 유대인이 아니라 독일인이었으며, 바그너가 오해한 것이다. 또한 바그너는 그동안 유대인을 지독히 혐오하는 발언들을 많이 남겼기 때문에 자신도 혼란스러운 나머지 말썽의 소지가 있는 가이어의 서한들을 모두 없애 버린 것으로 보인다. 어쨌거나 사실이든 아니든 한때 자신의 유대인 혈통에 대한 의구심에 사로잡혀 곤혹스러워했다는 점에서, 더 나아가 극도로 유대인을 증오하고 혐오했다는 점에서 바그너와 히틀러는 서로 닮은꼴이라 할 수 있다.

첫 번째 아내 민나와 헤어진 후 바그너는 자신의 가장 큰 후원자 가운데 한 사람이었던 지휘자 한스 뷜로의 아내 코지마와 눈이 맞았는데, 당시 그보다 24년 연하로 리스트의 사생아 딸이기도 했던 코지마는 바그너의 사생아 딸 이졸데를 낳았다. 이들의 불륜관계가 알려지면서 주위로부터 따가운 시선을 받게 되자 바그너는 스위스로 잠시 피신했으며, 그동안에 코지마는 남편인 뷜로를 설득해 가까스로 이혼에 성공했다. 바그너가 코지마와 결혼했을 당시 그의 나이 57세였고 코지마는 불과 33세에

리하르트 바그너

지나지 않았다.

바이로이트에 정착한 바그너와 코지마는 바이에른 왕국의 루트비히 2세의 후원에 힘입어 해마다 성대한 바이로이트 축제를 개최하며 매우 안락한 말년을 보냈으며, 바그너가 사망한 후 93세까지 장수했던 코지마는 나치가 득세하던 1930년에 반유대주의의 온상으로 떠오른 바이로이트에서 생을 마쳤다. 코지마는 바그너에 결코 뒤지지 않는 반유대주의자로 이들 부부가 낳은 자녀들 모두가 히틀러와 매우 친분이 두터웠으니 지금까지도 이스라엘에서 바그너의 음악이 연주되지 않고 있는 이유를 이해할 만하다.

아버지의 애인과 결혼한 마네

프랑스의 인상파 화가 에두아르 마네(Édouard Manet, 1832-1883)는 강렬한 붓 터치와 풍부한 색채감으로 한 시대를 풍미했던 화가로 인상주의 미술의 효시로 꼽힌다. 파리에서 부유한 법관의 아들로 태어난 그는 외삼촌의 권유로 그림을 그리기 시작했지만, 법률가가 되기를 원한 아버지의 고집 때문에 한동안 애를 먹기도 했다.

하지만 공부 체질이 아니었던 그는 화가의 꿈을 포기하지 않았는데, 아버지는 성적 부진으로 법관이 되지 못할 바에야 차라리 군인이 되는 게 낫겠다 싶어 아들이 16세가 되었을 때 해군 사관학교에 지원하도록 했으나 그마저 낙방하자 이번에는 미술에 대한 관심에서 멀어지도록 하기 위해 브라질로 여행을 보내기까지 했다. 그럼에도 불구하고 두 번씩이나 연이어 시험에 실패하자 아버지도 어쩔 수 없이 미술교육에 동의하고 말았다.

이처럼 아버지의 뜻을 거스르고 화가의 길을 걸은 마네는 30세가 되었을 때 아버지가 세상을 떠나자 마치 기다렸다는 듯이 곧바로 과거 아버지의 정부였던 네덜란드 출신의 피아노 교사 수잔 렌호프와 결혼했는데, 3년 연상인 그녀는 소년 시절 마네에게 피아노를 가르친 여성으로 마네와 결혼할 당시 이미 혼외정사로 낳은 열한 살짜리 사생아 아들 레옹을 두고 있었으니 결국 마네는 자신의 배다른 동생을 아들로 받아들여 키운 것

에두아르 마네

이다. 그런 레옹의 모습은 마네의 작품 〈검을 들고 가는 소년〉에서 볼 수 있다.

어쨌든 법을 집행하는 사람으로 불륜까지 저지른 아버지에 대해 마네는 참으로 기묘한 방식을 통해 복수를 한 셈이며, 아버지의 연인과 그 아들 모두를 차지함으로써 결과적으로 아버지에 대해 승리를 쟁취한 것으로 볼 수 있다. 뿐만 아니라 아버지의 여자를 아내로 맞아들임으로써 어머니에 대한 근친상간적인 욕구를 부분적으로 충족시킨 것으로 볼 수도 있다. 그런 점에서 마네를 서양미술계의 전형적인 오이디푸스로 꼽는다고 해도 결코 무리가 아닐 것이다.

하지만 건강이 여의치 못했던 마네는 결국 만성 류머티즘과 매독으로 죽었는데, 그는 이미 40대부터 매독에 걸린 상태였으나 의사들을 불신한 나머지 치료를 제대로 받지 않은 상태였다. 51세로 눈을 감기 직전까지 오랜 기간 극심한 통증과 사지마비에 시달린 그는 수년간 제대로 걷지도 못했으며, 결국 다리가 썩기 시작해 왼쪽 발을 절단해야 했지만, 수술 후 불과 열흘 만에 합병증으로 세상을 뜨고 말았다.

귀족의 사생아로 태어나 농노의 아들로 자란 보로딘

19세기 러시아 국민악파 5인조에 속하는 작곡가 알렉산더 보로딘 (Alexander Borodin, 1833-1887)은 그루지아 출신 귀족의 사생아로 태어났는데, 출생 당시 생부의 나이 62세였고 어머니는 불과 25세였다. 아버지의 성을 따르지도 못하고 대신 아버지의 농노였던 포르피리 보로딘의 아들로 입적되어 양부의 성을 갖게 된 그는 비록 출생 배경부터 불행한 운명을 타고났지만, 생부의 지원으로 교육만큼은 남 못지않은 좋은 교육을 받고 자랐으며, 이른 나이부터 피아노를 배워 음악적 재능도 키워 나갔다.

어릴 때부터 음악을 몹시 좋아했으나, 상트페테르부르크 의대에 진학해 의사가 된 그는 나이 30에 이르러 뒤늦게 발라키레프에게 작곡을 사사했으며, 군의관 복무를 마친 후로는 의대 교수로 재직하면서 의학을 가르치고 생화학 연구에 몰두하는 한편 틈틈이 짬을 내어 작곡까지 했다. 그렇게 바쁜 일정 때문에 시간이 없어 일요일에만 작곡을 했기 때문에 당연히 그의 작품은 과작에 머물 수밖에 없었지만, 그럼에도 이국적인 취향을 풍기는 그의 특이한 화음은 그 후 프랑스 작곡가 드뷔시와 라벨 등에게도 많은 영향을 끼쳤다.

작곡가로서뿐만 아니라 생화학 연구에도 많은 업적을 쌓은 보로딘은 의학과 음악에 더해 제정 러시아 치하의 여권신장에도 크게 기여했으며, 그런 노력의 일환으로 상트페테르부르크에 여자 의과대학을 세우기도 했다. 피아니스트였던 에카테리나 프로토포포바와 결혼한 그는 딸 하나를

알렉산더 보로딘

두었는데, 그의 사위는 나중에 보로딘의 뒤를 이어 의대 생화학 과장을 역임했다. 하지만 콜레라 후유증과 심장병에 시달리는 등 평소에도 건강이 여의치 못했던 보로딘은 한 무도회에 참석했다가 쓰러져 향년 57세를 일기로 사망하고 말았다.

이처럼 사생아로 태어나 농노의 아들로 자란 불우한 운명의 주인공임에도 불구하고 저명한 의학자가 되었을 뿐만 아니라 작곡가로도 명성을 날린 보로딘은 의학과 예술 두 분야에 모두 성공한 매우 보기 드문 경우에 속하는데, 결국 그렇게 해서 그는 자신을 버린 귀족 아버지에 승리함과 동시에 자신을 키워 준 농노 양부의 은혜에 보답한 셈이다. 또한 여권신장에 뜻을 둔 것도 힘없이 늙은 귀족에게 농락당한 어머니 때문이었겠지만, 그럼에도 불구하고 그는 자신의 어머니를 단 한 번도 어머니로 부른 적이 없으며, 단지 아줌마라고 지칭했을 뿐이다.

아버지가 죽을 때까지 결혼을 미룬 세잔

19세기 프랑스 회화를 대표하는 폴 세잔(Paul Cézanne, 1839-1906)은 겉으로 보이는 현상에 머물지 않고 사물의 내적인 생명을 묘사하는 데 치중한 근대미술의 거장이다. 사과가 썩을 때까지 계속해서 그림을 그렸다는 일화로 유명한 세잔은 끊임없이 덧칠을 가하는 새로운 기법과 나이프를 이용한 기법을 통해 그만의 독특한 화풍을 이루었으며, 따라서 현대미술의 아버지라는 칭호가 붙을 만큼 그의 존재는 피카소와 브라크 등 입체파 화가들에게 결정적인 영향을 끼침으로써 그는 서양미술의 역사에서 획기적인 변화의 분기점을 이룬 인물로 평가된다.

프랑스의 최남단 엑상프로방스에서 부유한 은행가의 아들로 태어난 세잔은 매우 권위적이고 고압적인 아버지의 뜻에 못 이겨 마지못해 법학을 공부했으나 어릴 때 친구였던 작가 에밀 졸라의 격려에 힘입어 아버지의 반대를 무릅쓰고 화가가 되겠다는 꿈을 펼치기 위해 무작정 파리로 가서 본격적으로 미술을 공부하기 시작했다. 아들의 고집에 한발 물러선 아버지는 결국 화가의 길을 걷겠다는 아들의 뜻을 받아들이고 생활비 지원을 약속했다.

파리에서 피사로의 문하에 들어간 세잔은 스승인 피사로를 아버지처럼 따르며 숭배하게 되었는데, 물론 그런 배경에는 모든 것을 돈으로만 해결하려는 자신의 아버지에 대한 반감이 크게 작용한 것으로 보인다. 어쨌든 피사로를 새로운 상징적 아버지로 받아들인 그는 하늘처럼 떠받든 스승의 화풍을 모방해 풍경화를 주로 그리다가 점차 자신만의 독자적인 화풍을 발전시켜 나갔지만 좀처럼 화단의 인정을 받지 못했다.

그때까지만 해도 세잔은 〈아버지의 초상〉을 그릴 정도로 아버지의 비위를 거스르지 않기 위해 무진 애를 쓰기도 했으나, 그것은 전적으로 아버지가 매달 부쳐 주는 생활비 때문이었다. 〈아버지의 초상〉을 그릴 당시에 이미 덧칠 기법을 사용한 그는 마치 분풀이라도 하듯 캔버스에 담긴 아버지 얼굴을 붓으로 거칠게 때리며 겹겹이 물감으로 덧칠을 한 것으로 보이는데, 캔버스 장면에 자신의 감정을 몰입하기로 유명한 세잔이었으니만큼 아버지에 대한 불만과 적개심을 그렇게 붓을 통해 풀었던 것으로 여겨진다. 그런 화풀이의 심리를 정신분석에서는 전치의 기제로 설명한다.

하지만 나이 서른에 자신보다 열두 살이나 연하인 모델 오르탕스 피케와 동거하게 되면서 이

폴 세잔

들 부자관계는 최악으로 치닫기 시작했다. 물론 세잔의 어머니는 처음부터 아들의 동거사실을 알고 있었으나 부자관계의 악화를 걱정해 비밀에 부치고 있었는데, 아버지를 몹시 두려워했던 세잔은 아들 폴을 낳은 사실까지 오랜 기간 숨겨야 했다. 결국 나중에 그런 사실이 모두 들통 나자 화가 머리끝까지 난 아버지는 생활비 지원을 끊어버리겠다고 위협까지 했지만 차마 그러지는 못하고 최소한의 경제적 지원은 계속해 주었다.

이러저런 이유로 우울증에 시달린 세잔은 자신의 화를 다스리는 데 특히 어려움을 겪었으며, 유달리 상처받기 쉬운 성격 탓에 에밀 졸라를 비롯한 여러 친구들마저 하나둘씩 떨어져 나가고 말았는데, 화가로 데 뷔한 초기에는 주로 살인과 강간 등을 주제로 다룬 매우 거칠고 폭력적인 내용의 그림들을 그려서 화단으로부터 정신병자 취급까지 당해야 했다. 그렇게 화단과 대중으로부터 철저히 외면당한 그는 좀처럼 세상의 인정을 받지 못한 채 오랜 세월 실의의 나날을 보내야 했으며, 자기 자신을 인생 실패자로 간주하기도 했다. 오죽했으면 자신이 기르던 앵무새에게 "세잔은 대가다."라는 말을 훈련시켜서 스스로 위안을 삼았을까.

어쨌든 그토록 고집 세던 아버지도 임종 직전에 가서야 겨우 아들의 결혼을 마지못해 승낙함으로써 마침내 세잔은 17년에 걸친 오랜 동거 생활을 마감하고 나이 47세가 되어 비로소 정식 결혼에 성공할 수 있었으며, 상속받은 재산으로 더 이상 생활고에 허덕이지 않고 살아갈 수 있게 되었다. 하지만 결혼과 동시에 이미 아내에 대한 애정이 식어 버린 그는 곧바로 별거에 들어간 후 어머니 곁으로 돌아갔으며, 어머니가 세상을 뜬 후에도 부부 화해는 이미 물 건너 간 상태가 되고 말았다. 아내 오르탕스는 홧김에 시어머니의 유품을 불태우기까지 했던 것으로 알려졌다. 그런 아내에게 세잔은 단 한 푼의 유산도 남기지 않았으며, 아들 폴에게만 모든 유산을 상속하고 죽었다.

노벨상을 탄 파시스트 작가 피란델로

1934년 노벨 문학상을 수상한 이탈리아의 극작가 루이지 피란델로 (Luigi Pirandello, 1867-1936)는 현대 전위적 부조리극의 원조라 할 수 있는데, 그의 대표작 〈작가를 찾는 6인의 등장인물〉은 1921년 로마에서 초연되어 극중극이라는 새로운 시도로 크게 주목받은 작품이며, 이후 베케트, 이오네스코 등의 반연극 운동에도 지대한 영향을 끼쳤다. 하지만 오늘날에 와서 피란델로를 기억하는 사람들은 의외로 적다. 그 이유는 대중적 차원에서 손쉽게 접근하기가 결코 용이하지 않은 난해한 내용 탓일 수도 있겠지만, 스스로 파시스트임을 공언했던 피란델로 자신의 이념적 배경과 독재자 무솔리니의 전폭적인 지원 아래 세계적인 명성과 성공을 이루었다는 사실 등, 그다지 떳떳하지 못한 시대적 배경에 기인한 것일 수도 있다.

그는 이탈리아 남부 시실리 섬의 작은 마을 카오스에서 부유한 상류층 가문의 아들로 태어났는데, 그가 태어난 마을 이름 자체부터가 매우 흥미롭다. 혼돈을 의미하는 카오스라는 이름의 마을에서 태어나 혼돈의 시대를 살다 간 작가이기 때문에 더욱 그렇다. 또한 피란델로 자신도 스스로를 카오스의 아들로 지칭하기를 즐겨 했다. 광산 소유주였던 아버지는 일찍이 가리발디 장군이 이끄는 이탈리아 통일운동에 적극 가담했던 애국자였으나 그런 열정은 곧 지독한 환멸과 분노로 이어져 그후에는 오로지 사업에만 전념한 인물이었으며, 어머니의 집안 역시 과거에 부르봉 왕가에 의해 추방당한 시련을 겪었던 배경을 안고 있었다. 그리고 피란델로는 어려서부터 이상과 현실 사이에서 극심한 혼란을 겪었던 집안 분위기 영향을 받지 않을 수 없었다.

카오스 마을의 한 부르주아 일가가 겪은 혼돈의 모습은 실로 역설 그 자체라 하겠다. 절대 왕정에 반기를 들고 조국의 민주화에 대한 신념으로 통일운동의 투쟁에 동참했으나 깊은 환멸에 빠질 수밖에 없었던 상류 출신의 부모, 그리고 이후에 역설적으로 열렬한 파시스트가 된 아들 피란델로가 겪는 이념적 혼란은 그의 희곡에 나타나는 6인의 등장인물을 통해서도 확인할 수 있다. 그의 작품에 나타나는 6인의 등장인물을 살펴보면 아버지, 어머니, 아들, 그리고 1남 2녀인 의붓형제들로 구성되어 있음을 알 수 있는데, 그러나 등장인물들을 대표하는 중심인물은 역시 불륜을 저지른 아버지라 할 수 있다.

어머니는 피란델로에게 이상적인 구원의 여인상이었다. 반면에 아버지는 아들의 앞길을 항상 가로막는 장애물일 뿐이었다. 아버지는 자신의 광산 사업을 물려받도록 강요하고 법학을 공부하도록 압박했으며, 사촌인 리나와의 결혼도 방해했다. 한술 더 떠서 아버지는 자신의 사업에 동참하면 리나와의 결혼도 허락해 주겠다는 감언이설로 아들을 유혹했음에도 불구하고 그 약속은 이루어지지 않았으며, 결국 아버지가 정해 준 다른 광산업자의 딸 안토니에타와 결혼할 수밖에 없었다. 일종의 정략혼인이었던 셈이다.

그런 와중에 피란델로는 우연히 아버지의 불륜 사실을 알게 되면서 더욱 아버지와 거리를 두게 되었으며, 그럴수록 어머니에 대한 애착은 무한한 존경과 숭배하는 태도로까지 이어졌다. 결국 그는 출세작 〈작가를 찾는 6인의 등장인물〉을 통해 노골적으로 아버지란 존재의 위선적 태도와 불륜적 비행 사실을 폭로함으로써 통쾌한 복수를 가한 셈이다.

루이지 피란델로

여기에 등장하는 어머니의 태도는 매우 포용적이고 관대한 이상적 어머니의 전형으로 나타난다.

더 나아가 피란델로는 자신의 근친상간적 욕구를 은폐하기 위해 아버지의 근친상간적 비행과 불륜을 극중에서 폭로하고 크게 부각함으로써 관객들의 관심을 아버지에 대한 비난과 경멸 쪽으로 돌리는 데 성공한다. 그리고 피란델로의 은밀한 욕망은 아내의 편집증적 의부증을 오랜 기간 그대로 방치함으로써 누가 보더라도 그 자신의 불륜을 포함한 모든 문제의 책임이 마치 정신병을 앓는 아내에게 있었던 것처럼 보이도록 상황을 연출한 것이다. 그런 점에서 피란델로는 이미 그 자신의 삶 자체를 극중극처럼 연출한 셈이 된다.

1903년 피란델로는 아버지와 아내가 공동으로 투자해서 운영하던 광산이 산사태로 무너지면서 모든 것을 잃게 되었다. 한순간에 무일푼 신세로 전락하면서 한때는 자살까지 고려할 정도로 심각한 위기를 맞이한 그는 설상가상으로 아내 안토니에타까지 그 충격의 여파로 정신병 증세를 보이게 되면서 그 후로 오랜 기간 악몽과도 같은 세월을 보내야만 했다. 결국 그의 아내는 1919년에 가서야 요양소에 입원하게 되었는데, 그때까지 15년간 피란델로는 아내의 심한 의부증에 시달려야만 했다. 아내는 1959년 요양소에서 죽었다.

광기에 대한 그의 관심은 그런 아내의 발병과 무관치 않아 보인다. 27세 혈기왕성하던 나이에 전혀 안면조차 없던 여성과의 결혼은 전적으로 아버지의 결정에 의한 것이었지 피란델로 자신의 의사는 결코 아니었다. 비록 부유한 광산업자의 딸 안토니에타와 마지못한 결혼으로 인해 그는 경제적인 어려움을 모르고 살 수 있었지만, 예기치 못한 양가의 파산은 그에게 전적으로 생업의 책임을 떠맡는 부담을 안겨 주게 된 것이다. 더욱이 그에게는 편집증에 걸린 아내뿐만 아니라 양육할 세 남매까지 있었으며, 장남 스테파노는 그 와중에 제1차 세계대전에 참전해 오스트리아군에 포로로 잡히기까지 했다.

아내는 피란델로뿐 아니라 딸까지도 심하게 괴롭혔다. 견디다 못한 피란델로는 결국 전쟁이 끝난 이후 아내를 정신요양소에 입원시키고 말았다. 그러나 오랜 기간 아내의 정신병적 발작에 시달리던 피란델로는 그런 광기의 혼란에 대한 환멸과 더불어 연민의 정 또한 물리치기 어려웠을 것이다. 그야말로 이러지도 저러지도 못하는 곤경에 빠진 셈이다. 그가 말한 우모리스모는 결국 그 자신의 역설적인 감정상태를 지칭한 것이었음을 알 수 있다.

이처럼 극심한 혼돈에서 그를 구원해 줄 수 있는 유일한 탈출구는 당시 무질서한 혼란에서 탈피하여 강력한 질서의 확립을 외치며 나타난 무솔리니의 파시즘이었다. 게다가 피란델로에게 아버지의 존재는 줏대 없는 실패자일 뿐이며, 반면에 무솔리니는 성공한 제왕으로 다가왔을 것이다. 그리고 실제로 세속적 성공과 명예에 대한 그의 집착과 야심은 전적으로 무솔리니의 도움으로 이루어질 수 있었다. 노벨 문학상 역대 수상자 가운데 피란델로는 유일한 파시스트 작가로 기록된다는 점에서 그의 존재는 매우 역설적이다. 다행히 그는 제2차 세계대전이 발발하기 직전에 사망함으로써 더 이상의 큰 과오를 범하지 않고 그나마 노벨 문학상 수상자로서의 명예는 간신히 유지할 수 있게 되었다.

바람난 아버지를 경멸한 되블린

독일의 작가 알프레트 되블린(Alfred Döblin, 1878-1957)은 정신과의사 출신으로 독일 북동부에 위치한 항구 도시 슈테틴에서 폴란드계 유대인 상인의 아들로 태어나 의학을 공부했으며 한때 베를린에서 개업하기도 했다. 양복점을 운영하던 아버지는 다재다능한 인물이었지만 되블린의 나이 10세 때 20년 연하인 젊은 재봉사와 눈이 맞아 처자식을 버린 채 미국으로 도주하고 말았다. 이듬해 아버지는 무일푼이 되어 다시 돌아왔으나 그 후에도 이중생활을 계속하는 바람에 결국 부모관계는 완전히 파경을 맞고 말았다. 생계가 막막해진 어머니는 다섯 아이들을 데리고 베를린 빈민가에 정착했으며, 되블린은 고교시절까지 엄격한 어머니에 얽매어 살아야 했다.

아버지의 불륜과 가난에 찌든 비참한 생활로 인해 극도의 환멸에 빠진 그는 일찍부터 학교와 권위체제에 대한 반항심에 사로잡혀 사회주의사상에 매료되었으며, 의대생 시절부터 계속 소설을 썼다. 당시 그가 쓴 작품들은 주로 프로이트의 정신분석에서 영향을 받은 것들로 의대 졸업 후 정신병리와 내분비학 연구에 몰두하다가 34세에 10년 연하의 에르나 라이스와 결혼하면서 빈민가에 정신과 개업을 하게 되었다.

그의 나이 42세 때 어머니가 사망하고 그 이듬해 아버지도 사망했는데, 그 후 발표한 대표작 〈베를린 알렉산더 광장〉은 사회주의적 색채가 농후한 소설로 하층민 출신의 범죄자가 겪는 비극적인 운명을 냉정한 시각으로 추적한 작품이다. 하지만 1933년 나치에 의해 시민권을 박탈당하자 프랑스로 망명한 그는 가톨릭으로 개종까지 하고 한때 프랑스 정보국에서 일하기도 했으나 프랑스가 독일에 항복하자 다시 또 미국으로 도피해야 했다. 그 후 종전이 이루어지면서 다시 독일로 돌아갔지만 얼마 가지 않아 요양소에서 사망했다.

이처럼 어느 한곳에 정착하지 못하고 여기저기를 전전하는 가운데 자신의 정체성 혼란과 정신적 방황을 거듭하며 살다 생을 마감한 불운의 작가 되블린은 개인적으로 매우 불행한 성장과정을 겪었을 뿐만 아니라 시대적 운명의 희생자이기도 했다. 불륜에 빠진 아버지는 처자식을 내버리고 국외로 도주했으며, 그 후 어머니와 함께 지낸 어린 시절은 가난에 찌든 비참한 생활의 연속이었다.

설상가상으로 유대인이라는 인종적 열등감과 가난이라는 수치심은 되블린에게 지울 수 없는 상처를 안겨 주었다. 물론 그가 선택한 정신과 의사라는 직업은 그런 열등감과 수치심을 극복할 수 있는 하나의 방편이 될 수도 있었겠지만, 그것만으로는 그가 지닌 뿌리 깊은 반항심을 잠재우기 어려웠다. 아버지의 무책임한 행실과 권위에 대한 분노와 혐오감은 그가 속한 세상의 모든 지배자들에 대한 분노로 이어지고, 또한 실제로 그가 보고 느낀 세상은 모순투성이요, 온갖 탐욕으로 가득 찬 악의 세계였던 것이다.

그런 악의 구현은 나치의 등장으로 더욱 가시화되었다. 당시 나치가 내세운 독일사회 최대의 공적(公敵)은 유대인과 공산주의자들이었으니 더욱 그랬다. 따라서 되블린은 두 가지 모두에 해당되는 '사회적 기생충'이었던 셈이다. 그가 몸담을 곳은 결국 자유민주사회밖에 없었다. 하지만 그는 그곳에서마저도 결코 행복하지 못했다. 어디를 가나 그는 이방인일 수밖에 없었기 때문이다. 프랑스사회에 적응하기 위해 가톨릭으로 개종까지 했지만 그렇다고 해서 그의 뿌리까지 지워질 수 없다는 사실은 그 누구

알프레트 되블린

보다도 되블린 자신이 너무도 잘 알고 있었을 것이다. 그것은 〈베를린 알렉산더 광장〉의 주인공 프란츠가 아무리 새사람이 되고자 굳게 다짐을 해도 그가 처한 환경이 그를 가만 놔두지 않는 상황과 기막힌 일치를 보인다.

중국 민중의 의식개혁을 촉구한 노신

현대 중국문학의 아버지로 불리는 노신(魯迅, 1881-1936)은 중국인으로서는 가장 최초로 세계적인 명성을 얻은 소설가로 그의 대표작 〈아큐정전〉, 〈광인일기〉 등은 20세기 초 극도의 혼란에 빠진 중국 최대의 격변기를 살면서 고통받는 민중의 삶을 작품소재로 삼은 걸작들이다. 주수인(周樹人)이 본명인 노신은 중국 저장성 소흥(紹興)에서 지주 집안의 아들로 태어나 유복한 유년기를 보냈지만, 부정사건에 연루된 조부가 투옥되고 아버지마저 갑자기 결핵으로 사망하면서 집안이 몰락하는 바람에 경제적으로 어려움을 겪기 시작했다.

비록 아버지가 술과 아편에 빠져 가산을 탕진함으로써 아버지에 대한 원망감이 적지 않았음에도 불구하고 그의 나이 불과 15세 때 그런 아버지가 갑작스레 세상을 떠나게 되자 큰 충격을 받은 그는 아버지의 죽음이 낙후된 한의학에 의한 것으로 여기고 의사가 되기로 결심했다. 광로학당에서 서양식 교육을 받고 졸업한 후 일본 유학을 떠나 센다이 의학전문학교에 입학한 그는 유학 도중에 잠시 귀향해서 관습에 따라 지방 부호의 딸인 주안(朱安)과 마지못해 형식적인 혼례를 치렀다. 당시 어린 신부는 착하기는 했으나 문맹에 전족까지 한 상태였는데, 마음에도 없는 결혼이었지만 그래도 그는 신부를 구박하지 않았으며, 의학수업을 위해 다시 일본으로 돌아가 학업을 계속했다.

반청(反淸) 혁명단체인 광복회(光復會)에 가입해
활동하기도 했던 그는 세균학 강의시간에 환등기
를 통해 보여준 장면에 큰 충격을 받은 나머지 의
학공부를 포기하고 180도 방향을 바꿔 작가가 되
기로 결심하게 되었는데, 문제의 그 장면은 노일
전쟁에서 스파이 혐의로 일본군에게 붙들려 처형
당하는 중국인 포로를 무덤덤하게 구경만 하고
있는 무지몽매한 중국 인민들의 모습이었다.

노신

당시 그의 머리에는 술과 아편에 찌들어 살다 건강을 해치고 일찍 죽
은 아버지의 모습과 일자무식에 전족까지 한 아내의 모습, 그리고 동족
의 참담한 죽음을 아무런 감정 없이 물끄러미 바라만 보고 있는 군중의
어리석은 모습 등이 하나의 이미지로 겹쳐 다가왔을 것으로 보이는데,
그것은 한마디로 낙후된 중국인의 무지몽매한 현실에 큰 충격을 받고
새로운 변혁의 필요성을 깨달았음을 뜻한다. 따라서 그가 갑자기 그런
결단을 내리게 된 이유는 무기력한 중국인의 정신을 개조하기 위해서
는 의술보다 문학이 더욱 효과적일 것이라는 생각이 들었기 때문이다.

의학교를 도중에 그만두고 글을 쓰기 시작한 그는 1909년 중국으로
귀국한 후 베이징으로 가서 신해혁명에 동참했으나 혁명 후 집권한 원
세개 정부의 독재정치에 실망해 정치에서 손을 떼고 오로지 문학을 통
한 혁신에 기대를 걸고 봉건적 체제의 구질서를 부정하는 소설 〈광인일
기〉를 발표함으로써 중국 근대문학에 새로운 혁신을 이루었는데, 이 작
품은 서구 제국주의 침략과 잇따른 혁명 과정에서 드러난 중국 전통사
회의 고질적인 병폐를 한 광인의 시선을 통해 폭로하는 가운데 중국인
의 각성을 촉구한 소설이다.

그 후 북경대학에서 강의를 하는 한편, 1921년 대표작 〈아큐정전〉을 발표해 무지몽매한 중국 민중의 현실을 고발하고 비판했으나 얼마 후 군벌정부가 문화탄압을 개시하자 신변의 위협을 느낀 그는 북경을 탈출해 중국 최남단 광동으로 도피했으며, 그곳에서 제자였던 허광평과 만나 동거에 들어갔다. 비록 본부인에 대한 재정적 지원은 계속했으나, 국공분열이 일어나고 장개석의 국민당이 공산당 토벌에 나서게 되자 허광평과 함께 상하이로 옮겨 지내던 노신은 중일전쟁이 발발하기 직전에 자신의 아버지와 똑같이 결핵으로 사망했다.

중국 현대문학의 아버지로 불리는 노신은 오늘날 손문과 더불어 중국에서 가장 존경받는 혁명적 사상가로 알려져 있는데, 국민당의 무능으로 인해 신해혁명을 실패한 혁명으로 비판했다는 점과 특히 모택동을 비롯한 중국 공산당이 그를 몹시 존경했다는 점 때문에 대만정부는 오랜 기간 그의 작품을 금서로 지정하기도 했지만, 그럼에도 불구하고 노신에 대한 중국인들의 자부심은 매우 높다.

카프카의 거세공포

독일어를 사용한 체코 태생의 유대계 작가 프란츠 카프카(Franz Kafka, 1883-1924)는 혈통과 언어 및 국적이 모두 서로 다른 특이한 배경을 지닌 작가로, 그의 대표작 〈심판〉, 〈성〉, 〈변신〉, 〈아메리카〉 등은 바로 그러한 카프카 자신의 어둡고 혼란스러운 내면세계와 주위 환경으로부터 철저히 소외되고 억압당한 약자의 입장에서 홀로 감내할 수밖에 없는 상황적 불일치와 괴리를 다루고 있으며, 동시에 그 자신의 실존적 불안과 정체성 혼란을 여실히 드러내고 있다.

체코의 수도 프라하에서 독선적이고도 매우 강압적인 유대인 상인의 아들로 태어난 그는 출세와 신분상승에 집착한 아버지의 강압에 의해 대학에서 법학을 공부한 후 보험회사 직원으로 일하면서 퇴근 이후에는 밤늦게까지 소설을 썼다. 원래 그의 아버지는 천민 출신의 야심 많은 인물로 비천한 신분의 유대인이 겪을 수밖에 없는 서러움과 모욕을 너무도 잘 알고 있었기에 자신의 아들만은 관직으로 진출시켜 성공시켜야만 한다는 강박관념에 사로잡힌 인물이었다. 아버지는 이들이 법대를 졸업해서 관료의 길로 들어서기를 간절히 바랐지만, 카프카는 아버지의 뜻을 거스르고 작가의 길을 걸었다. 어머니는 그런 부자간의 반목과 갈등관계에서 명확한 태도를 취하지 못할 만큼 매우 소극적인 성격의 소유자여서 아버지의 횡포로부터 아들을 제대로 지켜 주지 못했다.

이처럼 권위주의적이며 폭군적인 아버지에 대한 두려움과 혐오감은 카프카의 성격을 더욱 위축시키고 염세적으로 몰고 갔다. 특히 그는 단 한 번도 아버지 본인에게 전달된 적이 없는 〈아버지께 드리는 편지〉를 통해 자신의 복잡 미묘한 감정을 드러내며 그 자신에게 평생 화두가 되었던 '아버지'라는 문제와 씨름하고 있었다. 36세에 쓴 이 편지는 철저한 자기분석과 내적 성찰의 기록으로 여기에는 유대인 폭군을 어버이로 섬겨야만 했던 나약한 아들의 모습이 적나라하게 드러나 있다. "왜 아버지가 두려운가?"라는 질문으로 시작하는 이 편지는 시종일관 자신이 아버지를 두려워할 수밖에 없는 이유와 아버지의 뜻에 거스를 수밖에 없는 자신의 입장을 이해시키려 애쓰기도 하면서도 아버지에 대한 변함없는 애정을 표현하는 등 상당히 복잡한 양가적 태도를 드러내고 있다.

카프카는 자신이 겁 많고 소심하다는 사실을 인정하면서 어린 시절 밤중에 자다 일어나 훌쩍거리며 울고 있을 때, 아버지가 화를 내며 문밖으로 쫓아내 오랜 시간 서 있도록 한 사실, 수영장 탈의실에서 아버지의 억세고 딱 벌어진 몸집을 보고 기가 죽었던 일, 밥 먹을 때 식탁 앞에서 항상 고개를 내젓거나 손가락으로 탁자를 두드리며 빈정거리는 말투로 힐난하던 모습들, 아들이 호감을 갖는 상대만 있으면 해충에 비유하며 개와 벼룩에 관한 속담을 즉석에서 인용하던 버릇 등, 감히 맞대 놓고 할 수 없는 아버지의 결함들을 말하고 있다. 그러면서 그는 상대의 입장을 전혀 고려하지도 않고 서슴없이 내뱉는 말에 대해서 일말의 책임감이나 연민의 정도 전혀 느끼지 않는 아버지에 대해 "그 누구도 아버지 앞에서는 결코 항거할 수 없었다."라고 털어놓는다.

이처럼 독선적이고 가학적인 아버지에 대해서 카프카는 불가항력적인 모순된 감정으로 고통받고 있었음을 알 수 있다. 동시에 아버지에 대한 자신의 한 맺힌 분노의 감정을 그 스스로가 두려움과 죄책감으로 대하고 있었으며, 어떻게 보면 스스로 용납할 수 없는 적개심을 거의 자학적인 형태로 해소하려 했던 것으로 보이기도 한다. 그런 점에서 아버지로부터의 탈출이야말로 카프카에게 주어진 가장 큰 숙제요, 과업이었음에 틀림없다. 비록 그는 그 문제를 생전에 해결하지는 못했지만, 자신의 창작활동과 여성관계를 통해 극복하려고 필사적인 노력을 기울인 것으로 보인다.

프란츠 카프카

어찌 됐건 카프카와는 달리 그의 누이동생 오틀라는 그런 아버지에 대해 노골적으로 반항하고 관계를 단절하다시피 했다. 하지만 카프카는 감히 아버지를 거역할 수 없었다. 그는 자신의 집을 감옥에 비유하고 스스로를 죄수로 간주했지만, 그럼에도 불구하고 그는 감히 자신의 감옥에서 스스로 탈출할 생각조차 지니지 못했던 것으로 보인다. 오틀라는 과감히 감옥을 박차고 뛰쳐나가 버렸지만, 카프카는 그럴 엄두가 나지 않았던 것이다.

카프카는 자신이 창조한 작품 속의 주인공 K처럼 우유부단하고 무기력한 모습을 보여 준다. 그리고 그 자신이 안고 있는 한계, 달리 말해서 자신의 내면적 모순과 갈등, 그리고 양가적인 혼돈상태의 본질을 받아들이기 거부하는 몸짓을 통해 거의 자학적인 환상에 가까운 내용들을 자신의 작품 속에 녹여 낸 것으로 보인다. 성공과 출세욕에만 사로잡힌 아버지라는 존재가 유약하고 민감한 카프카의 눈에는 사랑할 수밖에 없지만, 동시에 혐오스럽기 짝이 없는 속물로만 보였을 것이다.

이처럼 카프카 부자는 두 사람 모두 각자의 갈등 해소에 어려움을 겪고 있었겠지만, 그들이 처한 시대적, 환경적 상황도 결코 무시할 수 없는 요인이 될 것이다. 아버지 헤르만 카프카가 매우 가학적인 모습으로 자신의 비굴한 처지를 거부하고 사회적 신분 상승과 출세를 통해 자신의 약점과 열등감을 보상받고자 했다면, 그의 아들 프란츠 카프카는 아버지에 대한 두려움과 거세공포, 그리고 뿌리 깊은 열등감 및 자학적인 환상 등을 자신만의 독특한 창작활동을 통해 극복하려 했다는 점에서 달랐던 것이다.

특히 카프카는 아버지에 대한 두려움과 혐오감, 어머니에 대한 배신감, 여성에 대한 의존성, 사회적 불이익과 인종차별에 대한 분노와 좌절 속에서 나름대로의 해법을 찾고자 노력했으나 결국 모두 실패하고 말았으며, 자신의 내면적 변화를 통한 새로운 탈바꿈에는 그 어떤 내적 통찰도 지니지 못한 채 비극적인 짧은 생애를 마감하고 말았다. 그러나 그가 남긴 절망적인 메시지는 오늘날에 이르러 새로운 충격으로 다가오면서 우리 삶의 본질적 모순에 대한 질문을 과감하게 던질 수 있는 여지를 제공해 주는 것도 사실이다.

카프카는 비록 40세 나이로 요절하고 말았지만, 그 자신이 아버지 노릇을 해 본 적이 없다. 여성들과의 관계에서도 그는 결정적인 순간에 약혼을 수차례 취소하고 번복하는 등의 우유부단함을 보였는데, 결국 동기는 했어도 정식으로 결혼하지는 않았다. 물론 자식을 낳은 적도 없다. 카프카에게 결혼과 성, 부모와 가족 등은 가까이 하고 싶지 않은 뭔가 껄끄러운 주제였다고 본다. 적어도 그에게 있어서 가족이란 단어는 전혀 의미 없는 말이었으며, 그런 점에서 그는 소설 〈변신〉의 주인공처럼 사회로부터 소외되었을 뿐만 아니라 자신의 가족으로부터도 소외되었다. 카프카가 안주할 수 있는 장소는 어디에도 존재하지 않았다.

그는 친구 막스 브로트에게 남긴 유언에서 그때까지 발표되지 않은 자신의 유고들을 모두 불태워 달라고 부탁했다. 하지만 다행스럽게도 막스 브로트가 약속을 어김으로써 그의 작품들은 오늘날까지 살아남게 되었다. 물론 카프카는 "우리가 없어진다고 해서 아쉬워할 사람은 아무도 없을 것이다."라고 자신의 작품 속에서 자조적인 말투로 말하기도 했지만, 비록 그가 세속적인 일과 사랑에는 실패했을지 몰라도 그때까지 그 누구도 시도하지 못한 내면적 고통의 기록들을 작품으로 남김으로써 자신에 주어진 한계를 뛰어넘어 영원히 기억될 인물로 환생한 셈이다.

거식증으로 사망한 카렌 블릭센

1960년대에 두 차례에 걸쳐 노벨 문학상 후보에 오른 덴마크의 소설가 카렌 블릭센(Karen Blixen, 1885-1963)은 우리에게는 다소 생소한 인물이지만 영화 〈아웃 오브 아프리카〉, 〈바베트의 만찬〉의 원작자로 알려진 여성작가다. 덴마크의 룽스테드에서 군인의 딸로 태어난 그녀는 유복한 가정에서 아무런 부족함이 없이 자랐으나 10세 때 아버지가 하녀와의 사이에서 사생아를 낳고 죄책감에 시달린 나머지 자살하는 일이 벌어지면서 어린 마음에 큰 상처를 받았다. 당시 아버지는 매독에 걸린 상태로 우울증까지 겹친 상태에서 목을 매 자살했는데, 공교롭게도 카렌 블릭센 역시 남편을 통해 매독에 걸려 오랜 기간 고생했으니 우연치고는 참으로 기묘한 일이 아닐 수 없다.

카렌 블릭센

아버지의 비극을 겪은 후 어머니와 함께 외가에서 성장한 그녀는 19세 때부터 소설을 발표하기 시작했으며, 제1차 세계대전 기간 중에는 스웨덴 출신의 귀족 브로르 블릭센과 결혼해 아프리카의 케냐에서 커피농장을 경영했지만, 남편의 불성실한 태도와 그에게서 옮은 매독으로 몸과 마음 모두가 온전치 못했으며, 결국 이혼한 후 오랜 연인관계를 유지했던 영국인 사냥꾼 핀치 해튼의 죽음과 더불어 커피농장마저 파산하는 바람에 1931년 고향으로 돌아와 오로지 집필활동에만 전념했다.

비록 그녀는 1961년 그레이엄 그린과 함께 노벨 문학상 후보에 올랐지만 수상의 영예는 유고슬라비아의 이보 안드리치에게 돌아갔으며, 1962년에도 프랑스의 극작가 장 아누이와 함께 후보에 올랐으나 역시 수상자는 미국의 존 스타인벡에 돌아가고 말았는데, 그 이후로는 그녀의 이름이 수상 후보에서 거론될 수 없었다. 왜냐하면 그 이듬해 그녀는 모든 음식을 거부한 상태에서 77세를 일기로 세상을 떴기 때문이다.

물론 그녀가 말년에 보인 거식증은 매독 치료제의 부작용에 의해 손상된 위장기능 탓으로 알려지기도 했으나, 평소 공황장애에 시달린 점으로 보아 심리적 원인에 의한 결과로 보는 견해가 제기되기도 했다. 어린 시절 겪었던 아버지의 불륜과 자살로 인해 마음의 상처를 크게 받은 그녀 입장에서는 성인이 되어 겪어야 했던 결혼의 실패와 연인의 죽음, 그리고 아버지와 똑같이 매독에 걸려 고생한 사실 등으로 자괴감에 빠진 나머지 죽음을 목전에 둔 상태에서 스스로 정화할 필요성을 더욱 절실하게 느꼈을 것으로 보인다.

히틀러를 찬양한 시인 고트프리트 벤

20세기 독일 표현주의를 대표하는 시인 고트프리트 벤(Gottfried Benn, 1886-1956)은 원래 피부과의사였다. 따라서 그가 초기 데뷔시절에 발표한 시들은 피와 오물, 질병과 죽음 등 의학용어들로 뒤범벅을 이룬 매우 허무주의적인 분위기로 일관하고 있어 당시 비평가들과 대중으로부터 매우 역겹고 혐오스럽다는 반응을 얻었으나 점차 표현주의적 양식으로 기울어져 형식미를 강조한 상징적 기법으로 현대인의 소외문제를 다루면서 독일 현대시의 대가 반열에 오르게 되었다.

동부 독일 브란덴부르크 지방 만스펠트에서 목사의 아들로 태어난 그는 처음에는 아버지의 강요에 의해 마지못해 대학에서 신학을 공부했으나 적성에 맞지 않자 아버지의 뜻을 어기고 도중에 전공을 의학으로 바꿔 베를린의 카이저 빌헬름 아카데미에서 군의교육을 받고 졸업해 군의관으로 복무했으며, 제대한 후에는 피부과의사로 개업해 환자들을 치료했다.

베를린 대학에서 의학박사학위를 받은 1912년에 어머니가 유방암으로 세상을 떴는데, 당시 그는 고통스럽게 죽어 가는 어머니의 모습을 보고 모르핀 주사를 놓아 주려 했지만, 신의 뜻에 모든 것을 맡겨야 한다는 아버지의 완강한 반대에 부딪치자 의사인 아들은 어머니의 고통스럽게 죽어 가는 모습을 곁에서 그저 무기력하게 지켜보는 수밖에 없었다. 하지만 그 이후로 고집 센 목사 아버지에 대한 원망과 증오심은 죽을 때까지 변함이 없었다.

바로 그런 시점에 발표한 처녀시집 《시체공시장》은 세상에 큰 충격을 주었으며, 이어진 비평가들의 혹독한 악평으로 고전을 면치 못했으나, 이를 계기로 젊은 표현주의 시인들과 교류하는 계기가 되었다. 육신의 부패, 암과 죽음 등을 통해 인간의 존재를 병든 짐승으로 묘사한 그의 초기 시는 그래서 실존적 허무주의를 드러낸 것으로 평가되기도 한다. 당시 그는 자신보다 17년이나 연상인 유대계 여류시인 엘제 라스커-슐러와 한동안 로맨틱한 관계를 맺기도 했는데, 이는 곧 어머니에 대한 죄의식과 동시에 목사인 아버지에 대한 조롱의 의미로 이해할 수도 있다.

제1차 세계대전이 발발하던 날 에디트와 결혼식을 치른 그는 곧바로 군대에 징집되어 벨기에 전선에 배치되었다가 후방으로 전속된 후에는 매춘부들을 관리하는 사창가에서 근무했으며, 종전 후에는 베를린에서 개업해 환자들을 진료하는 가운데 계속해서 시를 써 발표했다. 하지만 1922년 아내가 병으로 사망한 이후 실의에 빠진 그는 당시 집권했던 바이마르 공화국에 적대적인 태도를 취하고 공산주의와 미국에 대해서도 거부감을 지니게 되었는데, 그런 입장 때문에 당시 급부상하던 나치를 지지해 히틀러에게 충성 서약을 하는 한편, 라디오 방송을 통해서도 독일 노동자들은 나치정부를 통해 보다 나은 삶을 누릴 수 있다고 호소했다. 그런데 이 라디오 방송은 나중에 그에게 돌이킬 수 없는 족쇄가 되고 말았다.

고루한 목사 아버지에 대한 반항심에서 그런 아버지 대신 무질서와 타락으로 오염된 세상의 정화를 외치며 나타난 히틀러에 큰 기대를 걸었던 그는 처음에 나치를 통한 표현주의 예술의 발전을 기대했지만, 자신의 기대와는 달리 나치의 문화정책이 오히려 반대방향으로 치닫게 되자 크게 실망하고 점차 입을 다물기 시작했다. 파시즘사회의 거대한 중심 한가운데 홀로 고립된 그는 마침내 나치에 의해서도 타락하고 퇴폐적인 시인으로 공격을 받기에 이르렀지만, 다행히 친위대장 히믈러가 그를 변호해 줌으로써 위기를 넘기기도 했다. 히믈러의 비호를 받은 이 사건 역시 벤에게는 나중에 몹시 불리하게 작용했다. 결국 1938년 나치 작가연맹은 벤의 모든 창작활동을 금지하는 조치를 내리고 말았는데, 당시 그는 헤르타 베데마이어와 재혼한 상태였지만, 곧이어 터진 제2차 세계대전으로 다시 또 군의관으로 징집되어 동부 전선에서 복무하다가 종전 후에 가서야 비로소 베를린으로 돌아와 개업의로 일하게 되었다.

그러나 당시 양분된 점령군 때문에 엘베강을 사이에 두고 서로 만날 수 없었던 이들 부부는 결국 상면도 하지 못한 채 영원한 이별을 맞이해야 했다. 그의 두 번째 아내 헤르타는 심한 관절염으로 제대로 걷지도 못하는 처지였지만, 남편인 벤을 만나러 강을 넘으려다 실패하고 다시 돌아간 뒤 모든 걸 체념한 상태에서 홀로 쓸쓸히 죽어 갔다. 소식이 두절된 상태에서 아내가 죽은 사실조차 까맣게 모르고 있던 벤은 나중에야 비로소 그 소식을 인편을 통해 전해 듣고 그야말로 비통한 심정에 빠졌는데, 그녀가

고트프리트 벤

남긴 마지막 편지를 받아 든 시인의 마음이 오죽했을까 싶다.

설상가상으로 이번에는 연합군 측이 과거 나치 동조혐의를 문제 삼아 그의 활동을 금지했으니 벤은 그야말로 사면초가 상태에 몰리고 말았다. 하지만 의사가 태부족이었던 당시 사정 때문에 처벌만큼은 면할 수 있었다. 그 후 치과 여의사 일제와 결혼한 그는 그나마 행복한 말년을 보낼 수 있었으며, 65세 때는 뷔흐너 상을 받는 등 뒤늦게나마 문학적 인정을 받고 70세를 일기로 베를린에서 조용히 눈을 감았다. 아버지에 대한 반항심과 젊은 혈기에 의한 한때의 오판으로 나치를 지지했다가 다시 철회한 그였지만, 이미 나치는 그의 시를 불결하고 타락한 유대인과 다름없는 반국가적 작품으로 낙인찍었으며, 그런 수모를 겪고 나자 이번에는 연합군 측으로부터 제재를 당했으니 참으로 운이 따라 주지 않은 불행한 운명의 시인이라 하겠다.

호텔에서 태어나 호텔에서 죽은 유진 오닐

1936년 노벨 문학상을 수상한 유진 오닐(Eugene O'Neill, 1888~1953)은 미국을 대표하는 극작가로 그의 희곡들은 대부분 꿈과 이상을 실현하려고 애쓰다가 결국에는 현실에 대한 환멸과 절망에 빠져 몰락하는 등장인물을 통해 작가 자신의 염세주의를 드러낸 비극이 주종을 이룬다. 뉴욕의 브로드웨이에 있는 한 호텔에서 배우의 아들로 태어난 그는 공교롭게도 죽을 때 역시 보스턴의 셰라톤 호텔에서 생을 마쳤는데, 혼자 중얼거리듯 "난 알고 있었지. 호텔에서 태어나 호텔에서 죽으리라는 걸." 이라는 말을 마지막으로 남기며 죽었다고 한다.

그의 부모는 아일랜드계 이민의 후손으로 연극배우였는데, 순회공연으로 집을 비우는 수가 많아 그는 주로 기숙학교에서 외롭게 지내는 경우가 많았으며, 그의 유일한 위안거리는 오로지 독서뿐이었다. 더군다나 그의 집안에는 특히 우환이 많았는데, 아버지는 알코올 중독자에다 소문난 바람둥이로 지식들에게는 무관심으로 일관했던 인물이었으며, 어머니는 아들 오닐을 난산으로 낳은 후 모르핀 중독으로 오랜 세월 고생하다 유방암 절제수술을 받았으나 결국 뇌종양으로 사망했다. 부모는 그가 30대 초반일 때 모두 세상을 떴다. 어머니가 사망한 이듬해에는 맏형 제이미가 알코올 중독으로 죽었으며, 곧이어 오닐의 세 번째 부인 몬테레이가 약물 중독에 빠졌다. 그뿐만이 아니다. 오닐의 두 아들도 알코올과 헤로인 중독으로 고생했으니 부모형제, 아내와 자식들 거의 모두가 알코올과 마약 중독 환자였던 셈이다.

물론 유진 오닐 역시 예외가 될 수 없었다. 어려서부터 따뜻한 부모의 정을 받지 못한 그는 학창시절에도 매우 반항적인 모습을 보여 대학도 결국 도중에 그만두어야 했는데, 한번은 우드로우 윌슨 교수 방 유리창에 맥주병을 던져 박살 내는 바람에 징계를 받기까지 했다. 윌슨 교수는 나중에 미국 대통령이 되었다. 그 후 우울증과 알코올 중독 상태에 빠진 그는 자포자기 심정으로 선원이 되어 수년간 바다에서 세월을 보냈으며, 한동안 해운노조에 가입해 투쟁하기도 했다. 당시 우울증에 시달리면서도 바다를 몹시 사랑한 그는 그래서인지 바다를 주제로 한 많은 희곡작품을 남긴 것으로 보인다.

하지만 거친 선원생활을 통해 건강을 해친 오닐은 폐결핵에 걸려 요양소 신세를 지게 되었으며, 건강을 회복한 이후부터 극작가가 되기로 결심하고 하버드 대학에서 한동안 극작법을 배우기도 했다. 처음에는 단막극 위주로 발표하다가 1920년 최초의 장막극 〈지평선 저 멀리〉로 퓰리처상을 받으면서 비로소 성공적인 데뷔를 한 이래, 세 차례나 퓰리처상을 받는 기염을 토했다. 이처럼 극작가로 데뷔한 시점에 그는 연이어 부모와 형 등 세 사람을 모두 잃었는데, 형 제이미와 동생 유진 오닐이 아버지처럼 알코올 중독에 빠진 것은 일종의 적대적 동일시의 결과로 보이기도 하지만, 오닐의 아들 역시 비슷한 과정을 밟았다. 흉보고 미워하면서 닮아 간다는 말은 그래서 생겼나 보다.

오닐은 20대 초반에 캐들린 젠킨스와 결혼해 아들 유진 오닐 주니어를 낳았으나, 3년 만에 헤어지고 말았으며, 그 후 작가 애그네스 불튼과 재혼해서 셰인과 우나를 낳았는데, 10년 만에 애그네스와 헤어진 오닐은 배우 출신 칼로타 몬테레이와 결혼하면서 자식들마저 버렸다. 칼로타는 처음에는 매우 헌신적으로 내조했지만, 그 후 약물 중독에 빠지면서 두 사람 관계도 삐걱대기 시작했는데, 여러 차례 별거를 반복하면서도 끝내 이혼은 하지 않았다.

이처럼 굴곡진 결혼생활로 불행을 겪은 오닐은 자녀들과도 사이가 좋지 않았으며, 특히 1943년 당시 18세였던 딸 우나가 아버지의 반대를 무릅쓰고 54세였던 희극인 찰리 채플린과 결혼을 강행하자 딸과의 인연도 끊어 버렸다. 더군다나 장남 유진 오닐 주니어는 알코올 중독으로 고생하다 아버지가 죽기 3년 전에 40세 나이로 자살하고 말았으며, 한때 헤로인 중독에 빠져 자살을 기도하는 등 말썽을 부리던 차남 셰인도 결국 아버지와 절연한 상태로 살았다. 이렇게 유독 우환이 많았던 오닐의 집안에서 유일하게 평탄한 삶을 보낸 인물은 딸 우나 한 사람뿐이었다.

고질적인 우울증과 알코올 중독에 시달린 오닐은 50대에 접어들면서 수전증이 심해져 도저히 작품을 쓸 수 없게 되었으며, 그의 자전적인 희곡

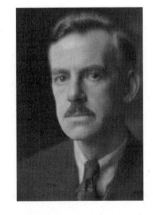

유진 오닐

〈밤으로의 긴 여로〉를 마지막으로 더 이상 이렇다 할 작품을 남기지 못했다. 이처럼 유진 오닐의 삶은 행복과는 매우 거리가 먼 어둠의 연속이었는데, 부모의 사랑을 제대로 받지 못한데다 남자로서 건강한 동일시 대상을 갖지 못하고 오히려 아버지에 대한 적대적 동일시를 통해 본인 자신도 아버지처럼 알코올 중독에 빠지고 말았으며, 결혼생활에서도 적절한 아버지 역할을 하지 못하고 말았다. 그 결과 두 아들마저 중독자로 전락하는 불행을 겪었으며, 세 번째 부인 역시 자신의 어머니처럼 약물 중독에 빠지는 우환을 겪어야 했으니 참으로 기구한 운명이 아닐 수 없다.

에곤 실레의 기괴한 누드 자화상

28세 나이로 요절한 오스트리아의 표현주의 화가 에곤 실레(Egon Schiele, 1890-1918)는 매우 도발적이고도 엽기적인 누드 자화상으로 유명한데, 앙상한 체격과 더불어 자신의 성기를 과감하게 드러내 보이는가 하면, 심지어는 자위행위를 하는 모습까지 보여 준다. 하지만 그 표정은 쾌락의 순간마저 아무런 흥분도 보이지 않을뿐더러 오히려 고통에 일그러진 모습이다. 팔다리는 기묘한 포즈로 뒤틀려 있고 그의 얼굴은 살아 있는 인간이 아닌 마치 좀비처럼 보이기도 한다. 이마의 굵은 잔주름과 가늘고 긴 흉측한 손마디는 20대 청년의 모습이 아니라 오히려 80대 노인의 몰골에 가까워 보인다.

그런데 원래 실레의 실제 모습은 할리우드의 전설적인 배우 제임스 딘처럼 매우 반항적인 이미지가 돋보이지만 제임스 딘보다 오히려 더 준수한 외모를 지녔다고 할 수 있을 정도로 잘 생긴 인물이다. 그런데 그는 왜 자신의 모습을 그토록 끔찍스러운 흉물로 표현했을까. 그것은 아마도 지독한 자기혐오 및 자학적인 몸부림의 표현일지도 모른다. 더욱이 텅 빈 여백으로 남겨진 배경은 소통의 단절과 고독을 암시한 것처럼 보이기도 하며, 그 자신의 내면적인 공허감을 드러낸 것일 수도 있다.

에곤 실레

특히 죽음에 대한 공포와 실존적인 불안, 은밀한 관능적 욕망 사이에 벌어지는 내적 고통과 투쟁을 왜곡되고 뒤틀린 육체적 형태의 모습으로 거칠게 묘사함으로써 성과 죽음, 소외와 단절의 주제를 매우 자극적인 수법으로 표현한 것으로 보이는데, 그의 노골적인 반골기질은 제1차 세계대전처럼 미쳐 돌아가는 세상에 대한 절망감과 좌절, 분노의 표현일 수도 있으며, 세기말적인 허무주의와 퇴폐주의를 드러낸 것일 수도 있다. 그러나 무엇보다 중요한 점은 실레 자신의 좌충우돌하는 자기 파괴적 성격과 정서적 불안정이라 할 수 있으며, 특히 성적인 불안감이 죽음에 대한 공포와 맞물려 그를 더욱 괴롭힌 것으로 보인다.

오스트리아 남부 툴른에서 시골 역장의 아들로 태어난 실레는 어려서부터 오로지 기차만 그리며 많은 시간을 보냈는데, 그런 모습에 분통이 터진 아버지는 스케치북을 빼앗아 태워 버리려고 할 정도로 그는 기차에 강한 집착을 보였다. 강압적인 아버지의 손길에서 벗어나 기차를 타고 멀리 떠나고 싶었는지도 모른다. 학교에서도 체육과 미술 외에는 흥미를 보이지 않아 이상한 아이 취급을 당한 실레는 수줍음을 많이 타고 숫기가 없어 친구들과 잘 어울리지 못해 애를 먹었다. 하지만 더 큰 문제는 틈만 나면 누이동생 게르티에게 성적인 행동을 보여 아버지에게 혼나기 일쑤였으며, 심지어는 아버지가 둘이 함께 들어가 있는 방문을 부수기까지 하는 일도 있었다.

그렇게 아버지의 속을 태우던 실레는 15세가 되었을 때 아버지가 매독으로 세상을 떠나자 오히려 아버지의 감시에서 벗어났다는 해방감을 만끽하며 허락도 없이 몰래 어린 누이동생을 데리고 트리에스테까지 기차여행을 떠나 호텔방에서 함께 하룻밤을 보내기까지 했다. 이처럼 일찍부터 아버지에 대한 반항과 근친상간적인 행동으로 일탈된 모습을 보인 그는 그 후 외삼촌의 보호 아래 그림을 배우기 시작하면서 비로소 마음을 잡고 그림에 몰두하게 되었는데, 당시 명성을 날리던 화가 클림트를 찾아가 지도를 받았으며, 그의 재능을 인정한 클림트는 실레의 작품을 전시할 기회를 마련해 주기도 했다.

하지만 원래 인습과 규제에 얽매이기를 거부한 그는 21세가 되었을 때 당시 모델이었던 17세의 발리와 만나면서 뜨거운 열정에 사로잡힌 나머지 숨 막힐 정도로 폐쇄적인 도시 빈을 벗어나기 위해 그녀와 함께 어머니의 고향이기도 한 보헤미아의 크루마우로 이주했으나, 얼마 가지 않아 그곳 주민들로부터 따돌림을 당한 끝에 쫓겨나고 말았다. 인습에 얽매이지 않고 제멋대로 사는 생활태도와 현지 소녀들을 모델로 그림을 그린 것이 주민들의 원성을 샀기 때문이다.

어쩔 수 없이 두 남녀는 빈 근교에 위치한 노일렝바하로 거처를 옮겼지만, 그곳에서도 그의 작업실은 현지 비행 청소년들의 집합소가 되면서 주민들의 반감을 사고 말았다. 결국 실레는 어린 미성년의 소녀를 유혹한 혐의로 경찰에 체포당하는 수모를 겪어야 했다. 그의 작품들을 압수한 경찰은 그것을 외설적인 음란물로 간주했으며, 법정에서 판사는 실레의 그림을 촛불에 태워 버리기까지 했다. 비록 납치 및 유혹 혐의는 기각되었지만 외설적인 그림을 아동들에게 접근 가능하도록 유도한 사실은 유죄로 인정된 것이다.

3주 만에 감옥에서 풀려난 후 빈 근교에 작업실을 차리고 그림에만 열중한 실레는 이웃에 사는 자물쇠장수의 딸 에디트에 이끌려 결혼하고자 했다. 물론 발리와의 관계는 결혼 후에도 그대로 유지하고 싶어 했으나, 그의 설득에도 불구하고 발리는 그런 파렴치한 제안을 일언지하에 거절하고 그의 곁을 떠나 버렸다. 결국 실레와 에디트는 그녀의 부모가 반대하는 것을 무릅쓰고 결혼을 강행하고 말았다.

　하지만 제1차 세계대전의 발발로 결혼한 지 불과 사흘 만에 입대 영장을 받게 된 실레는 신혼의 꿈을 접은 채 병영으로 떠나야 했는데, 그나마 사령관의 배려로 전선에 배치되지 않고 러시아군 포로수용소에 근무하며 그림을 계속 그릴 수 있는 특혜까지 받았다. 1917년 비인으로 다시 돌아온 그는 창작욕에 불타올라 정력적인 작업을 계속해 나갔으며, 그의 명성도 날이 갈수록 높아져 갔다. 그러나 1918년 가을, 유럽 전역을 강타해 수백만의 목숨을 앗아 간 스페인 독감으로 임신 6개월의 아내 에디트가 숨을 거둔 지 3일 후에 실레마저 세상을 떠났다. 당시 그의 나이 불과 28세였다.

창기 출신의 여류화가 판위량

　중국 최초의 여류 서양화가로 꼽히는 판위량(潘玉良, 1895-1977)은 일찍 부모를 여의고 고아가 되어 어린 나이에 창기로 팔려 간 비천한 신분 출신이지만, 죽을 때까지 물심양면으로 격려와 후원을 아끼지 않았던 관리 판찬화(潘贊化)의 눈물겨운 애정과 보살핌을 통해 자신의 발목을 쥐고 있던 신분상의 족쇄를 과감히 떨쳐 내고 만학의 열정을 불태운 끝에 세계적인 화가로 변신한 매우 특이한 경력의 여성이다.

중국 강소성 양주에서 상인의 딸로 태어난 그녀의 본명은 원래 천수칭(陳秀淸)이지만, 출생 직후 아버지가 사망하고, 2세 때는 동생이 죽었으며, 7세 때 어머니마저 세상을 뜨면서 천애고아 신세가 되고 말았다. 그녀의 나이 14세기 되지 그동안 아버지 노릇을 대신해 주던 외삼촌이 도박 빚에 쪼들린 나머지 어린 조카를 창기로 팔아넘겼는데, 그 후 장위량(張玉良)이라는 이름으로 창기 생활을 하다가 지방 세관 감독으로 부임한 판찬화의 첩이 된 후로는 그의 성을 따라 판위량으로 개명했다.

다행히 당시 새로 부임한 판찬화는 매우 청렴결백한 관리로 지역 유지들이 그의 비위를 맞추기 위해 그녀를 성상납의 도구로 이용한 셈이지만, 그녀의 사정을 딱하게 여긴 판찬화가 오히려 돈을 주고 자유의 몸으로 만들어 주었을 뿐만 아니라 오갈 데 없는 신세인 그녀를 자신의 첩으로 삼은 것이다. 비록 창기 출신의 첩이긴 했으나, 그녀를 인간적으로 대한 판찬화는 그녀에게 그림 소질이 있음을 알아보고 상하이 미술전문학교에 입학시켜 화가로 성공할 수 있도록 크게 격려하며 후원을 아끼지 않았다.

판찬화의 전폭적인 지원 아래 미술공부에 전념한 그녀는 마침내 첫 개인전을 열어 새로운 인생의 발판을 마련하는 데 성공하긴 했으나, 당시로서는 중국사회에서 매우 충격적으로 받아들여진 자신의 누드화를 전시함으로써 세상을 온통 떠들썩하게 만들었는데, 천박한 춘화 정도로 업신여김을 받았을 뿐만 아니라 창기 출신의 첩이라는 이유로 세상의 멸시와 조롱을 받기도 했다.

더욱이 아이를 낳을 수 없었던 그녀는 판찬화의 본부인이 남편을 찾게 되자 난처한 입장에 놓

판위량

이게 되었으며, 고심 끝에 파리 유학을 결심하고, 마침내 1921년 부푼 꿈을 안고 파리 유학길에 올랐다. 물론 판찬화가 모든 지원을 도맡았다. 그녀는 프랑스 국립미술학원에서 4년간 공부한 후 귀국하려 했으나 당시 중국은 신해혁명으로 청조가 무너진 후 정치적으로 매우 혼란스러웠던 시기였기 때문에 판찬화는 그녀의 귀국을 미루도록 계속 설득했다. 결국 1928년 9년간의 유학생활을 마치고 귀국한 그녀는 모교의 서양화과 교수가 되어 학생들을 지도하는 한편 개인전도 어는 등 분주한 나날을 보냈다.

하지만 당시만 해도 야만적인 전족 풍습에 얽매어 있을 정도로 봉건적 잔재에서 자유롭지 못하던 중국사회에서는 여전히 그녀를 온갖 조롱과 험담으로 대했으며, 심지어는 그녀의 개인 전시회장에 "몸 파는 창녀가 나체화가가 되다."라고 쓰인 전단지가 사방에 뿌려지기까지 했다. 더군다나 본부인의 곱지 않은 시선 역시 그녀에겐 큰 부담이 되었다. 그리고 그녀에 대한 비난과 멸시는 판찬화의 입지마저 흔들리게 만들었다. 결국 그녀는 숱한 구설수에 휘말리는 현실에 환멸을 느끼고 1937년 다시 프랑스로 돌아간 후 그곳에서 영주권을 얻었다.

제2차 세계대전과 중일전쟁이 끝나고 귀국 권유를 받았지만, 편협한 여성차별에 얽매인 중국사회로 돌아갈 의사가 없었던 그녀는 그러지 않아도 귀국을 말리는 판찬화의 뜻에 따라 그런 제안을 거절했다. 당시 병석에 누워 있던 판찬화는 그녀의 귀국을 염려해 자신의 죽음조차 알리지 말라고 당부했는데, 나중에 그가 죽었다는 소식을 접하고 크게 상심한 그녀는 삶의 의욕을 잃고 시름시름 앓기 시작했다. 결국 그녀는 머나먼 이역 땅에서 82세를 일기로 외롭게 숨지고 말았는데, 그녀의 기구한 삶은 공리가 주연한 중국영화 〈화혼(畵魂)〉을 통해 세상에 널리 알려졌다.

상인의 딸 천수칭으로 태어나 아버지의 죽음으로 가세가 몰락하고 이어서 어머니까지 잃고 고아가 되어 어린 나이에 창기로 팔려 간 후 장위량으로 행세하다가 관리 판찬화의 첩이 되어 판위량이라는 이름으로 화가의 길로 들어선 그녀의 굴곡진 삶의 여정을 보면 참으로 딱하고 기구한 운명의 여인이었다는 느낌을 받는다. 그런데 그녀를 삶의 수렁에서 구해 주고 화가로 키워 주었을 뿐만 아니라 죽을 때까지 그녀의 안위를 걱정하며 물심양면으로 지원을 아끼지 않았던 판찬화는 사실상 그녀에게는 아버지를 대신한 구세주나 다름없었다. 실제로 그녀는 자신의 성까지 판찬화의 성으로 바꾸었으니 더욱 그렇다.

아버지의 이른 죽음과 자신을 창기로 팔아넘긴 외삼촌으로 인해 생의 출발부터 수렁에 빠지기 시작한 그녀는 세상 모든 남성들이 그녀를 창녀라고 손가락질하며 비웃을 때조차도 유일하게 자신을 인격적으로 존중하고 배려해 주며 자상한 아버지 노릇을 대신해 준 판찬화의 존재를 통해 새롭게 거듭난 제2의 인생을 살게 된 것이니 그녀로서는 그보다 더 고마운 일이 어디 또 있었겠는가. 아버지도 그런 아버지가 없을 것이다.

부자관계의 의미를 부정한 사르트르

프랑스가 낳은 20세기 최대의 철학자요, 작가이며 사상가인 장 폴 사르트르(Jean Paul Sartre, 1905-1980)는 그의 철학적 대저 《존재와 무》를 통해 실존주의 철학을 완성했을 뿐만 아니라 소설 〈구토〉, 〈벽〉, 〈자유에의 길〉을 비롯해 희곡 〈파리떼〉, 〈닫힌 방〉, 〈더러운 손〉 등의 걸작을 남기는 등 작가로서의 재능도 뛰어나 1964년 노벨 문학상 수상자로 선정되기까지 했으나 수상을 거부해 화제가 되기도 했다. 또한 그는 평생 연인이자 동지이기도 했던 시몬 보부아르와 죽을 때까지 결혼하지 않고 동거관계를 유지함으로써 계약결혼의 효시가 되었으며, 의식 있는 좌파 지성인으로 정치에도 깊이 관여해 프랑스 공산당을 적극 지지하는 한편, 1968년 5월 혁명에서도 학생 봉기를 주도하는 등 프랑스 지식인 사회에서 좌파의 선봉장이 되었다.

이처럼 서구 지식인사회에 돌풍을 일으켰던 사르트르는 파리에서 해군장교의 외동아들로 태어났다. 그러나 아버지는 그가 두 살도 채 되기 전에 열병으로 세상을 떠나는 바람에 그는 어머니와 함께 외조부 집에 얹혀살았다. 알자스 출신의 어머니 안느 마리 슈바이처는 노벨 평화상을 수상한 밀림의 성자 슈바이처 박사와는 사촌지간으로 그녀의 아버지 샤를 슈바이처는 슈바이처 박사의 큰아버지였다. 하지만 사르트르는 일생 동안 슈바이처 박사의 업적에 대해 무시하는 태도로 일관했으며, 오히려 아프리카에서 무장 게릴라를 지도하며 이끌었던 체 게바라를 더욱 높이 평가했다.

사르트르가 12세 때 어머니는 재혼을 하게 되었는데, 그동안 친정에서 젊은 과부로 더부살이 노릇을 하던 그녀는 비로소 어린 아들을 데리고 친정을 떠나게 되었으며, 이때부터 그는 비록 계부이긴 하나 아버지라는 존재를 처음 알게 되었다. 하지만 태어날 때부터 지독한 근시와 사시라는 신체적 결함을 안고 있던 그는 새로 옮긴 학교에서 친구들로부터 괴롭힘을 당했으며, 본인 자신도 매우 반항적인 사고뭉치 소년이 되어 한동안 어머니의 속을 썩였다. 그럼에도 불구하고 어려서부터 머리가 몹시 비상했던 그는 실로 보기 드문 천재로 수재들이나 들어간다는 파리고등사범을 수석으로 졸업했으며, 당시 그에 못지않은 수재였던 시몬 보부아르는 차석으로 졸업했다.

그런데 사르트르가 자신의 어린 시절에 대해 다소 냉소적인 시각으로 다룬 자전적 기록 〈말〉에 의하면, 자신의 삶에서 가장 큰 사건은 바로 아버지의 죽음이었다는 것이다. 왜냐하면 아버지의 죽음으로 인해 어머니는 비록 사슬에 묶였지만 자기는 자유를 얻었기 때문이며, 아버지가 일찍 죽은 탓에 자신은 하찮은 아버지의 지배를 당하지 않아도 되었을 뿐만 아니라 어머니를 독점할 수 있었기 때문이라는 것이다. 그런 점에서 그는 아버지의 죽음을 오히려 축복으로 받아들였으며, 아버지의 존재란 인간이 성장해 가는 데 있어서 방해물이 될지언정 그다지 쓸모 있는 존재가 아니라는 인식을 갖게 되었다.

그런 인식은 그가 성장한 이후에도 변함이 없어서 결국 그는 일생 동안 아버지 노릇을 해 본 적이 없었다. 어쩌면 아버지 역할을 두려워했을 수도 있다. 어린 그는 자신에게 헌신적인 어머니의 지배자로 군림했을 뿐만 아니라 외조부의 관심까지 독점했다. 따라서 그는 일생 동안 누구의 지배도 받지 않았으며, 그 자신 또한 누구를 지배할 뜻도 없음을 당당하게 밝힌 것인데, 더 나아가 아버지의 존재 및 가치를 부정할 뿐만 아니라 신의 존재마저 부정하게 된 것이다. 그런데 문제는 아버지의 존재가 끔찍스러운 지배자에 불과하다는 그의 편견이 그 자신의 경험에서 나온 것이 아니라 오로지 책을 통해서 배운 지식이라는 점에 있다. 한마디로 산지식이 아니라는 말이다. 왜냐하면 그는 생부와 함께 지내본 적이 없으며, 그가 실제로 겪었던 아버지 같은 존재는 계부와 외조부였기 때문이다.

애초부터 무의식의 존재를 부정했던 사르트르는 아버지의 이른 죽음으로 인해서 자신에게는 불완전한 오이디푸스 콤플렉스밖에 남겨진 게 없으며, 초자아의 결핍 문제를 인정한다손 치더라도 어머니는 애초부터 자신의 것이었기 때문에 그 자신은 그 어떤 폭력이나 증오심 또는 질투심도 모르고 컸다고 주장했다. 하지만 아버지의 방해 없이 어머니를 독점할 수 있었던 행운아 사르트르는 자신의 나르시시즘에 대해서는 아무런 언급도 하지 않았다. 실제로 자신만이 옳다는 그의 전지전능감은 일생을 통해 그의 사고와 행동에 영향을 준 강력한 추진력이 되었으며, 그런 나르시시즘은 자신과 다른 관점을 일체 받아들일 수 없다는 점을 통해 확인할 수 있는데, 그는 자신과 견해가 다르게 되면 그 관계를 아예 단절해 버렸다. 그래서 한때 절친했던 메를로-퐁티, 알베르 카뮈와도 일체 상종하지 않았던 것이다.

사르트르는 비록 그 이름을 구체적으로 밝히지는 않았지만 프로이트가 말한 초자아(super-ego)가 자신에게 없다는 점을 오히려 자랑스레 내세우기도 했다. 하지만 그는 초자아가 아버지의 가치관을 이어받는 것으로 잘못 이해한 것으로 보인다. 초자아가 없는 인간은 존재할 수 없다. 다만 부분적으로 그 기능에 결함은 있을 수 있다. 더욱이 아버지가 없으면 어머니나 조부모의 가치관을 자신의 초자아 일부로 받아들이기 마련이다. 그런 점에서 사르트르가 말한 초자아는 가부장적인 가치관의 전승을 의미한 것으로 이해할 수 있겠다. 그것이 아니라면 그는 스스로를 반사회적 인간임을 자인한 셈이 된다. 초자아가 없는 사람이 어찌 히틀러나 스탈린 또는 미국의 전쟁범죄를 단죄할 수 있겠는가. 그는 비록 아버지가 일찍 죽은 것을 다행으로 여겼지만 처자식을 제대로 돌보지도 못하고 일찍 죽어 버린 아버지에 대해 일말의 원망과 분노를 지녔을 가능성도 엿보인다.

그는 자신 있게 단언하기를, 훌륭한 아버지란 있을 수 없으며, 부자관계라는 것은 원래 썩어 빠진 것이라고 감히 주장한다. 그러나 훌륭한 아버지를 겪어 보지 못한 자신의 개인적 경험만을 토

장 폴 사르트르

대로 세상의 모든 아버지를 싸잡아 매도하는 것은 매우 근시안적인 발상이 아닐 수 없다. 하기야 그는 실제로 지독한 근시였으니 그럴 만도 했다. 당연히 그는 이해하지 못하겠지만 이 세상에는 훌륭한 아버지들도 얼마든지 존재한다는 사실을 우리는 너무도 잘 알고 있다. 아버지의 존재를 부정하고 더 나아가 신의 존재까지 부정한 그는 존재란 필연이 아니라 우연이며 우연에 앞서 실존이 우선이라는 매우 허무주의적 실존철학의 창시자가 되었으며, 무신론적 마르크스주의자로서 자신의 나약하고 무기력한 아버지 대신 강력한 카리스마를 발휘한 독재자 스탈린을 숭배했다.

하여튼 정상적인 가정에서 자라지 못한 그는 자신의 불우한 어린 시절이 전적으로 고루한 부르주아적 결혼제도에서 비롯된 결과로 여긴 나머지 마치 분풀이라도 하듯 전통적인 가족제도를 부정하고 일생 동안 시몬 보부아르와 혼인신고 없이 동거생활을 고집했으며 물론 자식도 낳지 않았다. 이들의 기묘한 동거생활은 한때 일종의 계약결혼처럼 비치기도 했으나 단순한 계약결혼이나 실험적인 혼전동거로만 보기도 어렵다. 왜냐하면 이들 두 남녀는 함께 동거하면서도 제각기 다른 애정관계를 유지해 나갔으며, 상대의 외도에 대해서도 서로 간섭하지 않고 초연한 모습을 보였기 때문이다.

물론 정상적인 가족의 소중함을 겪어 보지 못했기 때문에 그 자신이 결혼이라는 의례적인 절차를 무시하고 철학적, 이념적 동지 차원에서 오랜 동거생활을 영위해 나갔다고 볼 수 있겠으나, 자식들을 낳고 키우는 가운데 겪어 나가야 할 정상적인 부부관계의 경험이나 아버지 역할을 기피했다는 점에서 볼 때, 아버지의 부재라는 사실이 남긴 상처의 흔적이 매우 컸음을 알 수 있다.

이처럼 아버지의 존재도 모르고 홀어머니 밑에서 외동아들로 자란 그는 비록 타고난 사시와 작은 체구, 아버지 없이 외갓집에 얹혀살던 신세 등으로 인해 열등감에 사로잡혀 지냈을 뿐만 아니라 건전한 권위상과의 동일시 과정에 부분적인 결함을 안고 살아갈 수밖에 없었지만, 그럼에도 불구하고 그런 핸디캡을 지적인 성취를 통해 극복하며 얼마든지 자신의 우월감을 유지할 수 있었던 것으로 보인다. 동시에 모든 권위에 대한 도전정신 또한 더욱 강화해 나갔을 것이다. 솔직히 말해 사르트르는 명석한 두뇌 외에는 남자로서의 매력이 별로였던 인물이었다.

사르트르는 아버지 없이 자라면서 그 자신의 고백처럼 초자아가 없는 공간을 철학적 사색과 글쓰기로 채우며 일생을 보낸 사람이다. 따라서 그는 비록 실존을 이야기한 사람이었지만, 실제로는 이 세상에 홀로 남겨지는 것을 몹시 두려워한 남자였으며, 자유의 실천을 외치기도 했으나 정작 그 자신은 미해결의 갈등문제에서 결코 자유롭지 못했음을 알 수 있다. 하지만 이 모든 사실에도 불구하고 사르트르는 여전히 20세기를 장식한 위대한 철학자의 한 사람으로 길이 기억될 것이다.

베일에 가린 은둔작가 샐린저

뉴욕 태생의 유대계 작가 제롬 데이비드 샐린저(Jerome David Salinger, 1919-2010)는 소설 〈호밀밭의 파수꾼〉으로 세계적인 명성을 얻은 인물이다. 그는 이 작품 단 한 편의 인세만으로도 일생 동안 생계를 걱정할 필요 없이 살았는데, 소설을 발표한 이후로는 은둔생활로 접어들어 죽을 때까지 대중과의 접촉을 일체 끊고 거의 60년 가까운 세월을 베일에 가린 모습으로 지내다가 91세를 일기로 작고한 매우 특이한 괴짜 작가다.

리투아니아계 유대인 아버지와 유대교로 개종한 아일랜드계 어머니 사이에서 태어난 그는 어려서부터 자신이 유대인의 자식이라는 사실을 몹시 수치스러워했는데, 그런 이유 때문에 아버지와 항상 냉랭한 관계를 유지했으며, 아버지의 장례식에 참석조차 하지 않을 정도로 자신의 인종적 뿌리에 강한 반감을 지니고 살았다. 게다가 어머니의 지나친 간섭과 과잉보호로 항상 불만에 가득 찼던 그는 학교생활에도 적응하는 데 어려움을 느껴 제대로 학업을 계속해 본 적이 별로 없었다.

그는 제2차 세계대전에 징집되어 참전했을 때 인간 도살장이라 할 수 있는 유대인 수용소의 참상을 직접 목격한 이후 극도의 혐오감과 공포심에 빠진 나머지 결국 군병원 정신과에 입원해 치료를 받기까지 했는데, 일종의 외상후 스트레스 장애를 겪었던 것으로 보인다. 일단 병세에서 회복되어 군복무에 복귀한 그는 이번에는 자신이 심문하던 나치 독일 관료 출신의 여성 실비아와 결혼해 미국으로 귀환함으로써 부모를 놀라 자빠지게 만들었는데, 유대교 신자였던 부모에 대한 일종의 보복심리에서 그랬던 것으로 보이기도 한다. 하지만 실비아는 불과 수개월 뒤 낯설기만 한 미국생활을 견디지 못하고 독일로 돌아가고 말았다.

그 후 1951년 〈호밀밭의 파수꾼〉을 발표해 일약 문단의 총아로 등장한 그는 많은 사람들의 기대를 모았으나 명성을 얻자마자 곧바로 뉴햄프셔의 한적한 마을로 이주해 은둔 생활에 들어갔으며, 클레어 더글러스와 결혼해 두 자녀를 낳은 후로는 세상과의 접촉을 끊고 죽을 때까지 일체 외부 출입을 하지 않았다. 그는 〈호밀밭의 파수꾼〉 이후 이렇다 할 작품을 내놓지 못했는데, 60년대 초에 〈프래니와 주우이〉, 〈목수여 대들보를 올려라〉 등의 소설 외에는 전혀 작품을 발표하지 않고 기나긴 침묵의 세계로 들어갔다.

세상의 이목을 피한 상태에서 기이한 삶의 방식을 계속 유지한 그는 동양 침술, 불순물을 제거하는 구토법, 자신의 소변 마시기 등 매우 특이한 섭생법에 몰두했을 뿐만 아니라 동양의 신비주의 철학과 선불교에도 오랫동안 관심을 기울인 것으로 알려졌다. 그는 힌두교에 대한 공부도 열심이어서 특히 요가난다의 저서에 심취하기도 했다. 실제로 샐린저 부부는 힌두사원을 자주 찾아 요가 수행을 받았다고 한다. 하지만 이 모든 행동의 이면에는 아버지로부터 물려받은 유대인의 흔적을 부정하고 더 나아가 자신의 몸속에 흐르는 유대인의 피를 정화하고자 하는 욕구가 자리 잡고 있었던 것이 아닌지 모르겠다.

제롬 데이비드 샐린저

　그는 일생 동안 육식을 금하고 채식주의를 고수했는데, 물론 그 발단은 육류사업을 하던 아버지의 강요로 청년시절 마지못해 유럽의 도살장을 견학했을 때부터였다. 가축을 도살하는 장면을 목격하고 극도의 역겨움을 느낀 그는 그 이후로 일체 육식을 하지 못했으며, 게다가 제2차 세계대전에 참전했을 당시 인간 도살장이나 다름없는 유대인 수용소를 직접 목격한 후 정신과에 입원할 정도로 큰 충격을 받았는데, 이 모든 배경에는 육류사업을 하던 유대인 아버지에 대한 뿌리 깊은 반감과 혐오감이 자리 잡고 있었던 것으로 짐작된다.

　그런 아버지에 대한 극도의 반감과 혐오감은 육식에 대한 기피는 물론 부모의 종교와 전혀 다른 힌두교에 대한 관심으로 이끌었으며, 유대인을 학살한 나치 출신의 독일여성과 결혼한 점이나 유대인 수용소를 목격하고 극심한 두려움에 빠진 점, 더 나아가 아버지의 장례식에 참석조차 하지 않은 사실 등을 통해서도 얼마든지 확인할 수 있다. 그런 점에서 샐린저는 자신이 유대인의 피를 물려받았다는 사실을 부정하기 위해 일생 동안 몸부림친 것으로 보이기까지 한다.

6장

독신으로 생을 마친 사람들

아버지 몰래 다락방에서 음악을 공부한 헨델

독일 태생의 작곡가로 영국으로 건너가 귀화해서 활동한 게오르크 프리드리히 헨델(Georg Friedrich Händel, 1685-1759)은 바하와 동갑내기로, 엄밀하고 진지하며 매우 종교적인 바하가 음악의 아버지로 통하는 것과는 달리 장중하고 화려하며 단순명쾌한 작품으로 대중적인 인기를 얻어 음악의 어머니로 통한다. 영국 왕실의 총애와 대중적 사랑을 동시에 받은 헨델은 당시의 음악가로서는 매우 드물게도 상당한 부와 명예를 동시에 거머쥔 행운아이기도 했다.

74년에 걸친 생애 중 47년을 영국에서 지낸 헨델은 독일의 작센 지방 할레에서 궁정 이발사를 겸한 외과의사의 아들로 태어나 어려서부터 음악적 재능을 나타냈다. 그가 태어날 당시 아버지의 나이 63세였고, 재취로 들어간 어머니는 34세였는데, 그 후에도 5년 동안 두 명의 딸을 더 낳았으니 그의 아버지는 실로 대단한 정력가였던 것 같다. 하지만 음악을 몹시 싫어한 아버지가 집안에서 그 어떤 악기도 만지지 못하게 하는 바람에 그런 아버지가 두려운 나머지 어린 헨델은 가족들이 모두 잠든 밤에 몰래 다락방에 올라가 클라비코드를 연주할 정도로 그의 아버

게오르크 프리드리히 헨델

지는 두려움의 대상이었다. 그가 아버지의 눈을 피해 달빛을 등불 삼아 몰래 음악공부를 했다는 일화가 전해지기도 하지만, 그런 어릴 적 경험이 말년에 시력을 잃은 사실에 직접적인 영향을 준 것은 아닐 것이다.

젊은 시절 한때 법관이 되려다 포기한 적이 있는 아버지는 자기를 대신해서 아들이 장래 법관이 되기를 바랐으나 헨델이 12세가 되었을 때 세상을 뜨는 바람에 다행히 헨델은 자신이 원하던 음악가의 길을 걸을 수 있었다. 하지만 그가 24세 때 어머니를 잃은 후로는 더 이상 독일에 머물러 살 생각이 없어졌는지 이탈리아 여행을 마치고 곧바로 영국으로 건너간 후로는 귀국하지 않고 그곳에 그대로 눌러앉아 영국 시민으로 살았으며, 46편의 가극과 26곡의 오라토리오 등을 작곡해 바로크 음악을 대표하는 거장의 반열에 오르게 되었다.

헨델이 일생을 독신으로 지낸 이유에 대해서는 작곡에 전념하느라 결혼을 생각할 여유조차 없었다는 말 외에는 알려진 사실이 없다. 하지만 동시대에 활동한 동갑내기 바하가 두 번 결혼에 20명의 자녀를 낳고 그중 첫 아내와 10명의 자식을 잃는 아픔을 견디면서도 숱한 걸작을 남긴 점을 생각한다면 헨델의 독신 고수 이유는 다소 억지스러운 데가 있어 보인다. 오히려 어린 시절 자신의 음악적 재능과 열정을 무시하고 가로막았을 뿐만 아니라 68세라는 노년에 이르러 딸까지 낳은 아버지에 대한 환멸과 거부감에서 비롯된 결과이기 쉽다. 더욱이 40세가 되도록 출산의 고통을 겪다가 허약한 몸으로 일찍 세상을 떠난 어머니에 대한 측은한 감정 등이 복합적으로 작용해 결혼을 회피했던 것이 아닐까 한다.

독일 고전음악의 위대한 작곡가로 서양음악사에서 음악의 성인, 악성(樂聖)으로도 불리는 루트비히 판 베토벤(Ludwig van Beethoven, 1770~1827)은 20대 중반부터 이미 청력을 잃기 시작해 32세 때에는 유서를 쓰고 자살을 결심할 정도로 심각한 우울증에 시달리기도 했으나, 40대에 이르러 완전히 청력을 상실한 상태임에도 불구하고 놀라운 의지와 창작열을 발휘해 56세 나이로 생을 마감할 때까지 9개의 교향곡과 수많은 걸작 소나타, 실내악곡, 협주곡 등을 남겼는데, 비록 뜨거운 열정으로 여성들에 접근해 보기도 했으나 결국 모두 실패로 끝나고 독신으로 생을 마쳐야 했다.

베토벤의 삶은 그야말로 시련과 고통의 연속이었다. 독일 본에서 궁정 음악가의 7남매 중 둘째 아들로 태어난 그는 형이 출생 직후 죽는 바람에 본의 아니게 장남 노릇을 해야만 했으며, 카를과 요한을 제외한 3명의 동생들 역시 모두 일찍 죽었다. 어려서부터 모차르트와 같은 신동으로 키워 돈을 벌겠다는 아버지의 야망에 따라 혹독한 음악수련에 시달려야 했던 그는 아홉 살에 처음 무대 위에서 피아노를 연주하기도 했으나 아버지는 어린 아들이 번 돈으로 술이나 마시며 어머니를 괴롭히기 일쑤였다.

설상가상으로 그가 16세 때 유일한 의지의 대상이었던 어머니를 잃는 아픔을 겪었는데, 그녀의 갑작스러운 죽음으로 간절히 바라던 빈 유학도 포기해야만 했다. 왜냐하면 그녀가 세상을 뜬 이후로 주벽이 더욱 심해진 아버지는 거의 폐인이 되다시피 해서 궁정가수 직에서도 해고되고 결국 베토벤이 가족의 생계까지 떠맡아야 했기 때문이다. 그렇게 베토벤을 괴롭히던 아버지도 결국 5년 뒤에 아내의 뒤를 따라 죽었는데, 당시 베토벤은 빈으로 가서 하이든의 가르침을 받고 있을 때였다. 비록 아버지의 죽음으로 고아가 되었지만, 베토벤 개인에게는 삶의 족쇄에서 벗어나는 해방의 순간이기도 했다.

하지만 골치 아픈 아버지가 죽자 이번에는 그의 동생들이 속을 썩이기 시작했다. 동생 카를과 요한은 형의 악보를 몰래 빼돌려 팔아 치우는 파렴치한 행동으로 베토벤을 괴롭혔으며, 더군다나 동생 카를이 죽으면서 자신의 아들을 보살펴 달라는 유언을 남기는 바람에 조카의 양육까지 떠맡게 되었는데, 그 조카 역시 숱하게 말썽만 피워 삼촌인 베토벤을 더욱 힘겹게 만들었다. 그럼에도 불구하고 조카 양육에 이상하리만치 강한 집착을 보인 베토벤은 제수인 요한나를 상대로 무려 7년에 걸쳐 양육권을 둘러싼 법정 소송을 벌이다가 끝내 패소하고 말았다. 자살까지 기도하며 어머니 곁으로 돌아가기를 원한 조카의 고집에 결국 두 손을 들고 만 베토벤은 그렇게 조카를 빼앗긴 이후로 모든 의욕을 잃고 건강이 더욱 악화되면서 이듬해 숨을 거두고 말았다.

베토벤의 내면세계는 항상 심각하고 우울하며, 외면적으로는 세상에 대한 부정적인 태도로 일관한다는 점에서, 그리고 유머 감각도 없고, 잘 웃는 법이 없다는 점에서 개인적으로는 매우 불행한 인물이었다. 더욱이 그는 음악가로서는 사형선고나 다름없는 청각장애인으로 그런 치명적인 결함 때문에 한때는 자살까지 마음먹었으며, 의사소통의 장애로 아무에게나 화를 폭발시키는 분노조절장애까지 지닌 것으로 보인다. 어쨌든 이런저런 이유로 베토벤은 원만한 대인관계를 이루지 못하고 살았는데, 그가 평생을 독신으로 살았던 것도 폭군인 아버지로부터 항상 학대받으며

루트비히 판 베토벤

살다가 불행한 삶을 마친 가엾은 어머니의 죽음과 무관치 않아 보인다.

어린 시절부터 폭군적인 아버지와 그 희생양이 되었던 어머니 밑에서 자란 베토벤은 사랑하는 어머니를 거칠고 잔혹한 아버지의 폭압으로부터 구출해야만 한다는 구원환상에 사로잡힌 것으로 볼 수 있지만, 불행히도 그는 자신의 소망을 달성하기도 전에 어머니의 존재를 일찌감치 상실하고 말았기 때문에 그녀에 대한 그리움뿐만 아니라 죄책감에서도 결코 자유롭지 못했던 것으로 보인다. 따라서 자신이 사랑하던 여성들 앞에서 항상 그 어떤 결단을 내리지 못하고 스스로 물러나곤 했던 것도 그런 미해결의 감정적 문제에서 비롯된 결과이기 쉽다. 물론 아버지의 학대와 횡포에 모자가 함께 시달렸다는 점에서 어머니와 베토벤은 한 배를 탄 동지였을지 모르지만, 아버지의 횡포로부터 자신을 적절히 보호해 주지 못한 어머니에 대한 원망 또한 적지 않았을 것으로 보인다.

어쨌든 베토벤은 남다른 희생정신으로 가족 부양에 무진 애를 쓰기도 했지만, 단순히 장남으로서의 책임의식을 발휘했다기보다는 오히려 그런 희생적인 삶을 통해 아버지의 마수로부터 어머니를 구출하지 못했다는 죄의식을 떨쳐 버리려 한 것으로 보인다. 결국 그는 정상적인 결혼을 통한 아버지 역할을 거부하는 동시에 불행한 어린 시절의 고통스러운 기억 때문에 자식을 낳고 키우는 결혼생활조차 거부한 것이다. 대신에 그는 조카 양육에 과도하게 집착함으로써 자신에게 고통만을 안겨 준 아버지와는 달리 헌신적인 아버지 노릇을 통해 자신의 불우했던 아동기를 새롭게 복원하고자 했으나, 어머니에 대한 구원환상이나 이상적인 부모 역할을 대리 수행하는 일에도 결국 경험 미숙으로 인해 실패하고 만 셈이다.

다만 우리는 베토벤의 삶을 통해 하나의 교훈을 얻을 수는 있다. 예술적 승화가 지닌 무한대의 힘을 확인할 수 있다는 점이다. 인간적 모순과 결함에도 불구하고 꿈과 희망을 잃지 않고 결코 삶의 고통에 굴복하지 않는 불굴의 투쟁정신을 우리는 배울 수 있다. 작은 시련에도 손쉽게 무너지는 인간의 나약성을 인정한다면, 실로 감당하기 어려운 신체적 곤경과 정신적 고통을 물리치고 보다 높은 이상을 향해 온갖 삶의 역경을 헤쳐 나간 베토벤의 생애는 우리에게 커다란 감동을 주기에 충분하다. 사실 베토벤만큼 삶의 고통에 익숙했던 음악가도 드물다고 할 수 있다. 하지만 베토벤이 위대한 것은 그런 고통을 환희와 희열로 승화하는 데 초인적인 힘을 발휘했다는 사실에 있으며, 그런 점에서 그는 고통의 달인인 동시에 고통의 심연을 응시하고 하늘 높이 날아오른 달관의 경지에 도달했던 인물이었다고 할 수 있겠다.

미국을 떠나 영국으로 귀화한 헨리 제임스

미국 태생의 영국 작가 헨리 제임스(Henry James, 1843-1916)는 뉴욕의 부유한 지식인 가정에서 태어나 일생 독신으로 지내며 작가로 활동하다 영국 런던에서 세상을 떠난 소설가다. 그의 형 윌리엄 제임스는 미국을 대표하는 저명한 심리학자이며, 누이동생 앨리스는 오랜 기간 신경쇠약 증세를 앓다가 외롭게 죽었다. 반면에 헨리 제임스는 한군데 정착하지 못하고 여기저기 떠도는 생활로 일관했는데, 특히 자신이 태어난 미국에 대해 전혀 애착심을 보이지 않았다. 어쨌든 그는 자신의 작품 성향처럼 미국인도 영국인도 아닌 애매모호한 입장으로 자신의 삶을 일관했다.

그가 일생 동안 결혼하지 않고 독신으로 살았던 이유에 대해서는 정확히 알려진 사실이 없지만, 남성성의 결여와 여성에 대한 불신이 가장 큰 요인으로 보인다. 매우 소심하고 수동적이며 여성적인 연약함을 보였던 그는 특히 여성에 대해 매우 부정적인 시각을 지니고 있었는데, 여성들이란 자신들의 이기적인 목적을 위해 모든 남성들을 단지 이용하기만 하는 매우 이기적인 존재라고 보는 경향이 높았다.

헨리 제임스의 형 윌리엄 제임스는 미국을 대표하는 심리학의 대가로 이들 형제는 모두 우울증에 시달렸는데, 어릴 때부터 형제간에 벌어진 경쟁심은 부모의 상반된 편애 때문에 더욱 크게 조장되었다. 장남 윌리엄에게 많은 기대를 걸었던 아버지는 차남 헨리에게는 무관심하고 냉담했던 반면에 어머니 메리는 장남에게 냉담하고 오히려 차남인 헨리를 편애했다. 어머니의 사랑과 관심을 끌지 못한 윌리엄은 자연히 아버지에게 더욱 의지할 수밖에 없었으며, 헨리는 비록 자신의 어머니를 가장 이상적인 여성으로 묘사하기도 했으나 그의 모든 작품에 등장하는 어머니상은 매우 부정적인 인상을 보여 주고 있다는 점에서 그녀에 대한 태도가 매우 양가적임을 드러낸다.

그의 부모는 모두 나르시시즘 성향이 매우 강했던 인물로 특히 만성적인 열등감과 정서적 불안정을 보인 아버지와 따뜻한 감정 표현에 인색했던 어머니 사이에서 5남매 모두가 어려서부터 감정적인 어려움과 갈등을 겪었으며, 그런 갈등은 특히 차남 헨리와 막내딸 앨리스, 그리고 3남 윌키의 경우가 더욱 심했던 것으로 보인다.

다소 거만하고 자기주장이 강했던 형 윌리엄은 뭐든지 동생 헨리보다 앞섰으며, 부끄럼이 많고 소심한 동생 위에 지배자처럼 군림하려 들면서 헨리를 무시하는 경향이 높았다. 따라서 수줍음이 많고 내성적인 성격의 헨리 제임스는 항상 자신감에 차 있던 형과 비교해 열등감에 젖어 살았으며, 형이 가까이 접근하기만 해도 심한 신체적 탈진상태에 빠

헨리 제임스

지거나 아무 일도 할 수 없을 정도로 당혹해하기 일쑤였다고 한다. 더욱이 형은 아버지의 사랑을 독점했을 뿐만 아니라 누이동생 앨리스와 에로틱한 관계를 유지하기도 했는데, 윌리엄이 결혼하자 그때부터 앨리스의 상태가 더욱 악화될 정도로 밀착된 관계였다고 한다. 그런 점에서 헨리는 형제들 사이에서도 소외된 입장에 처해 있었다고 볼 수 있다.

그런 배경 때문인지 헨리 제임스는 자신의 자서전도 형이 죽고 난 후인 1913년에 쓰기 시작했는데, 그때 그의 나이는 이미 70세에 접어들고 있었다. 그는 자서전을 통해 자신의 형과 아버지를 회고하는 가운데 자신이 해결하지 못했던 삶의 문제를 재정리하고자 했으며, 특히 자신과 이름이 같았던 아버지와 새로운 화해를 시도한 것으로 보인다. 그의 아버지 헨리 제임스 1세는 소년시절에 심한 화상으로 한쪽 다리를 절단했던 불구자로 그 자신이 심한 열등감과 정서적 불안정을 지니고 살았던 괴짜였는데, 더욱이 스웨덴의 신비주의자 스베덴보리에 깊이 빠져든 현실도피주의자로 일정한 직업도 없이 할아버지의 유산으로 여기저기를 돌아다니며 살다 죽은 인물이었다.

특히 아버지는 즉흥적이고도 돌출적인 반응을 잘 보였으며, 타인의 반응에 둔감하면서도 자신의 감정이나 요구를 자제하지 못한 성격의 소유자로 자기 본위대로 모든 것을 해석하고 상대에게 강요하는 그런 유형의 인물이었던 것 같다. 어린 시절 헨리 제임스는 그런 아버지가 심한 악몽에 시달린다는 사실을 잘 알고 있었으며, 어떤 경우에는 대낮에도 환각 경험을 보일 때도 있었다. 이처럼 겁이 많고 좌충우돌하는 아버지의 성격은 집안 분위기에 큰 영향을 끼쳤으며, 특히 어린 헨리는 믿음

직스러운 남성상을 심어 주지 못한 아버지 때문에 매우 연약한 심성의 소유자로 성장한 것으로 보인다.

제임스 형제들은 모두 어려서부터 전혀 상반된 메시지에 매우 익숙해져 있었는데, 그런 점에서는 부모 모두 비슷한 스타일의 모호한 메시지 전달자 역할을 수행했던 것으로 보인다. 따라서 자식들은 항상 두 가지 상반되는 지시에 따라야 되었는데, 예를 들면, 볼 것과 봐서는 안 될 것, 말할 것과 말해서는 안 될 것, 드러낼 것과 감추어야 할 것 등 이 모든 것들이 동시에 요구되고 지켜져야 할 내용들이었기 때문에 그들 형제는 어려서부터 서로 모순되고 불분명한 메시지에 아주 익숙한 상태로 성장해야만 했다.

그런 점에서 제임스 일가의 상호교류 방식의 특징은 영국의 인류학자 베잇슨이 말한 이중구속(double bind) 이론으로 설명될 수 있으며, 특히 헨리 제임스는 아동기 시절부터 그런 애매모호성을 다루는 데 충분히 단련되지 못해 더욱 큰 혼란을 겪은 것으로 보인다. 이처럼 그의 부모는 앞뒤가 서로 모순되고 전혀 아귀가 맞지 않는 메시지를 수시로 자녀들에게 내리곤 함으로써 자식들을 혼란하게 만든 장본인들로 부모자식 간의 그런 의사소통방식 문제는 헨리 제임스의 작품들을 통해서 보다 분명하게 알 수가 있다. 그의 작품 속에 등장하는 주인공들 대다수는 감정적 혼란과 모순, 불명료한 의사소통 방식으로 인간적 관계 형성에 어려움을 보여 주고 있기 때문이다.

목사의 아들로 신의 사망을 선언한 니체

"신은 죽었다."라는 선언을 통해 기독교사회에 엄청난 파장을 불러일으킨 동시에 기존의 낡은 도덕적 가치를 파괴하는 데 앞장서면서 '망치를 든 철학자'로 불리게 된 프리드리히 빌헬름 니체(Friedrich Wilhelm Nietzsche, 1844-1900)는 놀랍게도 목사의 아들이었다. 하지만 루터교회 목사였던 아버지는 니체가 다섯 살 때 뇌질환으로 쓰러져 사망했으며, 6개월 후에는 두 살배기 남동생마저 죽었다. 졸지에 남편과 어린 차남을 잃은 어머니는 장남 니체와 딸 엘리자베트를 데리고 친정으로 가서 얹혀 지냈는데, 그곳에서 니체는 외할머니뿐 아니라 아버지의 누이동생인 두 고모들과도 함께 살았다.

하지만 아버지를 잃고 여자들에만 둘러싸여 자란 탓에 소심하고 여성적인 성격을 지니게 된 니체는 어머니 말을 거역하지 못하고 순종하는 착한 아들이었으며, 머리 또한 비상해서 어려서부터 시키는 대로 성경 구절을 줄줄 외워 꼬마 목사로 통할 정도였다. 그러던 니체가 청소년기에 접어들면서 점차 반항적인 모습으로 변해 갔는데, 19세 때 목사를 지망해 들어간 본 대학 신학과도 제멋대로 중단하고 술과 담배, 여자 등에 빠져 지냈으며, 더 나아가 기독교신앙마저 저버리고 무신론자가 되어 철학에만 몰두함으로써 어머니와 사이가 극도로 나빠졌다.

더군다나 지성과 미모를 겸비한 여성 루 살로메에 깊이 빠져든 나머지 큰마음 먹고 청혼했다가 일언지하에 거절당한 후 극도의 절망감에 빠져 자살까지 고려할 정도였는데, 그의 절친한 동료였던 유대인 철학자 파울 레 역시 그녀에게 버림받고 절벽에서 뛰어내려 자살하고 말았다. 어쨌든 니체의 어머니는 루 살로메 때문에 죽어 버릴지도 모른다고 위협하며 난리치는 아들에 대해 눈 하나 깜짝 안 하면서 자신의 딸에게 말하기를, "저 아이는 결혼하거나, 미쳐 버리거나, 자살하거나 셋 중 하나일 것"이라고 거침없이 내뱉었다고 한다.

특히 그의 누이동생 엘리자베트는 오빠 니체를 루 살로메와 떼어 놓기 위해 안간힘을 썼는데, 사실 니체와 누이동생 엘리자베트는 매우 미묘한 관계를 유지한 사이였다. 그는 자신의 자전적 회상록 〈나의 누이와 나〉에서 엘리자베트에 대한 은밀한 욕망으로 평생을 두고 괴로워했음을 고백하기도 했는데, 이들 남매의 긴밀한 관계는 어릴 때 한 침대에서 서로의 따스한 체온을 느꼈던 이후 평생 지속된 것으로 소년시절 그는 누이동생을 위해 수많은 시를 쓰기도 했으며, 그녀는 그런 오빠의 시를 오래도록 간직했다. 이처럼 다정한 오누이 사이에 갑자기 나타난 루 살로메는 지성과 미모를 겸비한 매우 뛰어난 여성이었으니 질투심에 빠진 노처녀 엘리자베트는 수단 방법을 가리지 않고 오빠와 루 살로메 사이를 갈라놓기 위해 필사적이었다.

판이한 기질의 이들 두 여성 사이에 벌어진 한판 대결은 그야말로 치열한 전쟁이었는데, 한쪽은 용감하고 자유분방한 여자였고, 다른 한쪽은 매우 독선적이고 소심한 여성이었다. 따라서 루 살로메는 독일인 니체와 유대인 파울 레 사이에서 고민했지만, 니체는 루 살로메와 엘리자베트 사이에서 고민한 것이다. 하지만 루 살로메가 파울 레를 선택하고 동거에 들어감으로써 유대인 친구에게 판정패를 당한 니체는 극도의 모욕감에 한동안 어찌할 바를 모르고 아무 일도 할 수 없게 되었다. 결국 루 살로메가 의외의 인물인 안드레아스 교수와 결혼함으로써 문제는 일단락되었지만, 그 후유증은 너무도 컸다.

어쨌든 루 살로메에게 거절당한 후 극도의 절망상태에서 거침없이 써 내려간 《차라투스트라는 이렇게 말했다》를 통해 니체는 성자의 입을 빌려 신의 사망을 선언하기에 이르렀으며, 여성들에 대한 혐오감을 드러내는 일도 서슴지 않았다.

프리드리히 빌헬름 니체

이처럼 신의 존재를 부정하고 대신 초인사상과 권력에의 의지 등을 내세운 니체의 심리적 배경에는 소심하고 나약한 자기 자신의 성격적 결함에 대한 매우 자조적인 불만과 루 살로메를 향한 짝사랑이 좌절되면서 겪게 된 극심한 나르시시즘적 상처가 자리 잡고 있었던 것으로 보인다. 그런 모든 결함을 일거에 극복할 수 있는 유일한 길은 강력한 힘을 지닌 초인이 되는 것이 아니겠는가. 그런 점에서 그는 30대의 젊은 나이로 무기력하게 죽어 간 아버지의 존재조차 인정할 수 없었으며, 그런 아버지가 믿었던 신마저 거부한 셈이다.

루 살로메에게 정신없이 빠져 있는 오빠에 실망한 엘리자베트는 결국 1885년 당시 독일에서 이름을 날리던 반유대주의자인 동시에 바그너 숭배자였던 베른하르트 푀르스터와 결혼해 남미 파라과이로 떠났으며, 그곳에서 새로운 독일 식민지를 건설하려는 야심찬 계획에 착수했지만, 현지 주민들의 거센 반발로 그 계획은 무산되고 남편도 결국 자살하고 말았다. 니체는 그런 매제를 끔찍이도 싫어했는데, 그것은 정치적인 이유보다 누이동생의 사랑을 빼앗아 갔기 때문이었을 것이다. 실제로 그녀는 병든 오빠에게 파라과이에 가서 자기와 함께 살 것을 제안하기도 했지만 결국 그 일은 니체의 건강문제로 성사되지 못했다.

40대 중반부터 이미 광기의 조짐을 보이기 시작한 니체는 55세 나이로 사망하기까지 10년 이상 정신병 발작 증세에 시달렸는데, 당시 니체에게 내려진 공식 진단명은 매독에 의한 진행성 마비였다. 어쨌든 정신병원에 입원한 후에도 전혀 차도가 없자 어머니가 집으로 데려가 간병했는데, 도중에 어머니가 세상을 뜨면서 파라과이에서 귀국한 누이동생 엘리자베트가 대신 간호했다. 결국 니체는 누이동생의 품 안에 안겨 최후를 마쳤으며, 그녀는 오빠의 유해를 아버지 묘 옆에 안장했지만, 정작 니체 자신이 그런 조치를 달가워했을 것 같지는 않아 보인다. 더욱이 그 후 매우 유감스럽게도 반유대주의자이며 나치 동조자였던 엘리자베트는 오빠의 초인사상과 권력에의 의지에 관한 개념 등을 일부 왜곡시켜 나치 이념에 이용당하도록 하는 데 일조함으로써 더욱 큰 논란의 불씨를 남기기도 했다.

흑인 노예 출신의 농학자 조지 워싱턴 카버

미국의 농학자 조지 워싱턴 카버(George Washington Carver, 1864-1943)는 흑인 노예 출신에서 저명한 농학자이자 발명가로 성공한 입지전적 인물로 땅콩박사, 또는 블랙 레오나르도 다빈치로 불리기도 한다. 그는 미국 남부에서 목화산업이 몰락하자 목화 대신 땅콩과 고구마 재배를 권장하고 연구했으며, 가난한 농민들의 식생활 개선을 위해 땅콩을 이용한 수많은 식품도 개발해 땅콩박사로 알려지게 되었다.

하지만 그의 출생 배경이나 성장과정은 참으로 눈물겨운 과정이 아닐 수 없다. 그는 남북전쟁이 한창이던 매우 혼란스러운 시기에 미주리주의 한 농장에서 흑인 노예 메리와 자일즈 사이에서 태어났다. 그를 낳은 메리와 자일즈는 독일계 이민 농장주 모제스 카버가 단돈 700달러에 사들인 노예였는데, 그가 태어난 직후 아칸소주의 노예상인들이 야음을 틈타 어머니 메리와 누이 멜리사 그리고 갓난아기 조지를 훔쳐 달아났다. 그들은 납치한 노예들을 켄터키주에 가서 팔아넘겼는데, 메리의 행방을 뒤쫓은 모제스 카버는 어린 조지만을 되찾았을 뿐 모녀를 찾는 데는 실패하고 말았다.

노예제도가 폐지되자 그동안 자식이 없었던 카버 부부는 조지와 그의 형 제임스를 친자식처럼 키우며 지식을 깨우치도록 격려했는데, 카

조지 워싱턴 카버

버 부인은 조지에게 읽기와 쓰기를 직접 가르치기도 했다. 하지만 그곳에는 흑인을 받아들이는 학교가 없었기 때문에 흑인학교를 찾아 멀리 네오쇼까지 찾아간 소지는 그 학교가 문을 닫은 상태임을 알고 크게 낙담하고 말았다. 다행히 그에게 친절을 베푼 한 여성을 만나 잠시 신세를 지게 되었는데, 그가 자신을 카버 씨의 조지라고 소개하자 그녀는 조지 카버라는 이름으로 고쳐 주며 "이제부터는 무슨 일이 있어도 열심히 배우고 깨우쳐서 세상 사람들에게 네가 배운 것을 되돌려 주라."하고 격려했다. 그 말은 조지에게 깊은 인상을 심어 주었을 뿐만 아니라 일생 동안 지켜 나간 모토가 되었다.

그 후 여러 대학에서 입학을 거절당한 그는 다행히 아이오와 주립 농과대학을 졸업하게 되었는데, 그 대학에서 흑인으로서는 그가 가장 최초의 학생이었으며, 아이오와주에서는 가장 최초로 흑인 교수가 되었다. 그 후 터스키기 연구소에 초빙되어 47년간 재직하며 연구와 교육에 몰두한 그는 미국 백인사회에서 가장 최초로 인정받고 존경받은 흑인 학자라 할 수 있는데, 루스벨트 대통령은 물론 반유대주의자로 알려진 헨리 포드조차도 그에게 존경심을 표시할 정도였다. 하지만 그의 명성이 널리 알려지면서 일부 동료들은 그를 시기하기도 했다.

조지 워싱턴 카버는 40대에 초등학교 교사인 사라 헌트와 한동안 로맨스를 맺기도 했으나 죽을 때까지 독신을 고수했다. 그는 언젠가 학생들 앞에서 자신이 왜 결혼을 하지 않았는지 그 이유를 설명한 적이 있었는데, 그의 해명은 이랬다. "나는 아내를 부양할 아무 힘도 없는 사람이다. 신이 내게 주신 소명을 이루기 위해 그녀의 삶을 희생시키기를 나는 원하지 않는다." 그런데 그의 생애를 다룬 영화에서 걸프렌드가 그에게 던지는 대사에는 "조지, 당신은 나보다 씨앗을 더 생각하는 것 같아요." 라는 말이 나오는데, 실제로 그가 학생들에게 설명한 말보다 더욱 설득력 있게 다가오는 내용이다.

따라서 그녀의 말이 사실이든 아니든 간에 자신의 후손을 낳는 일보다 새로운 종자 개발에 일생을 바친 그의 삶을 돌아본다면 상당히 의미심장한 말이 아닐 수 없다. 물론 그는 비참한 노예의 아들로 태어나 온갖 수모를 겪으며 살아야 했던 자신의 운명에 대해, 그런 씨앗을 뿌린 아버지에 대해 한때는 원망을 했을 수도 있겠지만, 돈독한 신앙심을 통해 그런 무기력한 속세의 아버지를 버리고 전지전능한 신을 아버지로 섬기며 자신의 무력감을 극복했던 것으로 보인다. 더욱이 자신을 구해주고 길러 준 것은 오히려 백인 아버지 카버가 아니었겠는가. 그래서 그는 예수 그리스도에 대한 믿음이야말로 인종 간의 장벽을 없애 주는 유일한 지름길임을 믿어 의심치 않은 것이다.

재벌의 아들로 태어나 빈손으로 세상을 뜬 비트겐슈타인

오스트리아 출신의 철학자 루트비히 비트겐슈타인(Ludwig Wittgenstein, 1889-1951)은 분석철학의 대가로 철학뿐 아니라 논리학, 수학, 심리학, 언어학 분야에도 큰 영향을 준 20세기를 대표하는 가장 위대한 철학자로 손꼽힌다. 그는 오스트리아 제국이 자랑하는 세계 굴지의 유대계 철강재벌 칼 비트겐슈타인의 8남매 중 막내로 비인에서 태어났는데, 당시 비트겐슈타인 일가와 맞먹을 수 있는 세계적인 대재벌로는 강철왕 카네기 일가와 로스차일드 가문 정도가 있을 뿐이었다. 비트겐슈타인 일가는 가톨릭으로 개종함으로써 동화된 독일인으로 행세했지만, 나중에 히틀러에 의해 그들의 모든 재산은 국고로 환수되고 말았다.

재벌 가문답게 대궐 같은 집에서 수많은 하인들을 두고 마치 왕족처럼 개인교육을 받으며 자란 그는 어려서부터 매우 지적이고 예술적인 분위기에 접하고 살았는데, 광적인 예술 애호가였던 아버지는 로댕, 클림트 등의 예술가를 지원했을 뿐만 아니라 당대에 이름을 날린 브람스, 구스타프 말러, 리하르트 슈트라우스 등의 쟁쟁한 음악가들을 집에 초대해 연주회를 개최하기도 했다. 하지만 강압적이고 완벽주의자인 아버지는 자식들에게 일방적으로 음악을 강요해 불만을 샀으며, 정서적으로 매우 불안정한 어머니는 그런 남편에게 감히 맞서지 못하는 여성이었기 때문에 자식들 모두가 아버지의 독재로 숨 막히는 집안 분위기에 감히 저항하지도 못한 채 고통받으며 지내야만 했다.

그의 집안에는 모두 7대의 피아노가 있어서 형제들 제각기 아버지의 강압에 못 이겨 억지로 피아노를 배우고 연습했는데, 그런 여파는 결국 비극적인 사건들을 낳고 말았다. 남부러울 것 없이 자란 자식들임에도 불구하고 그의 형들 가운데 3명이 끝내 자살로 생을 마감했기 때문이

루트비히 비트겐슈타인

다. 어려서부터 음악 신동으로 소문난 장남 한스는 미국으로 도망가 자살했고, 2년 뒤에는 3남 루돌프가 베를린의 한 술집에서 부모에게 보내는 유서를 남기고 자살했으며, 차남 쿠르트는 제1차 세계대전 참전 중에 자살하고 말았다. 당시 형의 자살 소식을 듣고 자신도 한동안 자살충동에 휘말리기도 했던 비트겐슈타인은 그 후 얼마 가지 않아 이탈리아군의 포로가 되어 9개월간 수용소에 갇혀 지내야 했다. 한편, 세계적인 피아니스트

로 성공한 4남 파울은 제1차 세계대전에 참전해 오른팔을 잃는 불운을 당하기도 했다. 라벨의 왼손을 위한 협주곡은 바로 그런 불행을 겪은 파울을 위해 작곡한 것으로 알려졌다.

두 아들 한스와 루돌프가 자살한 후에 가서야 비로소 아버지는 파울과 막내 루트비히를 학교에 보내기로 결심했는데, 린츠의 국립실업학교에서 그는 공교롭게도 동년배인 아돌프 히틀러와 함께 배웠지만 개인적인 교류는 없었던 것으로 보인다. 오히려 비트겐슈타인은 동급생들로부터 따돌림을 받아 외톨이로 지낸 것처럼 보이는데, 왜냐하면 눈치 없게도 자신의 부유한 집안 배경을 친구들에게 늘 자랑하고 다녔으며, 말투도 귀족처럼 특이하게 말했기 때문이다. 항간에는 히틀러의 유대인에 대한 반감이 비트겐슈타인과의 관계에서 비롯된 것으로 소문이 나돌기도 했지만, 물론 그것은 단순한 억측에 지나지 않는다. 비록 히틀러는 《나의 투쟁》에서 학창시절 자신이 끔찍이도 증오했던 한 유대인 소년에 대해 언급한 바 있지만, 일부에서 주장하듯이 그가 바로 비트겐슈타인이라는 증거는 없다.

그 후 영국으로 건너가 버트란드 러셀 문하에 들어가 수학을 배우고 있을 무렵 아버지가 세상을 떠나면서 막대한 유산을 상속받은 그는 졸지에 유럽 최고의 부자가 되었다. 부친상을 당한 이후 그는 노르웨이 한적한 곳에 집을 장만하고 그곳에 은둔하며 집필에 몰두하기도 했지만, 제1차 세계대전이 발발하자 오스트리아 군대에 자원입대해 전투에 참여하는 애국심을 발휘하기도 했다. 하지만 이탈리아군에 포로로 잡혀 수감생활을 하는 동안에 톨스토이의 복음서를 읽고 크게 감화를 받은 그는 종교적 신비주의에 빠지면서 삶의 태도가 180도 바뀌었으며, 금욕주의와 무소유 사상에 심취한 나머지 자신의 모든 상속재산을 누이들과 형 파울에게 나눠 주고 말았다. 세계 굴지의 재벌이었던 아버지와는 전혀 다른 길을 선택한 것이다.

1929년 다시 영국으로 돌아온 그는 한때나마 젊은 스위스 여성에 마음을 빼앗겨 결혼까지 원했으나 그 관계가 깨지게 되자 그 이후로는 결혼할 생각을 아예 접었다. 그는 오로지 젊은 청년들괴만 이올렸는데 이 때문에 동성애자라는 의혹을 받기도 했다. 하지만 실제로 그는 1934년에 소비에트사회의 매력적인 생활상을 소개한 친구의 말에 솔깃해진 나머지 프랜시스 스키너와 함께 소련으로 이주해 살 계획까지 세웠으며, 그런 목적으로 소련에서 자신이 일할 수 있는 자리를 수소문해 보기도 했지만, 결국 그 계획을 포기한 채 영국으로 돌아오고 말았다.

그 후 독일이 오스트리아를 합병한 소식을 듣고 빈에 남아 있는 형제들의 신변을 걱정한 그는 영국 시민권을 얻게 되자 직접 빈을 방문해 나치 당국과 협상을 벌였으며, 마침내 제2차 세계대전이 발발하기 불과 일주일 전에 막대한 금괴가 나치독일에 넘어가고 비트겐슈타인 일가는 가까스로 목숨을 건졌다. 그 후 히틀러는 비트겐슈타인 가문의 소유인 제철소를 린츠에 새로 건설한 괴링 제철소에 강제 흡수시키는 조치를 취했다. 그렇게 해서 비트겐슈타인은 대재벌의 아들로서가 아니라 철학자 비트겐슈타인으로 당당하게 홀로 서서 아버지와 가문의 그늘에서 벗어나 홀가분한 상태로 여생을 보냈으며, 결국 자신의 무소유 사상에 따라 무일푼의 몸이 되어 빈손으로 세상을 떠났는데, 하기야 빈손으로 세상을 뜨는 학창 시절 동기생이었던 히틀러 역시 마찬가지였다고 할 수 있다.

다재다능한 전위적 예술가 장 콕토

기발한 착상과 재기 넘치는 퍼포먼스로 대중적인 인기를 누렸던 프랑스 작가 장 콕토(Jean Cocteau, 1889-1963)는 다방면에 걸쳐 천재성을 발휘한 전위적 예술가로 처음에는 다다이즘 시인으로 출발해 제1차 세계대전 이후 두각을 나타내면서 초현실주의적 종합예술에 몰두했으며, 전위파 시인으로서뿐만 아니라 아방가르드적인 소설과 극작활동에도 탁월한 재능을 보여 소설 〈사기꾼 토마〉, 〈무서운 아이들〉을 비롯해 자신이 직접 영화로 제작한 희곡 〈미녀와 야수〉, 〈오르페〉 등을 썼다.

파리 근교 메종-라피트에서 부유한 변호사의 아들로 태어난 그는 9세 때 아버지가 자살하는 비극을 겪은 이래 줄곧 홀어머니 밑에서 자랐는데, 그 이후로 죽을 때까지 그 어떤 장례식에도 참석하지 않을 정도로 아버지의 죽음에 큰 충격을 받았다. 그런 여파 때문인지 학교생활에도 잘 적응하지 못해서 15세에 이미 가출해 보헤미안 그룹과 어울렸으며, 따라서 대학에는 문 앞에도 가 본 적이 없었지만, 19세에 첫 시집 《알라딘의 램프》를 출간할 정도로 매우 조숙했다.

소년시절에 이미 동성애적 관계를 시작한 그는 20대 후반에 자신보다 14년 연하인 천재소년 작가 레이몽 라디게를 만나 매우 로맨틱한 관계를 유지했지만, 1923년 갑자기 라디게가 20세 나이로 요절하자 그 충격의 여파로 장례식에 참석조차 하지 않았으며, 그 후 너무도 상심한 나머지 아편에 손을 대기 시작해 오랜 기간 고생하기도 했다.

6년이 지나 가까스로 아편중독에서 벗어난 그는 한때 로마노프 공작의 딸인 나탈리 공주와 열애에 빠지기도 했지만, 그의 평생 연인은 당시 매우 박력 있고 호쾌한 연기로 명성을 날리던 인기배우 장 마레였다. 물론 콕토는 일찍부터 프루스트, 앙드레 지드, 라디게, 디아길레프, 니진

장 콕토

스키 등과 긴밀한 유대관계를 맺기도 했는데, 공교롭게도 이들 모두가 동성애자였다는 점에서 유독 콕토만을 이상한 눈으로 바라볼 것은 아니라고 본다.

콕토는 비록 제2차 세계대전 기간 중에 히틀러를 경멸하는 프랑스인들에 대해 비난을 퍼붓고 히틀러야말로 예술을 사랑하는 진정한 평화주의자라고 억지를 부리기도 했지만, 그럼에도 불구하고 나치에 끌려간 유대인 출신의 시인 막스 자콥의 구명을 위해 애쓰기도 했다. 물론 그가 히틀러를 그렇게 높이 평가한 것은 정치적인 이유라기보다 카리스마적인 리더십으로 대중을 사로잡은 히틀러의 남성적인 모습에 특히 매료되어 그랬기 쉽다. 그의 오랜 연인이었던 장 마레 역시 남성미가 넘치는 배우였는데, 그가 그토록 남성다움에 이끌린 것은 젊은 나이로 일찍 자살해 버린 아버지의 유약함에 크게 실망했기 때문일지도 모른다.

일찍 아버지를 여의고 홀어머니 밑에서 자란 콕토는 매우 여성적인 감수성과 섬세함을 지닌 인물로 성장했는데, 그에게는 아버지의 남성성을 동일시할 수 있는 기회가 전혀 주어지지 못했으며, 따라서 그는 자신이 한 남성으로서 이성을 받아들이고 자식을 낳아 키우는 일에 자신이 없었을 것이다. 그런 회피적인 시도의 하나로 콕토는 매우 남성적이고도 호쾌한 인상을 지닌 성격배우 장 마레에게 이끌린 것으로 보인다. 어쨌든 장 콕토는 그와 절친했던 가수 에디트 피아프가 죽은 다음 날 그 소식을 듣고 충격을 받은 나머지 심장마비 증세를 일으킨 후 곧바로 숨졌는데, 그가 사망한 이후 그의 영원한 수호신이었던 장 마레는 극도의 슬럼프에 빠진 나머지 은막에서 아예 자취를 감춰 버리고 말았다.

아버지의 착취적인 삶을 혐오한 미야자와 겐지

만주사변으로 전운이 감돌기 시작하던 암울한 시기에 37세라는 젊은 나이로 요절한 일본의 시인이자 아동문학가 미야자와 겐지(宮沢賢治, 1896-1933)는 자신에게 주어진 시대적 모순에 저항하며 정신적 방황을 거듭하는 가운데 남다른 직관과 감수성으로 인간 내면에 흐르는 무의식적 갈등 및 환상과 맞부딪치며 그것을 시의 언어로 형상화하고자 했던 매우 특이한 작가였다.

미야자와 겐지는 일본 이와테현 하나마키시에서 부유한 전당포 집안의 장남으로 태어났으나 원래 정이 많았던 그는 어려서부터 가난하고 헐벗은 농민들에게 연민의 정을 느낀 나머지 그들을 상대로 돈을 빌려주고 이자를 챙기는 착취적인 방법으로 부를 축적한 아버지에 대해 강한 반감을 지니고 일찍부터 사회적 불평등에 눈을 뜨게 되었다. 모리오카 농림학교를 졸업한 그는 성실함이 인정되어 모교에 남아 교편을 잡을 기회도 있었으나 가난한 농민들을 착취하며 배를 불리는 아버지의 전당포 사업에 대한 혐오감 때문에 고향을 떠나 동경으로 무작정 상경한 후 친구와 함께 기거하며 문필활동에만 몰두했다.

그러나 1년도 채 안 되어 병석에 누운 누이동생 도시코가 세상을 떠나자 고향에 돌아와 하나마키 농고의 교사로 약 5년간 근무했다. 이 시기에 틈틈이 시를 썼으며 동화는 생활비에 보탬이 되기 때문에 쓴 것이다. 1924년 시집 《봄과 아수라》를 냈지만, 그는 평생 무명작가에 불과했다. 사랑하는 누이동생이 죽은 후 그는 가족들과 일체의 교류를 끊었으며, 아버지가 남긴 유산도 모두 남동생에게 넘겨주었다. 더러운 돈은 받지 않겠다는 강한 의지의 표현이었던 것이다.

매우 금욕적인 불교신자인 동시에 채식주의자였던 그는 에스페란토를 배우며 농민운동가로 활동하기도 했는데, 자신의 작품 속에 묘사한 이상향을 이하토브로 명명한 것은 그의 고향 이와테를 연상시킨다. 이상에 불탄 그는 청년들을 규합해서 고향에 사는 가난한 농민들의 물질적, 영적 생활의 개선을 위해 새로운 농업기술 및 품종을 소개하고 가르치는 데 헌신했으나 주민들의 반응은 시큰둥하기만 했다. 현실의 장벽에 부딪쳐 절망감에 빠진 그는 건강마저 잃고 더욱 큰 좌절을 겪었으며, 그 후 늑막염으로 고생하다 결국에는 급성 폐렴으로 쓰러져 세상을 뜨고 말았다.

자의식이 매우 강했던 미야자와는 어릴 때부터 자신의 부모에 대한 혐오감으로 결코 행복하지 못했으며, 가난한 농민들을 착취하면서 배를 불리는 부모의 모습이 그에게는 항상 역겨움의 대상이기만 했다. 그에게 유일한 위안거리가 있었다면 착한 누이동생 도시코뿐이었지만, 병약했던 그녀는 얼마 살지 못하고 세상을 뜨고 말았다. 어쨌든 그는 어머니에 대한 실망감을 누이동생에게서 보상받고자 했으며, 아버지에 대한 분노와 실망은 아버지로부터 착취당한 농민들을 돕는 사회운동을 통해 극복하고자 했던 것으로 보인다.

미야자와 겐지

하지만 불교적 이상에 따른 그의 고결한 소망은 불행히도 그의 삶에서 실현될 수 없었다. 그가 처한 사회는 일본군국주의가 판을 치던 시대였으며, 더욱이 그의 허약한 육체가 뜻대로 움직여 주지 않았다. 그가 서서히 병으로 죽어 가던 시기에 일제는 이미 만주사변을 일으켜 중일전쟁의 서막이 오르고 있었으니 그에게는 더 이상의 희망도 보이지 않는 어두운 시절이었을 뿐이다. 어쨌든 그는 자신이 활동했던 당대에 제대로 인정받지 못한 불운의 작가였으며, 자신이 속한 광기의 세상과도 매우 동떨어진 아웃사이더이기도 했다.

비록 그는 아버지로 대표되는 착취적인 악의 세상을 거부하고 매우 금욕적인 불교사상과 환상적인 동화의 세계로 도피하고 말았지만, 그를 가장 괴롭힌 주된 고통스러운 감정은 역시 아버지의 존재에 대한 분노와 실망이었다. 하지만 그가 스스로 악으로 간주했던 아버지로부터의 탈출을 시도했다 하더라도 그에게는 더욱 큰 악의 세력이 다가오고 있었다. 그리고 그 악의 세력은 미야자와가 죽고 난 후 곧바로 중일전쟁과 태평양전쟁을 일으킴으로써 온 세상을 생지옥으로 만들고 만 것이다. 다만 한 가지 위안이 되는 점이 있다면 그런 일본에도 미야자와처럼 순수하고 양심적인 지식인이 살고 있었다는 사실이다.

에이즈로 사망한 최초의 철학자 미셸 푸코

《광기의 역사》, 《말과 사물》, 《지식의 고고학》, 《담론의 질서》, 《감시와 처벌》, 《성의 역사》 등 수많은 저술로 한 시대를 풍미했던 프랑스의 철학자 미셸 푸코(Michel Foucault, 1926-1984)는 프랑스 중서부에 위치한 작은 도시 푸아티에 출신으로 부유한 외과의사의 아들로 태어났다. 원래 그는 집안 전통에 따라 아버지의 이름과 똑같이 폴 푸코로 불렸으나 어머니가 우겨서 미셸이라는 이름을 추가하게 되었는데, 학교에서는 항상 폴로 통했다. 하지만 그는 일생 동안 아버지 이름 폴 대신에 어머니가 지어 준 미셸로 불리기를 좋아했으며, 실제로 그의 모든 저서들은 아버지의 이름이 빠진 미셸 푸코의 이름으로 발간되었다.

그렇다면 푸코는 왜 그토록 아버지의 이름에 거부감을 지니게 된 것

미셸 푸코

일까. 물론 거기에는 나름대로 이유가 있었다. 그는 어려서부터 엄격한 아버지로부터 자주 매를 맞아 반항적 기질이 다분했는데, 그런 아버지를 약지나 괴롭히는 치졸한 폭군으로 간주하며 몹시 증오했다. 따라서 그는 세상의 모든 권위에 대해서도 반감을 지니게 되었으며, 그런 성향은 일생 동안 푸코의 삶을 지배하는 원동력이 되었다고 볼 수 있다. 더군다나 같은 외과의사였던 장인의 병원을 물려받아 성공한 아버지였음을 잘 알고 있던 아들 입장에서는 자신을 그토록 학대하는 아버지의 모습이 더욱 비겁하고 졸렬하다고 느꼈을 것이다.

제2차 세계대전이 한창이던 1940년, 그가 14세가 되었을 때 어머니는 아들을 예수회 학교에 입학시켰는데, 비록 외롭기는 했지만 그래도 그곳에서 그는 철학과 역사, 문학에 심취할 기회를 얻기도 했다. 그 후 외과의사가 되기를 강요하는 아버지의 뜻을 거역하고 파리 고등사범학교에 들어가 철학 공부에 몰두했으나 당시 자신의 동성애적 성향을 자각한 그는 정서적으로 몹시 불안정한 상태를 보여 끊임없이 자살과 자해 충동에 휘말렸다. 결국에는 22세 때 자살을 기도했다가 실패하자 아버지는 생트안느 병원의 정신과의사에게 아들의 진찰을 의뢰하기도 했는데, 당시 그 의사는 푸코의 자살 성향이 동성애 문제 탓이라고 설명해 아버지를 크게 낙담시켰다. 하지만 그 후에도 그는 여러 차례 자해와 자살시도를 멈추지 않았으며, 게이들과 어울리고 약물에도 손을 대는 등 아버지의 속을 계속 썩였다.

당시 그의 동급생들 증언에 의하면, 푸코는 폭력과 죽음의 주제에 강한 집착을 보여 자신의 숙소도 고문과 전쟁 이미지의 그림들로 가득 채

웠으며, 심지어는 몸에 칼을 지니고 다니기까지 했다고 한다. 그런 광기의 체험을 스스로 겪은 푸코는 33세 때 아버지가 사망하자 마침내 그의 출세작 《광기의 역사》를 썼으며, 그 후 《감시와 처벌》에서는 비록 감옥과 정신병동 등 사회적 체제의 모순과 비리에 대한 비판을 다루고 있지만, 그 이면에는 자신을 끝없이 감시하고 자신에게 체벌을 가했던 아버지에 대한 반감이 작용했던 것으로 보인다. 어쨌든 아버지에 대한 반항으로 모든 전통적 가치관에 저항한 푸코는 에이즈 합병증으로 사망했는데, 에이즈 사망자로서는 프랑스 최초의 유명인사이며, 전 세계적으로는 에이즈로 사망한 가장 최초의 철학자였다.

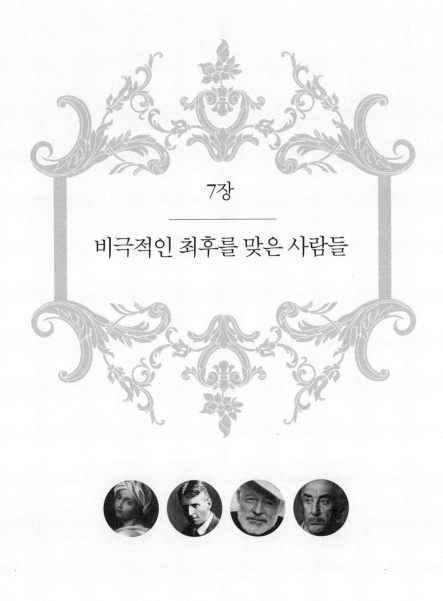

7장

비극적인 최후를 맞은 사람들

아버지를 살해한 베아트리체 첸치

　16세기 말 로마에서 일어난 끔찍스러운 살인사건의 주모자로 한동
안 세상을 시끄럽게 만들었던 베아트리체 첸치(Beatrice Cenci, 1577-1599)는
이탈리아의 귀족 출신으로 앳된 미모의 20대 여성이었다. 그녀의 아버
지 프란체스코 첸치는 전과 기록이 있는 매우 난폭하고 도덕적으로 타
락한 귀족이었는데, 가족들을 학대했을 뿐만 아니라 딸인 베아트리체
를 상습적으로 강간한 패륜아였다. 견디다 못한 그녀는 당국에 신고도
해 보았지만, 당국에서는 아무런 조치도 취하지 않았으며, 오히려 그런
사실 때문에 계모와 함께 집에서 쫓겨나 지방에 있는 아버지 소유의 성
에 갇히는 신세가 되고 말았다.

　결국 베아트리체는 자신의 처지를 동정한 친오빠 지아코모와 계모인
루크레치아, 그리고 이복동생인 베르나르도와 함께 아버지에 대한 복
수를 결심하고 살해 음모를 꾸몄다. 그녀의 숨겨 둔 애인이기도 했던 하
인의 도움으로 처음에는 독살을 시도했으나 실패로 돌아가자 베아트리
체 일행은 아버지를 망치로 때려죽인 다음 실족사로 위장하기 위해 베
란다에서 그의 시체를 떨어트려 버렸다. 비록 그 후에 꼬리가 잡혀 경찰

베아트리체 첸치

에 체포되긴 했으나 그녀의 애인은 심한 고문으로 죽어 가면서도 끝내 사실을 자백하지 않았는데, 결국에는 사건의 배후가 밝혀짐으로써 베아트리체를 비롯한 가담자 전원이 체포되어 사형선고를 받기에 이르렀다.

당시 로마 시민들은 그녀의 정당방위를 주장하며 법원의 판결에 항의를 제기했으며, 빗발치는 여론 때문에 사형집행도 자꾸만 지연되고 말았다. 그러나 당시 재산을 노린 아들에게 살해당한 백작부인 살인사건으로 인해 비슷한 친족살해 풍조의 확산을 우려한 교황 클레멘스 8세의 단호한 지시에 따라 결국에는 베아트리체와 오빠, 계모 모두 성 안젤로 다리에 설치된 사형대에 올라가 차례차례 참수되었다. 나이가 어려서 유일하게 살아남은 이복동생 베르나르도는 가족들의 처형 장면을 강제로 지켜본 후 감옥에 다시 갇혔으며, 첸치 일가의 재산은 모조리 몰수되어 교황의 몫으로 돌아갔다.

가상의 아버지를 창조한 토마스 채터턴

18세기 영국의 천재시인 토마스 채터턴(Thomas Chatterton, 1752-1770)은 불과 17세라는 어린 나이에 가난을 비관한 나머지 자신의 다락방에서 음독자살하고 말았는데, 영국의 항구도시 브리스톨에서 유복자로 태어난 그는 어머니와 누이의 보살핌을 받으며 컸으나, 아버지 없이 자란 탓인지 어려서부터 다루기 매우 힘든 아이였으며, 다른 아이들과 어울려 놀지도 않았다고 한다. 그렇게 항상 외로운 아이로 고립된 상태에 있던 그는 아무 이유도 없이 혼자 울거나 때로는 몇 시간 동안 공상에 빠져 멍한 상태로 앉아 있기도 했다.

하지만 조숙한 천재였던 그는 이미 8세 때부터 자신의 골방에 들어 박혀 조용히 책을 읽거나 하루 종일 글을 쓰기도 했는데, 11세라는 어린 나이에 이미 잡지에 자신의 글을 기고할 정도로 문학적 재능을 드러내 보였다. 당시 여학교를 운영하고 있던 어머니는 그런 아들의 재능을 일 찌감치 알아보고 작가로 대성할 것을 기대했다고 한다. 비록 그는 자선 학교에 들어가 공부했으나 학업에는 전혀 관심이 없었으며, 틈만 나면 책을 수집하거나 글 쓰는 일에만 몰두했다.

이처럼 대부분의 시간을 자기만의 세계에 빠져들어 지낸 그는 자신 이 쓴 시들을 중세에 활동한 가공의 인물 토마스 로울리라는 시인이 쓴 것처럼 위장해서 출판하고자 했으나 작품을 의뢰받은 호레이스 월폴이 불과 16세 소년이 쓴 위작임을 알아내고 냉담하게 원고를 돌려보내고 말았다. 이에 크게 상심한 채터턴은 한동안 작품을 제대로 쓰지 못하다 가 다시 심기일전해 고대 언어로 위장해서 새로 쓴 작품을 잡지사에 보 냈으나 이 역시 거절당하고 말았다. 결국 모든 것을 체념한 그는 식음을 전폐한 채 다락방에 은둔해 있다가 자신의 원고 를 모두 찢어 버린 후 독약을 마시고 짧은 생을 마 감하고 말았다.

그의 존재는 한동안 사람들의 기억에서 사라 졌다가 셸리, 키츠, 워즈워스, 콜리지 등의 시인들 에 의해 다시 각광을 받기 시작했으며, 19세기 영 국 화가 헨리 월리스는 채터턴의 죽음을 화폭에 담아 묘사하기도 했다. 그런데 채터턴이 가공의 인물 토마스 로울리를 창조해 낸 사실에 대해 미

토마스 채터턴

국의 정신분석가 루이스 캐플런은 아버지 없이 자란 그가 자신의 남성적 동일시 대상으로 삼기 위해 그런 가상적 인물을 설정한 것이며, 일종의 가족환상(family romance)에 해당하는 경우로 보았다. 결국 그것은 자신의 삶에서 자취를 감춰 버린 아버지의 존재를 상상 속에서 재창조해 냄으로써 불완전한 자신의 정체성을 확립하기 위한 시도의 일부로 볼수 있으며, 그런 시도가 세상에서 거부되자 자신의 내면에 간직된 가상의 아버지와 함께 동반자살을 꾀한 것으로 보인다.

천재 수학자 갈루아의 죽음

프랑스의 수학자 에바리스트 갈루아(Évariste Galois, 1811~1832)는 이미 10대 시절에 고등다항식 문제와 관련한 갈루아 이론을 정립함으로써 추상대수학 분야의 기초를 마련한 천재 소년이었다. 중등학교 시절 진부한 교육 내용에 실망한 그는 파리의 명문 공대로 알려진 에콜 폴리테크닉에 지원했다가 낙방했으며, 이에 오기가 발동한 그는 프랑스 과학 아카데미에 두 편의 논문을 보냈으나 그마저 인정을 받지 못했다.

그 무렵 자유사상을 지닌 공화주의자로 마을 시장이기도 했던 아버지가 가톨릭 신부와 정치적인 문제로 논쟁을 벌이고 시장 직에서 밀려난 후 자살하는 일이 벌어졌으며, 그 후 에콜 폴리테크닉에 다시 지원했다가 또 낙방했는데, 그런 일로 해서 그는 더욱 세상을 불신하게 되었다. 그러지 않아도 아버지의 비극적인 죽음으로 큰 충격을 받은 마당에 번번이 대학에 낙방을 거듭하고 자신이 제출한 논문도 학계의 인정을 받지 못하자 그는 그런 결과가 정치적 음모에 의한 것이라고 여겼다.

비록 그는 파리고등사범학교에 들어갔으나 아버지처럼 왕정에 반대하는 공화주의자를 자처하며 점차 급진적인 혁명 운동에 더욱 큰 관심을 기울이게 되면서 수학에 대한 관심도 소홀해졌다. 결국 그는 7월 혁명 당시 집단행동을 하지 못하도록 학생들을 학교에 감금한 교장을 비난했다가 퇴학을 당했으며, 그 후 반정부 활동에 연루되어 투옥되기까지 했다.

에바리스트 갈루아

하지만 출옥한 지 얼마 지나지 않아 동료의 결투 요청을 받아들인 그는 상대의 총에 복부를 맞고 쓰러진 채 그대로 길에 방치되었는데, 지나가던 농부가 발견하고 병원으로 옮겼으나 곧 숨지고 말았다. 소식을 듣고 황급히 달려온 동생 알프레드에게 그는 "울지 마라, 알프레드, 스무 살 나이에 죽으려면 내 모든 용기가 필요하니까."라는 말을 마지막으로 남기고 숨을 거두었다. 그는 몽파르나스 공동묘지에 묻혔으나 정확한 장소는 알려지지 않고 있다.

그를 죽음으로 내몬 결투 동기에 대해서는 정확히 알려진 사실이 없으며, 연애 문제 때문이라고도 하고 정치적인 음모에 의한 죽음이라는 주장도 있으나 분명치는 않다. 다만 자신의 죽음을 예감한 듯 결투 전날 밤 그는 친구 슈발리에에게 자신의 수학 연구 내용을 요약 정리한 편지를 보냈는데, 사후에 그 내용이 출간되어 생전에 이루지 못한 꿈을 달성하게 되었다.

근대 수학의 기초를 완성한 천재 수학자였음에도 불구하고 세상에서 빛을 보지도 못하고 혁명운동의 와중에 불과 20세 나이로 요절한 갈루아는 사실 너무 일찍 세상에 나타나 제대로 인정을 받지 못한 불운아였다. 그래서 후대의 사가들도 말하기를, "아벨은 가난이 죽였고, 갈루아는 온 세상의 바보들이 죽였다."라고 했던 것이다. 하지만 아버지의 비극적인 죽음만 아니었더라도 그의 운명은 크게 달라졌을지도 모른다는 아쉬움을 던진다.

사소한 시비로 목숨까지 바친 레르몬토프

러시아 최초의 심리소설로 꼽히는 〈현대의 영웅〉을 쓴 작가 미하일 레르몬토프(Mikhail Lermontov, 1814-1841)는 모스크바에서 귀족 가문의 아들로 태어났으나 3세 때 어머니를 결핵으로 일찍 여의고 아버지와도 헤어져 외할머니 손에 의해 자랐다. 따라서 부모의 사랑을 받지 못하고 버릇없는 아이로 자란 그는 성인이 되어서도 귀족사회에 대해 강한 반감을 지니게 되었으며, 실제로 그의 삶은 천박하고 위선적인 상류사회에 대한 혐오감과 반역으로 일관한 것이었다.

매우 조숙했던 그는 소년시절부터 바이런의 영향을 받아 시를 쓰기 시작했으며, 그 후 모스크바 대학에 등록했으나 괴팍한 성격 때문에 친구들과 제대로 어울리지 못하고 고립된 상태로 지냈다. 당시 16세였던

레르몬토프

그는 아버지의 갑작스러운 죽음으로 큰 충격을 받았는데, 한때는 자살까지 생각할 정도로 엄청난 상실감에 사로잡혀 지냈다. 그때 쓴 시 〈용서해주세요, 우리 다시 만날 수 있을까요?〉, 〈아버지와 아들의 끔찍한 운명〉 등은 갑자기 고아가 돼 버린 그의 심경을 잘 드러낸다. 하지만 그 아버지는 일찍부터 바람을 피워 처자식에게 무심했던 인물이었으니 그런 아버지에 대한 아들의 감정이 오죽했겠는가.

그 후 대학을 그만두고 장교 출신인 아버지처럼 페테르부르크 사관학교를 졸업한 그는 근위대 경기병 장교로 근무하면서 창작활동을 계속했는데, 당시 푸시킨의 사망 소식을 듣고 귀족사회에 대한 증오심을 드러낸 시 〈시인의 죽음〉을 발표해 명성을 얻기 시작했다. 하지만 푸시킨의 죽음이 러시아 귀족 사교계의 음모에 의한 것이라고 비난한 이 시로 인해 황제의 분노를 산 그는 코카서스 산중의 변방 근무로 좌천되었다. 그 후에도 프랑스 대사의 아들과 결투를 벌인 사건으로 두 번째 추방을 당한 그는 그곳에서 동료 사관 마르티노프와 사소한 시비 끝에 결투를 벌여 가슴에 총을 맞고 숨졌다. 당시 그의 나이 불과 26세였다.

평소에도 반골정신과 입에 붙은 독설로 인해 대인관계에 많은 문제를 드러냈던 그는 동료들로부터도 좋은 평을 듣지 못했으며, 그런 삐딱한 성격적 결함 때문에 두 차례나 추방생활을 자초한 것으로 볼 수 있다. 그를 죽음으로 내몬 결투도 사실 따지고 보면 그 자신이 스스로 자초한 일이었다. 왜냐하면 동료에게 지나칠 정도로 심하게 깐죽거리며 약을 올렸기 때문이다. 버릇없이 자란 탓에 상대방의 기분을 헤아리는 공감능력이 부족했던 그는 결국 지나친 장난 때문에 목숨까지 잃고만 셈인데 참으로 어이없는 '개죽음'이었을 뿐이다.

베를린 거리에서 얼어 죽은 오토 그로스

오스트리아의 정신과의사 오토 그로스(Otto Gross, 1877-1920)는 급진적 무정부주의자로 알려졌으며, 성 해방운동의 기수로 꼽히는 인물이기도 했다. 스위스의 정신의학자 카를 융에게 영향을 끼친 것으로도 알려진 그는 약물중독에 빠져 정신병원을 수없이 드나들었는데, 40대 초반의

오토 그로스

젊은 나이에 굶주림과 추위에 몹시 지친 상태로 베를린 거리를 배회하다 얼어 죽은 시신으로 발견되었다. 오늘날 그는 20세기 반정신의학, 반문화 운동의 아버지로 평가되는 인물이기도 하다.

당대 최고의 권위자로 알려진 범죄학 교수 한스 그로스의 아들로 태어난 그는 빈 의대를 졸업한 후 해군 군의관으로 남미에 복무하면서부터 마약에 중독되기 시작했으며, 그 후 정신과의사가 되어 활동했지만 극심한 약물중독 때문에 스위스 취리히에 있는 부르그횔츨리 병원에 입원해 치료를 받기에 이르렀다. 당시 그곳에 근무하던 카를 융이 그를 치료했으나 오히려 환자였던 그로스의 독특한 성격이론뿐 아니라 그가 주장한 일부다처제 등 반문화적인 사상에 매료되는 진풍경이 벌어지기도 했다.

20대 후반에 잠시 프로이트의 초기 제자로 활동하기도 했지만 보헤미안 스타일의 급진적 무정부주의자인 동시에 성 해방론자였던 그로스는 프로이트의 문화종속적인 억압이론에 동조할 수 없었기 때문에 자연히 정신분석과 멀어질 수밖에 없었다. 물론 프로이트에 대한 그런 반발은 이미 그 이전부터 법률가이자 범죄학자였던 아버지의 성격 결정론에 반대한 사실과 무관치 않을 것이다. 왜냐하면 그는 일찌감치 성적으로나 정치적으로나 그 무엇에도 구속받지 않는 완벽한 자유가 보장된 유토피아를 꿈꾸며 살았기 때문이다.

실제로 그는 프리다 슐로퍼와 결혼해 아들까지 낳았지만, 엘제 야페와 관계를 맺고 또 다른 아들을 낳았으며, 두 아들 이름은 똑같이 페터로 지었다. 그뿐만이 아니다. 그는 엘제의 동생 프리다 위클리와도 관계를 맺었는데, 그녀는 나중에 영국의 유명작가 D. H. 로렌스의 아내가 되었다. 그리고 나중에는 스위스의 여류작가 레기나 울만과의 사이에서 딸까지 낳았다. 레기나는 시인 릴케와도 절친한 사이였다.

하지만 매우 엄격했던 아버지는 무정부주의 활동에 몰두한 아들을 위험하다고 판단해 강제적으로 오스트리아의 한 정신요양소에 가뒀으며, 그곳에서 나온 뒤 그로스는 당시 프로이트의 제자였던 빌헬름 슈테켈에게 분석을 받고 자신이 완전히 회복되었음을 아버지에게 당당히 알렸다. 그럼에도 불구하고 아들을 믿지 못한 아버지는 그 후에도 수시로 아들을 감시하며 서로 쫓고 쫓기는 숨바꼭질을 계속했는데, 그럴수록 아들은 더욱 더 반항적이 되어갔다.

결국 얼마 가지 않아 아버지가 세상을 뜨는 바람에 비로소 아버지의 지겨운 손아귀에서 벗어나게 된 그는 곧바로 마리안네 쿠와 관계를 맺고 딸까지 낳았을 뿐만 아니라 거기에 그치지 않고 그녀의 다른 두 자매 니나와 마르가레테에게도 손을 뻗쳤다. 이처럼 고삐 풀린 망아지처럼 제멋대로인 삶을 누리던 그는 다시 약물중독에 빠짐으로써 정신요양소에 재입원했으며, 그 후에도 계속해서 당국의 감시를 받아야만 했다.

물론 그의 매우 파행적인 행보는 권위적인 아버지에 대항하는 자기파괴적인 몸부림으로 이해할 수 있겠지만, 이 세상에 존재하는 그 어떤 권위나 권력도 인정하지 않고 부정했던 그로서는 달리 방도를 찾을 수 없었나 보다. 그런 점에서 그는 자신의 아버지처럼 고지식하고 권위적이었던 프로이트보다 차라리 자유분방하고 탈도덕적이었던 카를 융과 코드가 더욱 잘 맞았을 것으로 보인다. 비록 그의 최후는 비극적으로 끝나고 말았지만 그가 좀 더 학문적으로 정진했더라면 정신의학자로 대성할 수도 있었다는 점에서 아쉬움을 남긴다.

독일군에 학살당한 여성분석가 사비나 슈필라인

정신분석의 불모지로 알려진 러시아에서 가장 최초의 여성정신분석가로 활동한 사비나 슈필라인(Sabina Spielrein, 1885-1942)은 러시아 최남단 돈강 주변의 로스토프 태생으로 부유한 유대인 상인의 5남매 중 맏딸로 태어났다. 그녀의 아버지는 원래 농학자였으나 폴란드에서 러시아로 이주한 후로는 상업으로 성공한 인물이며, 어머니는 치과의사로 외가 쪽은 대를 이어 랍비들을 배출한 집안이었다. 하지만 마음에도 없는 결혼을 한 부모는 서로 정이 없었으며, 자식들에게도 정을 주지 않고 엄하게 키우면서 오로지 공부만을 강조했다.

특히 집안에서 독재자로 군림한 아버지는 어린 딸을 신체적으로 몹시 학대했으며, 어머니 역시 수시로 자식들을 심한 매질로 다스렸다. 심지어 가족 중 누군가로부터 성추행을 당했다는 소문까지 있었다. 어쨌든 그런 집안 분위기 탓에 유달리 신경이 예민하고 잦은 잔병치레에 시달린 그녀는 15세 때 어린 여동생 에밀리아가 장티푸스에 걸려 죽자 더욱 큰 충격을 받고 그때부터 의사가 되기로 마음먹은 것으로 보인다. 하지만 그 이후로 정서적으로 매우 불안정해진 그녀는 스위스 유학을 떠난 후에도 극심한 히스테리 증상을 보여 스위스의 부르그휠츨리 정신병원에 입원하게 되었다. 당시 그녀는 울다 웃고 소리 지르는 발작증세와 더불어 안면경련과 얼굴 찡그림 등의 증상을 보였는데, 그때 마침 그녀를 담당한 주치의가 카를 융이었다.

입원 중에 그녀는 융에게 자신이 가학적인 아버지로부터 자주 매를 맞으며 마조히즘적 환상에 사로잡혔음을 고백했는데, 그런 사실을 알고 병원장인 오이겐 블로일러는 가족 면회를 금지하기도 했다. 융의 치료로 두 달 만에 급격히 상태가 호전된 그녀는 취리히 의대에 진학이 가능해졌으며, 그 후에도 계속해서 융의 분석을 받았다. 하지만 입원 당시부터 융과 사랑에 빠진 그녀는 그가 유부남이었음에도 불구하고 어떻게든 융의 아들을 낳고 싶어 했으나 양심의 가책을 느낀 융이 일방적으로 관계를 끝내게 되자 엄청난 배신감을 느끼게 되었다. 하기야 유대인 아버지로부터 사랑은커녕 매를 맞으며 자란 그녀로서는 총명하고 잘생긴 독일계 정신과의사 융이 갑자기 자기 앞에 나타났으니 그의 존재를 마치 하늘에서 내려온 구세주처럼 느꼈기 쉽다. 정신분석에서는 이처럼 환자와 치료자 사이에 발생할 수 있는 전이(transference)와 역전이(countertransference) 현상을 매우 중요하게 다루는데, 그런 점에서 프로이트는 치료자의 중립성(neutrality) 유지를 늘 강조했던 것이다.

어쨌든 그런 뼈아픈 시련을 겪고 난 그녀는 의대를 졸업한 뒤 정신과 수련을 마치고 정신분석가로 프로이트의 인정까지 받았으며, 그 후 러시아의 유대인 의사 파벨 셰프텔과 결혼해서 두 딸도 낳았다. 당시 그녀는 장 피아제를 분석해 주기도 했는데, 나중에 세계적인 인지심리학자로 성공한 그는 일생 동안 그런 사실을 숨겨야 했다. 자신의 분석가와 융 사이에 벌어진 스캔들을 몹시 수치스러워 했기 때문에 그랬을 것이다.

그 후 러시아로 귀국해 정신분석가로 활동을 시작했으나, 당시 볼셰비키 혁명으로 세상이 뒤바뀐 소련에서는 정신분석을 반동적 학문으로 간주해 소비에트사회에서 영구적으로 추방하고 금지하는 바람에 그녀는 완전히 설 자리를 잃고 말았다. 설상가상으로 남편 파벨을 비롯해 남동생 셋마저 모조리 스탈린의 대숙청으로 무참하게 희생되고 말았으니 그녀의 심경은 실로 참담하기

사비나 슈필라인

이를 데 없었을 것이다.

하지만 그녀의 비극은 그것으로 끝나지 않았다. 제2차 세계대전이 발발하고 독소전이 벌어지자 그녀와 두 딸은 소련을 침공한 독일군에 끌려가 총살당하고 말았기 때문이다. 당시 로스토프에서 독일군에 하살당한 유대인은 2만 7천 명에 달한 것으로 알려졌다. 그 후로 그녀의 존재는 오랜 망각 속에 묻히고 말았는데, 1977년 제네바의 한 연구소 지하실에서 그녀의 빛바랜 일기가 발견됨으로써 융과의 사이에 있었던 충격적인 사건의 전모가 만천하에 드러나게 된 것이다. 하지만 융은 그녀에 관해 그 어떤 기록도 남기지 않았다.

비록 그녀는 매우 가학적인 유대인 아버지로부터 받은 상처를 독일인 치료자 융을 통해 구원받고자 했으나 보기 좋게 이용만 당하고 버림을 받았으며, 남편으로 선택한 유대인 의사 파벨마저 스탈린의 숙청에 희생당하는 아픔을 겪었을 뿐만 아니라 그녀 자신도 두 딸과 함께 독일군에게 무참히 학살당했으니 참으로 비운의 여성이 아닐 수 없다. 그나마 그녀를 자상한 아버지처럼 끝까지 격려하고 보살펴 준 인물은 자신과 같은 유대인 출신의 정신분석학자 프로이트였을 뿐이다.

아버지처럼 엽총으로 자살한 헤밍웨이

미국 현대문학을 대표하는 소설가로 1954년 노벨 문학상을 받은 어니스트 헤밍웨이(Ernest Hemingway, 1899-1961)는 소위 잃어버린 세대에 속하는 작가다. 그는 어린 시절 의사인 아버지로부터 사냥과 낚시 등을 통해 남성다움의 기백을 배웠으나 자신의 영원한 우상이자 정신적 영웅으로 군림했던 아버지가 1928년 엽총으로 자살하자 큰 충격을 받았으며, 바로 그 이듬해인 1929년에 문제의 반전소설 〈무기여 잘 있거라〉를 발표했는데, 공교롭게도 그 제목이 매우 암시적이다. 마치 총기로 자살한 사람이 마지막으로 남기는 유언처럼 들리기 때문이다. 하지만 그런 아버지를 비겁자로 여기던 헤밍웨이 역시 아버지와 똑같은 방법으로 엽총자살하고 말았다.

어니스트 헤밍웨이

음악가였던 어머니는 어려서부터 그가 지독히도 싫어했던 음악을 억지로 강요했을 뿐만 아니라 바쁜 연주회 일정으로 어린 아들을 제대로 챙겨 주지 못했는데, 그런 어머니를 몹시 증오한 대신에 그는 아버지를 숭배했다. 더군다나 그는 자신의 이름 어니스트도 매우 싫어했는데, 외조부의 이름과 똑같기도 했거니와 오스카 와일드의 희곡에 나오는 게으르고 멍청한 주인공 어니스트처럼 뭔가 남성답지 못하고 심약한 인상을 준다고 여겼기 때문이다.

어쨌든 어려서부터 줄곧 남성다움의 이상적인 모델이 되었던 아버지의 자살은 그에게 큰 상처를 남겼으며, 그런 아버지에게서 배신감마저 느낀 나머지 아버지를 비겁한 현실도피주의자로 간주하게 되었다. 하지만 역설적이게도 그로부터 수십 년 후 헤밍웨이 역시 아버지와 똑같은 방법으로 자살하고 말았는데, 그동안 그는 매우 나르시시즘적인 남성우월주의자로서 자신의 남성다움을 과시하는 일에 집착한 결과, 주로 투우와 사냥, 낚시 등에 몰입하며 지냈을 뿐만 아니라 두 차례의 세계대전과 스페인 내전 등 전쟁터마다 놓치지 않고 쫓아다녔다.

특히 매우 간명하고 투박한 하드보일드 문체는 그의 전매특허이기도 한데, 그것은 곧 헤밍웨이 자신의 직설적이고도 거친 성격적 특성을 나타낸 것일 수도 있지만, 그의 실제 모습은 오히려 사랑에 매우 서툰 인물이었으며, 비록 그 자신은 지칠 줄 모르고 사랑을 추구하지만 유달리 왜소한 자신의 성기 때문에 오랜 기간 열등감에 사로잡힌 나머지 그런 열등감을 용맹스러운 모험과 사냥으로 극복하고자 했으며, 겉으로는 오히려 매우 거칠고 사나이다운 모습을 내세움으로써 자신의 소심함을 감추고자 했던 것으로 보인다.

더욱이 그는 1952년 〈노인과 바다〉를 발표한 직후 아프리카로 사파리 여행을 떠났다가 불의의 비행기사고를 당해 머리에 치명적인 부상을 입었으나 다행히 기적적으로 살아남았는데, 그 후부터 오랜 침체기에 접어들기 시작해 노벨 문학상 수상식에도 참석하지 못할 정도로 기력이 떨어지고 말았다. 더군다나 그의 몸은 이미 오랜전부터 입은 부상의 흔적으로 온몸이 흉터투성이였다. 그는 평소에도 자신의 그런 모습에 지독한 혐오감과 자괴감에 빠져들곤 했지만, 비행기사고 이후로 더욱 심각한 나르시시즘적 상처를 받게 된 것이다.

스스로 완벽한 남자임을 자부하며 남성다움의 화신으로 여기고 있던 그는 흉물스럽게 변한 자신의 육체에 엄청난 환멸감을 느낀 나머지 갈수록 우울증이 악화되면서 FBI가 그의 행적에 대한 조사를 계속하고 있다는 피해망상까지 보였다. 결국 정신병원에 입원해서 15회에 걸친 전기충격요법까지 받았으나 퇴원한 후에도 계속해서 엽총을 만지작거리는 모습에 놀란 아내가 다시 의사를 불러 진정시킨 후 곧바로 재입원시켰다. 하지만 추가적으로 전기치료를 받고 다소 가라앉는 모습을 보이다가 퇴원한 지 불과 이틀 만에 엽총으로 자살하고 말았다.

그런데 그의 집안에 자살한 인물은 헤밍웨이 부자뿐이 아니었다. 누이동생 어슐라와 남동생 레스터 역시 자살로 생을 마감했으며, 두 번째 아내 폴린과의 사이에서 낳은 두 아들 패트릭과 그레고리 역시 정신병원에 입원해 전기충격요법까지 받은 것으로 알려졌다. 그리고 헤밍웨이의 손녀딸인 여배우 마고 헤밍웨이도 자살했다. 심지어 헤밍웨이의 어머니 또한 심한 신경쇠약에 시달린 여성이었다. 이처럼 헤밍웨이 일가는 4대에 걸쳐 자살이 계속 이어진 셈이니 이들 가계에 유전적 소인을 지닌 우울증의 전통이 있었던 것으로 의심되기도 한다.

하지만 정작 헤밍웨이 자신이 스스로 생을 마감한 방식이 아버지와 똑같은 엽총자살이었다는 점에서 단순히 유전만으로 설명하기 어려운 부분도 많다고 본다. 다른 무엇보다 어머니의 사랑을 받지 못한 그는 어머니 대신 아버지의 남성다운 기백을 모방하고 따르며 스스로 남성우월주의에 사로잡힌 마초 스타일의 나르시시스트로 살았으나 자신의 우상이었던 아버지의 자살과 네 번에 걸친 결혼생활의 실패로 그동안 자신을 지탱해 준 허구적인 자아상에 큰 상처를 입은 나머지 결국 아버지와 똑같은 길을 선택한 것으로 보인다. 더욱이 가장 치명적인 무기인 동시에 정신분석적 관점에서 볼 때 남근을 상징하는 총으로 자살했으니 그의 출세작이었던 소설 〈무기여 잘 있거라〉의 제목도 마치 〈남근이여 잘 있거라〉라는 의미로 들리기도 한다.

아버지의 그늘에 가려 빛을 보지 못한 클라우스 만

독일의 노벨 문학상 수상작가 토마스 만의 아들인 클라우스 만(Klaus Mann, 1906-1949)은 독일 뮌헨 태생으로 아버지 토마스 만은 순수 독일인이었던 반면에, 그의 어머니는 정통 유대인이었다. 하지만 일찍부터 동성애적 성향을 보인 그는 주위로부터 따가운 눈총을 받았으며, 그런 이유 때문에 아버지와도 매우 껄끄러운 관계를 유지했다. 비록 아버지 눈

클라우스 만

밖에 났으나 자신도 아버지처럼 작가가 되어 〈비창교향곡〉, 〈메피스토〉 등의 소설을 쓰기도 했는데, 항상 대문호인 아버지의 그늘에 가려 빛을 보지 못하고 일생 동인 열등감에 짓눌려 살아야 했던 그는 결국 42세라는 젊은 나이에 프랑스 칸에서 음독자살하고 말았다.

조숙했던 그는 불과 17세에 단편소설을 쓰기 시작했으며, 이듬해에는 연극비평가로 활동하면서 자신의 작품을 발표하기도 했다. 당시 그는 어릴 적 소꿉동무였던 파멜라 베데킨트와 약혼까지 했으나 결국에는 파혼하고 말았는데, 그녀는 나중에 누나 에리카와 동성애적 관계였음이 밝혀졌다. 그 후 그와 단짝이었던 누나 에리카와 함께 미국을 여행하면서 새로운 견문을 넓히기도 했지만, 히틀러가 집권하면서 유대인 혈통을 이어받은 그는 독일 국적을 잃고 국외로 도피해야 했다. 한편, 반파시스트 작가로 활동하던 에리카는 독일을 탈출하기 위해 영국의 동성애자 시인 오든과 위장결혼까지 하기도 했다.

나치의 박해를 피해 미국으로 도피한 클라우스 만은 제2차 세계대전 당시 미군에 입대해 이탈리아에서 복무했으며, 전후에는 성조지 특파원으로 독일에 체류하기도 했으나 정서적인 불안정을 이겨 내지 못하다가 결국 자살하고 말았는데, 소설 〈메피스토〉의 모델이 되었던 그의 매형 그륀트겐스도 필리핀 마닐라에서 자살했다. 그는 자신의 매형 구스타프 그륀트겐스가 변절해서 괴링 원수의 비호 아래 나치 독일에서 출세가도를 달리게 되자 그 충격의 여파로 〈메피스토〉를 쓰게 된 것이지만, 소설 원작보다 1981년 헝가리의 유대계 감독 이스트반 자보에 의해 제작된 영화가 더욱 유명해졌다.

클라우스 만은 헝가리에서 만난 미국 작가 토마스 커티스와 동성애적 관계를 맺기도 했으나 결국 수년 만에 헤어지고 말았는데, 그것은 클라우스 만이 헤로인 중독에 빠져 거의 폐인처럼 지냈기 때문이다. 하지만 그의 누나 에리카 만과 그녀의 남편이었던 그륀트겐스 모두 양성애자였다. 아버지 토마스 만 역시 한때는 동성애적 유혹에 시달리며 심한 자책감에 빠진 결과, 동성애를 다룬 소설 〈베니스에서의 죽음〉을 썼으며, 그 후 소설 〈파우스트 박사〉에서는 주인공 아드리안을 양성애자로 묘사하기도 했다. 아버지는 파우스트를 주제로 그리고 그 아들은 메피스토를 주제로 작품을 썼다는 점이 매우 흥미롭다. 어쨌든 매우 심약했던 그 아들은 아버지라는 거대한 산을 넘어서지 못하고 스스로 무너져 버리고 말았다. 비록 아버지의 대표작 제목이 〈마의 산〉이었지만, 그 아들에게는 아버지의 존재야말로 결코 넘어설 수 없는 거대한 마의 산이요, 자신의 앞길을 가로막는 거대한 장벽이었던 셈이다.

우울증과 알코올 중독에 빠진 테네시 윌리엄스

유진 오닐, 아서 밀러와 함께 현대 미국을 대표하는 극작가로 손꼽히는 테네시 윌리엄스(Tennessee Williams, 1911-1983)는 〈유리동물원〉, 〈뜨거운 양철지붕 위의 고양이〉, 〈욕망이라는 이름의 전차〉, 〈장미의 문신〉, 〈지난여름 갑자기〉 등의 대표작으로 유명하다. 그는 자전적 색채가 매우 강한 희곡 〈유리동물원〉으로 일약 유명해졌는데, 남부의 한 몰락한 일가의 모습을 통해 심리극의 전형을 제시함으로써 아서 밀러와 함께 전후 미국을 대표하는 최고의 극작가 반열에 올랐으며, 그의 작품들 대부분이 영화로 제작되어 대중적 인기를 크게 누리기도 했다.

미국 남부 미시시피 주 콜럼버스에서 가난한 구두외판원의 아들로 태어난 그는 어려서 디프테리아를 앓은 이후 1년 가까이 집에서만 지낼 정도로 약골이었는데, 늘 병약하고 계집애처럼 마음이 여린 아들을 아버지는 극노로 무시하고 냉대했으며, 오히려 차남인 월터를 편애하고 귀여워했다. 하지만 외판원 일로 거의 집에 붙어 있을 날이 없었던 아버지는 알코올 중독에 술주정까지 심해서 걸핏하면 욕설과 폭력을 휘두르기 일쑤였으며, 그런 이유 때문에 그들 가족은 수시로 이사를 다녀야 했다. 그렇게 폭력적인 남편으로 인해 불행한 결혼생활을 보낼 수밖에 없었던 어머니는 그 화풀이를 자식들에게 했는데, 그녀의 끝없는 잔소리와 푸념은 어린 테네시에게 아버지와는 또 다른 상처를 심어 주었다.

그런 환경에서 자란 탓에 어려서부터 매우 수줍음을 타는 내성적인 성격으로 말수도 적었던 그는 오로지 어머니와 누나 로즈만을 상대하며 컸기 때문에 적절한 남성적 동일시의 대상을 찾지 못했을 뿐 아니라 아버지의 귀여움을 독차지한 남동생에게는 늘 질투심을 느끼며 지냈다. 따라서 그는 숨 막힐 정도로 지겨운 집안 분위기에서 벗어날 궁리만 하며 지냈는데, 몇몇 대학을 전전하며 공부했지만 경제대공황으로 학비를 마련하기도 여의치 않았다. 더군다나 누나 로즈는 회복 불능의 정신분열증 상태로 생의 대부분을 정신병원에서 보내야 했으며, 자신의 누이를 제대로 돌보지 않았다는 사실로 인해 그는 항상 죄의식을 느끼며 살아야 했다.

힘겹게 대학을 졸업한 후 멀리 뉴올리언스로 이주한 그는 자신의 이름 토머스를 테네시로 바꾸고 그곳에서 시실리계 후손인 프랭크 메를로를 만나 곧바로 동성애적 연인관계에 빠져들었는데,

테네시 윌리엄스

프랭크는 그에게 아버지를 대신한 정신적 지주 노릇을 했던 것으로 알려졌다. 이들 관계는 14년간이나 지속되었지만, 프랭크가 암으로 사망하자 테네시 윌리엄스는 그로 인한 충격으로 심한 우울증과 알코올 및 약물 중독에 빠진 나머지 1969년에는 정신병원에 수용되기까지 했다.

가까스로 우울증과 알코올 중독에서 벗어난 그는 1970년대부터 다시 재기를 시도해서 몇몇 작품들을 남기기도 했지만, 과거의 전성기 때 모습은 보여 주지 못하고 말았다. 1980년 어머니가 세상을 떠난 후에도 정신적 방황을 거듭하던 그는 1983년 뉴욕의 한 호텔 방에서 의문의 변사체로 발견되는 비극적 최후를 맞이하고 말았다. 경찰 조사에 따르면, 그는 약봉지를 뒤집어쓴 채 질식사한 것으로 보이며 당시 그는 심한 약물 중독 상태에 빠져 있었다고 한다.

이처럼 불행한 삶을 마친 그의 문제는 결국 어린 시절에 겪은 마음의 상처에서 비롯된 결과로 보이는데, 거칠고 난폭한 술주정뱅이 아버지로부터 항상 무시당하고 학대를 받았으며, 어머니는 자신의 신세 한탄과 푸념 섞인 잔소리만 늘어놓으며 아들을 자기 뜻대로 요리했을 뿐 인자하고 애정 어린 모습을 전혀 보여 주지 못했다. 그리고 그가 유일하게 사랑했던 누이 로즈는 정신적인 붕괴로 폐인이 되고 말았다. 따라서 그에게 여성들의 존재란 항상 믿고 의지할 수 있는 상대가 될 수 없었을 뿐만 아니라 더욱 근본적으로는 사랑이 아니라 폭력과 증오심으로 가득 찬 부모의 결혼생활을 통해 모든 남녀관계에 대한 극심한 혐오감을 갖게 되면서 동성애야말로 가장 안전하고 이상적인 사랑의 형태로 여긴 것으로 보인다.

이처럼 불행했던 아동기 시절에서 비롯된 정신적 외상은 그 후 테네시 윌리엄스의 주된 작품 동기를 이룬 것으로 보이기도 하지만, 1956년 그가 아버지 대신 의지했던 프랭크와의 관계가 흔들리기 시작하면서 더욱 심한 신경과민 상태에 접어들었으며, 결국 아버지가 사망한 직후인 1957년 당대 최고의 분석가로 알려진 로렌스 큐비 박사로부터 정신분석을 받기 시작했으나 도중에 갑자기 치료를 중단하고 유럽으로 떠나 버렸다. 그것은 일종의 도피였던 셈인데, 아무래도 자신의 문제와 직면하는 일에 자신이 없었던 모양이다. 어쨌든 프랭크가 세상을 떠나자 고립무원의 상태에 빠진 그는 더 이상 의지할 데를 잃고 정신적으로 매우 위축된 모습을 보였으며, 그 자신의 표현대로 늙은 악어처럼 불현듯 다가온 노년의 외로움을 더욱 이겨 내기 힘들어했던 것으로 보인다.

사생아로 태어나 아버지에게서 버림받은 로맹 가리

소설 〈하늘의 뿌리〉와 〈자기 앞의 생〉으로 두 번이나 공쿠르상을 수상한 프랑스의 작가 로맹 가리(Romain Gary, 1914-1980)는 비록 자살로 생을 마감하고 말았지만, 삶 자체가 매우 극적이고도 소설 같았던 작가였다. 로만 카체프가 본명인 그는 제정 러시아 말기 리투아니아의 빌나에서 유대인 사업가의 사생아로 태어났는데, 무명배우였던 어머니 역시 유대인이었다. 하지만 생부가 이들 모자를 버리고 다른 여성과 혼인해 버렸기 때문에 그는 줄곧 어머니와 함께 살았으며, 로맹 가리 자신도 자신의 생부가 정확히 누구인지 모르는 상태로 당시 무성영화 배우로 활동한 이반 모주힌이 자신의 생부라고 주장하기도 했다.

유대인이었던 어머니는 제정 러시아 말기의 유대인 박해 및 볼셰비키 혁명 등으로 세상이 어지러워지자 어린 아들을 데리고 폴란드를 거쳐 프랑스로 이주했는데, 그녀의 유일한 소망은 자신의 아들이 출세를 해서 신분상승을 이루는 것뿐이었다. 하지만 제2차 세계대전이 한창이던 1941년 파리에 홀로 남겨진 그녀는 아들의 성공을 보지도 못한 채 쓸쓸히 숨을 거두고 말았다. 당시 그는 영국으로 건너가 드골 장군의 휘하에서 자유프랑스군에 가담해 싸우고 있던 때라 어머니가 사망한 줄도 모르고 있었다. 나중에 집으로 돌아와 어머니가 이미 암으로 세상을 떠난 사실을 알고 크게 상심하며 죄책감에 빠진 그는 그야말로 세상에 의지할 사람이 아무도 없는 천애고아가 되고 말았지만, 대신 드골 대통령을 아버지처럼 숭배함으로써 마음의 허전함을 달랬다.

마침내 작가의 길로 들어서 〈하늘의 뿌리〉로 1956년 프랑스 최고의 문학상인 공쿠르상을 수상해 일약 문단의 총아로 떠오르며 사회적 유명인사가 된 그는 첫 번째 아내와 헤어지고 미국 출신의 여배우 진 세버그와 재혼했으나 인권운동에 깊이 관여했던 그녀가 미국의 흑인과격단체를 재정적으로 지원함으로써 줄곧 FBI의 감시를 받는 등 정치적인 문제를 일으키는 바람에 로맹 가리와도 갈등을 빚어 결국 8년 만에 헤어지고 말았다.

그 후 필력의 한계를 느낀 데다 그동안 아버지처럼 숭배하던 드골이 몰락하고 좌파가 득세하면서 그동안 드골 지지파였던 그에 대한 대중의 관심도 시들해지자 그는 1975년 뜬금없이 에밀 아자르라는 가명으로 〈자기 앞의 생〉을 발표해 생애 두 번째로 공쿠르상을 수상했는데, 이는 사실 매우 기만적인 행위였다. 왜냐하면 공쿠르상 규정에는 한 작가에게 단 한 번만 수상하도록 되어 있기 때문이다.

로맹 가리

하지만 사람들이 에밀 아자르의 정체에 대해 의문을 품기 시작하고 설상가상으로 전처 진 세버그가 1979년 갑자기 의문의 시체로 발견되는 사건이 터지면서 세상의 이목이 온통 로맹 가리에게 쏠리게 되자 이래 저래 곤경에 처한 그는 그녀가 사망한 이듬해에 총기자살로 생을 마감하고 말았다. 생전에 그는 그렇지 않아도 수많은 가명을 사용했는데, 유대인 사생아라는 신분상의 핸디캡으로 인해 아버지가 누구인지조차 불분명했던 그로서는 이름이 갖는 가치에 별다른 의미를 두지 않았을 것으로 보이기도 한다. 실제로 그 자신이 아들 하나를 두었지만 무관심으로 일관한 그는 자상한 아버지의 모습을 단 한 번도 보여 준 적이 없었다. 아버지의 사랑을 받아 본 적이 없는 그로서는 아무래도 아버지 노릇이 몹시 어색하고 버거웠던 모양이다.

어린 소년에게 살해당한 파솔리니 감독

제2차 세계대전 이후 한때 네오리얼리즘 영화가 돌풍을 일으키며 영화예술의 새로운 황금기를 구가하던 이탈리아에서 매우 특이한 반골 기질과 충격적인 화면으로 세인의 주목을 끌었던 좌파적 성향의 영화감독 피에르 파올로 파솔리니(Pier Paolo Pasolini, 1922-1975)는 급진적이고도 파격적인 영화적 메시지뿐 아니라 로마 근교에서 의문의 변사체로 발견되는 비극적인 최후로 인해 더욱 큰 충격을 안겨 준 인물이다. 하지만 그의 예술적 재능 말고도 그가 보인 파행적 삶의 여정과 마지막 최후의 모습은 마치 한 편의 다큐멘터리 영화를 보는 것처럼 또 다른 충격과 전율을 일으키기에 족하다.

그의 영화는 동성애와 사도마조히즘을 포함한 잔혹미와 도착적인 메시지로 넘쳐 나는데, 마지막 유작으로 남긴 〈살로 혹은 소돔의 120일〉에서 그런 특성이 가장 잘 드러나 있다. 실제로 동성애자였던 그는 특히 나이 어린 소년들에 이끌렸으며, 그를 살해한 펠로시도 불과 17세에 지나지 않은 소년이었다. 펠로시의 자백에 의하면, 매우 변태적인 성행위를 강요하는 파솔리니의 위협적인 태도에 두려움을 느낀 나머지 인근에 있던 나무 표지판으로 그의 머리를 내리친 후 황급히 파솔리니의 스포츠카를 몰고 달아나다가 그에게 치명적인 부상을 입혔다는 것이다. 물론 그 후 펠로시가 자신의 자백을 번복하는가 하면, 정치적 음모에 따른 타살이라는 음모설이 제기되기도 했지만, 그것은 평소 그가 공산주의 신봉자로서 특히 파시즘과 로마 가톨릭에 매우 비판적인 태도를 보였기 때문일 것이다.

어쨌든 동성애로 얼룩진 그의 파행적인 삶과 매우 도착적이고도 충격적인 메시지를 선사한 예술 활동은 파솔리니의 특이한 성장과정과 결코 무관치 않음을 알 수 있다. 이탈리아 볼로냐에서 군인의 아들로 태어난 그는 어려서부터 어머니와 몹시 밀착된 관계에 있었는데, 파시스트였던 아버지는 강제적인 성관계를 통해 결혼에 성공한 매우 거칠고 방탕한 인물이었다. 어린 시절부터 그런 폭군적인 아버지의 횡포로부터 가엾은 어머니를 보호하고 구해 내야만 한다는 구원환상에 빠진 파솔리니는 결국 아버지와는 정반대의 노선, 즉 반파시즘에 입각한 공산주의자의 길을 걷게 되었다. 더욱이 그의 영화에서 노골적으로 드러난 매우 도착적인 심리는 어릴 적부터 그 자신이 목격했던 부모의 병적인 사도마조히즘 관계에서 그 기원을 찾아볼 수 있다. 물론 그것은 도덕적 차원의 사도마조히즘(moral sadomasochism) 관계를 말하는 것이다.

볼로냐 대학을 졸업한 그는 로마로 진출해 작가의 길을 걷기 시작했는데, 한때는 장래가 촉망되는 시인, 소설가로 문단의 주목을 받기도 했지만, 1960년대에 들어서면서부터 영화감독으로 전향해서 당시로서는 매우 충격적이고도 파격적인 작품들을 연이어 발표해 일약 영화계의

피에르 파올로 파솔리니

이단아로 떠올랐다. 무자비한 파시스트였던 아버지에 대한 증오심으로 인해 파시즘을 공격할 뿐만 아니라 파시즘과 동조한 로마 가톨릭에 대해서도 반감을 지니게 된 그는 자신의 퇴폐적 정치 성향에 걸맞게 위선적이고도 부패한 부르주아적 삶에 환멸을 느끼는 동시에 무지하고 가난한 빈민들에 대해 무한한 애정과 동정을 표시하기도 했다.

동성애자로 결혼도 하지 않고 오로지 어머니에 대한 그리움과 연모 속에서 갈등하며 살았던 파솔리니는 어머니와 관련된 것이면 무조건 사랑의 대상으로 삼았는데, 어머니의 고향 카사르사를 무척 사랑해서 20세 때 발표한 첫 시집 《카사르사의 시》는 표준어가 아닌 순수한 방언으로 쓰인 작품으로 어머니가 태어난 고향을 배경으로 한 것이다. 그는 사랑하는 어머니의 향토어를 연구하고 익혔으며, 죽어서도 어머니의 고향에 묻혔다. 그만큼 어머니에 대한 애정과 그리움은 전 생애를 통하여 파솔리니의 마음을 사로잡은 화두가 되었으니 일생 동안 파솔리니를 지배한 인물은 바로 그의 마음속에 존재했던 어머니였던 셈이다.

어릴 때부터 그들 모자는 항상 붙어 다녔으며 마치 탯줄로 이어진 것처럼 그 관계는 매우 돈독했다. 그런 공생적 관계는 너무도 강력한 것이어서 그들 모자에 있어서 제3의 인물은 전혀 필요치 않은 듯 했다. 실제로 그의 어머니는 마치 숫처녀인 듯이 부부관계를 거부하며 지냈으며, 그 아들 파솔리니 역시 평생 결혼하지 않고 독신으로 살았다. 그들 모자 관계는 마치 성모 마리아와 그 아들 예수의 관계를 축소해 놓은 느낌마저 들 정도인데, 그런 특성은 그의 1962년도 영화 〈맘마 로마〉에서 유감없이 드러난다. 이처럼 신성한 모자관계의 상징은 파솔리니를 사로 잡는 강력한 모티브가 되기도 했지만, 다른 한편으로 그 아들은 폭군의 손아귀에서 자신의 어머니를 구해 내지 못했다는 죄책감에서 결코 자유로울 수 없었다.

반면에 파시스트였던 아버지의 존재는 그들의 밀착된 모자관계를 항상 위협하는 위험한 폭발물과도 같은 매우 파괴적인 존재로 그런 이유 때문에 야만적인 권력을 휘두르는 부당한 권위에 대한 도전과 파괴는 파솔리니가 일생을 두고 풀어야 할 힘든 과제이기도 했다. 그렇게 신성한 임무를 맡은 아들의 입장에서 그는 이성의 유혹을 물리치고 대신에 동성과의 관계를 끊임없이 추구함으로써 그 자신의 입장을 합리화해야만 되었다. 성장한 이후에도 그는 줄곧 성적, 정치적 스캔들에 휘말리곤 했는데, 그런 점에서 동성애와 공산주의는 그의 삶을 지탱해 주는 양대 기둥으로 폭군적인 아버지에 대항하는 유일한 선택이 되었다고 해도 과언이 아닐 것이다.

아빠를 개자식이라고 일갈한 시인 실비아 플라스

미국의 여류시인 실비아 플라스(Sylvia Plath, 1932-1963)는 어릴 때부터 우울증을 앓아 여러 차례 자살을 시도했던 여성으로 영국의 계관시인 테드 휴스와 결혼했다가 가정불화로 별거에 들어간 후 끝내는 어린 남매를 남겨둔 채 가스 오븐에 얼굴을 틀어박고 죽음으로써 세상을 놀라게 했는데, 그 후 그녀의 연적이었던 애시어 웨빌 역시 똑같은 방법으로 자살해 사람들에게 큰 충격을 주었다. 웨빌은 나치의 위협을 피해 독일에서 영국으로 이주한 여성으로 유대인 의사의 딸이었다.

실비아 플라스

실비아 플라스는 미국 보스턴에서 대학교수의 딸로 태어나 어릴 때부터 매우 총명하고 문학적 재능까지 보여 이미 8세 때 시를 발표하기도 했지만, 그 무렵 아버지가 병으로 일찍 세상을 뜨게 되자 이를 비관하고 이듬해에 첫 번째 자살을 시도할 정도로 매우 조숙하고 민감한 감수성을 지닌 소녀였다. 그녀의 아버지는 가부장적인 권위주의자로 타협을 모르는 완고한 인물이었으며, 그보다 20년 연하인 어머니 오렐리아는 비록 생활력은 매우 강했지만 잔정이 없는 여성이었다.

고집 센 아버지는 지병인 당뇨를 제때 치료받지 않고 있다가 결국 발목 절단수술 합병증으로 죽었는데, 당시 아버지의 죽음을 인정할 수 없었던 어린 실비아는 그의 무덤을 파헤쳐 확인하고 싶은 충동마저 느낄 정도로 그 충격이 매우 컸으며, 결국 그때문에 그녀는 다시는 결코 하느님을 찾지 않을 것이라 맹세하고 첫 번째 자살을 시도하기에 이른 것이다.

남편이 세상을 떠난 후 어머니는 두 자녀를 데리고 친정에 얹혀살며 교편생활로 생계를 꾸려 나갔는데, 대학에 진학한 후에도 정서적으로 몹시 불안정했던 실비아는 당시 자신이 좋아하던 영국 시인 딜런 토머스가 미국을 방문하자 그를 직접 만나보고 싶어 했으나 그 뜻을 이루지 못하게 되면서 이를 비관하고 자신의 다리에 칼로 상처를 내 죽으려고까지 했는데, 그녀의 그런 행동은 마치 발목을 절단하고 죽은 아버지의 모습을 연상시키기도 한다. 어디 그뿐인가. 그런 시도가 실패로 돌아가자 어머니의 수면제를 몰래 훔쳐 자살을 시도하는 집념을 보이기도 했다.

다행히 정신병원에 입원해서 전기치료를 받고 호전된 상태에서 우수한 성적으로 학업을 마칠 수 있었던 그녀는 장학금으로 영국 유학을 떠난 후 케임브리지에서 테드 휴스를 만나 서로 첫눈에 반하게 되었는데, 결국 두 사람은 1956년에 결혼식을 치르고 딸까지 낳았다. 하지만 행복도 잠시일 뿐, 1962년 아들을 낳고부터 남편이 애시어 웨빌과 불륜관계에 있다는 사실을 알고 난 이후 심한 언쟁 끝에 별거를 선언하고 자녀들과 함께 런던에 거주했는데, 1963년 2월 극도의 우울증에 빠진 실비아는 이른 아침 어린 남매가 자고 있는 사이에 가스 오븐에 미리를 박고 자살했다.

당시 그녀가 쓴 가장 유명한 시 〈아빠〉는 "아빠는 개자식, 난 이제 끝났어."라는 마지막 시구로 끝을 맺고 있는데, 피어린 절규에 가까운 이 한마디에 수많은 여성들이 환호의 박수를 보내고 있지만, 여기서 말하는 아빠는 반드시 아버지만을 뜻하는 것이 아니라 남편도 포함되는 말이기도 하다. 물론 그녀는 이 세상 모든 남자를 의식하고 이 시를 쓴 것은 아니었을 것이다. 그녀는 단지 자신을 비정하게 버리고 떠난 두 남성, 아버지와 남편을 염두에 두고 이 시를 쓴 것이겠지만, 특히 많은 페미니스트들은 그렇게만 받아들이지 않은 듯이 보이기도 한다.

그런데 그녀가 그렇게 끔찍스러운 모습으로 세상을 뜬 이후에 남편 테드 휴스는 그녀의 마지막 일기 내용 일부를 없애 버리는가 하면, 그녀의 유고 시집 내용에도 손을 대 편집하는 등 파렴치한 행동을 보여 사람들로부터 지탄을 받기도 했다. 그런 반감 때문에 그녀의 묘비에 새겨진 이름에서 휴스라는 성을 몰래 지워 버리는 일까지 생겨났다. 어쨌든 그는 세인들의 따가운 눈총과 비난을 무릅쓰고 애시어 웨빌과 살면서 딸까지 낳았지만, 다시 외도를 시작하는 바람에 웨빌 역시 실비아와 똑같은 방법으로 가스 오븐에 머리를 처박고 어린 딸과 함께 동반자살하고 말았다.

하지만 테드 휴스는 정말 실비아 플라스의 시구처럼 '개자식'이었다. 그런 비극적인 일을 연이어 겪고도 캐롤 오처드와 재혼해서 30년 가까이 살았으며, 1984년 영국시인으로서는 가장 큰 영예인 계관시인이 되어 죽을 때까지 그 신분을 유지했으니 말이다. 테드 휴스와 마찬가지로 비정하고 냉담한 인간의 전형으로 사람들로부터 백안시당했던 어머니 오렐리아는 치매를 앓다가 1994년 87세를 일기로 세상을 떠났는데, 실비아 플라스의 아들 니콜라스는 자신의 외조부처럼 생물학자가 되어 알래스카에서 어류 연구에 몰두하던 중 그 역시 우울증에 걸려 2009년 갑자기 47세 나이로 목을 매어 자살하고 말았다. 참으로 비극적인 운명의 길을 걸은 일가의 최후라 할 수 있다.

니체의 생일에 맞춰 자살한 철학자 사라 코프만

프랑스의 유대계 여성 철학자 사라 코프만(Sarah Kofman, 1934-1994)은 자살로 생을 마감할 때까지 오랜 기간 소르본 대학 철학교수를 지낸 탁월한 철학자이며, 특히 니체 철학과 프로이트의 정신분석에 일가견을 지닌 인물로《여성의 수수께끼》등 수많은 저술활동으로도 명성이 자자했던 여성이다. 하지만 그녀는 어릴 때 아버지를 잃은 기억 때문에 평생을 두고 홀로코스트의 악몽에서 자유롭지 못했다.

그녀의 아버지 베렉 코프만(Bereck Kofman, 1900-1943)은 정통 유대교 랍비로 1929년 폴란드에서 프랑스로 이주한 후 슬하에 6남매를 두었는데, 프랑스가 독일에 항복하자 1942년 경찰에 끌려간 후 드랑시 수용소를 거쳐 아우슈비츠로 이송되었으며, 그곳에서 무참히 살해당하고 말았다. 당시 그는 안식일을 지키느라 노동을 거부하고 기도만 하는 바람에 백정 출신의 무자비한 카포에게 곡괭이자루로 사정없이 얻어맞고 그것도 산 채로 매장당하는 참극을 겪었는데, 그녀는 아버지가 남겨 준 만년필로 일생 동안 집필활동을 계속하며 아버지가 당한 참혹한 죽음을 결코 잊지 않았다.

그렇게 아버지가 쓰던 만년필로 집필한 저서《여성의 수수께끼》는 시몬 드 보부아르의《제2의 성》과 함께 가장 탁월한 페미니즘 철학서로 간주되지만, 그녀 자신은 스스로를 페미니스트로 여기지 않았다. 또한 그녀는 자살로 생을 마감하기 직전에 출간한 자서전《오르드네가, 라바가》에서 자신의 어린 시절을 회고하는 가운데 자신이 8세 때 아버지가 갑자기 사라진 후 어머니와 다른 형제들과 함께 라바 거리에 있는 한 기독교인 여성의 아파트에서 전쟁이 끝날 때까지 숨어 지냈으며, 자신들을 구해 준 그 부인을 따르게 되면서 그들 모녀 사이에 메울 수 없는 간격이 벌어지게 된 과정을 상세히 언급하기도 했다.

어쨌든 그녀는 자신의 고통스러운 기억이 담긴 자서전을 출간한 후 니체 탄생 150주년을 기념하는 날에 맞춰 만 60세 나이로 자살하고 말았다. 물론 유대인이었던 그녀가 굳이 독일인 철학자 니체의 생일에 맞춰 자살한 사실이 몹시 의아스럽기도 하지만, 그녀의 박사학위 논문이 〈니체와 은유〉였으며, 일생 동안 니체 철학에 매료되었던 점을 고려한다면 그리 이상할 것도 없다. 그 논문을 지도했던 철학자 질 들뢰즈 역시 그녀가 죽은 이듬해에 자살했는데, 사라 코프만의 죽음과는 아무런 관련도 없는 일이었지만, 연이은 철학적 거물들의 자살은 알튀세르의 아내 살해사건에 못지않은 충격을 프랑스 지성계에 안겨 주었다.

사라 코프만

293

실제로 그녀의 삶을 지배한 세 가지 중요한 화두는 홀로코스트와 철학, 정신분석으로 요약할 수 있는데, 특히 니체 철학과 프로이트의 정신분석은 그녀의 페미니즘 철학에 결정적인 영향을 끼친 것으로 평가된다. 하지만 개인적으로는 짐승보다 더 참혹하게 죽어 간 아버지의 비극적인 최후와 그런 아버지의 희생을 제물로 자신의 가족들이 살아남았다는 죄의식에서 결코 자유로울 수 없었던 그녀는 비록 끊임없는 철학적 사유와 정신분석적 이해를 통해 그녀 자신의 수수께끼를 풀고자 했으나 그 어떤 해답도 남기지 않은 채 자살로 생을 마감하고 만 것이다. 한순간도 아버지에 대한 기억에서 벗어나지 못한 그녀는 평생 독신을 고수했다.

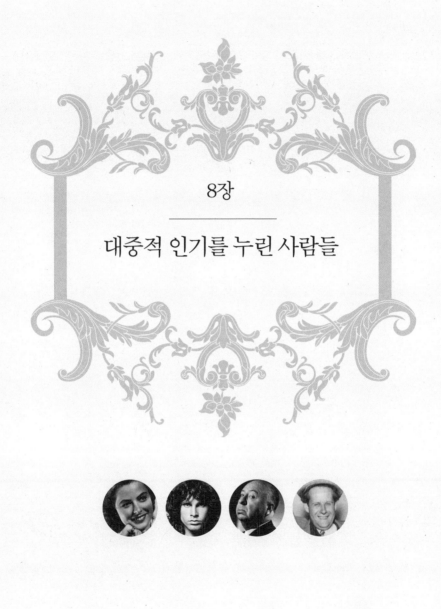

8장

대중적 인기를 누린 사람들

나폴레옹을 숭배한 아벨 강스

무성영화 시절 프랑스를 대표하는 거장으로 명성을 날린 영화감독 아벨 강스(Abel Gance, 1889~1981)는 1927년에 발표한 그의 기념비적인 대표작 〈나폴레옹〉으로 세계적인 거장의 반열에 올랐으나 유성영화 시대로 급변한 환경적 변화에 제대로 적응하지 못하고 자신만의 스타일을 계속 고집함으로써 시대착오적인 인물로 낙인찍혀 더 이상 빛을 보지 못하고 말았으며, 설상가상으로 제2차 세계대전 당시에는 나치 독일의 괴뢰정부였던 비시정부에 동조함으로써 돌이킬 수 없는 과오를 범하고 말았다.

상영시간 4시간이 넘는 대작 〈나폴레옹〉은 오늘날의 관객들이 보기에는 엄청나게 지루하기 십상이겠지만, 평소 나폴레옹을 몹시 숭배했던 그는 종전 이후에도 계속 나폴레옹에 집착한 나머지 〈아우스테를리츠〉, 〈보나파르트와 혁명〉 등의 작품을 발표했으며, 독일 영화 〈센트 헬레나의 나폴레옹〉의 대본을 쓰기도 했다. 그의 영웅 숭배는 나폴레옹뿐 아니라 음악계의 영웅이라 할 수 있는 베토벤에까지 이어져 1937년에 〈베토벤의 사랑〉을 발표하기도 했지만, 이 역시 타이밍이 좋지 않았다. 히틀러의 나치즘이 극성을 떨던 시기에 하필이면 프랑스에서 독일의 위대한 예술가를 찬양한 작품을 발표했으니 말이다.

어쨌든 아벨 강스는 시대를 잘못 만나 자신의 재능을 충분히 발휘하지 못한 매우 불운한 감독이었음에 틀림없지만, 그런 그에게 프랑스의 변방 코르시카 섬 출신 시골뜨기로 황제의 자리에까지 올라 유럽을 정복한 나폴레옹이야말로 가장 이상적인 삶의 모델이요, 영웅이었을 것이다. 실제로 강스 역시 한때 무성영화의 황제로 등극했다가 나폴레옹처럼 몰락의 길로 접어들었지만 그래도 92세까지 장수했다.

그런데 그가 영웅 나폴레옹에 그토록 집착한 것은 그 자신의 뿌리 깊은 열등감 때문이었기 쉽다. 왜냐하면 그는 사생아 신분으로 태어난 데다 제대로 배우지도 못했을 뿐만 아니라 젊어서부터 결핵을 앓아 건강마저 여의치 않았기 때문이다. 의사였던 생부와 노동자 출신의 어머니 사이에서 사생아로 태어난 그는 여덟 살이 될 때까지 광산촌에 사는 외조모 밑에서 자랐으며, 나중에 어머니가 운전기사 아돌프 강스와 결혼하면서 계부의 성을 따라 아벨 강스의 이름을 지니고 함께 살게 되었다.

그런 불행한 환경 때문에 14세 때 학교를 그만두고 오로지 독학으로 공부한 그는 18세 때 처음 배우로 데뷔해 연기뿐 아니라 영화 대본가로도 활동했으며, 제1차 세계대전 당시 건강상의 이유로 군대 징집에서 제외되자 그때부터 영화를 직접 감독하기 시작했는데, 영화계의 빅토르 위고가 되려는 야망을 지녔던 그는 나폴레옹뿐 아니라 강력한 힘을 지닌 인물에 특히 매료되어 제1차 세계대전의 영웅으로 나중에 비시정부를 이끈 페탱 원수나 프랑스 해방의 영웅으로 대접받은 드골 장군 등을 모두 지

아벨 강스

지했다.

　물론 그런 줏대 없는 태도는 정치적 이념과는 무관한 것으로 오로지 강한 리더십의 아버지상을 염원했던 아벨 강스 자신의 개인적 열망에서 비롯된 병적 동일시(pathological identification)의 결과로 보인다. 왜냐하면 그는 자신을 낳고도 무책임하게 내버린 비열한 생부와 보잘것없는 운전기사에 불과했던 계부로 인해서 일찍부터 분노와 열등감에 시달렸으며, 그들과는 달리 강력한 힘과 권위를 지닌 이상적인 아버지상을 마음속에 늘 그리고 있었기 때문이다.

희극영화의 천재 찰리 채플린

　무성영화 시절 〈키드〉, 〈황금광 시대〉, 〈시티 라이트〉, 〈모던 타임스〉, 〈독재자〉, 〈라임라이트〉 등 수많은 걸작 코미디 영화로 폭발적인 인기를 끌었던 찰리 채플린(Charlie Chaplin, 1889-1977)은 20세기가 낳은 가장 위대한 희극의 천재로 불린다. 특히 웃음과 페이소스가 한데 어울린 그만의 독특한 블랙 유머는 그가 창조한 캐릭터 떠돌이 찰리를 통해 더욱 빛을 발한다. 하지만 그는 가난하고 헐벗은 서민층과 노동계급에 대해 한없는 애정과 연민을 드러내는 동시에 자본주의 산업사회의 병폐를 날카롭게 비판한 태도 때문에 공산주의자로 오해받은 나머지 결국 1953년 할리우드를 떠나 우나 오닐과 함께 스위스에 정착해 살다가 그곳에서 88세 나이로 생을 마쳤다.

　영국 런던의 빈민가에서 떠돌이 유랑극단 배우의 아들로 태어난 그는 세 살이 채 되기도 전에 부모가 헤어지면서 어린 시절부터 가혹한 시련을 겪어야 했다. 처자식을 버리고 다른 여자와 살림을 차린 아버지가

찰리 채플린

단 한 푼의 돈도 지원하지 않게 되자 어머니는 삯바느질로 힘겹게 생계를 이어 가야 했으며, 이처럼 어려운 형편 때문에 7세 때 구빈원에 들어가 지내기도 했던 채플린은 이듬해에 어머니가 정신 이상 증세를 보여 정신병원에 입원해 있는 동안 이복형 시드니와 함께 아버지에게 보내졌으나, 알코올 중독에 거칠고 난폭하기 그지없던 아버지로 인해 오히려 마음의 상처만 크게 도지고 말았다. 그런 아버지는 결국 2년 뒤에 간경화로 사망하고 말았다.

채플린이 14세가 되었을 때 어머니는 정신병이 재발해 다시 입원하게 되었는데, 이복형 시드니가 군복무를 마치고 돌아올 때까지 홀로 거리를 헤매며 음식을 구하기도 했다. 하지만 8개월 만에 퇴원해 귀가한 어머니는 2년 뒤인 1905년에 다시 병이 재발한 이래 1928년 세상을 뜰 때까지 영구적으로 회복 불능의 폐인 상태에 빠지고 말았으니, 그런 그녀를 평생 돌봐야 했던 채플린은 너무도 무거운 짐을 지고 살 수밖에 없는 실로 가혹한 운명의 주인공이었다고 할 수 있다.

이처럼 어린 나이에 고아나 다름없는 신세로 혹독한 시련을 겪어야만 했던 채플린은 사생아 출신의 이복형 시드니와 함께 서로 의지하며 무언극 배우로 일하는 가운데 일찌감치 코미디 연기뿐 아니라 음악과 발레 실력도 쌓아 나갔다. 마침내 24세가 된 1913년 할리우드 영화사의 초청을 받고 새로운 삶에 대한 꿈에 부풀어 미국으로 건너간 후부터 코미디 영화에 새로운 바람을 일으키며 세계적인 희극배우로 성공하기에 이르렀다.

하지만 천재적인 감각과 재능으로 코미디 영화의 황제로 등극한 그는 치솟는 인기에 힘입어 부와 명성을 크게 얻었으나, 그에 반비례해 숱한 여성들과 염문을 일으키며 사회적 질타의 대상이 되기도 했다. 어쨌든 숱한 법정 시비에 휘말리면서도 네 번의 결혼을 통해 모두 11명의 자녀를 낳고 14명의 손자를 얻으며 자신의 독자적인 왕국을 건설한 그는 특히 네 번째 부인이 된 우나 오닐과의 사이에서 8명의 자녀를 낳았는데, 여배우 제랄딘 채플린은 그중에서 맏딸이다.

우나 오닐은 미국의 유명한 노벨 문학상 수상자인 극작가 유진 오닐의 딸로 결혼 당시 그녀의 나이 불과 18세였으며, 채플린은 54세였으니 유진 오닐이 그 결혼을 극구 반대하고 나설 만도 했다. 하지만 우나는 채플린이 죽을 때까지 34년에 걸친 세월을 동고동락했던 그의 유일한 오랜 동반자로 화목한 가정을 잘 이끌었으며, 부부금슬도 매우 좋았다. 이들 사이에서 막내아들 크리스토퍼가 태어난 것이 채플린의 나이 73세 때였으니 그 스스로도 자신의 남다른 정력이 여덟 번째 세계 불가사의에 속한다고 익살을 떨기도 했지만, 참으로 대단한 정력의 소유자가 아닐 수 없다. 이처럼 죽을 때까지 다복한 대가족의 수장 노릇에 충실했던 채플린은 자신의 불행했던 어린 시절에 대한 보상을 충분히 받고도 남음이 있었으며, 특히 가족을 배신한 자신의 아버지와는 달리 자상한 가장 노릇에 충실함으로써 술주정뱅이 아버지에 대해서도 승리한 셈이 되었다. 다만 죽어서 스위스에 묻힌 그에게 단 한 가지 아쉬움이 있었다면 할리우드에서 치매 상태로 숨을 거둔 어머니 곁에 묻히지 못했다는 사실일 것이다.

백군과 적군으로 갈라선 에이젠슈테인 부자

초기 영화사에서 가장 중요한 인물 가운데 한사람으로 꼽히는 소련의 영화감독 세르세이 에이젠슈테인(Sergei Eisenstein, 1898-1948)은 무성영화 시절 사회주의 리얼리즘을 대표하는 감독으로 몽타주 기법의 아버지로 불리기도 한다. 따라서 그가 남긴 불세출의 걸작 〈전함 포템킨〉, 〈10월〉, 〈파업〉, 〈알렉산더 네프스키〉, 〈이반 대제〉 등은 영화 테크닉을 언급할 때 반드시 짚고 넘어가야 할 부분이 되고 있을 정도로 에이젠슈테인의 업적은 실로 지대하다.

그는 제정 러시아 말기 발틱 연안에 있는 라트비아의 리가에서 독일계 유대인 건축가 미하일 에이젠슈테인의 아들로 태어났는데, 어머니 율리아 이바노브나는 러시아 정교를 믿는 부유한 상인의 딸이었다. 하지만 러시아 2월 혁명이 일어난 1905년에 별거에 들어간 부모는 결국 3년 뒤에 이혼했으며, 어머니는 어린 아들을 아버지에게 맡긴 채 프랑스로 훌쩍 떠나 버렸다. 그렇게 어머니 없이 자란 그는 일찍부터 폭군적인 아버지의 모습을 지켜보면서 점차 권위에 대한 반감을 지니게 되었으며, 부모와 달리 기독교 신앙을 버리고 무신론자가 되었다.

그는 비록 아버지처럼 건축을 공부했으나 볼셰비키 혁명이 일어나자 황제를 지지하던 아버지와는 정반대로 적군에 지원해 혁명에 가담함으로써 학업을 중단하고 말았다. 제정 러시아가 무너지자 아버지는 독일로 이주해 백군을 지지하다 1921년 심장병으로 사망했는데, 아들은 계속 소련에 남아 백군을 상대로 이념적 선전활동을 벌였다. 그렇게 이들 부자는 서로 상반된 이념으로 인해 영원히 상종할 기회를 얻지 못하고 말았다. 어쨌든 이처럼 부자지간에 서로 판이한 이념적 노선을 걸으며 첨예하게 대립한 경우도 매우 드물 것으로 보인다.

1920년 적군에서 제대한 그는 모스크바로 가서 프롤레타리아 문화 운동에 참여해 무대감독으로 활동했으며, 그 후 영화감독으로 전향해 1925년 〈파업〉, 〈전함 포템킨〉 등 사회주의 리얼리즘을 대표하는 기념 비적인 걸작을 발표해 일약 세계적인 명성을 얻게 되었다. 특히 그는 극 적인 몽타주 기법을 통해 인간 심리 묘사에 탁월한 솜씨를 보였는데, 적 군에 가담해 싸울 때도 틈틈이 프로이트와 파블로프의 심리학을 공부 할 정도로 인간 심리에 많은 관심을 보이기도 했다.

　　그는 소련사회에서 백군에 가담한 반동분자의 자식이라는 핸디캡에 도 불구하고 그 천재성을 인정받아 처음에는 스탈린의 전폭적인 신임 을 얻으며 승승장구할 수 있었지만, 1930년 할리우드 파라마운트사의 초청을 받아 미국을 방문한 사실 때문에 스탈린의 눈 밖에 났으며, 그 역시 다른 유대인들과 마찬가지로 망명을 시도하는 것이 아닌가 하는 의심을 사게 되면서 서둘러 귀국하라는 압력에 시달려야 했다. 당시 그 에게 스탈린의 존재는 자신의 친부를 대신하는 상징적 아버지이기도 했으나, 무자비한 피의 숙청을 단행한 스탈린의 폭정을 지켜보며 엄청 난 두려움을 느낀 나머지 과거에 자신의 아버지와 등진 사실을 오히려 후회했을지도 모른다.

　　어쨌든 우여곡절 끝에 소련에 다시 귀국했으나 한동안 정신병원에 수용되 는 수모까지 겪어야 했던 그는 스탈린 에게 다시 한 번 기회를 달라는 애걸을 한 끝에 겨우 허락을 받아 그의 후기 야 심작 〈이반 대제〉로 자신의 명예를 회 복하고자 했지만, 이미 스탈린의 눈 밖 에 난 그로서는 점차 몰락의 길을 걸을

세르게이 에이젠슈테인

수밖에 없었다. 더욱이 당시 소련에도 유성영화가 상륙해 그의 기법과 이론 등은 이미 시대에 뒤처진 것으로 평가되면서 전형적인 형식주의라는 비판에 직면해야 했다. 실의에 빠진 그는 얼마 가지 않아 심장발작을 일으킨 후 50세 나이로 세상을 떠나고 말았다.

그는 비록 무성영화 시절에 그것도 활동에 상당한 제약이 따르는 소련사회에 몸담고 있으면서도 사회주의 리얼리즘을 대표하는 영화작가로 우뚝 섰지만, 유대인 반동분자의 아들이라는 몹시 불리한 신분적 제약 때문에 항상 스탈린을 의식하지 않을 수 없는 입장에서 자신의 예술적 재능을 충분히 발휘하지 못했다는 아쉬움을 남기고 세상을 뜬 불운한 천재였다. 하지만 그의 극적인 몽타주 기법은 두고두고 후세의 영화작가들에게 지대한 영향을 준 것으로 평가된다.

물론 무성영화시대를 대표하는 전설적인 천재를 들라면 채플린과 에이젠슈테인을 거명하는데 이의를 달 사람은 아마 없을 것이다. 이들 양자의 공통점은 힘없고 가난하며 박해받는 민중의 삶에 대한 따스한 시선과 연민의 정이라 할 수 있는데, 채플린은 자본주의사회에서 그리고 에이젠슈테인은 공산주의사회에서 각기 주어진 재능을 발휘했지만, 결국 채플린은 미국사회에서 공산주의자로 주목받아 쫓겨나고 말았으며, 에이젠슈테인은 스탈린의 미움을 산 이후로 자신이 속한 공산주의사회에서도 상당한 핍박을 감수해야만 했으니 참으로 세상은 천재들을 가만 놔두질 않는 것 같다.

어려서부터 고아나 다름없이 지낸 베이브 루스

미국 메이저리그 야구의 전설적인 홈런왕 베이브 루스(Babe Ruth, 1895-

1948)는 1935년 은퇴할 당시 714개의 홈런을 기록함으로써 1974년 행크 아론이 그의 기록을 깰 때까지 40년 이상 부동의 홈런 타자로 명성을 유지한 타격의 달인이었다. 그는 특히 밤비노의 저주로 유명한데, 그의 소속팀이었던 보스턴 레드삭스가 1920년 베이브 루스를 뉴욕 양키즈로 이적시킨 이래 무려 86년 동안 월드시리즈에서 단 한 번도 우승하지 못한 사실을 두고 나온 말이다. 물론 밤비노는 베이브 루스의 애칭이다.

베이브 루스는 미국 동부 볼티모어 태생으로 그의 부모는 모두 독일계 이민의 후손이다. 그는 다섯 살 어린 나이에 벌써 입담배를 씹고 술 마시며 싸움질이나 하고 다니는 등 문제를 일으켜 부모의 속을 썩인 나머지 7세 때 아버지 손에 강제로 이끌려 가톨릭 수사들이 운영하는 성모 마리아 공업학교에 들어갔는데, 그곳은 고아들이나 말썽꾸러기 문제아들을 다루는 기숙학교였다. 18세 나이로 졸업할 때까지 무려 12년 간이나 그곳에서 지냈으나 가족들이 거의 찾지도 않을 정도로 버린 자식 취급을 받았으며, 더군다나 12세 때는 어머니마저 잃고 말았다. 따라서 그는 거의 고아나 다름없는 상태로 소년학교에서 성장한 셈이다.

다행히 그곳에서 마티어스 신부를 통해 야구를 배우기 시작한 그는 얼마 가지 않아 프로팀의 주목을 받게 되어 마침내 보스턴 레드삭스에 입단하게 되었다. 당시 19세였던 그는 커피숍 점원이던 방년 17세의 헬렌 우드포드와 결혼했으나 계속해서 불륜을 저질러 결국 10년 만에 별거에 들어갔으며, 그가 입양해 키운 딸 도로시는 애인이었던 화니타 제닝스가 낳은 딸로 그는 그런 사실을 아내인 헬렌에게도 숨겼다. 당연히 도로시 자신도 헬렌이 친모인 줄 알고 지내다가 환갑을 바라볼 나이가 되어서야 비로소 제닝스가 자신의 친모라는 사실을 알게 되었다.

베이브 루스와 헤어진 후 홀로 도로시를 키우던 헬렌은 1929년 화재로 숨졌는데, 그 후 도로시는 여배우 클레어 호지슨과 재혼한 아버지 곁

베이브 루스

으로 돌아가 함께 지냈으며, 당시 클레어가 데리고 들어온 딸 줄리아와 자매처럼 지냈다. 그런데 이들 이복 자매 때문에 베이브 루스와 루 게릭은 그 후 오랜 세월 서로 말도 섞지 않을 정도로 앙숙 관계가 되고 말았다. 왜냐하면 루 게릭의 어머니가 무심코 던진 한마디 때문이었다. 그녀는 클레어가 두 딸을 키우면서 도로시를 차별한다고 말했던 것인데, 이 때문에 베이브 루스와 루 게릭이 심한 언쟁을 벌인 것이다. 어쨌든 두 사람은 뉴욕 양키즈의 간판타자로 맹활약을 펼친 강력한 라이벌이었으나 루 게릭은 근위축을 초래하는 희귀병에 걸려 베이브 루스보다 7년 먼저 사망했으며, 그 이후로 그가 앓았던 병을 루게릭병이라 부르기 시작했다. 반면에 암과 투병하던 베이브 루스는 53세 나이로 눈을 감았는데, 그의 아버지는 이미 20년 전에 47세 나이로 사망했다.

사실 따지고 보면 베이브 루스가 어릴 때 지독한 사고뭉치였으며, 성인이 되어서도 복잡한 사생활로 여러 불미스러운 잡음을 일으킨 것은 부모의 사랑과 관심을 제대로 받지 못한 결과일 수 있으며, 더군다나 아버지가 강제로 소년학교에 떠맡기다시피 해 놓고 나 몰라라 한 것은 너무도 무책임한 일이었다고 할 수 있다. 따라서 그는 아버지로부터 부당한 징벌을 당한 것으로 여기고 원망감이 몹시 컸겠지만, 그나마 신부를 통해 배운 야구로 자신의 증오심을 적절히 승화할 수 있는 기회를 찾았던 것이다. 그야말로 그는 방망이로 아버지를 응징하는 대신 홈런왕이 되어 부와 명성을 얻는 행운의 기회를 맞은 셈이니 전화위복은 바로 그런 경우를 말하는 것이 아니겠는가.

공포영화의 달인 히치콕 감독

공포영화의 귀재로 유명한 알프레드 히치콕(Alfred Hitchcock, 1899-1980) 감독은 영국 런던 태생으로 생전에 그가 남긴 50편 이상의 작품들은 지금까지도 수많은 팬으로부터 아낌없는 사랑을 받고 있다. 그의 아버지는 청과물을 취급하는 상인으로 몹시 무뚝뚝하고 엄격했으며, 어머니는 경찰관의 딸로 매우 완고한 편이었다. 독실한 가톨릭 신자였던 부모는 히치콕을 규율이 엄하기로 유명한 예수회 학교에 보냈는데, 어린 히치콕은 소아 비만 때문에 항상 열등감에 젖어 말수도 적고 매우 소극적인 성격이었다고 한다.

그가 다섯 살 때 아버지가 어린 아들의 손에 쪽지를 쥐어 주고 경찰서로 심부름을 보낸 적이 있었는데, 경관이 그 쪽지를 읽더니 그를 유치장에 5분 정도 가두면서 "못된 녀석들에게는 이렇게 하는 거야."라고 말했다고 한다. 그 후부터 히치콕은 특히 아버지와 경찰을 몹시 두려워하게 되었으며, 그런 영향 때문인지 억울한 누명을 쓴 주인공이 경찰과 쫓고 쫓기는 숨바꼭질 게임을 벌이는 장면은 그 후 히치콕 영화의 단골 메뉴가 되었다. 소년 시절 그는 여행지도, 기차 정거장, 도시의 지형 등을 암기하는 자기만의 독특한 게임에 빠져 지내는 버릇이 있었는데, 그런 습성 역시 쫓기는 자의 심리를 반영한 것으로 보인다.

더욱이 그가 다닌 학교는 조금만 잘못해도 고무막대로 체벌을 받는 엄격한 가톨릭계 예수회 소속의 학교로 그가 15세 때 아버지가 세상을 뜨자 그는 곧바로 그 학교를 떠나 런던의 기술학교에서 전기 기술을 배웠다. 한동안 전기회사에 근무하다가 영화사에 취업한 그는 처음에는 소도구, 편집, 각본 등의 일을 하면서 착실하게 승진을 거듭한 후 1925년에 첫 장편영화를 만든 이래 편집 기교면에서 다른 사람이 흉내

낼 수 없는 독자적인 영역을 구축하면서 영국 무성영화의 수준을 세계적인 위치에까지 올려놓는 업적을 쌓았다.

그 후 할리우드로 진출한 그는 그야말로 공포 스릴러 영화의 달인으로 두각을 나타내면서 생애 최고의 전성기를 맞이하게 되었다. 〈레베카〉, 〈의혹〉, 〈구명보트〉, 〈백색의 공포〉, 〈오명〉, 〈올가미〉, 〈이창〉, 〈나는 고백한다〉, 〈현기증〉, 〈북북서로 진로를 돌려라〉, 〈사이코〉, 〈새〉 등 그가 만든 걸작은 일일이 열거하기도 어려울 정도다. 히치콕의 주된 전략은 극적 반전, 클로즈업과 의도적인 혼란 유도 등으로 요약할 수 있다. 특히 반전 기법은 히치콕의 전형적인 수법으로 정평이 나있다. 드라마 전개의 극적 반전으로 관객의 예상이 항상 빗나가게 함으로써 허를 찌르는 전략이다. 또한 그가 즐겨 사용한 기법 가운데 하나는 의도적인 혼란과 모호한 여운을 남기는 것이다. 혼란은 또 다른 불안과 공포감을 조장한다. 그는 항상 명쾌한 해답을 제시하지 않음으로써 관객의 궁금증, 조급증을 유발하고 혼란을 유도한다. 그에게 사건의 해결은 중요치 않다. 그리고 할리우드 특유의 낙천적인 해피엔딩도 경멸한다.

히치콕 영화의 주인공은 항상 잘생긴 백인 미남자로 평범하고 선량한 소시민이지만, 우연히 누명을 쓰고 뜻하지 않은 살인사건에 휘말려 쫓기는 신세가 된다. 즉, 선한 자를 대표하는 주인공은 예상치 못한 악의 무리에 휩쓸려 온갖 고초를 겪게 되는 것이다. 한편, 여주인공은 아름답기는 하지만 매우 위험한 금발 미인으로 뭔가 달갑지 않은 존재로 등장한다. 히치콕 영화에 등장하는 아름답고 차가운 이미지의 금발 여성은 항상 불길한 징조이며 화를 불러오는 위험한 존재다.

또한 편집증적인 정신병자 역시 히치콕 영화의 단골손님으로 등장한다. 그는 프로이트의 정신분석적 개념을 스크린에 적용하여 고소 공포

증과 폐소 공포증, 강박 관념, 해리 현상 등의 심
리적 상태를 자주 묘사하면서 살인자의 심리를
편집증적 시각에서 포착하기도 한다. 물론 심도
있는 내용을 전개하는 것은 아니지만, 관객들로
하여금 인간의 정신병리 현상에 대한 새로운 관
심과 흥미를 갖게끔 유도하는 효과를 가져왔다고
볼 수는 있겠다.

알프레드 히치콕

다른 한편으로 히치콕의 정신적 배경을 이루
고 있는 가톨릭 신앙도 빠트릴 수 없는 요인이다.
특히 십계명 가운데 "살인하지 말라"와 "간음하지 말라"는 계명으로 압
축될 수 있는 살인과 간음의 주제야말로 히치콕 영화의 가장 중요한 배
경을 이룬다고 할 수 있다. 따라서 선과 악의 문제, 죄와 벌의 주제는 그
가 씨름하는 주요 화두가 된다. 그는 언제나 인간 내면에 숨겨진 악의
존재를 들춰냄으로써 죄악의 공유를 요구한다. 살인 현장을 목격하는
관객들도 일종의 공범으로 몰고 가는 것이다. 따라서 히치콕 영화에 등
장하는 남녀 주인공들은 항상 살인의 위협에 쫓기는 동시에 성적인 좌
절과 실패를 겪기 마련이다.

이처럼 성과 살인에 대한 욕망은 근친상간과 부친살해욕구 및 거세
공포 등을 중심으로 한 인간의 근원적인 오이디푸스 갈등 구도에 아주
잘 들어맞는 주제가 아닐 수 없다. 특히 거세공포는 아버지에 대한 두려
움이 매우 컸던 히치콕 자신의 어릴 적 주된 갈등 요인이었다는 점에서
더욱 그렇다. 그런 점에서 볼 때, 히치콕이라는 성 자체도 몹시 흥미로
운 부분이 아닐 수 없다. 히치콕(Hitchcock)이 어딘가에 매달고 건다는 뜻
의 히치(hitch)와 수탉뿐 아니라 남근을 뜻하는 콕(cock)의 합성어라는 점
에서 더욱 그렇다. 또한 그가 77세라는 고령에 발표한 마지막 작품의

제목도 상속 문제와 관련된 〈가족 음모〉라는 점에서 볼 때, 히치콕 자신의 오랜 갈등 문제를 엿볼 수 있다. 그는 〈가족 음모〉를 완성한 후 건강이 급격히 악화되면서 캘리포니아의 자택에서 80세를 일기로 숨을 거두었다.

할리우드에서 추방된 잉그리드 버그만

할리우드가 낳은 스웨덴 출신의 세기적인 미녀스타 잉그리드 버그만 (Ingrid Bergman, 1915-1982)은 영화 〈카사블랑카〉와 〈누구를 위하여 종은 울리나〉로 일약 세계적인 스타로 떠오른 후 〈가스등〉과 〈아나스타샤〉로 아카데미 최우수 여우주연상을 두 번이나 수상해 연기력까지 인정받았다. 그 외에도 히치콕 감독의 스릴러 영화 〈백색의 공포〉와 〈오명〉 등을 비롯해서 〈개선문〉, 〈잔 다르크〉, 〈가을 소나타〉 등 수많은 명작들에서 주연을 맡아 할리우드를 대표하는 부동의 스타로 자리 잡았다.

그러나 이처럼 최대의 전성기를 구가하고 있을 무렵에 그녀는 이탈리아의 거장 로베르토 로셀리니 감독과 맺은 불륜사건으로 인해 할리우드 활동에 결정적인 치명타를 입고 말았다. 당시 그녀는 로셀리니 감독의 작품에 매료되어 자신의 가정도 다 내팽개치고 그가 있는 로마로 달려가 그의 아이까지 낳았는데, 두 남녀는 제각기 가정이 있는 처지였기 때문에 언론으로부터 격렬한 비난을 받아야 했다.

결국 그녀는 불륜을 저지른 부도덕한 여인으로 매도당하며 할리우드 영화계에서 완전히 추방되고 말았는데, 정식으로 이혼절차를 밟고 부부가 된 그녀와 로셀리니는 함께 힘을 합쳐 영화를 제작했으나 계속 흥행에도 참패함으로써 부부관계마저 삐걱대기 시작해 마침내는 7년 만에 이혼하고 말았다. 로셀리니와 헤어진 그녀는 스웨덴의 부유한 사업가 라르스 슈미트와 재혼했지만, 그 결혼 역시 파경으로 끝나고 말았다. 로셀리니와의 사이에서 태어난 쌍둥이 자매 가운데 하나인 이사벨라 로셀리니 역시 나중에 커서 배우가 되었으나 어머니의 뛰어난 미모와 연기에는 훨씬 못 미친다는 평을 듣는다.

전성기 시절에 일찌감치 영화계와 언론으로부터 따돌림을 당했음에도 그런 수모를 이겨 내고 영화 〈아나스타샤〉에 출연해 생애 두 번째로 아카데미 여우주연상을 수상하는 집념을 보인 잉그리드 버그만은 그 후 환갑을 바라보는 나이로 〈오리엔트 특급살인〉에 출연해 여우조연상까지 받는 기염을 토하기도 했다. 63세 때는 잉마르 베리만 감독의 스웨덴 영화 〈가을 소나타〉에 출연해 오랜 기간 소원한 관계에 있던 딸과 화해를 시도하는 어머니 역을 연기했는데, 마치 그녀 자신의 이야기처럼 보이기도 한다. 그녀는 말년에 유방암에 걸려 고생하면서도 자신의 마지막 출연작이 된 이스라엘 TV 영화 〈골다라 불린 여인〉에 출연해 골다 메이어 수상 역을 연기했는데, 촬영을 마친 직후 67세를 맞이한 자신의 생일날에 세상을 떴다.

그녀는 비록 많은 팬들로부터 선망의 대상이기도 했지만, 그녀의 성장과정은 험난한 가시밭길과도 같았다. 스웨덴 스톡홀름에서 화가이자 사진작가의 딸로 태어난 그녀는 두 살 때 어머니를 여의었을 뿐만 아니라 설상가상으로 13세 때 아버지를 잃어 졸지에 고아 신세가 되면서 더욱 큰 상처를 받았다. 왜냐하면 엄마를 잃은 어린 딸을 극진히 사랑한 아버지였기 때문이다. 그는 딸의 일거수일투족을 카메라에 담고 죽었는데, 그

잉그리드 버그만

런 아버지처럼 그녀 또한 수시로 자신의 자녀들의 모습을 카메라에 담았으며, 한때는 사진작가 로버트 카파와 뜨거운 열애에 빠지기도 했으니 아버지의 영향이 얼마나 컸는지 짐작할 수 있다. 더욱이 그녀는 아버지의 사진모델이 되는 일에 익숙했듯이 성인이 되어 카메라 앞에서 연기를 펼치는 일에도 타의 추종을 불허했는데, 항상 뭔가를 애타게 갈망하는 듯한 그녀의 시선은 그리운 아버지를 향하고 있었던 것으로 보이기도 한다.

생전에 아버지는 자신의 딸이 오페라 가수가 되기를 바랐으나 어린 딸은 이미 그때부터 배우가 되기를 꿈꾸며 평소 엄마가 입던 옷을 입고 홀로 연기 흉내를 하며 놀기도 했는데, 결국에는 자신의 꿈을 이루고야 말았다. 그녀는 아버지를 잃은 후 이모와 함께 살았으나 그 이모마저 6개월 만에 심장마비로 숨진 뒤로는 다른 이모 훌다가 대신 보살폈다. 그런 역경을 딛고 스웨덴 왕립 연극학교에서 연기를 배워 배우가 된 그녀는 외로움을 견디기 어려웠던지 불과 21세 때 치과의사 페테르 린드스트룀과 결혼해 딸까지 낳았는데, 그 후 할리우드 제작자 셀즈닉의 눈에 띄어 할리우드로 건너가면서 두각을 나타내기 시작했으며, 남편도 미국으로 함께 건너가 따로 의학을 공부해 신경외과의사가 되었다.

순수하고 청순한 이미지와 해맑은 시선으로 숱한 관객들을 사로잡은 그녀는 다른 할리우드 여배우들과는 달리 예명을 사용하지 않고 자신의 본명을 그대로 썼으며, 평소에도 화장을 하지 않는 자연미로 사람들을 더욱 놀라게 했는데, 비록 불미스러운 스캔들로 자신의 경력에 흠집을 남기기도 했지만, 남달리 애정에 굶주린 상태에서 외롭게 자란 그녀의 성장배경을 이해한다면 충분히 그럴 수도 있었을 것으로 보인다. 영국 런던에서 생을 마친 그녀의 재는 스웨덴으로 옮겨져 바다에 뿌려졌으며, 남은 재 일부는 부모의 재가 묻힌 묘지 옆에 안장되었다. 결국에는 먼 길을 돌아 부모의 곁으로 다시 돌아간 것이다.

알코올 중독자 아버지를 보살핀 오손 웰즈

고전영화 〈시민 케인〉, 〈제3의 사나이〉 등으로 유명한 미국의 배우이사 영화감독 오손 웰즈(Orson Welles, 1915-1985)는 미국 위스콘신 주 케노샤 태생으로 아버지는 자전거 램프를 발명해 부자가 된 인물이며, 어머니는 피아니스트였다. 하지만 알코올 중독에 빠진 아버지는 더 이상일을 하지도 않게 되었으며, 그가 네 살 때 부모가 헤어졌을 뿐만 아니라 설상가상으로 아홉 살 때 어머니마저 여의고 말았다.

어머니가 죽은 후 그는 아버지와 함께 시카고의 아파트에 살았는데, 그들 부자는 자메이카에서 극동지역까지 여행을 즐기며 괴로운 마음을 달래기도 했다. 그 후 아버지 소유의 호텔에 함께 기거했으나 그 호텔이 화재로 전소되는 불운을 겪었으며, 더욱이 15세 무렵에는 알코올 중독자인 아버지가 호텔에서 홀로 숨을 거두게 되면서 그는 엄청난 죄책감에 빠지고 말았다. 왜냐하면 아버지가 죽기 직전에 자신이 무심코 내던진 말 때문이었다. 당시 어린 아들은 만약 술을 끊지 않으면 더 이상 아버지를 보지 않겠다고 선언했는데, 자신이 했던 그 말이 화근이 되어 아버지가 죽도록 술을 마신 것으로 믿었던 것이다.

그동안 오손 웰즈는 어린 나이에도 불구하고 술독에 빠져 지내는 아버지를 계속 돌보고 있었는데, 지인들이 보기에는 아버지가 아들을 돌보는 것이 아니라 아들이 오히려 아버지의 보호자 노릇을 한 것처럼 비칠 정도로 그는 매우 의젓한 자세로 자신의 힘겨운 상황을 슬기롭게 헤쳐 나가고 있었다. 아버지가 죽은 후 대학 진학도 포기하고 물려받은 유

오손 웰즈

산으로 유럽여행을 떠난 그는 아일랜드 더블린의 게이트 극장에서 연극배우로 처음 데뷔했는데, 당시 그의 나이 불과 16세였다.

하지만 그 후 런던에서 적절한 배역을 찾지 못한 그는 미국으로 돌아와 뉴욕 브로드웨이 무대에서 활동하는 가운데 라디오 방송에도 진출해 성우로 활약하기도 했다. 특히 1938년 H. G. 웰스의 〈우주전쟁〉을 각색한 라디오 드라마에 출연해 너무도 실감 나는 연기를 펼치는 바람에 실제 비상사태가 난 줄 알고 수많은 시민들이 한동안 집단공황상태에 빠지는 소동을 일으키기도 했으나, 이를 계기로 오히려 그의 명성이 전국으로 퍼지게 되었다.

그 후 영화계에 진출한 그는 1941년 26세의 젊은 나이로 자신의 첫 감독 데뷔작인 〈시민 케인〉을 발표해 평단의 극찬을 받았는데, 탐욕적인 언론재벌의 위선을 통해 자본주의사회의 어두운 이면을 파헤친 이 작품은 미국 영화사상 최고의 걸작이라는 평을 들었다. 그런데 이 영화의 명대사로 알려진 "자신이 해야 할 일을 결정하는 사람은 세상에서 단 한 사람, 오직 나 자신뿐이다."라는 주인공 케인의 말은 대본을 직접 쓴 오손 웰즈 자신의 신념이기도 하며, 이미 어린 나이부터 고아가 되어 스스로 모든 일을 책임져야 했던 그로서는 지극히 당연한 말이기도 했을 것이다.

목사인 아버지에 반발해 무신론자가 된 잉마르 베리만

스웨덴이 낳은 세계적인 영화감독 잉마르 베리만(Ingmar Bergman, 1918-2007)은 제2차 세계대전 이후 도덕적으로 황폐해진 유럽사회에 혜성처럼 나타나 영상을 통한 심각하고도 철학적인 질문을 던짐으로써 서구 지식인들에게 큰 충격을 안겨 준 인물로, 그래서 그에게는 영화 철학자라는 호칭이 항상 붙어 다니기도 했다. 그는 신의 존재에 대한 주제를 다룬 〈제7의 봉인〉, 〈처녀의 샘〉, 〈침묵〉 등으로 유럽영화계에 큰 돌풍을 일으켰으며, 노인의 심리를 묘사한 〈산딸기〉, 주로 여성들의 내면적 모순을 묘사한 〈안나의 열정〉, 〈외침과 속삭임〉, 〈고독한 여심〉, 〈가을 소나타〉를 비롯해 자신의 자전적인 작품이자 마지막 유작인 〈화니와 알렉산더〉 등 많은 걸작들을 남긴 북유럽 영화의 거장으로 진정한 의미에서 본격적인 영화작가의 시대를 연 장본인이라 할 수 있다.

스웨덴 우프살라에서 엄격한 루터교 목사의 아들로 태어난 그는 어릴 때부터 몹시 냉담한 어머니와 매우 완고하고 강압적인 아버지 밑에서 자랐는데, 도덕적으로 지나치게 엄격했던 아버지는 오줌을 싸는 사소한 잘못에도 어린 아들을 캄캄한 벽장 안에 가두는 벌로 다스릴 정도로 가혹한 인물이었다. 아버지가 신도들을 상대로 열심히 설교하고 있는 동안에 어두운 벽장 속에 갇혀 웅크리고 앉아 노래를 부르며 시간을 보내야 했던 그 아들은 결국 여덟 살 때 이미 기독교 신앙을 버렸다. 더 나아가 그런 위선적인 아버지에 대한 환멸과 증오심에 가득 찼던 그는 소년시절 아버지 대신 히틀러를 숭배하고 나치를 지지해 여름방학 기간에 직접 독일로 건너가 나치의 바이마르 집회에도 직접 참가함으로써 먼발치에서나마 설레는 가슴으로 히틀러의 모습을 바라보기도 했다.

그는 후에 자신의 젊은 시절을 회고하면서 히틀러와 나치 독일의 몰락을 개인적으로는 매우 애석하게 여겼다는 고백을 털어놓기도 했다. 물론 그 이유 중의 하나는 나치의 반종교적인 태도와 기존의 가치관에 대한 정면 도전에 있었을 것으로 보이며, 더욱이 히틀러의 순수 게르만주의는 북구인의 정서에도 부합되는 정책이었기 때문이다. 그런 점에서 베리만은 제2차 세계대전으로 인한 반인륜적 참상에는 일생 동안 침묵으로 일관했다. 그의 모든 작품을 통해 파시즘이 저지른 만행에 대한 언급을 전혀 찾아볼 수 없는 이유도 그런 개인적 배경 탓일 것이다. 하지만 그가 작품을 통해 일관되게 외쳤던 신의 침묵도 두려운 사실이지만, 온갖 학살과 만행에 대한 베리만 자신의 침묵 또한 두려운 사실임에 틀림없다. 왜냐하면 그것은 분명 타인의 불행에 공감을 느끼지 못하는 심리적 기능의 결함을 의미하는 것이기 때문이다.

어쨌든 베리만의 자전적 요소가 가장 분명하게 드러난 작품 〈화니와 알렉산더〉는 1982년에 발표한 공식적인 은퇴작으로 부모가 그토록 의지했던 신에 대한 경멸과 조소가 어린 소년의 행동을 통해 확인되고 있는데, 이는 마치 진정한 사랑을 베풀지도 못하면서 입으로만 사랑을 외치는 모든 위선적인 부모들에 대한 항변이기도 하다. 그것은 그만큼 베리만 자신이 부모의 사랑에 굶주린 애정결핍에 시달리며 살아왔음을 의미한다. 따라서 그는 냉담한 어머니와 가학적인 아버지 모두를 불신했으며, 사랑을 베풀지 않고 침묵으로 일관하는 신에 대해서도 부정적인 태도를 보였다. 특히 아버지 장례식 행렬을 따라가며 소년 알렉산더가 내뱉는 '나쁜 놈, 똥, 오줌, 엉덩이, 돼지' 등의 불경스러운 낱말들에는 아버지에 대한 적대감, 성적 갈등, 오이디푸스 콤플렉스, 신앙적 불신감 등 베리만 자신의 오랜 갈등적 요소들이 모두 함축되어 있다고 볼 수 있다.

실제로 그의 아동기는 숨 막히는 종교적 경건
함으로 가득 찬 집안 분위기에 억눌린 탓에 철저
하게 고립되고 소외된 악몽의 시기였다. 특히 원
초적 욕구와 환상에 가득 찬 아이의 입장에서 볼
때, 매우 가식적인 아버지가 강요한 의례적인 틀
자체가 위선으로 비쳤을 것이며, 자신을 그 어떤
경계 밖으로 내모는 것으로 받아들여졌을 수 있
다. 한마디로 그의 집안 분위기는 어린 그에게 거
의 질식할 것만 같은 고립된 감옥을 연상하기에

잉마르 베리만

족할 정도로 차갑고 어두운 공기가 감돌았을 뿐이다. 그곳에서 자유로
운 의사 표현은 전혀 인정되지 않았다. 그가 8세라는 어린 나이에 이미
신앙심을 버렸다고 주장하는 것도 결코 무리가 아니었다.

따라서 어린 그에게 아버지로 상징되는 교회는 신의 사랑으로 충만
한 그런 축복의 공간이 아니라 죽음의 침묵으로 가득 찬 숨 막히는 공간
이었을 뿐이다. 이처럼 어려서부터 정서적으로 고립된 그는 충분한 사
랑을 받지 못하고 성장했으며, 그가 일생 동안 추구했던 인간 소외 및
소통의 단절, 그리고 신의 부재와 침묵 등의 주제는 다시 말해서 그 자
신이 어린 시절 겪었던 마음의 상처를 반영하는 것이다. 그렇게 철저히
고립된 그에게 위안을 제공했던 유일한 상대는 환등기와 인형놀이였을
뿐이었다.

그는 지독한 외로움을 혼자만의 상상놀이를 통해 스스로 달랬던 것
인데, 유일한 친구가 되어 주었던 환등기는 결국 그의 평생 동반자가 되
었던 활동사진으로 발전해 타의 추종을 불허하는 영상언어의 마법사로
거듭날 수 있는 계기를 마련했다고 볼 수 있으며, 그래서 그는 자신의
자서전 제목도 〈마법의 등〉으로 붙였을 것이다. 물론 그런 환등기 놀이

를 통해 그는 어릴 때부터 이미 자신의 환상과 갈등을 표출하는 작업에 아주 익숙해져 있었으며, 그렇게 몸에 밴 상상놀이를 통해 자신의 욕구 불만을 해소했던 것으로 보인다.

베리만 감독은 영상매체를 통해 자신만의 독특한 철학적 주제를 일관되게 전달하고자 했던 사람이다. 하지만 그의 오랜 창작 활동은 결국 그 자신의 심리적 외상을 치유하고자 하는 필사적인 시도였다고 해도 과언이 아닐 것이다. 물론 그의 주된 관심은 죽음과 신의 구원, 그리고 현대인의 소외와 고독에 있었지만, 그런 철학적 주제의 이면에는 아버지라는 존재에 대한 부정과 환멸, 거세공포뿐 아니라 냉담했던 어머니와의 관계에서 비롯된 애정결핍과 분리불안(separation anxiety) 등의 문제가 밑바탕에 깔린 것으로 보인다.

따라서 그에게 영화라는 매체는 그 자신의 이행기 공간인 동시에 근원적인 욕망과 환상을 실현할 수 있는 무대를 제공한 셈이다. 여기서 말하는 이행기 공간(transitional space)이란 영국의 정신분석가 위니캇이 말한 엄마와 아기 사이에 형성되는 특이한 심리적 공간을 가리킨 것으로 결국 그가 일생을 두고 작업한 영화창작은 자신의 부모관계에서 비롯된 내적 갈등에 관한 일종의 자전적 영상기록이 되는 셈이다. 특히 신의 부재와 침묵에 관한 주제는 자신을 학대했던 위선적인 목사 아버지에 대한 저항과 부정을 드러낸 것으로 보인다.

리처드 버튼과 그의 스승 필립 버튼

셰익스피어 연극, 특히 〈햄릿〉에서 뛰어난 미성과 연기력을 과시한 후 할리우드 영화계에 진출한 영국 배우 리처드 버튼(Richard Burton, 1925-

1984)은 세기적인 미녀 엘리자베스 테일러와 두 번이나 결혼해 화제를 모은 연기파 배우로 〈성의〉, 〈햄릿〉, 〈클레오파트라〉, 〈누가 버지니아 울프를 두려워하랴〉, 〈말괄량이 길들이기〉, 〈천일의 앤〉, 〈에쿠스〉 등에서 호연을 보여 세계적인 명우가 되었지만, 아카데미 영화제에서는 단 한 번도 상을 타지 못했다.

그는 모두 다섯 차례 결혼했는데, 그중 두 번은 엘리자베스 테일러와 이혼과 재결합을 해서 이루어진 것이고, 마지막 부인 샐리 헤이는 23년이나 연하로 갑자기 그가 죽는 바람에 함께 지낸 기간은 불과 1년밖에 되지 않는다. 그의 강력한 라이벌이자 동료였던 로렌스 올리비에가 82세까지 장수한 데 반해 그는 58세 나이로 일찍 죽었는데, 잦은 병치레로 수십 차례 입원을 반복해야 했던 엘리자베스 테일러와 마찬가지로 그 역시 건강이 여의치 않아 오랜 기간 간경화, 신장질환, 피부병, 관절염 등에 시달렸다.

그럼에도 불구하고 그는 제대로 치료를 받지 않았을 뿐만 아니라 오히려 알코올 중독에 빠져 지냈으며, 하루에 담배를 네 갑 이상 태우는 지독한 골초이기도 했다. 그렇게 자기 몸을 제대로 돌보지 않고 스스로 학대한 그는 일종의 만성 자살자라 할 수도 있는데, 미국의 정신의학자 칼 메닝거가 말한 만성 자살(chronic suicide)이란 장기간에 걸쳐 서서히 스스로를 죽음으로 몰고 가는 모든 행위를 일컫는 용어로 술, 담배, 마약 등에 중독되거나 의학적 치료 거부, 난폭 운전, 위험한 곡예와 암벽 등반 등이 이에 속한다.

리처드 월터 젠킨스가 본명인 리처드 버튼은 영국 웨일즈의 작은 마을에서 술주정뱅이 광부의 13명의 자녀 중 12번째로 태어났는데, 선술집 바텐더였던 어머니와 펍 단골손님이었던 아버지는 자신들이 만난 바로 그곳에서 결혼식을 올렸다. 그야말로 맥주로 맺어진 인연이었던

리처드 버튼

셈이다. 하지만 그런 인연은 아들에게도 이어져 리처드 버튼 역시 지독한 술꾼이 되고 말았는데, 술주정뱅이인 아버지를 증오하고 혐오하던 아들이 그 자신도 술주정뱅이가 된 그런 역설적인 현상을 정신분석에서는 적대적 동일시라고 부른다. 어쨌든 그의 아버지는 하루에 맥주 12파인트를 마시는 대주가로 술과 도박에 미친 사람이었음에도 불구하고 81세까지 장수한 반면에, 계속해서 쉴 새 없이 13명의 자녀를 낳은 어머니는 버튼이

두 살 때 막내아들을 낳은 직후 산욕열로 세상을 뜨고 말았는데, 당시 그녀 나이 44세였다.

물론 갑자기 엄마를 잃은 아기들은 의존성 우울증(anaclitic depression)에 빠지기 쉽지만, 다행히 그는 결혼한 큰누나 세실리아와 매형 엘페드의 보살핌을 받으며 큰 말썽 없이 잘 자라 주었다. 그래서 엄마 노릇을 대행하며 자신을 정성껏 키워 준 누나 세실리아에게 그는 평생 동안 고마움을 느끼고 살았다. 아버지는 어쩌다 한 번씩 들렀을 뿐 거의 얼굴을 볼 수 없었다. 하지만 어머니를 잃은 그의 근원적인 상실감은 좀처럼 사라지지 않아서 그는 여러 차례의 결혼생활을 통해서도 결코 만족을 느끼지 못했으며, 그런 공허감을 술과 담배로 달래고자 했던 것으로 보인다.

프로이트는 젖먹이 시절에 구강기 좌절(oral frustration)을 겪은 사람일수록 의존적 성향이 매우 강하며 알코올 중독에 빠지기 쉽다고 주장했는데, 리처드 버튼이야말로 그런 설명에 딱 들어맞는 인물이 아닐 수 없다. 더군다나 그는 소년시절부터 술을 마셔 댔을 뿐만 아니라 이미 8세 때부터 담배를 피우기 시작하고 성인이 되어서도 온종일 쉬지 않고 무

려 100개비의 담배를 피워 대며 자신의 입을 혹사시켰으니 구강기에 겪은 상처가 얼마나 컸는지 알 수 있다.

그 많은 대식구 중에 처음으로 중등학교에 입학한 리처드 버튼은 그때부터 이미 뛰어난 발표력과 노래 솜씨를 과시하고 있었는데, 당시 그에게 발성법을 지도해 주었던 스승 필립 버튼은 그를 친자식처럼 아끼고 보살펴 주었을 뿐만 아니라 나중에 그가 배우로 성장하는 데도 큰 역할을 맡아 버튼에게는 평생에 가장 큰 은인이기도 했다. 제2차 세계대전이 발발한 직후 광부였던 매형 엘페드가 병으로 앓아눕게 되자 당시 16세였던 리처드 버튼은 학업을 중단한 채 매형을 대신해서 탄광에서 일해야 했는데, 힘겨운 노동에 지쳐 있던 그때부터 술을 입에 대기 시작했다.

당시 그는 영국 공군에 간부후보생으로 지원했으나 그의 재능을 아깝게 여긴 필립 버튼 선생이 힘을 써서 학교로 복귀하도록 도와주었을 뿐만 아니라 그를 자신의 양자로 삼으려고까지 했다. 비록 법적 절차의 문제로 성사되지는 못했으나 그때부터 그는 그동안 아버지처럼 여기고 따르던 필립 버튼 선생의 성을 따서 자신의 이름도 리처드 버튼으로 개명했다. 물론 아버지도 그런 아들의 결정에 동의해 주었지만, 사실 그 아버지는 아들 입장에서 볼 때 있으나 마나 한 존재였을 뿐이다.

그 후 한 인터뷰에서 필립 버튼에게 어떻게 입양을 결심하게 된 것이냐는 질문이 던져지자 곁에 있던 리처드 버튼이 펄쩍 뛰며 "이 분이 아니라 내가 이 분을 입양한 것이다."라고 말했다고 하는데, 사실 그 말이 더욱 적절하다고 할 수 있다. 필립 버튼은 리처드 버튼이 죽은 후에도 11년을 더 살다 90세를 일기로 미국 플로리다에서 눈을 감았다. 반면에 아들의 재능과 성공을 좀처럼 인정하지 않았던 냉담한 아버지는 1957년 81세로 사망했는데, 리처드 버튼은 그런 아버지의 장례식에 참석조차 하지 않았다. 끝까지 자신의 아버지로 인정하지 않은 것이다.

고아원에서 자란 비달 사순

영국의 헤어드레서이며 사업가인 비달 사순(Vidal Sassoon, 1928-2012)은 런던 태생의 유대인으로 아버지 잭 사순은 그리스 태생의 유대인이며, 어머니 베티 벨린은 우크라이나에서 유대인 학살을 피해 영국으로 도피한 여성이었다. 하지만 그가 세 살 때 아버지가 처자식을 버리고 가출하는 바람에 살던 집도 잃고 길바닥에 나앉게 된 어머니는 극도의 가난 때문에 생계가 막연해진 나머지 어쩔 수 없이 두 아들을 고아원에 맡겨 버렸는데, 어린 형제는 어머니가 재혼할 때까지 그곳에서 7년이나 보내야 했다. 그때까지 어머니는 월 1회의 방문만 허용되었으며 밖으로 데리고 나갈 수도 없었다.

이처럼 어린 시절 대부분을 고아원에서 자란 그는 그럼에도 불구하고 그런 어머니를 원망하진 않았다. 어머니의 불가피한 사정을 잘 알고 있었기 때문이다. 오히려 그는 자신들을 그렇게 곤경에 빠트리고 비정하게 사라진 아버지를 더욱 원망했다. 더군다나 그는 학교에서 친구들로부터 유대인이라는 이유로 놀림감이 되었는데, 교내 달리기 시합에서 우승한 이후로는 무조건 이겨야 한다는 생각으로 자신의 열등감을 극복해 나갔다. 어쨌든 그런저런 이유 때문에 제2차 세계대전 중에 다니던 학교도 중퇴하고 유대인 지하조직에 가담한 그는 당시 오스왈드 모즐리 경이 조직한 영국 파시스트 연합을 상대로 치열한 반파시즘 운동을 벌이기도 했다.

1948년 이스라엘이 독립하자 당시 20세였던 그는 팔레스타인으로 건너가 이스라엘 방위군에 입대하고 중동전쟁에 참전해 아랍군을 상대로 싸웠는데, 당시의 경험을 통해 비로소 자신의 민족 정체성에 눈을 뜬 이래 세계적인 사업가로 성공하면서 반유대주의 연구를 위한 국제 센터를 설립하고 이스라엘의 교육 발전에 많은 투자를 하는 등 자선사업에 힘썼으며, 특히 반유대주의에 대항하는 일에 앞장서 오랜 노력을 기울였다. 어린 시절 당했던 모욕감과 수치심이 그만큼 컸던 모양이다.

비달 사순

　이스라엘을 떠나 다시 런던에 돌아온 그는 헤어살롱에서 기술을 배운 후 1954년 처음으로 자신의 개인 살롱을 열고 독자적인 헤어스타일을 개발하기 시작했으며, 1963년 고전적인 단발머리 형태를 다시 부활시킨 짧은 파마 스타일을 발표해 폭발적인 인기를 끌었다. 헤어디자이너로 명성을 얻게 되면서 그는 자신의 이름을 딴 샴푸와 린스를 판매하기 시작해 그의 이름은 얼마 가지 않아 세계적인 브랜드로 떠오르게 되었다.

　그는 두발용 상품뿐만 아니라 수많은 비달 살롱 지점을 미국에 진출시켰으며, 전국 각지에 헤어드레싱 학교를 세워 운영하기도 하는 등 세계 굴지의 사업가로 성공했으나 말년에 이르러서는 회사를 처분하고 사업에서 완전히 손을 떼었다. 그 후 그는 비달 사순 재단을 설립해 자선사업에 몰두하다가 백혈병 진단을 받고 84세를 일기로 세상을 떴다. 생전에 네 번이나 결혼했던 그는 3명의 전처에게는 단 한 푼의 유산도 남기지 않을 정도로 맺고 끊는 게 분명한 사람이었다. 한편, 고아원에서 함께 자란 남동생 이보르는 46세 나이로 일찍 사망했으며, 97세까지 장수한 어머니는 1997년에 사망했다.

공산당의 박해로 아버지를 잃은 아그네츠카 홀란드

폴란드 태생의 아그네츠카 홀란드(Agnieszka Holland, 1948-)는 프랑스 파리에서 활동하는 여성감독으로 바르샤바에서 유대인 저널리스트의 딸로 태어났다. 그녀의 조부모는 바르샤바 게토에서 독일군에 학살당한 사람들이며, 아버지는 반유대주의에 물들지 않은 유일한 곳이 공산당이라 생각해서 공산주의자가 된 인물로 제2차 세계대전 당시 소련 적군에 가담해 독일군과 싸운 후 종전이 이루어지자 폴란드로 돌아와 저널리스트로 활동했다. 그녀의 어머니는 제2차 세계대전 말기 바르샤바 봉기 때 독일군을 상대로 저항운동을 벌인 폴란드 여성으로 가톨릭신도였다.

하지만 그녀가 13세 때 시오니즘운동 혐의로 폴란드 공산당 경찰에 끌려가 심문을 받던 아버지가 갑자기 사망하는 일이 벌어졌는데, 당국의 공식 발표는 자살이라고 했지만, 가족들은 고문 도중에 살해당한 것으로 굳게 믿었다. 그런 비극을 겪은 이후로 공산당의 만행에 극도의 저항감을 갖게 된 그녀는 폴란드가 아닌 체코 프라하로 가서 영화수업을 받았으며, 1968년 프라하의 봄을 직접 목격한 후로는 자유화를 외치는 반체제운동에 가세함으로써 한때 경찰에 체포당하기도 했다. 1981년 이후 폴란드 자유노조를 지지했다는 이유로 그녀의 폴란드 입국이 거부되자 프랑스에 정착해서 지금까지 정력적인 활동을 보이고 있다.

아그네츠카 홀란드

아버지의 억울한 죽음에서 결코 자유로울 수 없었던 그녀는 1988년도 영화 〈암살의 그림자〉에서 폴란드 자유노조 운동을 배경으로 정치적 음모에 휘말린 한 성직자의 희생을 다루었는데, 마치 그녀 자신의 아버지를 염두에 두고 만든 영화처럼 보이기도 한다. 또한 1990년도 영화 〈유로파 유로파〉는 나치 독일 치하에서 살아남기 위해 자신의 유대인 신분을 숨기고 독일인으로 가장하며 살아가는 한 소년의 처절한 생존기를 그린 작품으로 어디에도 소속되지 못한 영원한 이방인 유대인의 정체성 혼란 문제를 상징적으로 보여 주는 내용이라 할 수 있다. 공산당의 만행으로 아버지를 잃은 그녀는 폴란드 공산당의 비인간적 만행에 희생된 한 여인의 비극을 고발한 부가이스키 감독의 1982년도 영화 〈신문〉에 직접 출연해 연기하기도 했다. 프라하 영화학교에서 만난 라코 아다미크와 결혼한 그녀는 딸 카시아를 낳았는데, 카시아 아다미크 역시 자신의 어머니처럼 영화감독이 되어 활동하고 있다.

27 클럽 가수들

'27 클럽'이란 실제로 존재하는 클럽이 아니라 미국의 대중매체에서 27세 나이로 일찍 요절한 대중가수들을 지칭하기 위해 편의상 만들어 낸 가공의 명칭일 뿐이다. 그들 대부분은 마약이나 알코올 중독으로 죽었으며, 자살 또는 타살로 죽은 경우도 있다. 그중에서 세상에 가장 큰 충격을 안겨 준 인물로는 '롤링 스톤스'의 리더였던 브라이언 존스와 '도어스'의 짐 모리슨, 그리고 지미 헨드릭스, 재니스 조플린, 커트 코베인 등을 들 수 있겠다. 물론 이들이 그렇게 일찍 세상을 뜬 것은 과로에 의한 탓도 있겠지만, 무절제한 생활로 인해 건강을 해친 것이 가장 큰 이유가 된다고 본다.

미국의 록 밴드 '도어스'의 리드싱어로 활약한 짐 모리슨(Jim Morrison,

짐 모리슨

1943-1971)은 해군 제독 조지 모리슨의 아들로 한때는 장래 시인을 꿈꾸던 문학도였으며, UCLA에서 영문학과 영화학을 공부한 수재였다. 당시 그의 아버지는 미군의 월남전 개입을 촉발한 통킹만 사건 현장에 출동 중이었는데, 그 시기에 이미 반항적인 태도를 보이기 시작한 아들은 술과 마약에 빠져 보헤미안 스타일의 삶을 즐기고 있었다. 더욱이 대학을 졸업한 후에는 가족과의 연락도 끊은 채 오로지 록밴드 활동에만 몰두하게 되면서 아버지와 본격적인 대결에 들어가기 시작했다. 당연히 아버지는 그의 음악활동에 반대했으며, 심지어는 "음악적 재능도 없는 주제에 무슨 음악을 하겠다는 것이냐. 당장 포기해라."라는 뜻의 편지를 아들에게 보내기까지 했지만, 그럴수록 아들은 더욱 반항적인 태도로 나아갔다.

원래 짐 모리슨의 가족은 다른 군인가족처럼 한군데 머물지 못하고 여기저기 자주 이사를 다녔으며, 아버지가 비록 직접 체벌을 가하진 않았지만 군대식의 혹독한 기합으로 자식들을 훈련했는데, 자신의 과오를 인정하고 울음을 터뜨릴 때까지 계속해서 큰소리로 질책하며 몰아세우는 그런 방식이었다. 그런 아버지에 대한 반항으로 짐 모리슨은 록밴드 '도어스'를 이끌며 기존의 모든 권위체제를 부정하는 반문화운동의 기수로 떠오르게 된 것이다.

그는 인기정상을 달릴 때조차도 마치 부모가 이미 죽고 없는 듯이 처신했으며, 더 나아가 그가 네 살 때 가족과 함께 사막지대에서 겪은 끔찍스러운 자동차사고의 경험이 자신의 삶에 결정적인 영향을 끼친 것으로 계속 주장했는데, 당시 가족을 태우고 아버지가 운전하던 차가 인디언 보호구역을 지날 때 인디언 가족을 치어 죽게 만든 채 그대로 도주했다는 것이다. 하지만 아버지의 주장은 전혀 달랐다. 길을 가는 인디언들을 그저 지나쳐 갔을 뿐인데, 아들이 계속 울부짖는 인디언들 모습에 집착한 나머지 있지도 않은 사실을 퍼뜨리고 있다는 것이었다. 다른 가족들 역시 그런 일은 기억에 없다고 주장하면서 짐 모리슨이 오히려 그렇게 부풀린 이야기를 즐기는 듯이 보인다고 말하기도 했다. 누구 말이 사실인지는 모르나 그런 이야기를 퍼뜨린 그의 의도는 아버지의 존재가 얼마나 비열한 인간이었는지 세상에 폭로하기 위한 것이었음에 틀림없다.

어쨌든 '도어스'의 멤버로 인기를 끌면서 슈퍼스타가 된 그는 자신의 팬들과 무절제한 성관계를 갖기 일쑤였는데, 그중에는 재니스 조플린을 비롯한 여가수들도 있었다. 하지만 그는 내연관계에 있던 파멜라와 함께 잠시 파리에 들렀다가 갑자기 의문사를 당하고 말았다. 비록 헤로인 과용에 의한 것으로 공식 발표되었지만, 정확한 사인은 지금까지도 미지수로 남아 있다. 그가 죽은 후 파멜라의 부모는 사실상의 혼인관계였다는 점을 들어 법원에 딸의 상속권을 신청해 승소했지만, 정작 파멜라 본인은 매우 불안정한 상태로 지내다가 수년 후 자신의 집에서 헤로인 과용으로 숨졌으며, 공교롭게도 파멜라 역시 27세 나이로 죽었다.

미국의 대중음악 역사에서 가장 탁월한 기타리스트이며 록 가수로 명성을 날린 지미 헨드릭스(Jimi Hendrix, 1942-1970)는 비록 수면제 과용으로 27세라는 나이에 요절하고 말았지만, 1960년대 미국의 대규모 팝 페스티벌을 통해 수많은 대중을 사로잡은 전설적인 흑인가수였다. 그 역시 무절제한 마약 사용과 섹스로 건강을 해쳤으며, 런던 체류 중에 갑자기 숨졌다. 당시 그는 독일의 피겨스케이팅 선수였던 모니카 단네만과 함께 호텔에 투숙하고 있던 중에 약물 과용 후 구토 증세를 일으켜 질식 사한 것으로 판명되었다.

그런데 지미 헨드릭스 역시 어릴 때부터 아버지와 트러블을 일으키 며 매우 반항적인 소년으로 지냈으며, 그런 반항심을 음악으로 해소했 다고 볼 수 있다. 아버지가 군복무 중일 때 미국 시애틀에서 태어난 그 는 생업에 쫓긴 어머니의 보살핌을 제대로 받지 못하고 대신 이모에 의 해 키워졌으며, 군에서 제대한 아버지가 돌아온 후에도 매일 술을 마시 고 서로 치고받고 싸우는 부모 때문에 겁에 질린 나머지 화장실에 숨어 지내는 수가 많았다. 더욱이 지독한 가난 때문에 수시로 이사를 다닌 데 다 부모가 걸핏하면 자녀 양육을 포기할 뜻을 내비치자 그는 동생 레오 와 헤어지지나 않을까 늘 불안해하며 지내야 했다. 결국 그가 아홉 살 때 부모가 이혼하고 말았지만, 법원이 두 아들의 양육을 아버지에게 맡 김으로써 형제는 다행히 떨어지는 일만큼은 모면하게 되었다.

하지만 초등학교에 들어간 후에도 항상 빗자루에 강한 집착으로 보 이며 그것으로 기타 치는 흉내를 내는 그의 행동을 지켜본 선생이 뭔가 정서적 불안정 때문에 그런 것이라고 판단해 기타를 사 줄 것을 제안했

지만, 아버지는 그런 제안을 일언지하에 거부해 버렸다. 더군다나 그가 16세 때 간경화에 걸린 어 머니가 비장파열로 숨졌지만, 그녀의 장례식에 참석하는 일조차 가로막은 아버지는 대신에 위스 키 한잔을 마시게 한 후 남자는 그런 식으로 애도 를 표시하는 것이라고 가르치기까지 했다.

그 후 지미 헨드릭스는 힘겹게 기타를 구입해 어깨 너머로 연주법을 익혔으며, 곧바로 자신의 밴드를 결성해 본격적인 활동을 하기 시작하면서

지미 헨드릭스

결국에는 전설적인 기타리스트로 성공하기에 이르렀지만, 안타깝게도 27세라는 한창 나이로 타계하고 말았다. 그런데 지미 헨드릭스가 죽은 지 불과 2주 만에 당시 인기 절정의 여가수였던 재니스 조플린(Janis Joplin, 1943-1970)마저 27세 나이로 일찍 생을 마감했는데, 알코올 중독자이기도 했던 그녀의 죽음 역시 많은 팬들에게 충격을 안겨 주기에 충분했다.

한편, 그룹 '니르바나'의 멤버로 헤로인에 중독된 상태에서 총기로 자살한 커트 코베인(Kurt Cobain, 1967-1994)의 죽음은 자살이냐 타살이냐 하는 문제로 가장 큰 논란을 낳았다. 그는 죽기 2년 전에 코트니 러브와 결혼해 딸까지 낳았는데, 두 사람 모두 마약 중독자라는 이유로 자녀 양육에 부적합하다는 당국의 판정을 받은 후 코트니는 헤로인을 중단했지만, 13세 때부터 환각제를 접하고 10대 후반에 이미 헤로인에 손대기 시작한 커트 코베인은 좀처럼 약물 중독에서 헤어 나오지 못했다. 어릴 때 주의력결핍장애를 앓았으며 성인이 되어서는 조울병에 시달린 것으로 알려진 그는 정서적으로 매우 불안정한 상태였음에도 불구하고 치료를 거부한 채 마약에만 매달려 지내다가 결국에는 코트니 러브가 재활치료를 받기 위해 잠시 집을 비운 사이에 자살로 생을 마감하고 말았다. 구스 반 산트 감독의 영화 〈라스트 데이즈〉는 바로 커트 코베인의 마지막 순간을 그린 작품이다.

커트 코베인은 아홉 살 때 부모가 이혼한 후 재혼한 아버지와 함께 살았는데, 결손

커트 코베인

가정의 아이라는 사실로 인해 극도의 수치심과 열등감을 느낀 나머지 학교친구들과 제대로 어울리지 못했으며, 마침내는 제각기 재혼한 부모 모두를 증오하기 시작했다. 원래 아버지는 재혼하지 않겠다고 약속했으나 그 약속을 깨는 바람에 이들은 그런 아버지에게 배신감마저 느꼈다. 그럼에도 불구하고 처음에는 계모를 잘 따랐지만, 그녀가 이복동생을 낳은 12세 무렵부터는 아버지와 계모 모두에게 노골적으로 반항하며 환각제를 복용하는 등 말썽을 부리기 시작했다. 그는 어른들에게 의도적으로 무례한 행동을 벌이는가 하면 학교에서도 다른 아이들을 괴롭히기 일쑤였다.

아들의 비행을 감당하지 못한 아버지는 결국 신앙심이 매우 깊은 친구에게 아들의 양육을 맡겼는데, 그때는 그런대로 교회도 열심히 다니며 착실한 모습을 보이기도 했다. 하지만 아버지의 강요로 레슬링과 야구팀에 마지못해 가입한 그는 고의적으로 실수를 저질러 아버지를 화나게 했을 뿐만 아니라 심지어는 동성애 친구들과 사귀면서 자신이 게이라고 주장하기도 했는데, 물론 그것은 사실이 아니었으며, 단지 사람들과 상종하기 싫어서 그런 척했을 뿐이었다. 그런 점에서 그는 본인의 주장처럼 영적인 차원의 게이였는지도 모른다. 어쨌든 그는 거리에 세워둔 트럭에 "신은 게이다"라는 문구를 페인트로 스프레이하고 다님으로써 경찰 단속에 걸리기까지 했다.

고등학교에 들어간 후 그는 아버지 곁을 떠나 어머니와 함께 살기 시작했으나 도중에 학교를 중퇴하고 말았는데, 그 일로 해서 몹시 화가 난 어머니가 일자리를 알아보든지 아니면 집을 나가라고 요구했으며, 그후 자기 짐이 가지런히 챙겨져 있는 모습을 보고 어머니에게서마저 쫓겨났다는 참담한 기분으로 집을 나와 한동안 다리 밑에서 노숙을 하기도 했다. 그 후부터 여기저기를 떠돌며 지내기 시작한 그는 점차 펑크

록 문화에 빠져들었으며, 힌두교나 불교철학에도 관심을 기울인 나머지 자신의 록 밴드 명칭도 열반을 뜻하는 '니르바나'로 정한 것이다. 비록 그는 열반이야말로 고통스러운 현실과 세상에서 해방될 수 있는 유일한 길이라고 믿었지만, 아이로니컬하게도 부처님의 뜻과는 반대로 헤로인에 중독된 상태에서 자신을 향해 살생을 범하고 말았으니 아무래도 부처님의 깊은 뜻을 제대로 이해하지 못한 듯싶다.

영국의 대중가수 에릭 클랩튼과 엘튼 존

영국을 대표하는 대중가수이자 기타리스트 에릭 클랩튼(Eric Clapton, 1945-)은 제2차 세계대전 당시 16세였던 어머니와 캐나다 병사 사이에서 유복자로 태어났다. 그를 임신하고 있던 중에 전장으로 떠난 생부는 그후 전쟁이 끝나자 캐나다로 귀환해 버렸고 사생아로 남겨진 그는 어머니와 함께 외가에서 자랐다. 그런데 더욱 기가 막힌 일은 외조부모를 자신의 친부모로 알고 자신의 생모는 친누나로 알고 자랐다는 사실이다. 더욱이 생모는 아기를 친정에 맡긴 채 다른 캐나다 병사와 결혼해서 독일로 떠나 버렸으니 그는 완전히 부모에게 버림받은 셈이 되었다.

소년시절부터 기타 연주에 심취한 그는 킹스턴 미대에서 미술을 배우다가 도중에 학업을 포기하고 본격적으로 음악활동에 뛰어들기 시작했는데, 여러 록 그룹을 거치면서 발군의 기타 연주 솜씨를 발휘하는 가운데 마침내 솔로로 데뷔해 큰 성공을 거두었다. 그 와중에 절친한 음악 동료였던 듀언 올맨이 오토바이 사고로 숨지자 실의에 빠진 나머지 술과 마약에 중독되기도 했으며, 그 후에도 베이스 연주자 칼 래들이 약물중독으로 사망하고, 정신분열병 진단을 받은 드럼 주자 짐 고든이 자신

에릭 클랩튼

의 어머니를 살해하고 16년 징역형을 선고받는 등 그의 주변에 여러 악재가 겹치기도 했다.

그는 가수로 성공한 후에도 개인적으로 많은 어려움을 겪어야 했는데, 특히 여성문제와 음주벽, 약물 중독 등이 가장 큰 골칫거리였다. 그중에서도 비틀즈의 멤버이며 친구였던 조지 해리슨의 아내 패티 보이드에 깊이 빠져든 나머지 그녀가 이혼도 하기 전에 동거에 들어가 주위로부터 따가운 눈총을 받아야 했다. 그녀와 동거하면서 그는 더 이상 헤로인에 의존하지 않게 되었지만, 대신에 알코올에 중독되어 전문적인 치료를 받아야 했다.

마침내 그들은 1979년에 결혼해 아이를 갖고자 했으나 실패했으며, 그 사이에 에릭 클랩튼은 이본 켈리와 관계를 맺어 딸을 낳았을 뿐만 아니라 그 후에도 이탈리아 출신 모델 로리 델 산토와의 사이에서 아들까지 낳았지만 그 아들은 네 살 때 아파트에서 떨어져 숨지고 말았다. 결국 9년 만에 패티 보이드와 이혼한 그는 그 후 57세가 되어 멜리아와 재혼해서 딸 셋을 두었는데, 그가 그토록 자녀 출산에 집착한 것은 아마도 사생아로 태어나 부모의 사랑을 받지도 못하고 고아처럼 외롭게 자란 사실뿐 아니라 아버지가 누군지도 모르고 자란 탓에 더욱 아버지 노릇에 강한 집착을 갖게 된 때문이 아닐까 한다.

영국의 대중가수 엘튼 존(Elton John, 1947-)은 음악활동의 공헌으로 대영제국 훈장은 물론 엘리자베스 2세 여왕으로부터 기사작위까지 받았으며, 모교인 왕립음악원에서는 명예 음악박사학위도 받는 등 숱한 영예를 안은 행운아다. 비록 그는 6세가 될 때까지 부모가 결혼을 하지 않아 사생아로 태어난 셈이지만, 그렇다고 해서 크게 불행한 일을 겪은 것은 아니었다. 다만 공군 장교였던 아버지는 집에 붙어 있는 날이 별로 없었으며, 아들에 대해서도 무관심했다. 그를 주로 키운 것은 어머니와 외할머니였다.

엘튼 존

어려서부터 음악에 재능을 나타낸 그는 11세에 왕립음악원에서 정통 클래식 음악을 공부하며 장래 음악가가 될 것을 꿈꿨으나 아마추어 트럼펫 연주자이기도 했던 아버지는 오히려 그런 아들을 못마땅하게 여기고 차라리 은행가가 될 것을 강요했으며, 아들은 그런 아버지에 대한 반발의 표시로 나중에 더욱 거친 무대 매너와 의상으로 응답하게 되었다고 한다. 아버지가 집에 있는 날이면 항상 말다툼이 그칠 날이 없던 어머니는 결국 그가 14세 때 아버지와 이혼하고 화가와 재혼했는데, 그는 자신의 생부보다 다정다감한 계부를 오히려 더 잘 따르고 좋아했다.

자신의 아버지에 대해 유감이 많았던 그는 가수로 데뷔하면서 마침내 생부의 성인 드와이트를 버리고 엘튼 존이라는 예명을 사용하기 시작했으며, 한술 더 떠서 자신이 동성애자임을 커밍아웃했을 뿐만 아니라 영국에서 동성애가 합법화되면서 동성인 데이비드 퍼니쉬와 결혼까지 하고 대리모를 통해 얻은 두 아들을 키웠는데, 그런 행적으로 인해 일부 기독교 단체로부터 비난을 듣기도 했지만, 에이즈 재단을 세워 자선사업에도 많은 기여를 하는 등 자신의 이미지 관리에도 신경을 많이 쓰고 있는 편이다.

반동분자의 아들로 비판받은 장예모 감독

소련이 철의 장막으로 불리고 있던 시절에 죽의 장막으로 불리던 중국에서 이념과 체제 선전을 목적으로 하는 작품 이외의 예술영화가 탄생한 것은 전적으로 5세대 감독들의 눈부신 활약 덕분이었다. 그동안 영화의 불모지로 알려진 중국에서 새바람을 불러일으킨 5세대 감독의 선두주자로 가장 두드러진 활약을 보인 감독은 장예모(張藝謨, 1951-)와 천카이거(陈凯歌, 1952-)로 이들은 1978년 북경 영화학교에 들어가 함께 공부했으며, 졸업 후에는 영화 〈황토지(黃土地)〉 제작에 공동으로 참여했는데, 천카이거가 감독하고, 장예모는 촬영을 맡았다. 1984년 로카르노 영화제에 입상해 세상을 깜짝 놀라게 만든 〈황토지〉는 중국 5세대 감독의 출현을 예고하는 신호탄이 되었다.

그 후 장예모는 무서운 기세로 연이어 세계영화제를 휩쓸며 기염을 토했는데, 그동안 흥행 위주로 크게 성공한 홍콩영화의 위세를 압도하고도 남음이 있었다. 그는 〈붉은 수수밭〉으로 1988년 베를린 영화제 금곰상을 받은 데 이어 〈홍등〉으로 1991년 베니스 영화제 황금사자상을 타고, 그 여세를 몰아 〈귀주 이야기〉로 1992년 베니스 영화제 황금사자상을 수상해 세상을 놀라게 했는데, 그 후에도 〈인생〉으로 1994년 칸 영화제 심사위원 대상을 수상한 데 이어 〈책상서랍 속의 동화〉로 1999년 베니스 영화제 황금사자상을, 그리고 〈집으로 가는 길〉로 2000년 베를린 영화제 은곰상을 수상함으로써 세계 유수의 각종 영화제를 휩쓸며 중국영화 돌풍을 일으켰으니 그야말로 중국영화의 전성시대를 연 셈이다.

하지만 숱한 문제작으로 명실공히 현대 중국을 대표하는 영화의 거장으로 우뚝 서게 된 장예모 감독의 성장과정은 그에게 주어진 화려한 명성과는 달리 결코 순탄치가 않았다. 중국 서안에서 피부과의사의 아들로 태어난 그는 당시 장개석 휘하의 국민당 장교였던 아버지가 국공내전에서 패한 공산당을 따라 대만으로 달아나 버린 후 공산당치하에서 어머니와 함께 살았으나 반동분자의 아들로 몰린 그는 문화대혁명 기간 중에 비판을 받고 학업마저 중단해야 했다. 당시 중학생이었던 그는 홍위병에 가담해 활동하기도 했지만, 문화대혁명이 끝난 후에도 재교육 대상이 되어 10년간이나 시골농장과 공장에서 노동일에 종사해야 했다.

이처럼 불리한 여건 속에 힘겹게 들어간 북경 영화학교에서 천카이거와 만나 뜻을 함께한 그는 졸업한 후 곧바로 〈황토지〉 제작에 동참하면서 중국영화에 새바람을 몰고 온 것이다. 그런데 천카이거 역시 중학생 시절에 문화대혁명이 일어나자 홍위병으로 활동하면서 당시 영화감독이었던 아버지를 공개적으로 맹렬히 비판했으며, 자신의 그런 과오에 대한 뉘우침을 홍위병의 집단적 광란을 묘사한 〈패왕별희〉나 부자지간의 갈등과 부성애를 다룬 〈투게더〉를 통해 암시적으로 드러내기도 했다. 천카이거는 〈패왕별희〉로 1993년 칸 영화제에서 황금종려상을, 그리고 〈투게더〉로 2002년 산세바스찬 영화제 감독상을 수상하며 자신의 건재함을 과시하기도 했다.

장예모

반면에 장예모 감독은 처음부터 강렬한 색채의 대비를 바탕으로 역사의 소용돌이에 휘말린 중국 민중의 삶을 그렸는데, 초기작인 〈붉은 수수밭〉, 〈국두〉, 〈홍등〉, 〈귀주 이야기〉, 〈인생〉 등이 그 대표적인 경우다. 그러나 이들 작품은 중국보다 오히려 해외에서 더욱 큰 인정을 받았으며,

중국사회의 치부를 드러냈다는 점에서 당국으로부터 곱지 않은 시선을 받기도 했다. 그 후 장예모 감독은 40대 중반 이후부터 사회비판적인 입장에서 물러나 소시민적 일상을 소박하게 다룬 〈책상서랍 속의 동화〉, 〈집으로 가는 길〉, 〈행복한 날들〉 등을 발표했는데, 개방시대를 맞이하면서 자본주의와 사회주의 이념적 가치 사이에 빚어지는 중국사회의 갈등과 고민에 초점을 맞춘 것으로 보인다.

하지만 50대에 접어든 후로는 아예 무대를 현실이 아니라 머나먼 과거의 왕조시대로 옮겨 할리우드 스타일의 대형 스펙터클 무협영화 쪽으로 기울어져 〈영웅〉, 〈인연〉, 〈황후화〉 등을 발표함으로써 민중의 삶과는 매우 동떨어진 방향으로 나가게 되었으며, 그런 이유 때문에 많은 팬들을 실망시키기도 했다. 물론 화려한 영상미는 여전했지만, 과거와는 달리 비판적 안목을 상실한 사극물은 일종의 현실도피로 비치기도 한다. 그 후 영화뿐 아니라 푸치니의 오페라 〈투란도트〉를 기획했던 그는 2008년 북경 올림픽에서는 개폐막식 공연의 총감독을 맡는 등 무대예술에 관심을 기울여 다양한 활동을 펼치기도 했다.

어쨌든 그는 처자식을 내버리고 혼자 살겠다고 대만으로 도주한 아버지 때문에 공산당으로부터 반동분자의 아들로 낙인찍히며 성장기간 내내 온갖 수모와 시련을 겪어야 했으니 그런 아버지에 대해 원망하는 마음이 매우 클 수밖에 없었을 것이다. 하지만 공산당의 지배하에서 살아남기 위해 그는 자신에게 주어진 현실과 적절한 타협을 이룰 수밖에 없었으며, 그런 현실적인 어려움 속에서도 세계적인 영화감독으로 성공함으로써 결과적으로는 자신을 버린 아버지에 대해 최종적인 승리를 거둔 셈이 되었다. 그런 점에서 중국의 장예모 감독은 백군과 적군으로 갈라서며 서로 다른 이념적 길을 걸어야 했던 소련의 에이젠슈테인 감독을 연상시킨다.

덴마크의 영화감독 라르스 폰 트리에르(Lars von Trier, 1956-)는 덴마크 국립영화학교를 졸업한 후 1984년 〈범죄의 요소〉로 첫 데뷔해 칸 영화제에서 기술대상을 받고 국제적인 주목을 받기 시작했다. 그 후 전쟁에서 패망한 독일사회의 혼란상을 다룬 〈유로파〉 역시 칸 영화제에서 기술대상을 받은 데 이어 〈브레이킹 더 웨이브〉로 칸 영화제 심사위원 대상을, 그리고 〈어둠 속의 댄서〉는 칸 영화제 황금종려상을 수상하는 기염을 토함으로써 덴마크를 대표하는 세계적인 감독이 되었다. 뿐만 아니라 그는 최근에 발표한 우울증 3부작 〈안티크리스트〉, 〈멜랑콜리아〉, 〈님포마니아〉를 발표했는데, 이들 작품은 그가 주기적으로 앓았던 우울증 경험과 무관치 않은 것으로 보인다.

트리에르 감독은 우울증뿐만 아니라 다양한 공포증에 시달리기도 했는데, 특히 고소공포증이 심해 비행기를 탈 수 없어서 대부분의 영화는 덴마크에서 찍었으며, 국제영화제에 참석할 때도 자동차 편을 이용해야만 했다. 그런 그가 공포물 〈킹덤〉 시리즈를 찍은 것도 자신의 공포증을 극복하기 위한 역공포 반응을 드러낸 것으로 볼 수 있는데, 예를 들어 고소공포증이 있는 환자가 역으로 위험한 산악 등반을 시도함으로써 자신의 공포증을 극복하려는 시도를 보이는 경우를 말한다.

이처럼 공포증과 우울증에 시달리면서도 계속 문제작을 발표한 그는 스스로 고백하기를, 영화를 빼놓고는 세상 전체가 두렵다고 말할 정도로 소심한 성격의 소유자임에도 불구하고 겉으로는 매우 도발적이고도 거만한 모습을 보였는데, 이런 태도를 정신분석에서는 일종의 반동형성(reaction formation)이라고 부른다. 반동형성은 내면에 감추고 있는 감정과 정반대의 태도를 겉으로 취하는 경우를 가리키는 용어로, 예를 들어 겉으로는 열렬한 동물보호운동을 벌이는 사람이 자신의 내면에는 동물학대 감정을 숨기고 있는 경우가 이에 해당된다.

그런 점에서 그가 귀족 출신도 아니면서 자신의 성에 굳이 귀족을 뜻하는 독일어 von의 호칭을 붙인 점도 이해할 수 있을지 모른다. 물론 그것은 영화학교 시절에 그의 친구들이 장난삼아 붙여 준 '트리에르 경'이라는 별명에서 비롯된 것이기도 하지만, 그런 별명은 평소 건방지고 잘난 체 잘 하는 그의 태도를 빈정거리는 뜻에서 붙여 준 것이었다. 하지만 그토록 건방진 태도의 이면에는 그 자신의 뿌리 깊은 열등감이 놓여 있음을 알 수 있다. 왜냐하면 평소에 그가 아버지로부터 물려받은 것으로 믿고 있던 유대인의 혈통에 대해 상당한 열등감을 지니고 있었기 때문인데, 그래서 겉으로는 오히려 매우 오만한 태도를 취한 것으로 볼 수 있다.

실제로 그를 키워 준 아버지 울프 트리에르는 유대인이었으며, 어머니 잉게르 트리에르는 공산주의자로 이들 부부는 나체주의자이기도 해서 그는 어릴 때부터 부모와 함께 나체촌에서 휴가를 보내기도 했다. 더군다나 부모는 철저한 무신론자로 그 어떤 종교나 도덕적 규제를 거부하고 자유방임적으로 자녀들을 키웠기 때문에 그런 양육방식이 트리에르 감독의 성격 형성에도 결정적인 영향을 끼친 것으로 보인다.

라르스 폰 트리에르

그런데 문제는 거기에 그치지 않았다. 그가 감독으로 데뷔한 후 수년이 지난 1989년 어머니가 숨을 거두기 직전에 그동안 아들이 아버지로 알고 있던 울프 트리에르는 생부가 아니며 그의 친아버지는 독일계 음악가의 후손인 프리츠 하르트만으로 불륜을 통해 낳은 자식이었음을 처음으로 아들에게 고백한 것이다. 어머니의 마지막 고백에 충격을 받은 트리에르 감독은 엄청난 배신감을 느끼고 자신을 키워 준 유대인 계부와의 관련성을 지우기 위해 곧바로 가톨릭으로 개종했는데, 본인 스스로도 자신의 개종은 순수한 신앙적 동기에 의한 것이 아님을 고백하기도 했다. 물론 그것은 오랜 기간 자신의 출생 배경을 속여 왔던 부모에 대한 배신감 때문이었기 쉽다.

어머니가 세상을 뜬 후 1991년 트리에르 감독은 자신의 출세작 〈유로파〉를 발표하기에 이르렀는데, 제2차 세계대전 이후 독일사회의 혼란상을 다룬 이 영화는 엄밀히 말해서 트리에르 감독 자신의 정체성 혼란을 그대로 드러낸 작품이라 할 수 있다. 왜냐하면 자신을 키워 준 유대인 양아버지와 자신을 낳아 준 독일계 친아버지 사이에서 상당한 감정적 혼란을 느낀 상태였기 때문이다. 특히 양아버지에 대한 배신감이 더욱 컸다고 할 수 있다. 왜냐하면 그는 성장하는 동안 내내 그를 자신의 친아버지로 믿고 유대인의 혈통을 이어받은 사실 때문에 남몰래 열등감에 시달리며 지내야 했으니 그렇게 지낸 세월이 얼마나 억울했겠는가. 따라서 트리에르 감독의 그런 복잡한 감정적 혼란은 영화의 주인공 레오폴드 케슬러의 우유부단한 방관자적 모습을 통해 더욱 분명하게 드러난다.

특히 영화 〈유로파〉에서 흥미로운 점은 독일 나치잔당 테러집단의 우두머리 막스 하르트만의 성이 트리에르 감독의 친아버지 성과 같다는 사실이다. 더욱이 주인공 레오폴드를 유혹했던 카타리나는 막스 하르트만의 딸로 연합군과 독일인 테러집단 사이에서 중립을 지키려 애쓰는 그를 방관자라 비난하며 몰아세운다. 어떻게 보면 나치 독일과 유대인은 서로 악연으로 맺어진 사이라 할 수 있는데, 트리에르 감독 역시 독일계 친아버지와 유대인 양아버지 사이에서 극심한 혼란과 갈등을 느끼고 우울증에 빠진 장본인이었다는 점에서, 비록 평범한 시민으로 살아가기를 꿈꾸었으나 연합군과 독일인 사이에서 중립을 지키지 못하고 끝내 죽음을 선택한 주인공 레오폴드는 결국 트리에르 감독 자신의 분신이나 마찬가지인 셈이다.

이 영화는 1991년 칸 영화제에서 기술대상과 심사위원 대상을 받았으나 황금종려상은 미국의 유대계 감독 코엔 형제의 〈바톤 핑크〉에 밀려 수상을 놓치고 말았는데, 그런 결과에 불만을 품은 트리에르 감독은 심사위원들에게 손가락으로 야유를 보내고 곧바로 퇴장해 버렸다. 그리고 그런 도발적인 태도는 그 후에도 이어져 〈멜랑콜리아〉를 경쟁부문에 출품했던 2011년 칸 영화제에서는 나치를 옹호하는 발언으로 영화제를 발칵 뒤집어 놓았는데, 당시 인터뷰에서 자신은 히틀러의 입장을 이해하고 동정한다고 하면서 농담처럼 자신도 나치라고 말해 숱한 논란에 휩싸이기도 했다. 비록 나중에 자신이 한 말에 대해 사과했지만, 그 후로 그는 일체의 인터뷰도 거절한 채 입단속을 하느라 무진 애를 쓰고 있는 중이다. 이처럼 좌충우돌하는 그의 모습을 보면 자신을 키워 준 유대인 계부와 얼굴도 모르는 독일인 생부 사이에서 겪은 감정적 혼란으로 인해 그가 얼마나 큰 충격과 상처를 받았는지 알 수 있게 된다.

아버지로부터 학대받은 마이클 잭슨

팝의 황제로 불리는 마이클 잭슨(Michael Jackson, 1958-2009)은 춤과 노래로 세계를 지배한 20세기 최고의 슈퍼스타요, 대중가수다. 그는 지난 50년 동안 계속해서 빌보드 인기 차트 10위 안에 든 유일한 가수로 총 4억 장의 음반 판매 기록을 세웠으며, 그의 정규 앨범 〈스릴러〉는 무려

6,500만 장의 판매고를 올려 역사상 가장 많이 팔린 앨범으로 기네스북에 오르기도 했다. 그런 점에서 "마이클 잭슨 이전에 프랭크 시나트라와 엘비스 프레슬리, 비틀즈가 있었다면, 마이클 잭슨 이후로는 아무도 나타나지 않았다."라고 보도한 뉴스위크의 기사 내용은 결코 과장이 아님을 알 수 있다.

미국 인디애나주 개리에서 가난한 철강공장 노동자의 아들로 태어난 그는 10남매 가운데 여덟째로 아들로는 막내였다. 누이동생 자넷 잭슨 역시 솔로가수로 성공했다. 독실한 여호와의 증인 신자였던 어머니와 전직 복서였던 아버지는 두 사람 모두 음악을 좋아하고 악기를 잘 다루었기 때문에 마이클 잭슨은 어려서부터 음악적 분위기에서 자랐다. 그는 다섯 살 때 아버지가 결성한 잭슨 브라더스 밴드에 합류했으며, 그 후 그룹명이 '잭슨 5'로 바뀌면서 리드 보컬을 맡기 시작했다. '잭슨 5'는 술집과 나이트클럽 등을 돌며 공연하다가 1969년 모타운 레코드와 계약을 맺으면서 이름을 날리기 시작했는데, 당시 열 살에 불과했던 마이클 잭슨은 신동이라는 찬사를 들었으며, '잭슨 5'는 '흑인 비틀즈'로 불리기까지 했다.

하지만 마이클 잭슨은 당시 아버지의 혹독한 하드트레이닝으로 완전히 기가 죽어 지냈으며, 정기적으로 매를 맞기도 했다. 더욱이 자신의 외모를 비하하는 말로 주눅 들게 만든 아버지로 인해 극심한 상처를 받고 열등감에 빠진 그는 매우 소심하고 내성적인 성격으로 바뀌고 말았다. 게다가 숨 쉴 틈조차 없이 빡빡하게 돌아가는 공연 일정 때문에 또래 친구들과 어울릴 기회마저 없었던 그는 항상 외로운 처지에 있었으며, 대인기

마이클 잭슨

피증도 심해서 상대의 눈을 제대로 맞추지 못하는 모습을 보이기도 했는데, 한마디로 그는 가수로 성공하는 대신 어린 시절을 통째로 잃어버리는 엄청난 대가를 치러야 했던 것이다.

그런 대가는 결국 그의 불행한 말로를 초래한 계기가 되었다고 볼 수도 있는 아동 성추행 사건을 통해 여지없이 드러나고 말았는데, 그가 유독 아이들을 좋아하고 자신의 집으로 초대해 함께 어울리며 놀았던 이유도 성인들과 대인관계를 맺는 데 몹시 서툴렀기 때문이기도 하지만, 자신이 아버지로부터 송두리째 빼앗겨 버린 아동기를 복원하기 위한 노력으로 볼 수도 있다. 원래 그는 무대에서 펼쳐 보이는 카리스마적인 매너와는 달리 무대 밖에서는 수줍음을 몹시 타는 소심덩어리였는데, 1984년 백악관에 초청되어 갔을 때는 고위 관료들이 모여 있는 모습을 보고 겁을 낸 나머지 화장실로 도망치기도 했으며, 심지어는 자신의 어머니 캐서린과도 시선을 마주치지 않을 정도로 대인기피증이 심했다고 한다.

또한 아버지가 수시로 아들의 외모를 두고 비웃은 일로 인해 극심한 외모 콤플렉스에 빠진 그는 특히 아버지가 지적한 자신의 코에 대해 열등감이 컸는데, 그래서 성형수술을 고려해 보기도 했으나 마취에 대한 두려움 때문에 계속 미루고 있던 차에 때마침 무대공연 중에 코에 부상을 입는 사고를 당하자 어쩔 수 없이 코 성형수술까지 받았지만, 그 결과는 신통치 않았다. 물론 부자지간에 코를 두고 서로 상처를 주고받은 사실 자체가 정신분석적으로 보자면 거세위협과 거세공포의 일부였음을 손쉽게 짐작할 수 있는 일이겠지만, 설상가상으로 그 후 백반증이 생긴 데다 펩시콜라 광고 촬영 도중 얼굴에 심한 화상을 입게 된 후부터 백반증이 더욱 악화되는 바람에 피부색이 더욱 지저분하게 변하자 피부탈색제를 바르기 시작했는데, 그런 사실을 두고 항간에는 원래 흑인이었던 그가 열등감 때문에 백인처럼 보이기 위해 숱하게 성형수술까지 한 것이라는 악성 루머까지 나돌기도 했다.

어쨌든 춤과 노래로 세상을 지배하며 대중음악의 역사에서 가장 성공한 엔터테이너로 꼽히던 마이클 잭슨도 아동 성추행 혐의로 법정 시비에 휘말리면서 자신의 유명세에 대한 대가를 톡톡히 지불해야만 했는데, 비록 엄청난 소송비를 들인 끝에 무죄 선고를 받아내는 데 성공하긴 했으나 그런 법정 판결과는 무관하게 당시 절대 다수의 백인들은 그의 결백을 믿으려 하지 않았다. 그런 곤욕을 치르면서 마이클 잭슨은 심신이 지칠 대로 지친 상태였으며, 막대한 소송비용을 비롯해 공연 취소 등 재산상의 손실도 크게 입은 게 사실이다.

결국 약물에 중독된 그는 식음을 전폐하다시피 했으며, 주치의가 놓아 준 프로포폴 주사 과용으로 갑자기 심장마비를 일으켜 숨지고 말았다. 주치의 콘래드 머레이는 과실치사 혐의로 유죄선고를 받았지만, 그에 대한 사인 규명 때문에 그는 죽어서도 편히 쉬지 못하다가 사망한 지 2개월 만에 비로소 공원묘지에 안장될 수 있었다. 마이클 잭슨이 그렇게 비명에 간 후 그의 부모는 오랜 불화 끝에 이혼하고 말았는데, 그 직접적인 이유는 결국 아버지가 일으킨 아들의 유산 분쟁 때문이었다. 아버지는 아들이 죽어서도 말썽을 일으킨 셈이다. 더욱이 마이클 잭슨은 자신의 유서에서 형제들에게 아무런 유산도 남기지 않았기 때문에 그의 사후에도 유산 분배 문제로 집안 내부에 숱한 분쟁을 낳고 말았다. 설상가상으로 마이클 잭슨의 누나 라토야 잭슨까지 나서서 자신의 동생이 페도필리아(pedophilia) 성향을 지니고 있었다고 실토함으로써 잭슨 일가와 완전히 의절하는 사이가 되고 말았는데, 어쨌든 가장 위대한 팝의 황제로 군림했던 마이클 잭슨은 죽어서까지 자신의 유명세를 톡톡히 치러야 했다.

아버지로부터 성추행을 당한 나스타샤 킨스키

로만 폴란스키의 영화 〈테스〉에서 갓 피어난 꽃봉오리처럼 탐스러운 청순미로 수많은 팬들의 시선을 사로잡은 독일의 여배우 나스타샤 킨스키(Nastassja Kinski, 1961-)는 빔 벤더스 감독의 영화 〈파리, 텍사스〉에도 출연해 고독하고 소외된 한 여인의 어두운 내면을 연기함으로써 비평가들의 찬사를 받기도 했다. 이처럼 전혀 상반된 이미지의 주인공 역을 적절히 소화해 낸 그녀의 연기력은 높이 평가할 만하지만, 실제로 그녀가 거쳐 온 삶의 과정을 돌이켜 보면 그녀의 연기는 단순한 연기력뿐 아니라 복잡하고 혼란스러운 집안 배경에서 비롯된 결과일 수도 있다.

그녀는 베를린에서 독일의 성격파 배우 클라우스 킨스키의 딸로 태어났으나, 일곱 살 때 부모가 이혼하는 바람에 10세 이후로는 거의 아버지를 볼 기회가 없었다. 아버지 클라우스 킨스키는 모두 세 번 결혼했는데, 첫 번째 부인 기슬린데 퀴벡 사이에서 낳은 딸 폴라는 나스타샤보다 아홉 살 연상으로 나중에 배우가 되었으며, 두 번째 부인 루트 브리기테 포키가 낳은 딸이 나스타샤였다. 그녀의 이복동생 니콜라이 역시 배우로 영화 〈파가니니〉에서 아버지와 함께 공연하기도 했다.

나스타샤 킨스키

나스타샤 킨스키는 처음에 모델로 활동하다가 영화계에 진출했는데, 15세 때 파티석상에서 로만 폴란스키 감독을 만나 알게 된 인연으로 마침내 18세 때 주연을 맡은 영화 〈테스〉로 일약 세계적인 스타의 반열에 오르게 되었다. 그리고 5년 뒤에는 빔 벤더스 감독의 〈파리, 텍사스〉에도 출연해 삶의 모든 희망을 잃고 세상과 단절된 상태로 살아가는 비극적인 여인의 모습을 보여 주기도 했으며, 같은 해에 〈마리아의 연인〉에서도 주연을 맡았다. 하지만 그 후 할리우드에도 진출해 많은 영화에 출연하긴 했으나 뚜렷한 문제작은 눈에 띄지 않고 있으며, 40대 중반 이후로는 스크린에서 그녀의 모습을 좀처럼 찾아보기 어렵게 되었다.

그녀는 인기 정상을 달리던 23세 때 이집트 영화인 이브라힘 무사와 결혼해 남매까지 출산했으나 8년 만에 이혼하고, 그 후 3년간 미국에서 흑인 음악가 퀸시 존스와 3년간 동거하며 딸을 낳기도 했는데, 그녀가 굳이 백인 남성을 마다하고 아랍인이나 흑인과 결혼한 것은 어쩌면 아버지 클라우스 킨스키에 대한 극도의 환멸감과 증오심 때문이 아닐까 여겨지기도 한다. 왜냐하면 그녀의 아버지는 과거에 어린 두 딸 폴라와 나스타샤를 상대로 성추행을 벌인 것으로 알려졌기 때문이다. 따라서 그녀는 그런 아버지를 몹시 두려워했으며, 짐승만도 못한 인간으로 간주해 1991년 아버지가 사망했을 때도 장례식에 참석조차 하지 않았을 뿐만 아니라 오히려 아버지의 죽음을 다행이라고 여길 정도로 아버지의 존재에 대해 상당한 피해의식을 지니고 있었다.

그녀가 그토록 혐오하고 두려워했던 아버지 클라우스 킨스키(Klaus Kinski, 1926-1991)는 베르너 헤어초크 감독의 영화 〈신의 분노, 아귀레〉, 〈노스페라투〉, 〈보이체크〉, 〈위대한 피츠카랄도〉 등에 출연해 매우 특이하고도 강인한 인상을 주는 외모와 신들린 듯한 연기에 힘입어 광기에 사로잡힌 주인공 역을 훌륭히 소화해 냄으로써 세계적인 명성을 날린 배우로, 영화 〈닥터 지바고〉에도 단역으로 출연한 바 있다. 하지만 한때 정신병

클라우스 킨스키

원에 입원한 경력도 지녔던 그는 매우 광적인 호색한이어서 수시로 젊은 여성이나 어린 소녀들과 숱한 스캔들을 일으켰으며, 나이 60세가 넘어서도 42년이나 연하인 19세의 이탈리아 여배우 데보라 카프리올리오와 관계를 맺는 등 무분별한 사생활로 악명이 자자했는데, 심지어는 자신의 두 딸을 상대로 성추행을 벌이기까지 한 것이다.

하지만 아버지의 성추행 사실이 세상에 알려진 것은 나스타샤가 아니라 그녀의 이복언니 폴라에 의해서였다. 폴라는 2013년 자서전《아이의 입》을 통해 그런 충격적인 사실을 폭로했는데, 자신이 5세 때부터 19세에 이르기까지 14년 동안이나 계속해서 아버지로부터 성폭행을 당했으며, 성인이 될 때까지 수치심과 두려움 때문에 그 누구에게도 그런 사실을 털어놓을 수 없었다고 했다. 그 후 나스타샤 킨스키도 용기를 내어 아버지의 성추행 사실을 고백했지만, 자신을 껴안기만 했을 뿐 성적인 행위에 성공하지는 못했다고 주장하면서 그런 아버지와 함께 살던 시기는 언제 무슨 짓을 할 줄 몰라 끊임없는 공포 속에 살았다고 술회하기도 했다. 어쨌든 폴라와 나스타샤는 아버지 장례식에 불참했으며, 아들 니콜라이만 참석했을 뿐이다.

9장

아버지로 인해 고초를 겪은 한국인들

세상을 등진 원술랑과 마의태자

원술랑(金元述, 657?-721)은 김유신의 아들로 본명은 김원술이다. 672년 당나라 군사를 상대로 벌인 전투에 참전했다가 패하고 후퇴하자 전장에서 죽지 않고 살아 돌아온 아들의 모습을 치욕으로 받아들인 아버지 김유신이 문무왕에게 아들의 처형을 요구했으나 왕이 이에 응하지 않음으로써 다행히 목숨을 보전할 수 있었다. 하지만 그 후 아버지가 부자 인연을 끊고 자식 취급을 하지 않게 되자 수치심에 겨워 시골에 숨어 지냈으며, 이듬해인 673년 아버지가 세상을 뜨면서 어머니 지소부인을 찾았으나 그녀마저 끝내 만나 주지 않자 곧바로 태백산에 들어가 은둔생활을 보냈다.

2년 뒤 당나라 군사가 매소성으로 쳐들어오면서 지난날의 치욕을 만회하기 위해 심기일전해서 다시 전투에 가담해 싸워 공을 세웠으나 여전히 어머니가 만나 주지 않자 이를 크게 비관한 나머지 일생을 숨어 살았다. 어머니 지소부인은 무열왕 김춘추의 딸이자 문무왕의 누이동생으로 김유신이 60세 때 맞아들인 후처였는데, 김유신은 660년에 벌어진 황산벌 전투에서 자신의 양자이기도 했던 화랑 관창이 15세 어린 나이에도 불구하고 세 번씩이나 백제군 진영으로 돌진하다 장렬하게 전사한 사실에 강한 자부심을 느끼고 있던 터에 자신의 친아들인 원술이 화랑오계의 임전무퇴 계율을 어기고 비겁하게 후퇴하자 크게 노한 것이다.

마의태자(麻衣太子, 912-?)는 신라의 마지막 군주 경순왕의 아들로 935년 부왕이 고려 태조 왕건에게 항복하고 나라를 넘겨주려 했을 때 이에 극구 반대하는 의사를 간하였으나 끝내 받아들여지지 않자 종묘(宗廟)에 곡을 하고 처자까지 죽인 후 금강산에 들어가 마의(麻衣)를 입고 여생을 마쳤다고 한다. 물론 그가 삼베옷을 걸친 것은 망국에 대한 조의를 표한 것이었겠지만, 천년사직을 그토록 간단히 포기해 버린 무기력한 아버지에 대한 저항의 표시인 동시에 더 이상 산사람으로 간주하지 않겠다는 뜻이기도 했을 것이다.

아버지 경순왕은 신라가 망한 후에도 왕건으로부터 정중한 대우를 받으며 40년 이상 개경 근처 유화궁에서 여생을 보내다가 84세까지 장수하고 죽었으나 종적을 감춰 버린 아들 마의태자의 행적에 대해서는 아무런 기록도 남아 있지 않고 그에 관한 수많은 전설만 전해져 오다가 그 후 일제강점기 때 이광수의 소설 〈마의태자〉를 통해 그의 존재가 대중에게 널리 알려지게 되었으며, 극작가 유치진도 동명 희곡을 발표하기도 했다. 그런 점에서 볼 때, 일제에 허망하게 무릎을 꿇고 만 조선왕조에서 고종의 그 많은 왕자 중에 마의태자 같은 왕자가 단 한 사람도 나오지 않았다는 사실은 참으로 부끄러운 일이 아닐 수 없다.

애꾸눈 궁예의 출생에 얽힌 비밀

후삼국 시대에 강원도 철원을 중심으로 후고구려를 건국하고 스스로 왕을 자처했던 궁예(弓裔, 869~918)는 원래 신라 왕가의 서족 출신 승려로 신라 경문왕과 후궁 장씨 사이의 서자로 태어났는데, 어머니 장씨는 장보고의 딸이라는 설도 있다. 만약 그것이 사실이라면 그는 장보고의 외손자가 되는 셈이다. 그가 외가에서 태어날 때 무지개를 닮은 흰 빛이 지붕 위에 나타나고, 기이하게도 날 때부터 이가 있었다고 하는데, 이를 불길한 징조로 여긴 일관(日官)이 왕에게 그를 죽일 것을 청했다. 결국 왕명에 따라 궁예를 죽이러 온 관리가 갓난아기를 포대기에 싼 채 높은 누대에서 던져 버렸다. 하지만 누대 아래로 떨어진 궁예를 유모가 밑에서 받아 내 목숨을 구했으며, 이때 유모의 손가락이 아기의 눈을 찌르는 바람에 그때부터 애꾸가 되었다고 한다.

유모는 궁예를 데리고 멀리 도망가 숨어 지내며 남몰래 궁예를 길렀는데, 궁예가 10세 무렵이 되어 말썽만 일으키고 다니자 마침내 그녀는 궁예에게 그동안에 숨어 지낸 사연과 그에 관한 출생의 비밀을 알리며 그의 무분별한 행동을 타일렀다. 자신의 과거에 대한 자초지종을 알게 된 궁예는 울면서 유모에게 사과하고, 곧바로 집을 나와 세달사(世達寺)에 몸을 기탁한 후 머리를 삭발하고 승려가 되었다.

궁예(안성 칠장사 벽화)

하지만 말이 승려지 자신을 죽이려 했던 아버지에 대한 원한에 사로잡힌 그는 마치 아버지에 대해 복수라도 하듯이 신라 말기 극도의 혼란기를 틈타 사병을 모으고 호족이 된 후 스스로 왕을 칭하고 후고구려를 건국했는데, 자신이 신라 왕족 출신이면서도 신라에서 귀순해 오는 자들은 모조리 죽여 버릴 정도로 신라에 대해 깊은 원한을 갖고 있었다. 국호를 후신라가 아니라 신라의 적국인 고구려의 이름을 따서 후고구려로 지은 것도 아버지에 대한 원망과 배신감이 그만큼 컸기 때문일 것이다.

후고구려를 건국한 후 국호를 마진, 태봉 등으로 변경하기도 했던 그는 당시 신라나 후백제보다 훨씬 넓은 영토를 다스리며 막강한 세력을 떨치기도 했지만, 자칭 미륵이라고 하면서 자신이 만민평등의 미륵세계를 이룩한다는 과대망상을 지녔던 인물로 자신의 두 아들도 보살로 호칭하게 했는데, 그가 직접 지었다는 불경을 보고 혹평한 승려를 철퇴로 때려죽일 정도로 성질 또한 포악했다.

더욱이 편집증적 의심으로 가득 찬 그는 자신이 관심법에 통달해 사람의 마음을 읽을 수 있다고 떠벌리며 여러 장수와 신하들을 역모죄로 몰아 죽이기도 했으며, 이를 보다 못한 왕후 강씨가 바른말로 진언하자 오히려 그녀가 간통을 저질렀다며 쇠꼬챙이로 왕후의 음부를 지져 죽이고 자신의 두 아들마저 죽이는 만행을 저질렀다. 결국 참다못한 신하들이 왕건을 추대하고 정변을 일으켜 궁예를 축출했으며, 궁에서 탈출한 궁예는 여기저기를 전전하다 비참한 최후를 맞이하고 말았다.

고려의 멸망을 재촉한 왕들

태조 왕건이 918년에 세운 고려 왕조는 1392년 이성계에 의해 멸망할 때까지 474년간 한반도를 지배했으나 연이은 무신들의 횡포와 불교의 타락, 빈번한 몽골족의 침략 등으로 국력이 쇠퇴해졌을 뿐만 아니라 25대 군주 충렬왕(忠烈王, 1236-1308)에 이르러서는 완전히 원나라의 속국으로 전락해 왕의 임명권조차 원나라 황제가 멋대로 휘두르는 수모를 감수해야만 했다.

충렬왕은 원나라 황제 쿠빌라이의 딸과 혼인하고 몽골 풍습을 그대로 따랐으나, 1297년 왕비가 갑자기 병으로 세상을 뜨게 되자 원나라에서 귀국한 세자는 어머니의 죽음을 부왕의 총애를 받고 있던 후궁과 그 일파의 소행 탓으로 돌리고 그들을 무참하게 살해하고 말았는데, 그런 아들의 난폭한 행동에 큰 충격을 받은 충렬왕은 1298년 아들 충선왕에게 양위한 후 자신은 정치일선에서 물러나고 말았다.

충선왕(忠宣王, 1275-1325)은 왕위에 오르자마자 새로운 개혁정치를 펼치려 했지만, 그동안 기득권을 행사해 오던 권문세도가들의 반발을 불러일으킨 나머지 즉위한 지 불과 7개월 만에 폐위되고 부왕인 충렬왕이 다시 복위했는데, 충선왕은 그 후 10년간 원나라에 머물며 원나라 황실과 깊은 유대관계를 맺게 되면서 고려인으로서의 정체성이 매우 희박해진 것으로 보인다.

따라서 1308년 아버지 충렬왕이 죽자 다시 고려왕에 복귀했으나 충선왕은 이미 모국에 대한 애착심을 잃고 고려에 머무는 일보다 원나라에 머물러 지내는 수가 많아서 국정 운영에 있어서도 직접 정사를 돌본 것이 아니라 멀리 인편을 통해 전달하는 방식을 이용했으니 제대로 나라를 다스렸다고 보기 어렵다. 이를 보다 못한 고려 중신들이 왕의 귀국 운동까지 벌였으나 끝내 귀국을 기피한 충선왕은 자신의 둘째아들 강릉대군에게 왕위를 넘겨주고 자신은 한가로이 글과 서화 등으로 여생을 즐기고자 했으니 나라꼴이 제대로 돌아갈 리 없었다.

이처럼 무책임한 아버지 충선왕의 뒤를 이어 1313년 고려 27대 군주로 등극한 충숙왕(忠肅王, 1294-1339)은 정사를 소홀히 하고 주색잡기와 사냥놀이로 허송세월을 보내다가 왕위를 노리던 사촌 심양왕 왕고를 비롯한 친원세력의 계속된 위협에 시달린 끝에 한때는 왕고에게 왕위를 인계할 생각까지 품었으나 신하들의 강력한 반대에 부딪치자 결국 1330년 아들 충혜왕에게 양위하고 말았다.

하지만 충혜왕이 온갖 비행을 일삼게 되자 원나라는 불과 2년 뒤에 충혜왕을 폐위하고 부왕인 충숙왕을 다시 복위시켰으며, 그 후 1339년 충숙왕이 죽자 충혜왕이 다시 왕위에 복귀했다. 한때 충숙왕은 유수한 가문의 며느리를 강간하고 그녀를 자신의 심복 노영서에게 준 적이 있었는데, 그 아비에 그 자식이라고 충혜왕 역시 자신의 아버지처럼 똑같이 그녀를 강간한 뒤 노영서에게 돌려주는 등 이들 부자는 한결같이 파렴치한 짓을 마다하지 않았다. 적대적 동일시의 결과가 대물림을 한 셈이다.

28대 군주 충혜왕(忠惠王, 1315-1344)의 등장은 결국 고려 멸망에 가속도를 붙이게 만든 가장 중요한 분기점이 되고 말았는데, 그는 부왕의 후비로 서모이기도 했던 수비 권씨와 경화공주 백안홀도를 강간했을 뿐만 아니라 외숙 홍융의 처까지 겁탈하는 패륜을 일삼았으며, 그 외에도 신분고하를 막론하고 강간과 음행을 일삼아 왕 자신뿐 아니라 그와 관계를 맺은 수많은 여성들까지 성병으로 고생하기도 했다.

어디 그뿐이랴. 제멋대로 토지와 노비를 약탈하고 무리한 세금징수로 백성들의 원성이 자자했으며, 새로 궁궐을 지을 때는 왕이 아이들을 몰래 잡아다가 새 궁궐의 주춧돌 밑에 묻으려 한다는 소문까지 나돌아 백성들이 아이를 데리고 도망쳐 숨는 일이 벌어지기도 했다. 결국 온갖 악행을 벌인 충혜왕은 원나라에 의해 강제 폐위된 후 유배를 가던 중에 죽고 말았다.

고려 말 31대 군주 공민왕(恭愍王, 1330-1374)은 바로 충혜왕의 친동생으로 즉위 초반에는 무신들의 세력 기반을 타파하고 원나라의 지배를 벗어나 자주적인 정책을 펼치기도 했으나 노국공주를 잃은 후로는 남색과 향락에 빠져 지내다 시종들에 의해 무참하게 살해당하는 비극을 겪고 말았다. 고려가 망할 수밖에 없었던 것은 이처럼 왕실 자체의 도덕적 타락에 따른 필연적인 결과였다고 감히 말할 수 있는데, 그중에서도 특히 왕실 내부에서 부자지간의 도리가 무너진 것이 결정적인 이유였다고 볼 수 있다.

공민왕(조선후기작, 작자 미상)

노비의 아들 신돈

고려 말의 승려 신돈(辛旽, 1322-1371)은 노국공주를 잃고 실의에 빠진 공민왕에 의해 왕사로 발탁되어 무소불위의 권력을 휘둘렀으며, 급진적인 개혁정책을 통해 노비와 서민 우대 정책을 추진함으로써 귀족들의 강한 반발을 샀을 뿐만 아니라 더 나아가 자신의 노비였던 반야를 왕에게 소개해 우왕을 낳게 한 결과 그 후 이성계 일파가 우왕을 신돈의 소생으로 몰아 처형하는 명분 쌓기에 철저히 이용당하기도 했다. 따라서 신돈은 조선왕조 내내 고려를 망친 요승으로 널리 알려지게 되었다.

원래 신돈은 경상도 영산 태생으로 부호 신원경과 사찰 노비였던 박씨 사이에서 태어난 서자였다. 하지만 말이 서자이지 비천한 노비가 낳은 사생아였던 셈인데, 어머니 박씨는 또 다른 남자와 관계를 맺고 이복동생 강을성을 낳기도 했다. 그런 불우한 환경 탓에 어려서 일찍 승려가 되었으나 천한 출신 성분 때문에 사찰 내에서도 제대로 대우받지 못하고 떠돌이 탁발승 신세로 여기저기를 전전하며 지내야 했으니 그렇게 무책임하게 씨앗을 뿌리고도 자식을 제대로 거두지 않은 아버지에 대한 원망이 얼마나 컸겠는가.

그런데 비록 누더기 차림에 깡마른 몰골의 초라한 떠돌이 승려였음에도 불구하고 살아 있는 눈빛과 뛰어난 달변으로 신도들을 사로잡은 그는 특히 신분에 관계없이 신도들을 정중히 대함으로써 일반백성들과 노비들 사이에서 생불이라는 소문이 나돌았으며, 그런 소문을 들은 공민왕이 직접 그를 만나 대화를 나눈 결과 그의 총명함에 매료된 나머지 신돈을 왕사로 임명하기에 이른 것이다. 그렇게 해서 세력을 키우게 된 신돈은 때마침 노국공주가 출산 중에 세상을 뜨게 되면서 실의에 빠진 공민왕이 모든 국사를 신돈에게 맡기고 자신은 불사에만 전념하게 되자 때를 만난 듯이 노비를 해방하고 과감한 토지개혁을 추진하는 등 그동안 아무도 엄두조차 내지 못하던 정책들을 밀고 나갔는데, 노비들은 쌍수를 들어 환영했지만, 양반들은 중놈이 나라를 망친다며 극도로 반발했다.

더군다나 환속한 후 많은 첩을 거느리고 주색에 빠져 지낸 신돈은 귀족뿐 아니라 승려들 사이에서도 비난의 대상이 되었으며, 자신이 데리고 있던 노비 반야를 공민왕에게 상납까지 해 더욱 큰 반발을 샀다. 결국 그는 귀족들의 모함으로 역모를 꾀한 혐의를 받아 참수형을 당하고 말았다. 신돈이 죽은 후 공민왕은 세간의 의혹을 불식하기 위해 반야가 낳은 아들을 궁인 한씨의 소생으로 공식 발표했지만, 불과 3년 뒤 공민왕은 시종들에 의해 무참하게 시해당하고 말았으며, 그로부터 2년 뒤에는 반야가 우왕의 섭정이었던 이인임에 의해 살해당한 후 임진강에 수장되는 참변을 겪어야 했다. 반야의 아들 우왕과 아홉 살의 어린 손자 창왕은 모두 이성계 일파에 의해 유배 중에 참수형에 처해졌다. 그렇게 해서 고려 왕조는 완전히 종말을 고한 것이다.

상반된 삶의 길을 걸은 세종과 양녕대군

고려를 멸망시키고 조선왕조를 세운 태조 이성계(李成桂, 1335-1408)는 고려의 충신 최영 장군을 무참하게 처형하고 저잣거리에 내버리게 했으며, 왕씨 성을 가진 사람들은 모조리 강화도 앞바다에 집단 수장하는 만행을 저질러 두고두고 백성들의 원성을 사기도 했다. 말년에 후계자 문제로 불만을 품은 아들 이방원이 왕자의 난을 일으키자 크게 낙담한 나머지 스스로 퇴위한 후 함흥으로 가 두문불출했는데, 당시 태종이 보낸 차사마다 활로 쏘아 죽인 일에서 함흥차사라는 말도 생겨났다.

이처럼 건국 초부터 부자지간에 극한적 대립을 보이며 숱한 피를 흘린 조선왕조는 제3대 임금 태종(太宗, 1367-1422)에 이르러 드디어 강력한 왕권체제를 확립하고 500년 왕조의 기틀을 다지게 되었지만, 그것은 전적으로 권력욕에 사로잡힌 이방원의 무자비한 살육에 힘입은 결과이기도 했다. 고려 충신 정몽주를 살해하며 개국공신이 된 그는 왕자의 난을 일으켜 부왕인 이성계에 항명했을 뿐만 아니라 무기력한 친형 정종을 몰아내고 태종이 되었는데, 정도전을 비롯한 개국공신들과 친인척을 살해한 부왕 태종의 과거 전력을 너무도 잘 알고 있던 장남 양녕대군(讓寧大君, 1394-1462)은 그런 부왕에 대한 반발로 방탕한 생활을 일삼아 왕위를 아우 세종(世宗, 1397-1450)에게 빼앗겼으며, 차남 효령대군(孝寧大君, 1395-1486)은 부왕의 의중을 미리 읽고 아우인 충녕대군에게 왕위를 양보한 것으로 알려졌다. 효령대군은 불교에 심취해 억불정책을 고수한 조선에서 불교 수호에 큰 역할을 했으며, 91세까지 장수해 제9대 왕인 성종 때까지 살면서 무려 109명의 증손자를 얻을 정도로 후손이 번창했다.

태종의 뒤를 이어 4대 왕에 오른 세종대왕은 조선왕조에서 가장 빛

양녕대군 이제 묘역(지덕사 부묘소)

나는 위대한 성군으로 훈민정음을 창제한 언어학자이기도 했으며, 노비 출신의 장영실을 과감히 등용함으로써 측우기, 혼천의, 자격루 등의 발명을 통해 과학기술 발전에도 크게 기여했을 뿐만 아니라 국방에도 진력해 여진족을 토벌하고 대마도를 정벌하는 단호함도 보인 군주였다. 어릴 때부터 공붓벌레였던 그는 효심이 매우 지극했던 아들이었지만, 아버지에 대한 두려움 또한 매우 컸다. 특히 자신의 장인 심온이 부왕에 의해 억울한 죽임을 당하는 모습을 무기력하게 그저 지켜보기만 했던 그로서는 아버지에 대한 원망이 몹시 컸음에도 불구하고 아무런 내색조차 할 수 없었으며, 숱한 피를 흘린 대가에 힘입어 권력을 유지하는 부왕의 모습에 강한 반감을 지니고 있었다. 하지만 세종은 그런 아버지를 오히려 반면교사로 삼아 부왕과는 전혀 다른 모습으로 오로지 백성만을 생각하는 선정을 베풀었다.

물론 그런 세종도 과거 한때는 형들과 은근히 경쟁의식을 지니고 있었는데, 큰형인 양녕대군에게 몸가짐을 바로 하라고 충고까지 해 사이가 틀어지기도 했다. 양녕대군은 원래 호방하고 자유분방한 성격으로 공부에는 전혀 관심이 없었으며, 왕세자로 책봉된 후에도 부왕인 태종과 계속 마찰을 빚다가 결국에는 폐위되고 말았는데, 궁중법도를 지키지 않고 무례한 행동을 예사로 삼을 뿐만 아니라 여색을 밝혀 궁 안에까지 기생을 들이고 첩으로 삼는 일이 생기자 태종이 그녀를 즉각 처형하도록 지시한 적도 있었다. 이에 양녕대군은 부왕도 여러 첩을 거느리고 있음을 지적하면서 그 부당함을 항의하자 아들의 불충에 분노를 이기지 못한 태종이 마침내 왕세자 폐위를 작심했던 것이다. 그런 점에서 볼때 온순하고 표정관리에 능했던 세종에 비해 양녕대군은 대놓고 아버지에 반항하고 거역했으니 그러지 않아도 부왕에 거역했던 과거 전력이 있던 태종으로서는 자신과 똑같은 모습을 일삼는 장남의 행태를 통해 내심 위협을 느꼈을 법하다.

태종이 사망하자 양녕대군의 비행은 더욱 심해졌는데, 심지어는 자신의 며느리까지 범함으로써 그 아들이 목을 매 자결까지 할 정도였다. 그런 비행으로 인해 신하들의 탄핵이 빗발쳤으나 그래도 세종은 끝까지 형을 처벌하지 않았다. 그렇게 형을 감싸 준 세종이 세상을 뜬 이후에도 파행적인 삶을 계속한 양녕대군은 계유정난 때 수양대군의 편을 들고, 한술 더 떠서 안평대군과 단종을 죽이라고까지 하며 아우 집안의 분란을 부채질하기도 했는데, 아무래도 세종에 대한 앙금이 그때까지도 남아 있었나 보다. 어쨌든 아버지에 대한 불만과 아우에 대한 시기심으로 객기와 만용에 가득 찬 일생을 보낸 양녕대군과 불심으로 자신의 마음을 달랜 효령대군은 너무도 대조적인 삶을 살았으며, 특히 백성을 위해 선정을 베푼 세종의 삶을 돌아볼 때 같은 부모 밑에서 컸어도 참으로 제각기 다른 길을 걸었다는 점이 신기하기만 하다.

조선의 팜므파탈 어우동과 황진이

여필종부를 강조하고 칠거지악으로 숱한 여성들을 옭아매며 축첩제도를 고수했던 조선왕조 500년의 사상적 근간을 이룬 것은 두말할 것도 없이 철저한 유교적 가부장제도였다. 그런 불합리한 조건 속에서 온갖 수모와 고초를 감수해야만 했던 조선의 여인들 가운데 과감하고도 당돌하게 사회적 금기를 깨고 숱한 양반들을 유혹해 사회적 파란을 일으킨 두 여성이 있었으니 그들은 다름 아닌 어우동과 황진이였다. 하지만 어우동은 풍기문란죄로 처형당하고 말았으며, 황진이는 비록 환갑을 넘기고 죽었으나 그녀의 말년은 너무도 외롭고 초라하기 그지없었다.

어우동(朴於宇同, 1430~1480)은 조선 성종 때 온갖 사회적 물의를 일으킨 기생으로 원래는 충북 음성에서 양반 박윤창의 딸로 태어났으나 부모의 반대로 이웃집 연인과 헤어진 후 아버지의 강요에 의해 왕실 후예인 이동과 정략적 혼인을 했는데, 신랑은 세종대왕의 둘째형인 효령대군의 서자 출신 손자였다. 하지만 아들을 낳지 못한다는 이유로 시댁의 냉대와 구박이 심했으며, 남편마저 기생에게 정신이 팔려 마음고생이 많았다. 결국 은그릇을 만드는 은장이와 정을 통했다는 혐의로 시댁에서 쫓겨났는데, 어쩔 수 없이 딸을 데리고 친정으로 갔으나 아버지가 받아주지 않았다. 결국 오갈 데가 없어진 그녀는 길가에 집을 정하고 기녀가 되어 그때부터 사대부 양반들을 상대로 보란 듯이 문란한 관계를 맺기 시작했다. 자신을 불행에 빠트린 아버지와 남편을 비롯해 세상의 모든 남성들에 대한 일종의 앙갚음이 시작된 셈이다.

이혼당한 몸으로 거리낄 것이 없어진 그녀는 대담하고도 도발적인 태도로 남성들을 유혹하기 시작했는데, 지위고하를 막론하고 숱한 남성들과 성관계를 맺었다. 어우동에 대한 소문이 나돌자 수많은 선비들과 유생들, 고관대작들이 그녀의 집을 드나들었으며, 찾아오는 손님들뿐만 아니라 그녀 자신이 길을 가다가 마음에 드는 남성이 있으면 스스로 다가가서 유혹해 정을 통할 정도로 그녀는 대범했는데, 이웃에 살던 남성과는 그의 조상을 모신 사당에서 정을 통할 정도였으니 당시 유교적 사회분위기에서 볼 때, 그녀는 실로 위험하기 그지없는 폭발물과도 같은 존재였을 것이다. 그녀와 관계를 맺는 상대가 고위관직 사회에까지 이르게 되고 그런 소문이 장안에 파다하게 퍼지게 되자 조정에서조차 그녀의 문란한 행실을 문제 삼기 시작해 결국 그녀는 의금부로 끌려가게 되었다.

어우동 미인도

어우동뿐 아니라 그녀와 관계한 모든 남성들까지 문초를 당하게 되었지만, 모든 고관대작들이 자신들의 혐의를 강하게 부인하고 나섰으며, 결국 그들은 나중에 모두 사면되거나 복직되고 어우동만 억울하게 처형되고 말았다. 성종도 처음에는 유배 정도에서 사태를 마무리할 생각이었으나 조정 대신들이 들고 일어나 처형을 강력히 요구하는 바람에 어쩔 도리가 없었다. 어쨌든 어우동은 조선시대를 통틀어 음란한 여인의 대명사가 되어 악명이 자자했으나, 어찌 보면 고루한 남성 본위 유교사회의 희생양이 된 여성의 표본이라 할 수 있겠다.

그녀가 처형된 지 8년이 지나 그녀의 오빠 박성근은 어머니 정씨를 살해한 후 옥사했는데, 어려서 목격한 어머니의 불륜 사실을 사람들에게 퍼뜨렸다는 이유로 자신을 학대하고 무시한 어머니에게 원한을 가졌기 때문이었다고 한다. 어쨌든 바람둥이 부모를 비롯해 집안 내력이 그다지 좋아 보이진 않는다. 사실 어우동은 당시 통용되던 간통죄 처벌 규정에 따르자면 곤장 80대로 끝날 형벌이었음에도 불구하고 사형까지 한 것은 지나친 일이었음에 틀림없으며, 어쩌면 그것은 그녀의 존재로 인해 양반사회의 위선이 적나라하게 드러나게 되면서 조정 대신들의 더욱 큰 반발을 불러일으켰기 때문일지 모른다.

박연폭포, 서경덕과 함께 송도 3대 명물로 꼽히는 황진이(黃眞伊, 1506-

1567)는 조선 중기 명종 때 활동한 기생으로 뛰어난 미모에 시가와 춤, 가야금 연주뿐 아니라 학문적 지식도 해박해서 많은 선비, 문인들과 교류하며 전국을 유람하기도 했던 명기다. 하지만 당시 생불이라 불리며 존경을 받았던 지족선사를 한때 파계시키고, 왕족인 벽계수익 콧대를 보기 좋게 꺾어 놓기도 하는 등 사대부와 종교계의 위신을 떨어트리는 행적으로 인해 조선시대 내내 음탕한 기녀의 상징이 되어 그녀에 대한 언급이 금기시되었다. 비록 그녀는 화담 서경덕을 유혹해 굴복시키려다 실패하긴 했으나 오히려 그의 고결한 인품에 매료되어 사제지간을 맺고 그에게서 개인지도를 받기도 했다.

개성에서 양반 가문의 서녀로 태어난 그녀는 기생 출신 맹인으로 알려진 홀어머니 밑에서 외롭게 자랐는데, 어려서부터 한학을 배우고 한시에도 재능을 보였다. 하지만 자신의 서출 신분을 비관해서 스스로 기녀가 된 그녀는 자신을 그런 신세로 만든 아버지에 대한 원망이 컸던지 그 후부터 수많은 일류 명사들과 정을 나누며 교류하기 시작했는데, 기생이 된지 얼마 안 되어 그녀에 대한 소문이 조선 팔도 전국에 퍼지면서 수많은 한량들이 그녀에게 몰려들었으나 지위고하를 막론하고 아무하고나 통정을 나누었던 어우동과는 달리 그녀는 자신이 마음에 둔 사람이 아니면 절대로 상대하지 않는 자존심을 드러내 보이기도 했다.

황진이의 묘(황해북도 개성시)

특히 그녀는 매우 금욕적인 지족선사나 서경덕과 같은 사회적으로 존경받는 인물을 찾아가 유혹하고 굳이 파계시키려 들었는데, 이는 곧 자신을 돌보지 않고 내버린 아버지에 대한 무의식적 보복 심리의 표출로 보이기도 한다. 따라서 그녀는 자신을 우습게 보고 호기를 부리며 허세를 부리던 벽계수나 소세양 등의 양반들에게도 망신을 주어 본때를 보여 주기도 했다. 당대의 명창 이사종과 6년을 함께 살았던 그녀는 그와 헤어진 뒤 지족선사를 다시 찾았으나 선사는 요지부동이었다. 결국 그녀는 외로운 말년을 보내다 60 전후의 나이로 죽은 것으로 알려졌는데, 죽기 전에 자신의 과거를 돌이키며 관조차 쓰지 말 것을 당부했다고 한다. 젊었을 때는 매우 활달하고 호기에 충만해 많은 남성을 굴복시키며 사대부의 위선을 조롱까지 했던 그녀로서는 매우 쓸쓸하고도 초라한 말로가 아닐 수 없다.

조선의 악녀 3인방

조선왕조 500년 역사에서 가장 악독한 악녀를 굳이 꼽자면, 연산군을 농락한 장녹수, 명종의 외숙인 윤원형의 애첩으로 문정왕후의 총애를 등에 업고 온갖 부와 권세를 누린 정난정, 그리고 조선 최고의 악녀로 알려진 숙종의 후궁 장희빈을 들 수 있다. 이들 세 여인을 일컬어 조선의 악녀 3인방이라 불러도 전혀 손색이 없을 정도로 그들이 당시 조정에 끼친 영향은 실로 엄청났다고 할 수 있다. 그래서 "암탉이 울면 집안이 망한다."라는 옛말이 생긴 것인지도 모르겠으나 하여튼 이들 3인방으로 인해 온 나라에 피눈물을 흘리는 사람들이 부지기수였음은 두말할 나위도 없겠다.

장녹수(張綠水, ?-1506)는 원래 충청도 문의 현령을 지낸 장한필의 첩이 낳은 딸이었다. 첩의 자식이었기 때문에 천민으로 살았던 그녀는 가난을 벗어나기 위해 여러 번 시집을 갔으며, 결국에는 제안대군의 노비와 혼인해 아들까지 낳고 그 집에서 종살이를 했다. 제안대군은 예종의 차남으로 연산군과 매우 가깝게 지냈던 인물이다. 그녀는 비록 뛰어난 미모는 아니었으나 가무에 매우 능해 그 소문이 연산군의 귀에까지 들어갔으며, 마침내 그녀를 흥청(興淸)으로 뽑아 궁궐에 들였는데, 당시 흥청은 전국에서 강제로 뽑아 들인 기녀를 가리킨 것으로 연산군은 그런 흥청들과 어울려 경회루에서 방탕한 생활로 세월을 보냄으로써 이를 두고 백성들은 '흥청망청(興淸亡淸)'이라는 말로 비웃었다.

아버지에게 버림받고 천민으로 살면서 온갖 수모를 다 겪은 그녀는 살아남기 위해 남자의 마음을 사로잡는 비장의 기술을 습득하고 있었는데, 그런 장기를 십분 발휘해 연산군의 마음을 사로잡고 마치 엄마가 아기를 데리고 노는 것처럼 왕을 마음대로 요리하고 농락했다. 그녀가 웃으라면 웃고 울라고 하면 울 정도로 연산군은 장녹수 앞에서 꼼짝을 못했는데, 전문용어로는 그런 현상을 퇴행(regression)이라고 한다. 그녀의 위세가 어느 정도였는지는 장녹수의 치마를 실수로 한 번 잘못 밟았다는 이유만으로 참형까지 당한 기녀 옥지화의 경우를 통해서도 얼마든지 짐작할 수 있다.

하지만 그런 일은 약과에 불과했다. 그녀가 연산군에게 귀띔해 준 말한마디로 온 나라가 피바람을 맞이하게 되었으니 말이다. 그것은 다름아닌 연산군의 어머니 폐비 윤씨의 억울한 죽음에 관한 내용으로 그동안 생모가 당한 비극적인 사연을 모르고 지냈던 연산군은 장녹수를 통해 자초지종을 알게 된 이후 마침내 어머니의 한을 풀어 주기 위한 복수를 다짐하고 갑자사화를 일으켰는데, 자신의 생모를 모함해 죽게 만든 두 후궁을 직접 때려죽였으며, 폐비 윤씨의 복위문제로 조모 인수대비와 심하게 다투다가 그녀의 머리를 들이받아 죽게 하는 패륜까지 저질렀다. 결국 참다못한 신하들이 들고 일어나 중종반정을 성공시키면서 연산군은 폐위되어 유배를 당했으며 장녹수는 참수되었다. 수많은 백성들이 그녀의 시체에 돌을 던지며 욕을 했다고 하니 그녀에 대한 원성이 얼마나 컸는지 알 수 있다.

그 후 명종 때에 이르러 장녹수에 필적하는 악녀로 알려진 정난정(鄭蘭貞, ?-1565)이 한 시대를 휘저으며 온갖 권세를 누렸는데, 그녀 역시 첩의 딸로 태어나 어려서부터 맺힌 한이 컸을 것으로 보인다. 비록 그녀의 생부는 오위도총부 부총관을 지낸 정윤겸이었으나 그의 노비로 있던 어머니 남씨를 통해 태어났기 때문에 천민 출신 서녀라는 신분에서 벗어날 수 없었으며, 그런 이유 때문에 일찌감치 집을 나와 기생이 되었다. 그 후 문정왕후의 동생인 윤원형의 눈에 들어 첩이 되었는데, 나중에는 정실부인 김씨를 몰아내고 자신이 그 자리를 차지할 정도로 그녀는 권력욕이 대단했다.

문정왕후의 두터운 신임을 받고 마음대로 궁궐을 드나들며 권세를 부린 그녀는 이재에도 밝아 상권까지 장악함으로써 엄청난 부를 축적했으며, 수많은 피를 흘린 을사사화에서 가장 결정적인 역할을 맡기도 했다. 비록 그녀는 윤원형의 본부인을 독살했다는 혐의를 받아 악녀의 대명사로 불리기도 했지만, 봉은사의 승려 보우를 문정왕후에게 소개해 불교를 중흥하고, 윤원형으로 하여금 상소를 올리도록 해서 적자와 서자의 신분차별을 폐지하는 데 가장 중요한 역할을 맡기도 했는데, 그렇게 함으로써 결국 자신의 오랜 한을 푼 셈이다.

정난정은 문정왕후와 남편 윤원형의 권세만 믿고 너무 설쳐 대는 바람에 많은 사대부들의 미움을 샀으며, 결국 문정왕후가 죽기만을 기다리고 있던 반대파들은 왕후가 죽자 마침내 칼을 빼들고 반격에 나서 승려 보우를 귀양 보내고 정난정은 천민으로 다시 강등한 후 윤원형과 함께 멀리 유배를 보냈다. 하지만 윤원형의 본부인 김씨 집안에서 정난정을 독살혐의로 의금부에 고발하고 그 문제로 사대부가 다시 들고 일어서자 그녀는 스스로 목숨을 끊었으며, 윤원형도 그녀의 뒤를 이어 자결했다.

장희빈으로 널리 알려진 희빈 장씨(禧嬪 張氏, 1659-1701)는 숙종의 총애를 받은 후궁으로 경종의 어머니다. 본명이 장옥정인 그녀는 궁녀 출신으로는 유일하게 왕비의 지위에까지 오른 여성이기도 하다. 남인, 소론 세력을 등에 업은 장희빈과 서인, 노론 세력의 지지를 받은 인현왕후 사이에는 엎치락뒤치락하는 권력 다툼이 극에 달했는데, 그 와중에 숱한 사화가 일어나 많은 사람들이 희생되었다.

원래 역관의 후처 윤씨의 소생이었던 장옥정은 열 살 때 아버지를 일찍 여의고 생계가 어려워지자 어린 나이에 궁녀로 입궁해 자랐는데, 그 후 숙종의 눈에 들어 총애를 받기 시작하면서 그동안 아버지 없이 자란 설움과 열등감을 만회할 기회를 얻고 지나친 권력욕에 사로잡힌 나머지 당파 분쟁을 일으키고 온갖 술수를 동원해 자신의 권력 기반을 유지하려 들었다. 결국 왕자까지 낳고 눈엣가시였던 인현왕후마저 폐위되게 한 뒤 왕비의 자리를 차지하는 데 성공했으나 우여곡절 끝에 인현왕후가 다시 복위되자 신변의 위협을 느낀 나머지 자신의 거처 주변에 몰래 신당을 차리고 인현왕후를 저주하는 굿까지 벌였다.

그 후 실제로 인형왕후는 시름시름 앓다가 죽었는데, 그 사실을 숙빈 최씨가 숙종에게 알림으로써 결국 오빠 장희재를 포함해 모의에 가담한 모든 공범들이 처형당하고 장희빈도 사약을 마시고 죽었다. 비록 그녀는 그렇게 죽었지만, 그녀의 아들은 그 후 경종이 되어 어머니의 명예를 회복하려다가 즉위한 지 불과 4년 만에 죽는 바람에 그 뜻을 이루지 못했다. 그리고 경종의 뒤를 이어 숙빈 최씨의 아들 영조가 왕위에 오르면서 세상은 노론의 천하가 되었으며, 장희빈은 세상에 둘도 없는 악녀로 알려지게 되었다.

패륜아로 전락한 광해군

조선 왕조에서 강제로 폐위된 왕은 제10대 임금 연산군과 제15대 임금 광해군 두 사람으로 이들 모두 폭군으로 간주되고 있으나 사실 광해군은 폭정을 일으켰다기보다 자신의 앞길에 걸림돌이 되었던 친인척을 제거한 것뿐이었으니 본인으로서는 몹시 억울했을지도 모른다. 광해군(光海君, 1575-1641)은 선조와 후궁 공빈 김씨의 서자로 태어나 다섯 살 때 생모를 잃었으며, 그 후로는 계속 부왕의 냉대를 받으며 자랐다. 하지만 정비 의인왕후가 자식을 낳지 못하자 어쩔 수 없이 서자 가운데 왕세자를 간택해야 했던 선조는 자신이 총애하던 후궁 인빈 김씨의 아들 신성군을 마음에 두고 있었는데, 송강 정철이 광해군을 왕세자로 추천하자 크게 노한 나머지 그를 파직하고 멀리 유배를 보내 버렸다.

그런 와중에 임진왜란이 일어나고 피난길에 신성군마저 죽게 되자 선조는 마지못해 광해군을 왕세자로 봉하게 되었다. 물론 광해군의 친형 임해군(臨海君, 1572-1609)이 있었지만, 원래 성격이 포악하고 방탕한 생활로 악명이 자자해 일찌감치 왕세자 후보에서 제외된 상태였다. 광해군은 전란 중에도 피난을 가지 않고 궁을 지키며 의병을 모집하는 등 민심수습에 힘써 왕세자로서의 본분을 지켰으나 선조는 그런 모습조차 달갑지 않게 여기고 계속 홀대함으로써 아들에게 더욱 큰 상처를 주었다. 더군다나 인목왕후가 적자인 영창대군을 낳자 그동안 광해군을 견제하고 미워하던 선조는 굳이 영창대군을 왕세자로 책봉하고자 했는데, 조선 최초의 서자 출신으로 왕위에 올랐던 선조로서는 본인 스스로

광해군의 묘(경기도 남양주시)

가 서출에 대한 자격지심을 갖고 있었기 때문에 유독 광해군을 미워했던 것 같다.

어쨌든 왕세자에서 폐위될지도 모르는 위기 상황에서 갑자기 선조가 승하하는 바람에 다행히 왕위에 오를 수 있게 된 광해군은 그동안 부왕으로부터 당한 설움과 냉대를 앙갚음이라도 하듯이 곧바로 친인척 정리에 나섰는데, 우선 친형 임해군을 유배해 죽이고, 이이첨과 허균 등 강경파 신하들의 책동에 힘입어 계모 인목왕후의 아버지를 사사했으며, 여덟 살에 불과한 이복동생 영창대군을 강화도에 유배한 후 방안에 가둔 채 장작불을 지펴 질식사시켰다. 그 후 능창군까지 폐서인함으로써 목을 매 자살하게 만드는 등 왕권을 위협하는 친인척 세력을 모두 제거함으로써 패륜적 군주라는 이미지로 인해 민심이반 현상까지 초래하고 말았다.

더욱이 인목왕후까지 폐비하게 되자 결국 인조반정이 일어나 강화도로 유배된 광해군은 18년간 그곳에서 지내다 66세를 일기로 죽었다. 당시 인목왕후는 광해군의 처형을 강력히 요구했으나 인조는 유배하는 선에서 사태를 마무리했다. 한편, 광해군의 총애를 등에 업고 온갖 전횡을 일삼은 상궁 김개시는 비록 왕세자에 오르는 과정에서 광해군을 크게 도왔으나 막판에 상황이 불리하게 돌아가자 광해군을 배신하고 반정군에 붙었음에도 불구하고 결국 이이첨과 함께 참형당하고 말았다.

인조의 뜻을 거스르고 죽음을 맞이한 아들 소현세자

조선의 16대 임금 인조(仁祖, 1597-1649)는 광해군에 의해 억울하게 죽은 능창군의 형 능양군으로 아들의 죽음에 화병을 얻어 아버지 정원군이 숨지자 아버지와 동생의 복수를 다짐하고 마침내 인조반정을 일으켜 광해군을 몰아내는 데 성공했다. 하지만 그는 중립외교를 통해 위기를 모면한 광해군과는 달리 친명반청 정책을 노골적으로 펼쳐 결국 정묘호란과 병자호란 등 두 차례나 국가적 위기를 초래함으로써 백성들만 죽도록 고생시킨 몹시 무능한 군주였다.

병자호란 당시 남한산성에 들어가 버티다 결국 굴욕적인 항복을 선언한 인조는 성문 밖으로 나와 청나라 황제 숭덕제 앞에 무릎을 꿇고 세 번씩이나 맨땅에 이마를 찧는 치욕을 당했는데 그 모습을 본 문무백관들은 큰 충격을 받았다. 그동안 야만족으로 여겨 오던 오랑캐와 군신관계를 맺게 되었으니 그럴 만도 했을 것이다. 만백성 앞에서 왕의 체면을 구긴 인조는 그 후 자신이 겪은 수모를 결코 잊지 못했으나, 당시 청국에 인질로 잡혀갔다 9년 만에 돌아온 아들 소현세자(昭顯世子, 1612-1645)가 자신의 뜻에 반해 친청 입장을 보인 데다가 백성들로부터 인망까지 높아지자 이를 시기하며 자신의 안위를 걱정한 나머지 결국 조귀인과 김자점 일파를 통해 아들 소현세자를 독살한 데 이어 세자빈 강씨마저 사약을 내려 죽이고 말았다.

병자호란의 참화를 초래하며 씻을 수 없는 굴욕을 당한 인조는 임진왜란을 겪으며 신의주까지 도망간 할아버지 선조와 더불어 조선왕조에서 가장 무능하고 치졸한 왕으로 간주할 수 있는데, 아들과 며느리, 손자들까지 죽음으로 몰고 간 인조는 생전에 단 한 번도 소현세자의 묘를 찾은 적이 없을 정도로 속이 좁은 임금이었다. 그렇게 옹졸한 아버지를

소현세자의 묘(경기도 고양시)

결코 존경할 수 없었던 소현세자는 당연히 부왕과는 다른 길을 걷고자 했으니 눈엣가시가 될 수밖에 없었다. 더군다나 부자지간을 갈라놓기 위한 이간질에 혈안이 되었던 후궁 조귀인의 농간에 놀아나는 부왕의 모습에 극심한 반감을 지닌 소현세자였으니 사실 그의 운명은 이미 정해진 것이나 다름없었다.

반면에 형 소현세자와 함께 청국에 인질로 잡혀갔다 온 아우 봉림대군은 형과는 달리 청국에 대한 굴욕감으로 복수심에 사로잡혀 지냈는데, 그런 점에서는 인조와 서로 공감대를 형성하고 있었다. 형의 갑작스러운 죽음으로 세자가 되어 왕위를 이어받고 효종이 된 그는 마침내 북벌론을 내세워 청국 타도를 외쳤으나 사실 그의 계획은 당시 조선의 국력으로 보아 현실성이 매우 떨어지는 무모한 만용이기도 했다. 어쨌든 효종은 한동안 서로 첨예하게 대립한 형과 아버지 사이에서 몹시 난처한 입장에 있었으나 왕으로 즉위한 후에는 형 소현세자의 가족을 파멸시키는 일에 앞장선 조귀인과 김자점 일파를 제거함으로써 그나마 형의 원혼을 풀어 주는 역할을 맡기도 했다.

뒤주에 갇혀 죽은 사도세자

어려서부터 무수리 출신 최숙빈의 자식이라는 이유로 멸시를 당했던 영조(英祖, 1694-1776)는 장희빈의 아들이었던 경종이 재위 4년 만에 일찍 병사하자 그 뒤를 이어 조선의 21대 임금이 되었는데, 82세까지 장수하며 무려 52년간 재위함으로써 조선의 역대 왕 가운데 가장 오랜 기간 나라를 다스린 인물로 기록된다. 비록 노론 세력을 등에 업고 왕위에 올랐으나 즉위한 후에도 경종의 독살설에 휘말린 그는 탕평책을 써서 사색당쟁을 근절하려 했지만 그럼에도 불구하고 이인좌의 난 등으로 마음 편할 날이 없었다.

영조는 왕위를 물려줄 마땅한 후손이 없어 애를 태우다 40세가 넘은 늦은 나이에 귀한 아들을 얻어 대단히 기뻐했다. 영조는 즉각 세자로 봉하고 10세가 되었을 무렵 혜경궁 홍씨와 혼인을 시켰는데, 1749년 영조가 세자에게 대리청정을 시켰을 때부터 부자간에 불화관계가 깊어지게 되었다. 당시 노론은 부자 사이를 이간질해 갈등의 골을 더욱 깊게 했는데, 어려서부터 자신을 보필하던 나인들로부터 경종 독살설과 노론에 대한 부정적인 이야기를 듣고 자란 탓에 평소 부왕에 대해 부정적인 인상을 떨치지 못하고 있던 사도세자(思悼世子, 1735-1762)는 결국 병석에 누운 영조에게 약을 권하는 신하들의 요청을 거부함으로써 왕의 노여움을 사기 시작했다.

하지만 사도세자는 평소에도 매우 비정상적인 행동을 보여 영조를 노하게 만들기 일쑤였다. 예를 들어, 부왕이 내린 금주령을 어기고 술을 마시는가 하면 부왕의 꾸중에 화를 이기지 못하고 시종들에게 화풀이를 하다가 촛대를 쓰러트려 화재를 일으키기도 했다. 영조가 불러 호통을 치자 세자는 자신이 고의로 불을 지른 것처럼 말한 뒤 우물에 뛰어들어 죽겠다고 해서 시종들을 기겁하게 만들기도 했다. 어디 그뿐인가. 평소에도 그는 소리에 매우 민감해서 놀라기를 잘했으며, 또한 무명옷을 걸친 채 칼을 꽂아 만든 상장(喪杖)을 지니고 다니기도 하고, 심지어는 자신의 거처를 마치 빈소처럼 차려 놓고 상여 앞에 들고 가는 깃발을

사도세자 이야기를 다룬 영화 〈사도〉

세워 놓은 채 시체를 염하는 자세로 누워 잠을 자기도 했으니 누가 보더라도 이는 매우 불경한 행동이 아닐 수 없었다. 왜냐하면 그런 일련의 행동들은 상(喪)을 당한 상주의 모습을 흉내 낸 것으로 보일 수 있었으며, 더 나아가 마치 부왕의 죽음을 바라는 것처럼 오해받을 소지가 다분히 컸기 때문이다.

더군다나 세자는 갑자기 모르는 사람이 보인다고 주장하는가 하면, 외출 시에는 바깥 동정을 살피다가 옷을 바꿔 입기도 하고 비단 군복을 여러 벌 불에 태우기도 했다. 또한 울화가 치밀 때면 아무 데서나 상말을 내뱉기도 하고, 여승을 포함한 시녀들, 기생들을 불러 모아 잔치를 벌이며 한데 엉키어 노는 등 수시로 잡된 행각을 보였다. 그렇게 세자의 행태가 날로 극심해지면서 죽어 나가는 내관 나인들도 부지기수였으며, 장님들을 불러들여 점을 치다가 그들이 말을 잘못하면 가차 없이 죽이고, 기타 의관, 역관 등을 포함해 하루에도 시체를 대궐 밖으로 여러 명 쳐내는 일이 빈발하자 모두들 언제 죽을지 몰라 벌벌 떠는 일이 다반사였다.

물론 사도세자의 이런 모습은 정상적인 정신상태가 아니었음이 분명하지만, 다른 한편으로는 대리청정을 맡으면서 그가 추진했던 급진적인 개혁정책과 선대왕인 경종의 독살설에 동조하는 듯한 처신을 보인 것이 화근을 불러일으켰다는 주장도 만만치 않다. 당시 노론과 소론의 대립이 한창일 때 영조의 지지 세력인 노론을 압박한 것이 특히 세자에게는 치명타가 되었다는 것이다. 결국 아버지의 반대파인 소론과 손을 잡은 세자는 스스로 자기 무덤을 판 결과를 낳고 말았는데, 장희빈의 아들 경종과 최숙빈의 아들 영조가 왕위에 오르기까지 벌어진 피 튀기는 당쟁을 생각하면 당시 영조의 지나친 과민반응을 이해할 수 있을지도 모르겠다. 평소 경종 독살설에 휘말려 그렇지 않아도 자격지심을 갖고 있던 영조의 아킬레스건을 아들인 사도세자가 수시로 건드렸으니 아무리 마음이 여린 영조라 할지라도 왕권에 도전하는 불충을 보인 세자를 도저히 묵과할 수 없었을 것이다.

어쨌든 부왕의 권위에 정면으로 도전하는 불충을 보인 사도세자는 조선왕조 500년의 역사에서 가장 참혹한 최후를 마친 왕세자로 기록되는데, 그는 부왕의 명에 따라 여드레 동안 뒤주 안에 갇혀 있다가 결국 굶어 죽고 말았다. 도중에 뒤주 한 부분에 난 구멍을 통해 세자의 측근들이 음식과 옷가지를 건네준다는 밀고를 듣고 영조는 손수 구멍을 밀봉하는 행동을 보이기도 했는데, 70을 바라보는 나이에 영조가 보인 행동은 평소의 그답지 않은 모습이었다. 영조는 원래 눈물과 정이 유달리 많은 임금으로 알려져 왔기 때문이다. 하지만 영조는 세자가 뒤주 안에 갇혀 있는 동안 아들의 비호세력들을 모조리 색출하고 처벌했으며, 사도세자의 여승 출신 후궁도 참형에 처하는 단호함을 보였다.

당시 10세의 어린 세손은 아버지 사도세자 곁에서 떨어지지 않으려 몸부림치며 아버지를 살려 달라고 할아버지인 영조에게 애원했으나 아무 소용이 없었다. 나중에 영조의 뒤를 이어 정조(正祖, 1752-1800)가 된 그는 이 사실을 잊지 않고 자신의 아버지를 죽음으로 몰고 간 배후세력들을 모조리 극형으로 다스렸는데, 어린 나이에 자신의 눈앞에서 뒤주에 갇혀 고통스럽게 굶어 죽어 간 아비의 모습을 직접 지켜본 아들의 입장에서는 상당한 트라우마를 받았음에 틀림없다. 하지만 정조는 종기 치료를 받다가 48세 나이로 급서하고 말았는데, 당시 남인들 사이에서는 노론에 의한 독살설이 파다하게 퍼지기도 했다.

조선왕조 망국의 주인공 흥선대원군과 고종

구한말 망국의 주인공이 되어 조선왕조 500년의 종말을 고하게 했던 비운의 임금 고종(高宗, 1852-1919)은 고집 세고 두둑한 배짱에 거침이 없는 파행적인 행보로 유명한 아버지 흥선대원군 이하응과는 달리 매우 온순하고 조용한 내성적 성격의 소유자였다. 흥선대원군(興宣大院君, 1820-1898)은 여덟 살에 맏형을 잃고, 12세에 모친을, 17세에 부친을 여의고 고아가 된 인물로 생계유지가 힘겨워 난초를 그려 팔기도 하고 세도 가문을 찾아가 문전걸식도 마다하지 않는 등 객기를 부리기도 했는데, 당시 안동 김씨 세도가들은 가난한 왕족인 그를 몹시 무시하고 심한 조롱도 서슴지 않았다.

그런 아버지 밑에서 차남으로 태어난 고종은 후손 없이 세상을 뜬 철종의 뒤를 이어 26대 임금이 되었는데, 이것은 야심 많은 아버지 대원군의 철저한 계산과 뒷받침이 있었기에 가능한 일이었다. 대원군은 11세 어린 나이로 왕위에 오른 고종을 대신해 10년간 섭정을 맡으면서 모든 실권을 장악하고 그동안 자신이 당한 수모를 만회라도 하려는 듯이 안동 김씨 세력을 몰아내는 한편 노론의 일당 독재 체제도 타파했다. 하지만 철저한 쇄국정책으로 개화를 거부하고 국력의 쇠퇴를 초래해 망국의 토대를 마련했을 뿐만 아니라 천주교 탄압과 무리한 경복궁 중건 등 지나치게 독단적인 정책을 밀고 나감으로써 백성들의 원성을 사기도 했다.

또한 대원군은 안동 김씨와 풍양 조씨의 세도를 견제하기 위해 의도적으로 세도와는 거리가 먼 민씨 가문에서 그것도 아버지와 형제 등의 혈

흥선대원군

육이 없는 민자영을 아들 고종의 비로 결정했다. 그렇게 왕비가 된 민비 (閔妃, 1851-1895)는 민치록의 외동딸로 태어나 일곱 살 때 아버지를 여의고 홀어머니 밑에서 외롭게 컸는데, 오히려 그런 불우한 조건이 왕비로 간택되는 데 유리하게 작용한 셈이다. 하지만 입궁한 후 처음에는 온순하고 조용한 모습을 보이던 그녀는 당시 고종의 총애를 받던 궁인 이씨가 아들 완화군을 낳으면서 대원군을 미워하기 시작했는데, 대원군이 고종의 첫 득남을 아들인 고종보다 더 기뻐했기 때문이다. 그 후 민비가 아들을 낳았으나 출생 직후 사망하고 말았으며, 그것도 대원군이 보내준 산삼을 달여 먹고 그런 일이 벌어졌다면서 대원군에 대한 증오심이 더욱 커졌다.

이처럼 며느리와 시아버지 사이에 앙금이 생기면서 새로운 권력 다툼이 시작되었으며, 그 중간에서 고종은 이러지도 저러지도 못하는 우유부단한 모습을 보였다. 더욱이 고종은 다른 귀인들을 더욱 총애했기 때문에 민비는 고종의 총애를 받는 일보다 권력에 더욱 집착하게 되었으며, 점차 고집 세고 당찬 성격이 드러나면서 자신의 모난 성격과 비슷한 시아버지 대원군을 상대로 한 치의 양보도 없는 권력 투쟁으로 맞서게 되었다. 결국 그런 자중지란 때문에 외세의 간섭을 불러들이는 결과를 초래하고 말았으니 임오군란과 동학농민운동, 청일전쟁, 민비시해, 노일전쟁 등으로 이어지면서 일본제국주의 야욕을 더욱 강화하는 결과를 낳게 된 것이다.

하지만 민비의 등장으로 민씨 일가의 세력이 강화되고 더 나아가 고종의 친정을 요구한 민비의 뜻에 밀려 어쩔 수 없이 섭정의 자리에서 물러나 운현궁에 칩거한 대원군은 뒤늦게 고종과 민비를 선택한 자신의 결정을 후회하고 어떻게든 고종을 폐위할 궁리에 몰두했는데, 당시 그가 염두에 둔 왕위 후계자는 자신의 장남 이재면의 아들 이준용이었으나, 그런 추대 음모가 실패로 돌아가자 이번에는 자신의 서자 이재선을 추대하려다 사전에 발각되면서 이재선은 유배 중에 사사당하고 말았다. 그럼에도 불구하고 대원군은 국왕의 생부라는 특권 때문에 자신의 신변을 안전하게 유지할 수 있었다.

권력에 대한 집착을 버리지 못한 대원군은 마침내 임오군란을 통해 민비를 제거하고 재집권을 노렸으나 궁녀로 변복하고 도주해 용케 살아남은 민비는 청나라에 도움을 청해 군란을 진압했으며, 불과 한 달 만에 실각한 대원군은 청나라에 끌려가 천진에서 억류생활을 보내며 숱한 수모와 굴욕을 감수해야 했다. 4년간의 억류생활에서 풀려나 가까스로 귀국한 대원군은 마중 나온 아들 고종의 얼굴을 외면하고 돌아보지도 않았으며, 그 후에도 계속해서 고종과 민비에 대한 폐위 시도를 멈추지 않았다. 심지어는 동학의 전봉준과 내통해 자신의 손자 이준용을 옹립하려 했으나 동학운동이 실패로 돌아가자 대원군은 정계은퇴를 강요받고 사실상의 연금 상태에 놓이게 되었다.

한편, 민비는 일본의 야욕에 대한 저항으로 청국과 러시아라는 외세에 의존하고자 했기 때문에 일제의 입장에서는 민비야말로 자신들의 대륙 침탈 야욕에 가장 큰 걸림돌로 비칠 수밖에 없었다. 민비가 눈엣가시와 같은 존재라는 점에서 대원군과 일제는 한 배를 탄 동지나 다름없었던 셈이다. 당시 새로 부임한 일본 공사 미우라의 주도하에 실행에 옮겨진 민비시해 작전의 암호는 여우사냥이었는데, 당시 일본인들은 민비를 여우라고 부르고 있었기 때문이다. 당시 미우라는 대원군의 합류를 권했으나 거절당하자 시해 당일 강제로 가마에 태워 경복궁으로 향하게 했는데, 그것은 마치 조선 조정의 내부적 문제인 것처럼 위장하기 위해서였으며, 우장춘 박사의 부친 우범선 등 친일파 인물들을 동원하여 대원군을 강제로 가마에 모시고 궁궐로 향하도록 한 것이다. 이처럼 친위 쿠데타를 위장한 그 틈을 이용하여 일본 낭인들이 궁궐에 무단으로 난입해 민비를 무참하게 시해한 것이다. 하지만 일국의 왕비를 상대로 인접국의 무뢰배들이 저지른 천인공노할 만행은 인류역사상 그 유례가 없는 일이었다.

을미사변 이후 1897년 대한제국이 선포되고 고종이 황제로 즉위하면서 민비도 사후에 명성황후라는 호칭을 얻게 되었지만, 말이 황제였지 고종은 외세의 압력에 휘둘리는 유약한 모습만을 보여 준 우유부단한 군주에 지나지 않았다. 당시 을미사변으로 더욱 궁지에 몰린 대원군은 유폐생활을 보내던 중 1898년에 세상을 떴는데, 아들인 고종은 그런 아버지에 대한 원망이 얼마나 컸던지 장례식에 참석조차 하지 않았다. 어쨌든 고종은 굴욕적인 을사보호조약 이후 일제의 강요에 의해 아들 순종에게 양위한 채 정치일선에서 맥없이 밀려나고 말았다. 일제는 순종이 병약한데다 후사를 둘 수 없는 상태임을 이미 간파하고 있었기 때문이다.

1905년 을사보호조약을 통해 사실상 일본의 보호를 받는 약소국으로 전락한 대한제국은 마침내 5년 뒤 한일병합조약을 통해 완전히 일제의 식민지가 되어 망국의 치욕을 당하게 되었으며, 덕수궁에 유폐당한 고종은 1919년 식혜를 마신 직후 갑자기 경련을 일으키고 숨을 거두었는데, 이들 두고 세간에서는 독살설과 자살설이 파다하게 퍼지기도 했다. 물론 정확한 사인이 밝혀진 것은 아니지만, 그런 소문의 배경에는 일본에 대한 증오심이 작용했기 쉬우며, 동시에 차라리 자살을 통해서 망국의 책임을 끝까지 다한 군주이기를 바라는 민심의 안타까운 심경이 나타난 것일지도 모른다. 하지만 평소 고종의 성격으로 봐서는 자살 가능성은 거의 없다고 봐야 할 것이며, 오히려 독살 가능성이 더욱 높아 보인다.

고종이 승하했을 당시 일곱 살에 불과했던 고명딸 덕혜옹주(德惠翁主, 1912-1989)는 후궁 중의 한 사람이었던 귀인 양씨의 소생으로 한일합병 이후 덕수궁에서 태어나 복녕당 아기씨로 불리며 고종의 각별한 사랑을 받았으나, 부친상을 당하는 순간 그때부터 망국의 한을 대표하는 상징적 인물이 되어 불행한 삶을 살기 시작했다. 13세 때 강제로 일본 유학을 떠난 그녀는 이듬해 순종의 장례식 참석을 거절당했으며, 심지어 17세 때 생모인 귀인 양씨가 유방암으로 사망했을 때도 어머니가 귀족이 아니라는 이유로 복상하지 못하고 그대로 일본으로 돌아가야 했다.

이처럼 어린 나이에 부모를 모두 잃고 천애고아로 내버려진 그녀는 점차 정신분열 증세를 보이기 시작해 19세 때에는 실어증이 있는 상태임에도 불구하고 일제의 강요에 의해 대마도의 백작 소 다케유키와 정략결혼한 후 이듬해 딸 마사에를 낳았는데, 그 이후로 증세가 더욱 악화되기 시작했다. 하기야 그런 말도 되지 않는 상황에서 그녀가 선택할 수 있는 유일한 길은 미치는 방법밖에 없었을 것이다. 결국 일본이 패망한 직후인 34세가 되어서야 비로소 마쓰자와 정신병원에 입원했으나 호전될 기미를 보이지 않고 입원이 장기화되자 43세인 1955년 일방적으로 이혼당하고 말았으며, 설상가상으로 이듬해 딸 마사에가 산에서 자살하겠다는 유서를 남긴 채 실종되고 말았다. 이토록 참담한 신세로 전락한 그녀의 소식을 전해 들은 당시 국가재건최고회의 의장 박정희 소장의 결단에 의해 비로소 그녀는 귀국길에 오르게 되었다.

덕혜옹주

1962년 마침내 15년에 걸친 오랜 정신병원 입원생활 마치고 나이 50세가 되어 고국의 품으로 다시 돌아온 덕혜옹주는 곧바로 서울대 병원에 입원했으며, 당시 대한제국 황실에 동정심을 지니고 있던 박정희 의장의 뜻에 따라 그녀에 대한 생계비와 치료비를 국비로 지급하기 시작했다. 5년 만에 다소 안정된 상태로 퇴원한 덕혜옹주는 그 후 20년 이상 창덕궁 낙선재에 머물며 여생을 보내다가 1989년 77세를 일기로 한 많은 생을 마감했는데, 그녀가 숨진 지 9일 뒤에 영친왕의 일본인 부인 이방자 여사도 낙선재에서 숨을 거두었다.

아버지의 억울한 죽음으로 분연히 일어선 전봉준

구한말 1895년 동학 농민군이 진압되고 동학군을 이끌었던 녹두장군 전봉준이 처형당하자 백성들 사이에는 〈새야 새야 파랑새야〉라는 구전 민요가 널리 불리기 시작했다. "새야 새야 파랑새야, 녹두밭에 앉지 마라. 녹두꽃이 떨어지면 청포장수 울고 간다." 당시 사람들은 전봉준을 녹두장군이라는 별명으로 불렀는데, 몸집이 매우 작아 녹두에 비유한 것이다. 여기서 파랑새는 푸른색 군복을 걸친 일본군 혹은 관군을 가리킨 것이며, 녹두밭은 동학군을, 그리고 녹두꽃은 농민군을 지휘했던 전봉준을 뜻한다고 볼 수 있다. 울고 가는 청포장수는 당연히 조선 백성을 의미한다.

전라북도 고창에서 몰락한 양반 가문의 아들로 태어난 전봉준(全琫準, 1854-1895)은 어려서부터 매우 총명한 아이였으나 집안이 워낙 가난해 관직으로 나가지 못하고 서당 훈장이나 지관 노릇에 머물러 지냈으며 때로는 시장에서 장사를 하기도 했다. 30대 초에 당시 외세의 개입과 탐관오리의 수탈 등으로 나라가 어지럽고 민생이 도탄에 빠지자 세상을 바로잡기 위한 고민에 빠진 그는 민중 사이에 널리 퍼지던 동학에 관심을 갖는 한편 운현궁을 찾아 흥선대원군의 식객 노릇을 하는 가운데 사회개혁에 대한 의지를 불태우기 시작했다.

운현궁의 식객 생활을 청산하고 고향으로 돌아간 그는 다시 농사를 지으며 서당에서 아이들을 가르치고 있었는데, 1892년 봄에 새로 부임한 고부 군수 조병갑의 횡포가 극심해지자 다시 흥선대원군을 찾아 나라의 장래에 대한 논의를 마치고 귀향한 후부터 동지들을 규합해 자신의 세력을 키우기 시작했다. 당시 일부 동학교도들은 전봉준이 흥선대원군과 모종의 밀약을 맺은 것으로 의심하기도 했으나 교주 최시형은 그를 고부 지역 접주로 임명함으로써 그런 의혹을 일축했다.

하지만 아버지 전창혁이 고부 군수 조병갑의 무리한 징세에 저항하다 곤장을 맞고 곧바로 세상을 떠나게 되자 마침내 전봉준은 아버지의 억울한 죽음에 격분한 나머지 더 이상 참지 못하고 마침내 거병하기로 결심하기에 이르렀다. 더욱이 그는 공공연히 흥선대원군이 자신을 지원한다고 말함으로써 그 소문을 듣고 수많은 농민들이 그의 밑으로 몰려들어 그 위세가 하늘을 찌를 듯했다. 당시 동학 교주였던 최시형은 그런 전봉준을 국가의 기강을 어지럽히는 역적으로 간주하고 결국에는

전봉준

대원군에게 이용당할 것으로 보면서 "아비의 원수를 갚으려면 효도를 통해 할 일이지 성급하게 나설 일이 아니다."라고 했지만, 전봉준은 이에 아랑곳하지 않고 마침내 1894년 봄, 고부 관아를 습격해 무기를 탈취하고 그 기세를 살려 전주까지 점령하고 말았다.

다급해진 조정에서는 결국 외세를 끌어들이게 되고 급기야는 청일전쟁으로 확산되기에 이르렀으며, 처음에는 유화책을 내세우던 최시형도 사

태가 급박해지자 어쩔 수 없이 전봉준의 무력 봉기에 동참하게 되었다. 하지만 아무리 수십만에 달하는 병력이라 하더라도 오합지졸에 불과한 동학농민군은 우수한 무기와 고도의 훈련을 받은 일본군의 상대가 될 수 없었다. 결국 일본군의 반격에 대패한 동학군은 궤멸되고, 민가에 은신 도피 중이던 전봉준은 배신한 부하들의 밀고로 관군에 붙들려 의금부로 압송되었다.

의금부와 일본 헌병의 혹독한 고문에도 불구하고 끝까지 홍선대원군과 내통한 사실을 부인한 전봉준은 결국 교수형에 처해지고 말았는데, 그의 형제들도 모조리 처형당했으며, 후처인 송씨는 노비로 전락했다. 다행히 그의 딸 전옥례는 절에 숨어 지내다가 나중에 성인이 되어 혼인한 후 오랜 세월 자신의 신분을 감추고 살았는데, 1970년 박정희 대통령에 의해 동학란에서 동학농민운동으로 격상되면서 비로소 자신의 신분을 밝히고 바로 그해 91세로 세상을 떴다.

비록 전봉준은 대원군의 연루 사실을 완강하게 부인하고 죽었지만, 사실 대원군은 당시 사전모의는 아니었다 하더라도 자신의 아들 고종을 폐위하고 대신 손자 이준용을 왕위에 앉히기 위해 전봉준의 동학군을 이용할 심산이었으며, 전봉준의 수하였던 김개남도 문초 중에 대원군과의 내통 사실을 자백한 바 있다. 더욱이 전봉준은 비록 일본군을 상대로 전투를 벌였지만, 민비 세력과 청나라 세력을 몰아내기 위해 일본의 폭력조직인 천우협(千佑俠)과 접촉해 지원을 받기도 했는데, 물론 이와 직접적인 관련은 없지만, 동학이 무너진 후 일부 잔존 세력은 친일조직인 일진회에 가담해 일본 침략의 수족 노릇을 했을 뿐만 아니라 한일합병에 일등공신 노릇을 함으로써 망국에 앞장섰으니 참으로 세상 돌아가는 일은 알다가도 모르겠다.

민족을 배신한 매국노 이완용

을사오적의 한 사람이며 경술국치의 주모자로 일제의 앞잡이가 되어 망국을 주도한 이완용(李完用, 1858-1926)은 우리 민족 최대의 반역자요, 매국노라는 오명을 뒤집어쓴 세상에 둘도 없는 간악한 인물이다. 경기도 광주에서 몰락한 양반 가문의 후손인 이호석의 아들로 태어난 그는 몹시 궁핍한 생활 속에서도 아버지로부터 소학을 배웠는데, 아홉 살 무렵 아들의 장래를 위해 먼 친척뻘인 이호준의 양자로 입양시킨 아버지는 그 대가로 말단관직의 혜택을 받아 가족을 부양했다. 그런데 양아버지 이호준은 당시 대원군의 측근으로 정계 거물이었으며, 그 역시 양자로 입양된 인물이었다.

어린 나이에 거물급 세도가를 양부로 두고 낯설기 그지없는 대궐 같은 집에서 자란 이완용은 항상 주눅 든 모습으로 사람들 눈치를 보며 숫기 없고 작은 목소리로 말을 해 양부의 주의를 받기도 했는데, 물론 그것은 별 볼 일 없는 아버지로 인해 생긴 열등감과 가난한 집안배경에서 비롯된 자격지심 때문이었으리라. 어쨌든 타인의 눈치를 살피는 그의 소심함과 기회주의적인 습성은 성인이 되어서도 여전해 출세를 위해 누구 편에 서야 할지 항상 눈치를 살피며 줄타기를 하는 데 결정적인 역할을 하게 된 것으로 보인다.

그의 나이 20대 초에 친부와 양모가 연이어 사망하자 수년간 시묘를 마치고 과거에 응시한 그는 낮은 급수로 급제했음에도 불구하고 양부의 후광에 힘입어 처음부터 정7품이라는 높은 관직에 올랐으며, 그로부터 5년도 채 안 되어 정3품 당상관에 오르는 등 조선왕조 역사상 가장 빠른 고속승진을 거듭했는데, 당시 상황은 임오군란이 진압된 후 민비가 복귀하고, 대원군이 청국으로 끌려간 시기로 그때 이미 돌아가는 판세를 알아본 양부 이호준은 대원군에 등을 돌리고 민씨 가문과 손을 잡은 상태였으니 그렇지 않아도 눈치 백단인 이완용이 보고 배운 것은 결정적인 순간에 어느 편에 붙느냐 하는 일이 그 무엇보다 중요하다는 사실이었으리라.

이완용

항상 말수가 적고 그 어떤 경우에도 경솔히 앞에 나서지 않는 그였지만, 자신이 원하는 목적을 위해서라면 수단방법을 가리지 않고 달려드는 그의 속성은 그 후 출세가도를 달리며 내각총리대신에 올라 나라를 팔아먹고 일제에 충성하며 죽을 때까지 부귀영화를 누린 그의 삶의 과정을 통해 여지없이 드러난다. 그는 어려서부터 늘 친부와 양부 사이에서 눈치를 살피고, 양모와 의붓형제들의 눈치를 살폈으며, 3일 천하로 끝난 개화당의 갑신정변 때도 계속 숨죽이고 돌아가는 판세를 살피느라 여념이 없었다.

그 후 주미 대리공사로 미국의 선진문명을 접했을 때도 자신의 안위에 급급한 나머지 민주주의제도 등에는 아무런 관심도 없었으며, 그 후 생모가 사망해 모친상을 치르고 있을 당시 동학운동이 일어나자 수구파의 일원인 그는 한 치 앞을 내다볼 수 없는 상황 속에서도 민비와 대원군, 개화당과 민씨 일족 가운데 어느 쪽으로 권력의 향배가 기울어질지 눈치를 살피느라 정신이 없었다. 그래서 그는 갑오경장 때도 개화당이 손을 내밀자 상중임을 내세워 거절하고 사태를 주시했는데, 그의 예상은 적중해 얼마 가지 않아 박영효 등 개화파는 역모죄로 몰려 조정에서 모두 쫓겨나고 말았다. 그 후 독립협회에 가담해 독립문을 세우고 독립신문 발간을 후원하기도 했으나 친미파인 서재필, 윤치호 등이 국민투표를 통한 미국식 참정권을 주장하기 시작하자 왕정 지지자인 그는 잽싸게 독립협회 직책을 사퇴하고 서둘러 발을 빼 버렸다.

외교적으로 원래 친미파였던 그는 을미사변 이후 고종의 아관파천으로 러시아의 입김이 거세지자 러시아 세력을 견제하기 위해 미관파천을 주장하고 미국에 많은 특혜가 돌아가도록 힘을 썼으나 결국 러시아의 압력과 미국의 소극적인 태도로 궁지에 몰린 그는 결국 지방 한직으로 좌천되기에 이르렀다. 그 무렵 양부 이호준이 노환으로 사망하자 고종은 이완용을 사면 복권하고 다시 불러들였는데, 양부는 자신의 전 재산을 서자인 이윤용에게 물려주고 양아들인 이완용에게는 집안 제사를 모실 수 있는 권한만을 남겨 주었다. 하지만 양부를 통해 정치적 지위를 물려받은 이완용은 양부를 대신해 수구파의 우두머리 자리에 올랐으며, 그때부터는 양부가 아니라 전적으로 자신의 판단에 의해 모든 진로를 결정해야 하는 매우 어려운 처지에 놓이게 되었다.

그런데 러일전쟁에서 뜻밖에도 일본이 승리하자 원래 친미파였던 이완용은 돌연 친일파로 전향해 이토 히로부미의 지시를 받고 어전회의에서 고종을 협박해 을사조약 체결을 강행했으며, 더 나아가 고종의 퇴위를 강제로 밀어붙여 일본의 앞잡이 노릇을 톡톡히 했다. 결국 순종의 즉위식이 있던 날 성난 민중들이 덕수궁 앞에 모여들어 이완용을 죽이라고 외쳤으며, 일부는 이완용의 집에 불을 지르기까지 했다.

그 후 안중근 의사에게 암살당한 이토 히로부미 장례식에 참석해 추도사를 읽은 그는 안중근을 맹렬히 비난했다가 얼마 가지 않아 명동성당 앞에서 이재명 의사에게 칼침을 맞는 테러를 당하기도 했다. 당시 입원 중이던 그는 자신을 병간하던 맏며느리와 간통까지 저질러 이를 비관한 장남 이승구가 자살해 버렸는데, 그 후에도 그녀를 마치 첩처럼 데리고 사는 패륜을 저지른 인간이기도 했다.

어쨌든 그 이듬해 한일합병을 선언하는 조약문서에 서명함으로써 만

고의 대반역자로 전락한 이완용은 비록 나라가 망했어도 적어도 왕실만은 지켰다는 자부심을 지녔을지 모르나 사실 나라가 사라진 땅에 왕실이 무슨 소용이 있겠는가. 강제합병 후 그는 일제로부터 백작 지위를 받고 일본 천황을 새로운 군주로 모시며 죽을 때까지 충성을 다했는데, 그런 점에서 그는 자신의 무능한 친부 대신에 권력자인 양부를 섬긴 데 이어 유약한 군주 고종과 순종을 배신하고 막강한 일본 천황을 새로운 아버지로 섬긴 셈이 된다.

그럼에도 불구하고 그가 말년에 사경을 헤매고 있을 때 순종은 포도주 한 상자를 위로 명목으로 보냈다고 하니 참으로 배알도 없는 군주가 아닐 수 없다. 하지만 순종도 이완용이 죽은 지 불과 두 달 만에 창덕궁에서 숨을 거두었다. 이완용이 죽은 후 묘를 훼손하는 일이 계속되자 그 후손들은 아예 화장해 버렸으며, 광복 후에도 사람들로부터 돌팔매질을 당하는 수모를 견디다 못해 결국 뿔뿔이 흩어져 해외로 이주하고 말았다.

조국에 환멸을 느낀 서재필

구한말의 개혁가요, 독립운동가였던 서재필(徐載弼, 1864-1951)은 고종 때 관직에 올라 김옥균, 박영효 등과 함께 갑신정변에 동참했다가 3일 천하로 끝나고 역적으로 몰리게 되자 일본을 거쳐 미국으로 망명한 뒤 의사가 되었으며, 한일합병 이후에는 재미동포 지도자로 활동하면서 조국의 독립운동을 지원했다. 그는 한국인 출신 최초의 미국 시민권자이며 의사이기도 했다. 하지만 역적으로 몰려 해외로 망명한 그는 자신의 부모형제는 물론 부인과 어린 젖먹이 아들까지 모조리 참변을 겪는 비극을 겪으면서 한동안 조국에 대한 분노와 환멸에 사로잡혔으며, 그럼에도 불구하고 그 후 조국의 광복을 위해 헌신했으나 광복 후 미군정의 하지 중장 초빙으로 귀국한 그를 이승만이 심하게 견제하자 다시 크게 실망하고 미국으로 돌아가 그곳에서 여생을 마쳤다.

전남 보성에서 몰락한 명문 일가의 5남 2녀 중 셋째 아들로 태어난 그는 집안이 가난하여 여섯 살 어린 나이에 먼 친척집에 양자로 보내졌기 때문에 부모의 정을 거의 모르고 자랐다. 그의 아버지 서광효는 아들 서재필이 태어났을 무렵 진사 시험에 합격하자 집안에 경사가 겹쳤다 해서 아들의 이름을 '쌍경'이라 지어 주기까지 했으나 제대로 관직을 얻지도 못하고 궁핍한 생활에서 헤어나지 못하게 되면서 어린 서재필을 아들이 없는 6촌 형제 서광하에게 입양시켰는데, 낯선 양부모 밑에서 서재필은 눈칫밥을 먹고 살아야 했다. 하지만 그런 경험은 오히려 그에게 약이 돼서 낯설고 힘겨운 환경에 적응하며 살아가는 힘을 키워 주기도 했다.

말년에 쓴 자전적 소설 〈한수의 여행〉에서 그는 어릴 적 부모와 생이별한 아픔을 묘사하기도 했지만, 어쨌든 자신을 생모에게서 떼어 놓고 멀리 낯선 양부모에게 보내 버린 아버지에 대한 원망이 매우 컸던 것으로 보인다. 그런 여파 때문인지는 모르겠으나 나중에 자신 때문에 연좌제에 걸려 패가망신한 양부임에도 불구하고 서광하가 그를 찾아왔을 때 문전박대를 하며 돈 몇 푼 던져 주는 등 거지 취급을 했다고 한다.

당시 그는 김홍집 내각의 도움으로 복권된 상태에서 미국인 부인 뮤리엘과 함께 잠시 귀국했었는데, 자신 때문에 자결까지 했던 부모와 전처

서재필

의 무덤을 찾지도 않았으며, 그를 찾아온 장인, 장모조차 외면한 채 그대로 내쫓을 정도로 몹시 냉담하게 굴었다. 심지어 그는 한국에 와서도 거의 영어로만 말했으며, 고종을 알현하는 자리에서도 절하기를 거부하고 고개를 빳빳이 든 채 악수를 청하거나 담배를 꼬나물고 팔짱을 낀 자세로 대화를 나누는 등 오만불손한 태도를 보여 이를 지켜본 대신들이 경악을 금치 못했다고 한다.

그 무렵 조선에서는 김홍집 내각이 들어서면서 개화파 인사들을 중심으로 개혁이 이루어지던 시기로 당시 내려진 단발령으로 인해 나라 전체가 벌집 쑤신 듯 온통 난리가 난 상태였는데, 당시 중추원 고문에 임명된 서재필은 교육과 언론 등 청년 계몽활동에 주력하면서 독립협회를 발족했을 뿐만 아니라 독립신문 발행과 독립문 건립 등을 통해 독립정신을 고취하는 등 바쁜 일정을 보냈다.

하지만 고종의 아관파천 단행과 수구파의 집요한 공격에 실망한 그는 조선에 더 이상 희망이 없다고 단정 짓고 다시 미국으로 돌아갔다. 그 후 미국에서 병리학자로 활동하며 바쁜 나날을 보내던 중에 한일합병 소식을 들었지만, 크게 놀라지는 않았다. 왜냐하면 충분히 예상된 결과였기 때문이다. 당시만 해도 그는 조선의 독립에 대해 매우 회의적인 태도를 지니고 있었다. 그러나 3·1 운동이 터지자 생각이 바뀐 그는 재미 한인 모임에 적극적으로 가담하면서 이승만과 함께 독립운동 지원에 나서기 시작했다.

그 후 조국이 광복을 맞이하고 미군정을 이끌던 하지 중장이 그를 군정 고문관으로 초빙하자 서재필은 1947년 다시 인천항에 도착했다. 하지만 당시 그의 귀국을 환영했던 이승만은 얼마 가지 않아 자신을 견제하기 위한 목적으로 하지 중장이 서재필의 귀국을 요청한 사실을 알고 적대적인 태도로 돌아섰으며, 더군다나 서재필을 대통령으로 추대하려는 움직임이 일기 시작하자 이승만의 견제는 더욱 심해졌다. 결국 서재 필은 고질적인 파벌 싸움에 환멸을 느낀 나머지 불출마를 선언하고 다시 미국으로 향했다.

미국에 귀환한 직후 후두암 진단을 받은 그는 입원 치료를 받는 중에 한국전쟁 발발 소식을 들었으며, 휴전 소식을 듣지도 못한 상태에서 87세를 일기로 숨을 거두었다. 철저한 자유민주주의 신봉자였던 서재 필은 "인간이 자신의 권리와 자유를 지키기 위해서는 왕이나 아버지도 죽일 수 있다."라는 극단적인 발언으로 파란을 일으키기도 했지만, 사실 이런 말의 밑바탕에는 자신의 운명을 결정지은 아버지와 양부에 대한 원망과 더불어 자신의 가족을 무참하게 파멸시킨 고종에 대한 원한이 깊이 배어 있다고 볼 수 있다.

승려 시인 한용운의 가출과 출가

〈님의 침묵〉, 〈알 수 없어요〉 등의 시로 유명한 만해 한용운(韓龍雲, 1879-1944)은 일제 강점기에 활동한 승려 시인이자 독립운동가다. 3·1 만세 운동 당시 독립선언서에 서명한 민족대표 33인의 한 사람으로 3년간 서대문 형무소에서 수감생활을 보냈다. 창씨개명 반대와 학도병 거부 운동을 전개한 그는 일제에 대한 저항으로 조선총독부와 마주 보기 싫다며 기거하던 성북동 자택도 북향으로 짓고 식량배급도 거절한 채 지내다가 결국 중풍과 영양실조로 쓰러져 사망했다.

한용운의 본명은 한정옥으로 용운(龍雲)은 불가에서 불린 법명이다. 몰락한 양반가문에서 말단 관리의 아들로 태어난 그는 당시 관습에 따라 13세라는 어린 나이에 영문도 모르고 지주의 딸 전정숙과 혼인해 아들 한보국을 낳았으나 15세 무렵 동학운동이 일어나자 곧바로 가출해서 농민군에 가담해 싸웠는데, 공교롭게도 아버지 한응준은 관군에 가담해 동학군 토벌에 나섰으니 부자지간에 서로 총부리를 겨누며 맞서 싸운 꼴이 되었다.

한용운

동학운동이 실패로 돌아가자 설악산 오세암에 들어가 불경을 공부한 후 하산해 잠시 귀가했으나 집에 정을 붙이지 못한 그는 곧바로 가출해 러시아로 향했다가 블라디보스토크에서 발길을 돌려 다시 고향으로 돌아왔다. 2년간 처가에 머물던 그는 다시 가출을 시도하는 등 영 마음을 잡지 못하다가 때마침 을사보호조약에 반기를 든 의병들에게 아버지가 살해당하는 일이 벌어지자 치솟는 굴욕감을 이기지 못하고 무작정 집을 떠나 강원도 백담사에 입산한 후 29세에 정식으로 승려가 되었다. 잦은 가출이 정식 출가로 이어진 셈이다.

3·1 운동 당시 독립선언문 작성에 참여한 그는 곧바로 일경에 체포되어 3년간 감옥에 있었는데, 민족대표 가운데 자수하기 직전 고문당할 것을 예상하고 두려움에 떨던 일부 인사들의 머리에 똥물을 퍼부은 일화는 너무도 유명하다. 형기를 마치고 출옥한 후에는 대처승 운동에 전념하다가 결국에는 54세 때 부인과 헤어지고 서울 갑부의 딸 유숙원과 혼인했다. 하지만 재혼생활도 우여곡절이 많아서 이혼과 재결합을 반복했는데, 한마디로 그는 대처승이 된 것이다.

그 후 신사참배 및 학도병 거부운동과 창씨개명 반대운동을 펼치며 일제에 항거하던 그는 광복을 채 보지도 못하고 한 맺힌 삶을 마감하고 말았다. 절에 있는 아버지를 찾았다가 매정하게 돌아보지도 않는 한용운의 태도에 눈물을 삼키며 발길을 돌려야 했던 아들 한보국은 광복 후 남로당에 가입해 공산주의혁명 활동을 벌이다가 한국전쟁 당시 자진 월북했는데, 동학군에 가담한 한용운이 진압군의 일원이었던 아버지에 대항해 싸웠다면, 한용운의 아들 한보국은 승려가 된 아버지에 대항해 종교를 부정하는 공산주의자가 되어 혁명 활동을 벌였으니 참으로 기구한 부자관계의 대물림이라 하겠다.

춘원 이광수와 가야마 미쓰로

한국 현대소설의 아버지로 불리는 춘원 이광수(李光洙, 1892-1950)는 구한말 평안북도 정주에서 몰락한 양반 가문의 4남 2녀 중 넷째아들로 태어났으나 형 셋이 일찍 죽었기 때문에 사실상 독자인 셈이었다. 어려서부터 한학을 배운 그는 여덟 살에 이미 《대학》과 《중용》, 《맹자》 등을 배우고 익혀 신동으로 소문났으나 어머니가 셋째 부인이라는 사실로 괄시와 괴롭힘을 당하기도 했으며, 과거시험에 계속 낙방한 아버지가 술로 세월을 보내는 바람에 어머니가 뽕나무 잎을 주워 생계를 유지할 만큼 지독한 가난에 시달렸으니 그런 무책임한 아버지에 대해 어린 마음에도 원망이 컸음직하다.

더군다나 그가 어린 나이임에도 불구하고 힘겨운 가세를 돕기 위해 거리에서 담배장사를 하고 있던 10세 무렵에는 부모가 한꺼번에 콜레라로 갑자기 사망하는 바람에 천애고아가 되고 말았는데, 두 여동생을 친척집에 맡긴 후 홀로 막노동과 가게 점원 등을 전전하던 그는 사람들의 멸시와 욕설을 들으며 고아가 된 설움을 톡톡히 겪게 되었다. 그런 그의 처지를 딱하게 여긴 한 천도교인의 인도로 천도교에 들어가 문서관리 일을 맡아보면서 비로소 사람다운 대접을 받고 그나마 마음의 상

처를 덜게 되었다. 더군다나 가난 때문에 정규교
육을 받지 못한 그는 천도교와 관련된 친일단체
일진회의 도움으로 일본 유학까지 다녀왔으니 일
찌감치 그는 친일파의 신세를 지고 있던 셈이다.

이광수

이처럼 어린 나이에 천애고아가 되어 온갖 설
움을 겪은 이광수는 한일합병과 중일전쟁, 태평
양전쟁 등 격변의 시대를 맞이해 오로지 혼자만
의 힘으로 험한 세파를 헤쳐 나가야 했는데, 그런
세상에 자신을 홀로 남겨 두고 떠나 버린 부모의
존재가 너무도 원망스러웠을 것이다. 따라서 그의 첫 장편소설 제목이
〈무정〉이었다는 사실이 결코 우연은 아니었을 것으로 보인다. 더욱이
열 살 때 부모를 잃은 데 이어 18세에 이르러서는 조국마저 잃었으니 자
신이 완전히 세상에서 버림받은 존재로 인식했기 쉽다.

더군다나 그에게 신문학과 근대사상을 가르친 것은 조국이 아니라
오히려 일본이었다. 조국이 그에게 가르친 것은 어려서부터 배운 한학
밖에 없었다. 그런 점에서 그는 조국의 후진성을 뼈저리게 느끼고 민족
성의 일대 변혁이 이루어져야 한다고 생각했으며, 모든 점에서 앞서 가
는 일본이 너무도 부러웠을 것이다. 일본에 대한 그런 선망은 창씨개명
을 통하여 그 자신이 연약하고 비굴한 조선인임을 부인하고 일본인의
자부심을 공유한다는 자기 합리화로 이끌었으며, 그렇게 함으로써 뿌
리 깊은 열등감에서 벗어나고자 했던 것으로 보인다.

이광수는 1940년 가야마 미쓰로(香山光浪)라는 이름으로 창씨개명하
면서 황국신민의 일원이 되는 길만이 유일한 해결책이 될 것임을 설파
했는데, 그가 몰두했던 불교철학은 그런 자기 합리화에 가장 유용한 방
편이 되어 주기도 했다. 그는 그렇게 해서라도 자신의 비극적인 운명을

거부하고 싶었으며, 당연히 재생을 꿈꾸었다. 그런 점에서 그가 소설
〈재생〉을 쓴 것은 자기변명의 차원에서 나온 것으로 볼 수 있다. 더군
다나 불교적 관점에서 보자면 현세의 변절도 그리 중요한 문제가 될 수
없었을지도 모른다. 모든 것이 인과응보이기 때문이다. 따라서 그에게
는 조국도 민족도 모든 것이 영원한 존재가 될 수 없으며 순간적인 찰나
에 지나지 않는다고 보았을 것이다.

물론 그는 소설 〈원효대사〉를 쓰면서 자신과 원효를 동일시했는지
모르겠으나, 엄밀히 보자면 그는 원효와 같은 대승이 아니라 소승의 길
을 택한 셈이다. 왜냐하면 동족의 아픔과 불행에 동참하기보다는 개인
적인 영달과 안위를 더욱 소중히 여겼기 때문이다. 비록 그는 아버지의
성을 버리고 창씨개명을 통해 새롭게 태어나는 기분을 느꼈을지 모르
나 그것은 결코 자신이 아버지를 배신한 게 아니었다. 오히려 자신을 홀
로 남겨 두고 무책임하게 훌쩍 어디론가 떠나 버린 것은 부모였다고 여
겼기 쉽다. 게다가 그는 단지 자신을 키워 주고 가르침을 주었던 양부,
다시 말해서 천황의 이름을 따른 것뿐이다. 천황의 존재는 그에게 새로
운 상징적 아버지상으로 자리 잡은 것이기 때문에 양심의 가책 따위를
느낄 필요도 없었을 것이다.

프로이트에 의하면, 가족환상의 토대는 부모의 존재를 부정하는 데
서 시작되는 것이며, 그런 환상을 통하여 스스로의 심리적 붕괴를 막고
비정상적인 삶을 유지한다고 하였다. 이와 거의 비슷한 내용으로 정신
의학 용어에는 미뇽 망상(Mignon delusion)이라는 단어도 있다. 괴테의 소
설 주인공 미뇽처럼 마치 자신이 유명 귀족이나 명문가의 일원이라고
믿는 망상은 물론 정신병적 증상의 일부이지만, 개인적 환상의 차원에
서도 얼마든지 존재할 수 있는 현상이다. 일반적으로 그런 무의식적 환
상들은 종교적 집단이나 이념적 또는 정치적 집단에 투사되어 행동화

되기 쉽다. 따라서 이는 특히 고립되고 소외된 사람들에서 볼 수 있는 매우 보편적인 환상일 뿐만 아니라 일생을 통해 자존심 유지에도 큰 도움을 준다는 것이다.

이광수 역시 그런 가족환상을 지니고 있었으며 천황을 받들어 황국 신민이 되는 것은 그에게 새로운 가족의 일원으로 재탄생하는 의미가 컸을 것이다. 그것은 이미 오래전부터 그가 정체성의 혼란과 위기를 겪고 있었음을 가리킨다. 미국의 정신분석가 에릭슨은 청소년기의 가장 중요한 심리적 과제야말로 정체성의 확립이라고 했는데, 그런 점에서 어린 시절부터 아버지 없이 자란 이광수는 적절한 동일시의 대상을 구하지 못한 상태로 뚜렷한 정체성 확립에 필요한 교육의 기회마저 제대로 얻지 못했음을 알 수 있다. 더욱이 건강한 자아의 발달이라는 측면에서 본다면, 그에게는 일제의 왜곡되고 편향된 지식만이 주입되었을 뿐, 정서적으로 따뜻한 인간적 교류의 경험이 일찍부터 차단되어 있었다고 볼 수 있다.

일찍 부모와 분리된 아픔을 지녔던 이광수는 개인적으로 어쩔 수 없이 강요된 독립의 길을 나갈 수밖에 없었지만, 부모와 조국을 모두 잃은 상태에서 크게 좌절한 나머지 새로운 가족환상을 통하여 마침내 자신을 포함한 민족 전체의 정신적 독립에도 거부하는 몸짓을 드러내게 되었다. 하지만 그가 저지른 가장 큰 오류 중의 하나는 개인적 차원에서 극복할 수도 있는 문제를 민족 전체의 문제로 일반화함으로써 일찌감치 한민족 전체의 독립 의지를 꺾어 버렸다는 데 있다.

비록 그는 광복 후 반민특위법에 의해 마포 형무소에 수감되었다가 풀려나긴 했으나 〈나의 고백〉이란 글에서 자신은 애국을 위해 친일했다는 궁색한 변명을 통해 민심을 더욱 분노하게 만들었다. 차라리 힘없는 약소민족의 한 사람으로 일제의 강압에 의해 마음에도 없는 소리를 할 수밖에 없었노라고 고백했다면 오히려 일말의 동정심이라도 얻었을지 모른다. 힘없는 대다수의 민중은 실제로 그렇게 살았으니 말이다.

어쨌든 어린 시절에 이미 부모와 나라를 모두 잃은 이광수는 그런 상실의 아픔을 스스로 민족적 지도자가 되어 우매한 민중을 계도하는 역할을 통해 극복해 보려 했으나 너무도 암담한 현실 앞에 좌절하고 말았으며, 한때는 역사소설로 도피하고 불교철학에도 심취해 봄으로써 자신의 치유되기 어려운 상실의 고통을 극복해 보고자 했으나 그 모든 노력이 여의치 않았다. 결국 그는 자신의 새로운 정체성을 되찾고 새롭게 태어날 수 있는 유일한 길은 스스로가 조선인임을 잊고 새로운 가족의 일원이 되는 것이라고 판단했을 것이다. 그것은 곧 황국신민이 되는 일이었다.

그는 그렇게 자신의 뿌리 깊은 상실감과 열등감을 무기력한 아버지 대신 강력한 힘을 지닌 지배자 천황과의 동일시를 통하여 해소하고자 했다. 물론 강력한 힘을 소유한 공격자와의 동일시는 무기력한 약자에게도 그런 힘을 공유할 수 있는 기회를 제공함으로써 자신의 굴욕적인 패배를 부인할 수 있게끔 도움을 주기도 한다. 하기야 그렇게 해서라도 스스로 강한 힘을 소유한 것처럼 자기 기만적인 착각에 빠져 만족을 느낄 수도 있겠지만, 그것은 사실 헤겔이 말한 노예의식보다 더욱 비참한 현실을 안겨 줄 뿐이다.

일제가 내선일체를 강조한 것도 바로 그런 완벽한 동화체제를 이루는 데 있었다고 할 수 있겠지만, 한민족이 유구한 오천 년의 세월을 견디어 오면서 멸망하지 않고 살아남을 수 있었던 것도 알고 보면 불굴의 저항정신이었음은 주지의 사실이다. 그런 점에서 만일 그의 부모가 더욱 오래 생존했더라면 이광수는 보다 견고한 현실 판단 능력과 비판적인 안목을 지니고 불행에 처한 동족들에게 용기를 불어넣어 줄 수 있는 위대한 민족 지도자가 될 수도 있었을 것이라는 아쉬움이 남는다.

아버지의 축첩에 반발한 화가 나혜석

우리나라 최초의 여류화가로 알려진 나혜석(羅蕙錫, 1896-1948)은 일제강점기에 김일엽과 함께 자유연애를 외치며 남성들이 지배하는 가부장적 사회를 상대로 격렬한 투쟁을 벌인 여성운동가이기도 했다. 원래 그녀는 경기도 수원에서 소문난 갑부의 딸로 태어나 아무런 부족함이 없이 자랐으나, 구한말과 일제강점기에 걸쳐 군수를 지낸 아버지가 막강한 재력과 권세에 힘입어 여러 명의 첩까지 두고 있어서 어려서부터 그런 아버지의 모습을 직접 목격하고 자란 그녀는 남성 본위의 잘못된 사회구조와 여성으로서의 자의식에 일찍 눈을 뜰 수밖에 없었다.

부유한 집안 배경으로 일찌감치 일본유학을 떠날 수 있었던 그녀는 동경여자미술전문학교에서 서양화를 배우며 화가의 꿈을 키웠는데, 당시 유학시절에 만난 최승구와 열애에 빠지면서 그녀의 삶은 점차 어려운 길로 접어들기 시작했다. 나혜석과 최승구는 양가 부모의 반대를 무릅쓰고 약혼을 강행했지만, 당시 유부남에다가 결핵까지 앓고 있던 최승구는 얼마 가지 않아 사망하고 말았다. 그 후 아버지의 일방적인 결혼 강요에 끝까지 저항하던 그녀는 오빠가 소개한 법학도 출신의 김우영과 마지못해 결혼하기에 이르지만, 그때까지도 최승구를 잊지 못한 입장에서 치러진 그 결혼은 당연히 진정한 사랑에 의한 것이 아니었다.

비록 그녀는 일제강점기의 참담한 상황 속에서도 외교관이었던 남편 덕에 유럽 여행을 다닐 정도로 특권을 누리고 살았지만, 이미 자유연애에 대한 신념이 매우 강했던 그녀는 파리에서 만난 최린과 불륜을 일으

나혜석

켜 결국에는 남편으로부터 일방적인 이혼을 당하게 되었다. 자식의 양육권까지 빼앗기고 아이들을 만날 수조차 없게 되자 그녀는 마침내 〈이혼고백서〉를 발표해 위선적인 남성들의 횡포와 결혼제도의 모순에 대해 맹공격을 가하기 시작했는데, 당시로서는 매우 급진적인 그녀의 주장이 엄청난 사회적 파문을 불러일으키며 온갖 비난과 멸시를 당하게 되었을 뿐만 아니라 친정식구들조차 그녀를 외면함으로써 오갈 데가 없는 고립무원의 상태로 내몰리게 되었다.

극도의 신경쇠약과 우울증에 빠진 그녀는 결국 자신과 비슷한 처지를 겪고 불가에 귀의한 친구 김일엽을 찾아가 승려가 될 뜻을 비쳤으나 일엽은 자식들에 대한 집착에서 자유롭지 못한 나혜석의 모습을 보고 일언지하에 거절하고 말았다. 나혜석은 여관에 머물며 일엽이 자신을 받아 줄 때까지 떠나지 않겠다며 시위를 벌였지만, 일엽은 눈 하나 깜짝하지 않았다. 결국 친구마저 자신을 받아 주지 않자 크게 낙심한 그녀는 여기저기를 떠돌며 힘겨운 세월을 보냈는데, 중풍과 관절염, 파킨슨병까지 겹쳐 최악의 상황에 몰리게 되었다. 그렇게 비참한 신세로 전락한 그녀는 광복 후에도 계속 부랑자 신세로 떠돌다가 마침내 행려병자로 숨을 거두고 말았는데, 그녀의 무덤조차 제대로 알려져 있지 않다. 가족과 친지들은 그녀가 한국전쟁 중에 죽은 줄로만 알고 있었으며, 그녀가 숨졌을 때도 아무도 나혜석인 줄 알아보지 못했다고 한다.

목사의 딸로 태어나 수덕사의 여승이 된 김일엽

일제강점기에 활동한 문인이자 여성운동가이기도 했던 김일엽(金一葉, 1896-1971)은 본명이 김원주로 평안남도 용강에서 5대 독자인 목사의 딸로 태어났다. 일엽이라는 필명은 일본 유학시절에 만난 춘원 이광수가 지어 준 것이다. 하지만 어린 나이에 일찍 어머니를 여의고 계모 밑에서 동생들을 돌보며 지내던 그녀는 동생들 역시 모두 일찍 죽고 아버지마저 그녀가 17세 무렵 세상을 떠나게 되자 천애고아가 되었으며, 그 후로는 외할머니 밑에서 지내며 학교를 다녀야 했다.

원래 기독교 집안에서 자란 그녀는 어려서부터 신앙심이 매우 깊었으나 소녀시절 부모형제를 모두 잃고 고아가 되면서 큰 충격을 받은 나머지 결국 기독교신앙을 등지고 말았다. 마지막 의지처였던 아버지마저 잃으면서 그 상처가 얼마나 깊었으면 그렇게까지 신앙을 버렸을까 싶기도 하다. 당시 그녀에게 위안이 되었던 유일한 친구가 있다면 용강에서 함께 자란 윤심덕이 있었지만, 윤심덕은 20대 나이로 애인과 함께 대한해협에서 동반자살하고 말았다. 어쨌든 외할머니의 도움으로 이화학당에서 신학문을 배우고 일본 유학을 떠난 김일엽은 유학 중에 이미 문인으로 데뷔해 시와 소설 등을 발표했으며, 귀국한 후에는 신문기자로 일하며 나혜석과 함께 당시로서는 매우 급진적인 성해방운동을 벌여 거센 비난과 함께 숱한 논란을 불러일으켰다.

실제로 그녀는 자신의 사생활에서도 매우 복잡한 이성관계로 빈축을 사기도 했는데, 이화학당 재학시절에 이미 부잣집 청년과 파혼한 경험이 있었으며, 일본 유학을 마치고 귀국한 직후에는 주위의 만류에도 불구하고 당시 연희전문 화학교수 이노익과 서둘러 결혼을 강행했다. 물론 주위에서 그 결혼을 말린 것은 이노익이 비록 미국유학을 다녀온 인텔리였으나 그녀보다 20년이나 연상인 데다 이혼남이었으며, 더군다나 한쪽 다리가 없는 장애인이었기 때문이다. 하지만 그 누구도 의지할 데가 없는 고아였던 그녀는 외로움을 견디지 못하고 누가 봐도 어울리지 않는 그 결혼을 강행한 것이다. 이처럼 무리하게 이비지뻘 되는 장애인 지식인과 혼인을 강행한 것은 다른 무엇보다 자신이 의지하고 보살핌을 받을 수 있는 상징적 아버지 역할을 이노익에게 기대한 것으로 보이기도 한다.

그러나 일엽의 성급한 선택은 얼마 가지 않아 후회로 변했다. 남편으로부터 떨어지기 위한 핑계로 다시 일본 유학을 떠난 그녀였음에도 불구하고 마음이 너그러웠던 이노익은 그녀의 입장을 충분히 이해하고 오히려 경제적 지원도 마다하지 않았다. 당시 일본에서 이광수, 허영숙, 나혜석 등과 친교를 맺기도 했던 그녀는 귀국 후 남편의 지원 아래 여성 잡지 《신여자》를 창간하고 이 잡지를 통해 나혜석과 함께 자유연애를 외치며 신여성운동을 주도했으나 세상에서 외면당한 잡지는 얼마 가지 않아 곧 폐간되고 말았다. 이래저래 실망과 좌절감에 빠진 그녀는 결국 1921년 이혼을 선언했으며, 남편도 그녀의 고충을 이해하고 이혼을 받아들인 후 미국으로 훌쩍 떠나 버렸다. 하지만 장애인임에도 불구하고 헌신적으로 아내를 보살피던 남편을 헌신짝처럼 내버린 그녀의 행동은 세상에서 거센 비난의 대상이 되었으며, 특히 기독교계 인사들의 반발이 컸다.

그동안 스스로 조선의 노라임을 자처했던 일엽은 입장이 난처해진 나머지 다시 일본으로 건너가 이번에는 조선인이 아닌 일본인 법학도 오오타 세이조와 사랑에 빠져 아들 마사오까지 낳

김일엽

았으나 명문가문 출신인 세이조의 부모가 행실이 좋지 못한 것으로 소문난 조선인 여성과의 결혼을 결사적으로 반대하는 바람에 어쩔 수 없이 포기하고 말았다. 한국명이 김태신인 아들 마사오는 나중에 커서 화가가 되었으나 결국 어머니처럼 불교승려가 되었다고 한다.

세이조와 헤어진 후 일엽은 유부남이었던 시인 임노월을 만나 잠시 동거생활을 했으며, 그 후에도 처자식이 있는 임장화와 동거했다가 그의 가족이 찾아와 문제를 일으키는 바람에 결국 헤어지고 말았다. 그뿐 아니라 친구의 애인이었던 작가 방인근과 삼각관계에 빠지는가 하면, 기자였던 국기열과도 동거하는 등 계속해서 숱한 잡음을 일으켰다. 그러나 일엽이 가장 사랑했던 남자는 독일 유학파 철학자이자 불교학자인 백성욱으로 그와 동거에 들어간 그녀는 생애 최고의 행복감에 젖을 수 있었지만, 백성욱은 얼마 가지 않아 편지 한 통만을 달랑 남기고 금강산에 들어가 승려가 되었다. 당시 그녀는 아버지를 잃은 이래 난생 처음으로 남자에게 버림을 받고 가장 큰 충격과 상처를 입었다.

그 후 불교에 심취하기 시작한 일엽은 대처승인 하윤실과 재혼해 새 살림을 차렸으나 4년 만에 이혼하고 마침내 승려가 되기로 결심하기에 이르렀다. 당시 그녀는 이광수도 잠시 사랑했으나 그가 아내를 버릴 수 없다며 거절하는 바람에 크게 낙심하기도 했다. 어쨌든 일단 출가를 결심한 일엽은 그때 당시 자신처럼 이혼으로 힘겨워하는 나혜석을 만나 함께 승려가 되자고 제안했으나 나혜석은 오히려 그것은 현실도피 수단밖에 되지 않는다며 면박을 주고 거절했다. 그 후 세월이 흘러 낙동강 오리알 신세가 되어 나타난 나혜석이 일엽을 찾아가 승려로 받아 줄 것을 간청했으나 이번에는 일엽이 일언지하에 거절하고 말았다.

당시만 해도 매우 보수적인 가부장적 사회 분위기에 유교적 가치관에 얽매여 살던 우리 사회는 그렇지 않아도 일제 식민치하에서 수많은 동포들이 고통에 신음하며 죽지 못해 살고 있던 시절에 숱한 염문과 불륜을 저지르며 문제를 일으키는 일엽을 고운 시선으로 바라볼 리가 없었다. 그것도 헌신적인 장애인 남편마저 한순간에 버리고 일본인 청년과 시거머 시생이끼지 낳았으니 그녀에 대한 인신공격은 날이 갈수록 거세질 수밖에 없었다. 결국 그녀는 그런 세상에 환멸을 느낀 나머지 1933년 만공 스님의 인도하에 수덕사의 여승이 되었으며, 수덕사에서 75세 나이로 입적할 때까지 40년 가까운 세월을 오로지 수행에만 정진했다. 어린 시절 목사인 아버지를 잃고 기독교신앙을 버렸던 그녀가 숱한 남성 편력 끝에 결국에는 그 모든 일들이 부질없는 일임을 깨닫고 불가에 귀의해 열반에 들었으니 오래전에 먼저 세상을 뜬 아버지도 저세상에서 그런 딸의 입장을 충분히 이해하지 않았을까 싶다.

민족반역자 아버지를 대신해 속죄한 우장춘 박사

일제 강점기에 이미 〈종의 합성〉으로 세계적인 명성을 날린 육종학의 권위자 우장춘(禹長春, 1898-1959) 박사는 일본 도쿄 태생으로 어머니가 일본여성이었지만, 아버지 우범선은 한국인으로 1895년 민비시해 사건에 연루되어 일본으로 도주한 대역죄인이었다. 광복 이후 우장춘은 그런 아버지의 죄를 씻기 위해 일본인 어머니와 처자식을 남겨 둔 채 단신 귀국해 육종사업에 몰두함으로써 한국의 식량난 해소에 큰 공을 세우고 세상을 떴다. 하지만 정작 한국인들은 그의 진심과 공로를 알아주지 않고 단지 씨 없는 수박을 개발한 인물로만 기억할 뿐이니 실로 안타까운 일이 아닐 수 없다.

우장춘의 아버지 우범선은 대역죄를 저지르고 일본에 망명한 후 일본 여인 사카이 나카와 혼인해 우장춘을 낳았는 데, 망명객 신분으로 숨어 살던 아버지는 아들 우 장춘이 다섯 살 때 자객 고영근의 손에 의해 살해 되고 말았다. 어릴 때부터 '조센징'으로 불리며 괴 롭힘을 당한 우장춘은 어머니의 정성 어린 보살 핌과 격려에 힘입어 동경제대 농학과를 졸업한 후 농림성 산하 농사시험장에 취직해 종자 개량 연구에 몰두했으며, 그 무렵 어머니의 소개로 일 본인 여성 고하루(小春)와 결혼했다. 1936년 〈종의

우장춘

합성〉이라는 논문으로 농학박사 학위를 받게 되면서 세계적인 육종학 자로 명성을 얻게 된 그는 얼마든지 성공가도를 달릴 수 있는 입장에도 불구하고 일본이 패망하자 자신의 여생을 조국 동포를 돕는 일에 바치 겠다는 각오로 한국행을 결심했다.

일본인 어머니와 아내의 격려에 힘입어 처자식을 등지고 마침내 1950년 3월 낯설기만 한 아버지의 나라에 발을 디딘 그는 부산에서 혼 자 자취를 하며 무와 배추, 벼, 감자 등의 각종 품종 개량에 돌입했으나 곧이어 터진 한국동란으로 아무런 관심이나 지원도 받지 못한 상태에 서 홀로 외로운 투쟁을 벌여야만 했다. 그것은 누구와의 전쟁도 아닌 새 로운 품종과의 씨름이었다. 그의 굳은 의지는 마침내 결실을 맺게 되어 1954년 처음으로 무와 배추의 개량품종을 생산하는 데 성공하고 뒤를 이어 새로운 품종의 강원도 감자를 비롯해 제주도 감귤 재배 기술도 개 발해 냈다. 더욱이 북위 36도선 이북에서는 생산이 불가능하다는 통념 을 깨고 새로운 볍씨를 개발해 실제로 벼의 생산이 가능하도록 만들기 도 했으며, 한국 최초로 씨 없는 수박도 개발했다.

이처럼 그동안 누구도 해내지 못했던 농업기술의 혁신은 실로 놀라

운 업적이었지만, 당시 이승만 정부는 그런 박사의 노력에 고마움을 표시하는 데 매우 인색했으며, 감사의 표시는커녕 오히려 그에게 크나큰 정신적 고통만을 안겨 주었을 뿐이다. 단적인 예로 당시 일본에 있는 그의 장녀 결혼식은 물론 어머니 장례식에 참석하는 것조차 허락하지 않고 출국금지 처분을 내린 것이다. 일단 출국하면 다시는 귀국하지 않을 것이라는 우려 때문이었다. 비통에 젖은 그는 시신 없는 어머니의 장례식을 별도로 치러야 했으니 참으로 비인간적인 처사가 아닐 수 없다. 심지어는 그가 병석에 앓아눕게 되자 그의 간병을 원하는 부인의 간청조차 끝까지 거절하다가 임종 무렵에 가서야 마지못해 그녀의 입국을 허락할 정도였다.

아버지가 저지른 대역죄를 아들이 대신 씻고자 속죄하는 마음으로 마지막 순간까지 조국에 헌신한 우장춘 박사는 그런 수모와 푸대접을 받고도 임종이 다가오면서 정부가 마지못해 체면치레용으로 수여한 문화포장을 받고 감격의 눈물을 흘렸다고 한다. 사실 따지고 보면 비록 그는 대역죄인의 아들이었으나 그것은 우장춘 박사와는 아무런 관련도 없을 뿐 아니라 그에게 책임을 물을 일도 아니었다. 매우 역설적인 일이지만 우리 민족은 그런 대역죄인의 아들이 이 땅에 와서 평생 동안 심어 놓은 씨앗으로 기아문제를 해결할 수 있었음에도 불구하고 아무도 그를 기억조차 하지 않고 있으니 참으로 역사의 아이러니가 아닐 수 없다.

친일파 아버지에 반발한 시인 이장희

일제강점기에 활동한 시인 이장희(李章熙, 1900-1929)는 20대 나이로 요절하는 바람에 생전에 단 한 권의 시집도 내지 못하고 우리에게는 단지

〈봄은 고양이로다〉를 쓴 시인 정도로만 알려져 있을 뿐이다. 경북 대구에서 소문난 갑부 집안의 11남 8녀 가운데 장남으로 태어난 그는 다섯 살 때 어머니를 잃고 계모 밑에서 자라면서 당시 친일파 인사로 막강한 세도를 누리며 살았던 아버지와 크게 불화를 빚었다.

조선총독부 중추원 참의원을 지낸 아버지 이병학은 세 번이나 결혼하고 첩까지 두는 등 부귀영화를 마음껏 누리며 산 인물로 그런 아버지를 두었다는 사실에 크게 모멸감을 느낀 이장희는 총독부 관리로 취직해 아버지의 일을 도우라는 지시를 완강히 거부함으로써 아버지로부터 이미 버린 자식 취급을 받았다. 하지만 오로지 시만 썼지 홀로 독립해 살아갈 능력이 없었던 그는 실로 생계가 막막한 상태에서도 끝까지 세상과의 타협을 거부하고 철저하게 자기만의 세계에 갇혀 지냈다.

그는 비록 같은 동향 출신의 현진건, 이상화 등과 교류하며 지내기도 했으나 대인관계의 폭도 매우 제한적이었다. 학교 다닐 때부터 항상 말이 없고 내성적인 성격이었던 그는 부잣집 자식이라고 믿을 수 없을 정도로 늘 초췌하고 허름한 옷차림 상태였으며, 지나치게 비사교적이어서 친구도 거의 사귀지 못했다. 길에 다닐 때도 사람들을 피해 항상 처마 밑으로만 다닐 정도로 매우 자폐적인 모습을 지녔던 그는 자신의 수치스러운 집안 배경은 물론 아무런 희망도 보이지 않는 암담한 현실로 인해 스스로 고립을 자초하고 만 것이다.

술도 마실 줄 몰라 안주만 축낸다고 친구들이 면박을 줘도 말없이 미소만 띠우던 그는 자신의 우울하고 자학적인 내면을 거의 드러내지 않고 홀로 삭이며 지냈는데, 결국에는 자신의 골방에 틀어박혀 두문불출하면서 오로지 금붕어만을 그

이장희

리다가 극약을 먹고 자살하고 말았다. 그가 그토록 금붕어에 집착해 그림을 그린 것은 아마도 어항 속에 갇힌 금붕어의 모습에서 세상과 단절된 그 자신의 모습을 보았기 때문일지도 모른다. 그는 사진 한 장, 유서한 장 남기지 않고 죽었는데, 그렇게 아무런 흔적조차 남기지 않고 사라지기를 원했던 것으로 보인다.

일본의 작가 아쿠타가와가 유서를 남기고 자살한 소식을 접한 이장희는 그의 용기는 비록 매우 가상하지만 유서를 남긴 것은 여전히 현세에 대한 미련을 버리지 못한 것이라고 평가절하하기도 했는데, 그것은 곧 이장희 자신이 어둡고도 절망적인 현실에 아무런 미련도 없음을 나타낸 것으로 보인다. 그런 점에서 그는 아쿠타가와의 죽음조차도 일종의 사치로 여겼음직하다. 물론 그가 그토록 자신을 무가치한 존재로 여기고 아무런 미련 없이 이 세상을 뜨기로 작정한 것은 그 어떤 희망도 보이지 않는 암울한 망국의 현실과 그리고 그런 현실에 영합해 민족을 배반하고 출세가도를 달린 아버지에 대한 극도의 환멸과 수치심이 그를 더욱 견디기 어렵게 만들었기 때문인 것으로 보인다.

삶의 무게를 견디지 못하고 자살한 김소월

아무런 희망도 보이지 않는 일제강점기를 살면서 〈진달래꽃〉, 〈산유화〉, 〈금잔디〉, 〈초혼〉, 〈엄마야 누나야〉 등 민족 고유의 정서를 잘 드러낸 향토색 짙은 시를 계속 발표해 우리나라에서 가장 많은 애송시를 남긴 민족시인 김소월(金素月, 1902-1934)은 한국인이면 모르는 사람이 없을 정도로 가장 많은 사랑을 받은 시인이다. 하지만 극도의 가난 속에 처가살이를 하면서 술로 날을 지새우던 그는 지병인 관절염 통증으로 아편에 중독되어 고생하다가 32세 나이로 부인 곁에서 음독자살하고 말았다.

평북 정주에서 태어난 그는 본명이 김정식으로, 그가 두 살 무렵에 말을 타고 가던 아버지는 철도공사장의 일본인 노무자들에게 아무런 이유 없이 집단폭행을 당한 후부터 정신이상 증세를 보여 천장만 바라보고 누워 지내는 폐인 신세가 되고 말았다. 당시 제정신이 아닌 상태의 아버지는 어린 아들을 붙들고 "갓놈아, 갓놈아."라고 계속해 불렀다고 하는데, 그런 아버지의 모습이 어린 마음에 몹시 두렵게 느껴졌을 것이다.

이처럼 아버지가 폐인으로 변해 버리자 소월은 당시 광산을 경영하던 조부에게 맡겨져 자랐으며, 그런 이유 때문에 아버지의 정을 전혀 모르고 자랐을 뿐만 아니라 바람직한 남성적 동일시의 대상을 접할 기회가 없어 어려서부터 매우 나약하고 상처받기 쉬운 소심한 성격을 지니게 되었다. 그런 특성은 그의 시 〈엄마야 누나야〉에 잘 드러나 있는데, 아름다운 강변에서 엄마, 누나와 함께 살기를 바라는 어린 소년의 소박한 꿈에는 아버지라는 존재가 빠지고 없기 때문이다.

더군다나 정주 오산학교에 재학 중이던 14세 때 조부의 강요에 의해 세 살 연상의 홍단실과 마음에도 없는 결혼을 했는데, 그녀는 조부의 지우였던 홍시옥의 딸이었다. 비록 큰 불화 없이 지내기는 했으나 별다른 애정은 없는 의례적인 부부관계였을 뿐이다. 그 후 동경 유학을 떠났으나 관동대지진으로 학업을 중단하고 귀국한 그는 광산 경영과 동아일보 지국 운영에 연달아 실패하자 극심한 가난에 허덕여야 했으며, 결국 처가에 얹혀 지내면서 울화병을 달래느라 술로 세월을 지새우다시피 했다.

생전에 시집 《진달래꽃》을 출간하기도 했지만, 원래 심약하고 예민

김소월

했던 그는 매우 상처받기 쉬운 연약한 심성의 소유자로 정신이상자인 아버지와 과잉보호적인 어머니, 엄격하고 고집 센 조부, 그리고 마음에도 없는 강요된 결혼 등으로 많은 괴로움을 안고 살아야 했다. 실제로 그는 시만 쓰는 시인이었지 현실적인 생활력은 몹시 무능한 편이어서 자신에게 주어진 경제적, 도덕적 책임에 몹시 버거워했다. 소월의 시 〈고락(苦樂)〉을 보면 자신의 삶을 얼마나 부담스러워했는지 짐작하게 해 준다. 물론 그의 시는 애달픈 이별의 아픔과 슬픔을 노래한 경우가 대부분으로 이처럼 노골적으로 자신의 힘겨운 상태를 드러낸 작품은 매우 이례적인 경우에 속한다.

더군다나 절친한 문우였던 나도향이 요절하고 시인 이장희마저 자살하자 큰 충격을 받은 그는 이래저래 삶의 의욕을 잃은 나머지 결국 극심한 우울증을 견디지 못하고 아편 음독으로 자살함으로써 32세라는 짧은 생을 마감하고 말았다. 1934년 12월 하순, 추운 겨울날 소월은 고향 뒷산에 묻힌 조상의 무덤가를 배회하다가 하산해 귀가한 후 아내와 함께 밤늦게까지 술을 마셨는데, 그녀와 함께 동반자살을 기도해 아내에게도 장에서 구해 온 아편을 은단이라 속이고 먹였으나 아내는 잠결에 약을 뱉어 버리는 바람에 살아남았으며, 다음 날 새벽, 잠에서 깬 아내가 발견한 것은 이미 싸늘하게 식은 소월의 시신이었다.

첩의 아들 박헌영

일제강점기에 공산주의자로 항일운동에 뛰어들어 숱한 옥고를 치르고 광복 후에는 남로당의 총책으로 활동하다 월북해서 김일성에 의해 처형당한 박헌영(朴憲永, 1900-1955)은 그야말로 파란만장한 삶의 주인공이라 할 수 있다. 충남 예산에서 몰락한 양반 지주이며 정미소 주인 박현주와 그의 첩 이학규 사이에서 태어난 그는 두 살 때 어머니가 따로 독립해 국밥집을 차리면서 홀어머니 밑에서 자랐다.

비록 아버지의 경제적 지원으로 사는 데 큰 어려움은 없었으나 어려서부터 줄곧 첩의 자식이라는 따가운 눈총을 받으며 무시와 천대를 당한 그는 그런 설움과 원망 때문에 일찌감치 공산주의사상에 물든 것으로 보이는데, 특히 지주계급을 타파하고 만민평등을 내세운 마르크스주의야말로 그에게는 가뭄 끝에 내린 단비처럼 자신의 뿌리 깊은 열등감과 지주였던 아버지에 대한 반감을 해소해 줄 수 있는 유일한 구원의 메시지로 다가왔기 쉽다.

어려서부터 말이 없고 친구들과 어울리지 못한 그는 유달리 작은 체구로 땅딸보라는 별명으로 불렸는데, 그래도 머리는 매우 명석해서 15세에 상경해 경성고보를 다녔으며, 당시에는 얼굴이 유난히 까맣다고 해서 기왓장이라는 별명으로 통했다. 경성고보 재학 중에 미국유학을 꿈꾸고 미국 선교사 언더우드가 이끌던 YMCA에서 영어를 배우기도 했는데, 그런 과거 전력은 나중에 월북한 후 미국 스파이 혐의로 처형당하는 빌미가 되기도 했다.

어쨌든 일찍부터 첩을 둔 지주계급의 아버지나 조선을 지배한 일본 천황이나 다들 똑같은 부류의 타도 대상으로 간주한 그는 25세 때 조선공산당을 창당해 항일운동을 벌이기 시작했는데, 일경에 체포되어 혹독한 고문을 당한 후 한동안 정신이상 증세를 보여 결국 2년 만에 병보석으로 풀려나게 되었다. 처음에는 아내 주세죽도 알아보지 못할 정도였던 그는 고향집에 돌아가서는 아버지를 보고 쌍욕을 퍼붓기까지 했다. 항간에는 그기 의도적으로 괴성을 지르며 인분을 먹는 등 미친 사람 행세를 했다는 소문도 있었으나 신빙성이 떨어지는 주장일 듯싶다.

아내와 어머니가 떠 주는 죽으로 연명하며 일경의 감시를 받던 그는 기력을 회복하자 1928년 아내 주세죽과 함께 소련으로 탈출했으며, 시베리아 횡단열차 안에서 딸을 낳았다. 모스크바에 도착해서 국제레닌대학에 입학한 후 소련공산당에도 가입한 그는 상하이로 가서 지하조직을 결성하라는 지시를 받고 활동하다 결국 일경에 다시 체포되어 옥고를 치렀으며, 당시 아버지의 사망 소식을 들었으나 무덤덤한 반응을 보일 정도로 그는 자신의 아버지에 대해 냉담한 태도를 드러냈다. 39세에 가까스로 출옥했으나 이미 그의 집안은 일제의 탄압으로 완전 몰락한 상태였으며, 그런 이유 때문에 그는 고향주민들로부터 집안을 말아먹은 패륜아로 지탄받기도 했다.

광복 이후에는 공산당을 재건해 남로당 총책으로 활동하면서 북로당을 이끈 김일성과 맞먹는 위치에 있었으나 결국 미군정의 탄압으로 1948년 월북했으며, 그 후 북한 정권 수립에 가담해 부수상 겸 외무상이 되었다. 박헌영은 김일성과 함께 모택동과 스탈린을 직접 만나 남침 허가를 받아내기도 했지만, 김일성의 전면 남침 주장에 반대하고 국지전을 주장하기도 했는데, 그것은 남한에 잔류한 남로당 20만 명이 총궐기할 것으로 굳게 믿었기 때문이다. 하지만 김일성은 박헌영의 주장을 묵살하고

박헌영

전면전을 감행했다.

그러나 미군의 인천상륙작전으로 전세가 역전되자 박헌영과 김일성 사이에는 전략적인 견해 차이로 갈등이 더욱 심해졌으며, 인민군이 열세에 몰린 책임을 서로에게 전가하며 막말을 주고받는 지경에까지 이르렀다. 결국 정전 협정이 이루어진 후 김일성은 패전의 책임을 박헌영에게 뒤집어씌우고 미국의 간첩으로 몰아 처형하고 말았다. 그런데 조봉암의 사형을 철회하도록 이승만에게 압력을 행사한 미국처럼 소련과 중국 역시 박헌영의 사형을 철회하도록 김일성에게 압력을 행사했으나 이에 고무된 연안파의 김일성 축출 모의가 발각되자 김일성은 박헌영을 즉시 처형하라고 지시한 것이다. 결국 박헌영은 평양 근교 야산으로 끌려가 총살당했다. 당시 박헌영의 나이 56세였고, 김일성은 44세에 지나지 않았다.

안중근 의사의 아들 안준생

1909년 10월 26일 안중근이 하얼빈 역에서 일본 총리 이토 히로부미를 저격 암살한 사건은 전 세계를 경악하게 만든 실로 놀라운 쾌거였다. 당시 이토 총리가 숨을 거두면서 남긴 말은 '바보 같은 놈'이라고 알려져 있지만, 과연 누가 진정한 바보인지는 후대의 역사가 이미 충분히 입증해 보여 주었다고 생각된다. 그 후 일본 법정에 세워진 안중근은 당당한 모습으로 동양평화론을 외치며 일본제국주의를 준엄하게 꾸짖고 마침내 여순 감옥에서 처형되었다.

안중근이 처형된 후 부인 김아려 여사는 자녀들을 데리고 연해주로 이주했다가 그곳에서 장남 분도를 잃고 나서 다시 중국 상해로 거주지를 옮겼다. 상해의 백범 김구는 김아려 여사는 물론 안중근의 동생 안공근을 돌봐 주기도 했다. 김구는 동학시절 안중근 의사의 부친 안진사의 집에 기거하며 신세를 진 적도 있어 안중근의 집안을 너무도 잘 알고 있었다. 김아려 여사는 광복 직후 1946년 상해에서 세상을 떠났다. 안중근 의사는 두 아들과 딸을 두었는데, 장남 안분도는 복수심에 가득 찬 일제의 음모에 의해 어린 나이에 독살당했고, 차남 안준생은 중국 상해에 살다가 중국이 공산화되자 잠시 홍콩으로 피신했다가 한국전쟁 당시 부산으로 입국했으나 폐결핵으로 곧 사망하고 말았다.

안준생(安俊生, 1907-1952)은 출생 후 한 번도 아버지 안중근의 얼굴을 본 적이 없었다. 형 분도가 일찍 죽는 바람에 장남 노릇을 떠맡아야 했던 그는 일제의 가혹한 핍박과 방해공작으로 생계마저 위협받는 입장이었다. 따라서 그에게 아버지의 존재는 민족의 영웅이기 이전에 가족을 버린 무책임한 아버지였을 뿐이다. 그리고 안중근 의사가 처형된 이후 그 누구도 그의 처자식을 돕고자 하는 사람들이 없었다. 물론 일제의 보복이 두려워서 그랬겠지만 비참한 신세로 전락한 아들의 입장에서는 오히려 그런 아버지가 무척이나 원망스러웠을 것이다.

이런 아들의 약점을 간교한 일제가 그대로 놓칠 리 없었다. 하얼빈 의거가 이루어진 후 30년이 지난 1939년 10월 조선총독부는 안준생을 서울로 초청하여 드디어 굴욕적인 사죄를 받아 내는 데 성공하기에 이르렀다. 안준생은 우선 일제가 이토 히로부미를 기리는 뜻에서 남산 중턱에 세운 사찰 박문사에 들

안준생(왼쪽에서 첫 번째)

러 이토의 영전 앞에 향을 피우고 추모법회에 참석하여 깊은 사죄의 뜻을 밝혔다. 그리고 다음 날 조선호텔에서 안준생은 미나미 총독의 중재로 이토 히로부미의 둘째 아들이며 일본광업공사 사장인 이토 분키치(伊藤文吉)를 만난 자리에서 그 앞에 머리 숙여 아버지의 죄를 대신해 빌었을 뿐만 아니라 한술 더 떠서 민족말살정책으로 악명이 자자했던 미나미 총독을 아버지라 부르기까지 했다.

이처럼 일제의 농간에 놀아나 아버지의 얼굴에 먹칠을 한 안준생은 그 후 일제의 재정적 지원으로 생활고를 해결하는 대신 돌이킬 수 없는 민족반역자의 오명을 뒤집어쓰게 되었지만, 그래도 그에게 일말의 양심은 있었던지 그 후 아버지의 유해를 찾기 위해 애쓰기도 했다는 주장도 있기는 하나 사실이 아니라는 반론도 있다. 어쨌든 광복을 맞이해 귀국길에 오른 김구는 상해를 떠나면서 민족반역자인 안준생을 찾아 처단해 달라는 부탁을 중국 경찰에 전했으나 중국의 관리들은 김구 선생의 청탁을 들어주지 않았다.

비록 안중근의 하얼빈 의거는 우리 민족의 기개를 만천하에 과시하고 일제의 콧대를 납작하게 만들어 놓는 쾌거이기는 했으나 그의 가족들에게는 엄청난 시련과 고통을 안겨 주었을 뿐만 아니라 더 나아가 한일합병을 앞당긴 결과를 초래하고 말았다는 주장까지 있다. 그런 점에서 민족적 영웅이 된 아버지 안중근과 그런 아버지를 배신한 아들 안준생의 대조적인 모습은 결국 힘없는 약소민족이 치를 수밖에 없었던 민족적 비극의 한 단면을 보는 듯해 마음이 더욱 어둡기만 하다.

육영수 여사와 박근혜 전 대통령

박정희 대통령의 영부인 육영수 여사(陸英修, 1925-1974)는 충북 옥천 태생으로 대지주였던 아버지는 본처뿐 아니라 3명의 첩까지 거느리고 있어서 본처의 차녀로 태어난 그녀는 모두 22명의 형제자매들과 함께 자랐으니 그런 아버지에 대해 좋은 감정을 지닐 리가 없었다. 배화여고를 졸업하고 잠시 교사 노릇도 했던 그녀는 한국전쟁 당시 소개로 만난 박정희 소령과 혼인했는데, 이미 이혼한 경력이 있는 군인이었기에 아버지의 반대가 극심했으나 그런 아버지의 뜻을 거스르고 집을 나와 결혼을 강행했으며, 당시 축첩제도에 반발한 어머니 역시 집을 나와 모녀가 함께 살았다. 아버지는 끝내 딸의 결혼식에 참석하지 않았을 뿐만 아니라 나중에 사위가 대통령에 취임한 후에도 청와대를 단 한 번도 찾지 않을 정도로 자신의 딸과 거의 인연을 끊다시피 했다. 그는 1965년 사망하기 직전 병문안을 온 사위에게 처음이자 마지막으로 사과했다고 한다.

육 여사는 전시 중에 딸 근혜를 낳고 그 후 근령, 지만을 낳았는데, 5·16 군사 쿠데타로 박정희 소장이 국가재건최고회의 의장직에 있을 때부터 이미 그녀는 국민 여론에 귀를 기울이며 억울한 민원처리에 일일이 신경 쓰는 모습을 보였고, 그 후 영부인 시절에도 '청와대의 야당'이라는 별명을 얻을 정도로 남편인 박정희에게 바른말을 잘했다. 심지어 그녀는 남편이 군정을 연장하려 들자 군정 연장에 반대하는 입장을 보이기도 했다.

비록 장기집권과 유신체제 등으로 타도의 대상이었던 독재자를 남편으로 둔 매우 불편한 자리에 있으면서도 항상 한복 차림에 단아하고 소박한 인품을 잃지 않았던 그녀는 성실하고 겸손한 자세로 민심을 살폈

으며, 특히 어린이를 위한 육영사업에 전념해 어
린이회관과 어린이대공원을 짓는 등 사회봉사활
동을 게을리하지 않았다. 또한 나환자의 자활을
돕고 불우 청소년들을 위한 직업훈련원을 세우는
가 하면 수재민들과 파월장병들의 가족을 일일이
찾아 위로하는 자상함도 보였다.

육영수

따라서 유신독재에 반대해 민주화투쟁을 벌이
던 반체제인사들도 육영수 여사에 대해서만큼은
비난의 화살을 퍼붓지 않았는데, 그것은 실로 매
우 이례적인 일이 아닐 수 없다. 하지만 1974년 서울 장충동 국립극장
에서 광복절 기념식에 참석했던 육영수 여사는 객석에 있던 재일동포
출신 암살범 문세광이 쏜 총을 맞고 쓰러졌는데, 그 장면은 생중계 중이
던 TV 화면을 통해 전 국민에게 그대로 방영됨으로써 더욱 큰 충격을
안겨 주었다.

문세광은 원래 박정희 대통령을 암살하고자 했으나 경축사를 읽고
있던 박 대통령이 총알을 피해 연단 뒤로 숨자 뛰쳐나온 경호실장 박종
규를 노리고 발사한 총탄에 육 여사가 맞은 것이다. 당시 박정희 대통령
은 육 여사가 병원으로 실려 나가는 아수라장 속에서도 자세를 흐트러
뜨리지 않고 계속해서 경축사를 읽어 나감으로써 군 출신다운 면모를
유감없이 보여 주기도 했으나, 서울대 병원으로 응급 후송된 육 여사는
오후 7시에 숨을 거두고 말았다. 향년 48세로 비명에 간 육영수 여사의
장례식은 전 국민의 애도 속에 국장으로 치러졌으며, 4개월 뒤 문세광
은 사형에 처해졌다.

육영수 여사가 비명에 간 이후로 장녀 박근혜(朴槿惠, 1952–)가 어머니
를 대신해 퍼스트레이디 역할을 수행했지만, 5년 후 아버지인 박 대통

박근혜

령마저 암살당하는 참극을 겪었는데, 연이은 불행 때문인지 그녀는 독신을 고수하며 오로지 정치활동에만 주력한 끝에 마침내 2012년 대선에서 승리해 제18대 대통령에 취임함으로써 1979년 말 청와대를 떠난 이래 33년 만에 청와대로 다시 복귀했다.

독재자의 딸이라는 오명을 극복하고 한국 최초의 여성 대통령이 된 그녀는 외모 또한 육영수 여사를 빼닮았으나 고집스러운 성격만큼은 아버지를 닮았다는 평도 듣는다. 그녀는 우리나라 최초의 여성 대통령일 뿐만 아니라 유일한 독신 대통령, 이공계 출신 대통령 등의 기록을 남겼으며, 부녀가 함께 대통령직에 오른 매우 드문 경우에 속한다.

하지만 그녀의 동생 박지만(朴志晚, 1958-)은 연이은 부모의 참극으로 더욱 큰 충격을 받았는지 그 후 상습적인 마약 복용 혐의로 여러 차례 구속되기도 했는데, 그도 그럴 것이 그는 고등학교 1학년 때 어머니가 암살당하는 비극을 겪었으며, 육사생도 3학년 때 아버지 역시 암살당하는 참변을 겪었으니 그 충격이 너무도 컸을 것이다.

그런 점에서 본다면 이들 남매 모두 일종의 외상후 스트레스 장애를 겪고도 남을 참담한 일을 당했지만, 프랑스 유학 중에 어머니의 비보를 접했던 누나는 아버지가 참변을 당했을 때도 슬픔을 내색하지 않고 침착하게 사태에 대응할 정도로 냉정을 잃지 않았는데, 그렇게 자신의 감정을 회피하고 억압하는 현상을 정신분석에서는 격리(isolation)라는 방어기제로 설명하고 있으며, 강박적인 성격의 소유자에게서 두드러진 현상으로 보고 있다.

물론 그런 특성은 그 후에도 그녀가 정치적 곤경에 처할 때마다 감정에 휘말리지 않고 정면 돌파로 승부수를 던지는 모습을 통해 그 진가를 발휘하기도 했지만, 소통불능의 수첩공주라는 오명에 시달리는 원인이 되기도 했다. 더욱이 대통령직을 수행하는 기간 내내 대면보고를 기피하고 굳이 서면보고를 고집한 점도 부모를 모두 암살자의 총탄에 잃었다는 과거 악몽에서 여전히 자유롭지 못했음을 간접적으로 드러낸 모습이 아닐까 한다.

어쨌든 그녀는 비운에 숨져 간 아버지의 한을 풀기라도 하듯 30여 년 만에 청와대에 재입성하는 데 성공했으나 정치적 무능뿐 아니라 뜻하지 않은 최순실 국정논단 사건에 휘말려 민심마저 잃고 탄핵과 더불어 헌법재판소로부터 파면당하는 수모까지 겪으며 청와대에서 쫓겨나야만 했으니 부녀 모두가 청와대와 무슨 악연이 있는 것은 아닌지 모르겠다. 동생 박근령과 박지만은 청와대 밖에서 그런대로 무탈하게 잘 지내고 있으니 더욱 그렇다.

가난한 재봉사의 아들 전태일

1960년대 청계천 평화시장 봉제공장에서 재단사로 일하던 전태일(全泰壹, 1948-1970)은 평화시장 입구에서 열악한 노동조건의 개선을 요구하며 시위를 벌이다가 자신의 몸에 석유를 끼얹고 불을 붙여 분신자살함으로써 우리나라 노동운동의 확산에 크게 기여한 인물로 그의 죽음이 계기가 되어 노동자들의 비참한 생활상이 세상에 널리 알려지게 되었으며, 청계피복노조가 결성되는 등 본격적인 노동운동이 전개되기 시작했다.

대구에서 가난한 재봉사의 아들로 태어난 그는 아버지가 사기를 당하는 바람에 가족과 함께 상경해 처음에는 집도 없이 서울역 부근 염천교에서 노숙생활을 하기도 했는데, 당시 어머니 이소선은 만리동 일대를 다니며 동냥까지 할 정도로 서울 생활은 비참하기 이를 데 없었다. 따라서 정규 교육을 거의 받지 못하고 거리에서 각종 행상을 하며 생계를 이어 가는 불우한 유년기를 보낸 그는 그 후 다시 대구로 내려가 15세에 청옥고등공민학교에 입학했으나 궁핍한 가정형편으로 인해 아버지가 학교를 그만두고 집에서 재봉 일만 하라고 요구하며 자퇴할 것을 강요하는 바람에 크게 좌절한 나머지 한동안 가출까지 시도했다. 하지만 다시 귀가한 후에도 아버지는 돈을 벌어야 공부도 할 수 있는 것이라며 폭언과 함께 발길질로 아들을 걷어차고 구타하면서 강제로 학교를 그만두게 했다.

울며 겨자 먹기로 어쩔 수 없이 아버지에게 재봉 일을 배웠으나 그런 아버지의 강압에 불만을 품은 그는 1964년 마침내 동생 전태삼을 데리고 무단가출해 서울로 상경했으며, 청계천 평화시장 봉제공장에서 견습공으로 일하기 시작했다. 당시 그는 아버지에게 배운 재봉 기술로 하루 14시간 노동으로 차 한 잔 값에 불과한 일당 50원을 받고 일했는데, 직업병인 호흡기 질환으로 강제 해고된 여공을 돕다가 덩달아 해고되기도 했다. 1965년 구두닦이로 구두통을 메고 평화시장을 돌아다니던 중에 구인광고를 보고 의류제조 회사인 삼일사에 입사한 그는 그 후 재단사로 일하던 중에 근로기준법이 있다는 사실을 알고 노동청을 찾아가 노동환경 개선을 요청했으나 번번이 거절당하고 말았다.

전태일

그때부터 본격적인 노동운동에 들어간 그는 '바보회'를 결성해 근로실태를 조사하는 한편, 관계 부처를 찾아다니며 노동자들의 열악한 환경을 호소하기 시작했다. '바보회'라는 명칭은 비록 아무것도 모르는 바보 취급을 당하며 살고 있지만, 부당한 실정을 깨우쳐 더 이상 바보처럼 살지 말자는 취지에서 붙인 것이다. 당시 그는 박정희 대통령에게 노동자들의 처지를 알리는 서한까지 보냈지만, 그 서한은 대통령 손에 들어가지도 않았을 뿐만 아니라 서울시 관계자들이나 언론매체 등에서도 그의 호소를 무시하고 아무런 관심조차 기울여 주지 않았다.

결국 그는 자신의 모든 노력이 허사로 돌아가자 평화시장에서 시위를 벌이기 시작했으며, 동료들과 함께 근로기준법 화형식을 열기로 하고 피켓 시위를 벌였으나 경찰의 제지로 시위가 무산되자 친구에게 라이터로 자신의 몸에 불을 붙여 달라고 부탁한 후 불이 붙은 몸으로 "우리는 기계가 아니다."라는 구호를 외치며 평화시장을 한동안 뛰어다녔다. 동료들에 의해 그는 황급히 병원 응급실로 옮겨졌으나 치료비 문제로 근로감독관의 보증이 필요하다는 병원 측 요구에 보증을 거부한 감독관이 서둘러 뺑소니를 치는 바람에 다시 명동 성모병원으로 옮겨졌는데, 이미 그는 혼수상태로 더 이상 살 가망이 없다는 판정을 받았으며, 배고프다는 말을 마지막으로 남기고 숨을 거두었다.

그가 죽은 후에도 일부 재봉사들은 "자기 하나 죽는다고 무슨 일이 해결되겠느냐."라는 냉소적인 반응을 보이기도 했지만, 그의 죽음은 전국적으로 노동운동이 불길처럼 번지는 계기가 되었으며, 수많은 대학생이 단식투쟁과 철야농성을 벌이는 동기가 되기도 했다. 그 후 전태일의 어머니 이소선 여사는 2011년 세상을 뜰 때까지 노동자의 어머니로 불리며 청계천 노조지원 사업에 헌신했다. 전태일의 아버지는 아들이 죽기 전해인 1969년에 이미 사망한 상태였으며, 여동생 전순옥은 영국 유학을 다녀온 후 성공회대학 교수를 지내고, 더불어민주당 소속 국회의원으로 활동하기도 했다. 인권변호사로 알려진 조영래는 1983년《전태일 평전》을 출간해 그의 비극적인 삶을 널리 알렸으며, 1995년에는 박광수 감독에 의해 〈아름다운 청년 전태일〉이라는 영화로 제작되기도 했다.

미국에서 실종된 아버지를 찾아 나선 가수 한대수

70년대 통기타 가수들이 부르는 포크 팝송 붐이 일던 시절에 〈행복의 나라로〉, 〈바람과 나〉, 〈물 좀 주소〉 등의 노래로 국내 무대에 혜성처럼 나타난 가수 한대수(韓大洙, 1948-)는 당시 숨조차 제대로 쉬지 못하고 억눌려 살던 유신독재 시절에 그야말로 새롭고 자유로운 형태의 노래를 통해 국내 가요계의 숨통을 터 주는 역할을 톡톡히 해냈다.

당시 미국으로 이민 가서 살고 있던 한대수가 갑자기 히피처럼 긴 머리를 하고 김포공항에 나타난 것은 60년대 윤복희의 미니스커트 차림이나 90년대 서태지와 아이들의 힙합바지 차림에 못지않게 우리 대중문화계에 일대 파란을 불러일으킨 사건이 아닐 수 없었다. 하지만 당시 유신정국이 그런 한대수를 가만 놔둘 리가 없었다. 그의 노래들은 모두 금지곡으로 지정되어 압수되었고, 살길이 막막해진 그는 다시 미국으로 돌아가고 말았다.

그런데 사실 한대수는 쟁쟁한 집안의 자제였다. 아버지 한창석은 재미 핵물리학자요, 어머니는 피아니스트였다. 그리고 할아버지는 언더우드 박사와 함께 연세대학교를 설립하고 초대 학장을 지낸 신학자 한영교 박사였다. 하지만 그가 일곱 살 때 미국에서 핵물리학을 공부하던 아버지가 갑자기 실종되고 어머니마저 일찍 재가해 버리는 바람에 고

아나 다름없는 신세가 된 한대수는 어린 시절부
터 할아버지 밑에서 커야했다.

한대수

열 살 때 미국으로 건너가 초등학교를 졸업한
후 13세에 귀국한 그는 경남고 재학 중에 10년 가
까이나 소식이 두절된 아버지가 다시 나타났다는
소식을 접하고 17세 때 아버지를 찾아 다시 미국
으로 갔지만, 이미 딴살림을 차리고 있던 아버지
와는 소원한 관계일 수밖에 없었으며, 그동안 무
슨 일이 있었는지에 대해서도 일체 함구한 아버
지는 좀처럼 입을 열지 않았다.

그런 무책임한 아버지의 모습에 크게 실망한 한대수는 실의에 빠진
나머지 골방에서 자신이 직접 만든 노래로 시름을 달래기 시작했는데,
그의 대표곡들은 모두 그때 만든 곡들이다. 그는 고등학교를 마치고 뉴
햄프셔 대학 수의학과에 입학했으나 곧 자퇴하고 말았으며, 아버지는
죽을 때까지도 끝내 자신의 실종 배경에 대해서는 굳게 입을 다문 상태
로 세상을 하직함으로써 한대수는 마지막 순간까지도 아버지와 화해할
기회를 얻지 못하고 말았다.

결국 20세 때 다시 귀국한 그는 잠시 세시봉에서 활동하다 23세에 해
군에 입대해서 1974년 제대했으나 이듬해 앨범이 금지곡으로 지정되자
곧바로 미국으로 건너갔다. 하지만 미국생활도 여의치 않았던 그는
1989년에 다시 귀국해 1992년 몽골계 러시아인 옥사나 알페로바와 재
혼해 뒤늦게 딸까지 얻고 간간이 공연도 하며 지내고 있다. 물론 아버지
가 끝까지 함구한 10년간의 공백기는 지금까지도 풀리지 않는 수수께
끼로 남은 상태다.

한국을 대표하는 최고의 디바 가수로는 뛰어난 가창력을 지닌 인순이가 단연 돋보이지만, 흑인혼혈이라는 아픔을 딛고 그렇게 성공하기까지에는 숱한 눈물과 설움을 홀로 견디어 내야만 했을 것이다. 현재 나이 환갑을 넘긴 인순이(金仁順, 1957-)는 데뷔 후 지금까지 30년간 쉬지 않고 팝, 소울, 발라드, 댄스, 디스코, 재즈, 트로트 등 모든 장르를 소화하며 계속 인기를 유지하고 있는 매우 드문 경우에 속하는데, 한국에서 가장 노래를 잘 부르는 가수 중의 한 사람으로 꼽힐 정도로 놀라운 가창력의 소유자이기도 하다.

특히 그녀의 히트곡 가운데 〈거위의 꿈〉은 실의와 좌절에 빠진 수많은 젊은이에게 꿈과 희망을 심어주는 가사 내용으로 모든 사람에게 감동을 선사하기도 했지만, 실제로 그녀 자신이 그런 꿈과 불굴의 정신으로 자신의 불행했던 성장과정을 극복했다고 볼 수 있다. "난 꿈이 있었죠. 버려지고 찢겨 남루하여도 내 가슴 깊숙이 보물과 같이 간직했던 꿈. 혹 때론 누군가가 뜻 모를 비웃음 내 등 뒤에 흘릴 때도 난 참아야 했죠. 참을 수 있었죠. 그날을 위해"로 시작되는 가사 내용은 구구절절 그녀 자신의 힘겨웠던 삶을 그대로 반영하고 있기 때문이다.

그녀는 한국전쟁의 상처가 그대로 남아 있던 1957년 경기도 포천에서 한국인 어머니와 주한 미군 흑인 병사 사이에서 태어난 혼혈아로 어려서부터 흑인을 닮은 외모와 두발로 인해 온갖 차별과 멸시를 당하며 자란 탓에 사람들 앞에 나서는 것을 몹시 두려워하기도 했다. 그래서 한때는 수녀가 될 마음까지 먹을 정도로 그녀는 극심한 열등감과 대인기피증에 시달리기도 했지만, 그나마 여장부답게 씩씩하게 살아가는 어머니를 본받아 그런 어려움을 조금씩 극복해 나갔다. 당시 홀연히 미국으로 떠나 버린 아버지로 인해서 그녀는 실로 엄청난 원망과 그리움 등 복잡한 마음을 간직한 채 자랐지만, 어머니는 아무런 불평 없이 홀로 11명의 친정식구를 먹여 살린 실로 억척스러운 여인이었다. 원래 인순(仁順)이라는 이름은 어머니가 개명하기 위해 작명소에서 받아 둔 것이었는데, 딸이 태어나자 그 이름을 물려준 것이다.

인순이

어쨌든 아버지가 그렇게 처자식을 버리고 미국으로 훌쩍 떠나 버린 후 극심한 가난 때문에 고등학교 진학조차 포기할 정도였으니 아버지에 대한 원망이 얼마나 컸을지 충분히 짐작이 가고도 남는다. 따라서 그녀가 그런 아버지를 생각해서 부른 노래 〈아버지〉에는 아버지라는 단어가 한 마디도 등장하지 않으니 얼마나 한이 가슴에 사무쳤으면 그랬을까 싶기도 하다. "한걸음도 다가설 수 없었던 내 마음을 알아주기를 얼마나 바라고 바라 왔는지 눈물이 말해 준다. 점점 멀어져 가 버린 쓸쓸했던 뒷모습에 내 가슴이 다시 아파 온다. 서로 사랑을 하고 서로 미워도 하고 누구보다 아껴 주던 그대가 보고 싶다. 가까이에 있어도 다가서지 못했던 그래 내가 미워했었다." 그래서인지 그녀는 성공한 후에도 결코 아버지를 찾지 않았다.

김완선의 이모 한백희의 권유로 가수로 데뷔한 그녀는 처음에는 혼혈그룹 희자매의 일원으로 첫선을 보였으나, 당시만 해도 사람들은 흑인혼혈이라는 이색적인 가수 정도로만 관심을 기울일 뿐이었다. 그 후 솔로로 전향해 디스코풍의 빠른 템포의 노래 〈밤이면 밤마다〉가 히트를 치면서 비로소 인기가수 대열에 올라서기도 했으나 그 이후로는 큰 인기를 얻지 못하고 10년간 주로 밤무대를 중심으로 활동하며 대중들의 기억에서 점차 사라졌다가 1994년 서른일곱 늦은 나이에 네 살 연하인 대학교수 박경배와 결혼한 이후 재기에 성공해 〈거위의 꿈〉, 〈아버지〉 등 히트곡으로 지금까지 제2의 전성기를 누리며 꾸준한 인기를 유지하고 있다. 더욱이 어릴 때나 가수로 밤무대에 섰을 때나 깜둥이라는 야유를 받는 설움과 모욕에 시달렸던 그녀는 자신의 처지와 비슷한 어린이들의 상처를 달래 주기 위한 대안학교로 해밀학교를 세워 말 못 할 아픔을 서로 공유하고 있다.

이처럼 인순이는 끝없는 도전정신으로 자신의 꿈을 이룬 반면에 비슷한 조건에서 출발한 혼혈가수 박일준(朴一埈, 1954-)은 자신에게 주어진 시련과 고통을 이겨 내지 못하고 알코올 중독에 빠진 나머지 간경화를 앓으며 식도정맥류 파열로 입원까지 하면서 인생 최대의 위기를 겪기도 했으나 다행히 헌신적인 아내의 도움으로 재기에 성공해 트로트 가수로 활동을 재개하기에 이르렀다. 하지만 세상에서는 여전히 그의 존재를 알아주지 않았으며, 특히 젊은 세대들에게는 박일준이라는 이름조차 생소하기만 할 따름이다.

한국전쟁이 끝난 직후 잿더미로 변한 서울에서 흑인혼혈아로 태어난

박일준

그는 주한 미군 병사였던 아버지가 미국으로 귀국해 버리고 세 살 때는 어머니마저 주위의 따가운 시선을 견디다 못해 그를 고아원에 맡기는 바람에 부모에게 모두 버림을 받고 고아나 다름없는 신세가 되고 말았다. 다행히 어머니의 친구였던 양모가 데려다 어머니를 대신해 키웠는데, 그이후로 부모에 대한 원망이 얼마나 컸던지 어머니를 단 한 번도 찾지 않았으며, 1986년에 우연히 아버지의 소재를 알게 되어 미국으로 찾아간 적

이 있었으나 이미 다른 살림을 차리고 있던 아버지가 너무도 무덤덤하게 의례적으로 자신을 대하는 모습을 보고 크게 실망한 그는 두 번 다시 아버지를 찾지 않았다. 당시만 해도 그는 자신을 혼혈아로 낳은 부모를 비롯해 한국이라는 나라 자체를 모두 증오하며 폭음으로 날을 지새우기 일쑤였다.

비록 그는 그나마 자상한 양모의 사랑과 보살핌이 있었기에 큰 병 없이 무탈하게 자랄 수 있었지만, 그럼에도 불구하고 주위로부터 항상 깜둥이 소리를 들으며 놀림을 당할 때마다 화를 이기지 못하고 항상 다른 아이들과 치고받고 싸우는 수가 많았으며, 그래도 울분이 가라앉지 않으면 양모에게 화풀이를 해 대며 지내기도 했다. 어린 시절 양모는 혼혈티가 덜 나도록 곱슬머리인 그의 머리를 항상 빡빡 밀어서 키웠기 때문에 비록 검은 피부이긴 했으나 정작 본인 자신은 혼혈이라는 생각을 하지 않고 자랐는데, 15세가 되었을 때 비로소 자신에 관한 출생의 비밀을 알게 되면서 그는 큰 충격을 받고 그때부터 술을 마시기 시작했다. 당시 그는 우연히 친부모의 사진을 보고 그동안 자신을 키워 준 양부모가 친부모가 아닌 데다 자신이 흑인혼혈이라는 사실까지 알게 되자 크게 좌절한 나머지 자포자기 심정으로 오로지 술에만 의지해 지낸 것이다.

그 후 심기일전해 1977년 가수로 데뷔한 직후 양부모가 동시에 연탄가스 중독으로 세상을 뜨면서 완전히 혼자가 된 그는 한동안 자책감에 빠져 가수 활동에도 어려움을 겪기도 했다. 더욱이 혼혈가수라는 핸디캡 때문에 TV 출연을 거부당하고 얼굴이 드러나지 않는 라디오 활동만 가능했던 그로서는 대중적 인기를 얻기에 애당초 무리가 있어서 항상 무명가수로 전전하는 설움마저 겪어야 했다. 이런저런 이유로 술에만 절어 지내던 그를 안타깝게 여긴 김상범의 도움에 힘입어 첫 음반을 낸 이래 자신과 비슷하게 혼혈가수로 알려진 윤수일, 함중아, 인순이 등과 함께 그런대로 인기가수 반열에 오르게 되었다. 물론 윤수일은 주한 미군 백인 장교의 아들이었고, 함중아는 혼혈이 아니라 고아원 출신이었는데, 당시만 해도 흑인혼혈인 박일준, 인순이보다 백인혼혈인 윤수일이 더욱 큰 인기를 얻은 게 사실이다. 혼혈가수에 대해서도 뭔가 흑백 차별이 보이지 않게 작용한 셈이다.

하지만 박일준에게 문제는 가수활동뿐이 아니었다. 아내 임경애와의 결혼도 처가의 극심한 반대에 부딪쳐 애를 먹은 것이다. 그래서 무작정 임신부터 시킨 것이 아들이었는데, 당시 장모는 임신중절을 시킨다고 딸을 강제로 병원까지 끌고 가는 소동까지 벌어졌다. 어쨌든 3년에 걸친 끈질긴 설득으로 결혼에 성공한 그는 남매를 낳고 한동안 행복했으나 술버릇만큼은 손쉽게 해결하지 못했다. 더욱이 그는 검은 피부 때문에 과음을 해도 얼굴에 표시조차 나지 않아 누구 하나 말리는 사람도 없었다. 설상가상으로 90년대 초에 영화 사업에 손댔다가 실패하면서 다시 폭음을 하게 되어 피를 토하는 지경에까지 이르게 되자 그동안 이혼까지 생각하던 아내는 마음을 돌려 그를 헌신적으로 돌봤으며, 그 이후로 술을 끊고 재기에 성공한 그는 마침내 착실한 가장이 되어 비록 세상에서 알아주진 않지만 그래도 열심히 가수활동을 계속하고 있다.

비운의 이복형제 임재범과 손지창

가수 임재범(任宰範, 1962-)과 배우 손지창(孫志昌, 1970-)은 어머니가 서로 다른 이복형제로 두 사람 모두 사생아로 태어났다. 아버지 임택근은 전직 KBS 아나운서로 한국 방송계의 원로였으나 잘생긴 외모 때문에 항상 여자문제를 일으킨 인물이었다. 임재범과 손지창은 자신들이 형제간이라는 사실을 2001년에 이르러 비로소 알게 되었으며, 그해 임재범이 결혼식을 치를 때 부자 3인의 상봉이 처음 이루어졌다. 하지만 손지창은 아버지보다 형을 얻게 된 사실이 더욱 기쁘다고 자신의 심경을 밝히기도 했다.

임재범은 생모가 일본으로 건너가면서 강제로 아버지에게 떠맡겨져 임씨 성을 갖게 되었으나, 그 후 아버지가 재혼하게 되자 고아원에 보내져 자라다가 다시 할머니가 데려다 키우는 등 우여곡절을 겪는 가운데 어린 나이에 많은 상처를 받았다. 반면에 손지창의 어머니는 미스 충청 출신 미스코리아로 뛰어난 미모의 소유자였으나 손지창을 직접 길러준 것은 이모였다. 따라서 그는 이모부에게 입적되어 손씨 성을 갖게 되었다. 손지창은 학생시절에도 애비 없는 자식이라는 놀림을 받기 싫어 항상 투명인간처럼 숨어 지냈다고 한다. 이모부를 아버지처럼 여기고 자란 그는 홍익대 재학 시절 유일하게 등록금 때문에 생부를 찾아가 도움을 청한 적이 있으나 아버지가 거절하는 바람에 그 후로는 두 번 다시 아버지를 찾지 않았다고 한다. 결국 그는 대학을 중퇴하고 말았다.

임재범은 헤비 록 가수로 활동했으나 방송이나 공연 등 공개적인 활동은 하지 않고 앨범만 발표하는 얼굴 없는 가수였으며, 그것도 수시로 어디론가 잠적해 소식이 두절되는 행동을 반복함으로써 매우 괴팍한 인물로 인식되었다. 그는 39세라는 늦은 나이에 뮤지컬 배우 송남영과 결혼해 딸을 낳았으나 안타깝게도 아내는 2017년 암으로 세상을 뜨고 말았다. 좀처럼 팬들 앞에 얼굴을 드러내지 않던 그는 2011년 MBC 인기 프로 〈나는 가수다〉에 출연해 뛰어난 가창력을 선보이며 제2의 전성기를 맞이

임재범

손지창

했는데, 그동안 가슴 깊이 묻힌 한과 슬픔을 한꺼번에 토해 내는 그의 노래에 크게 감동한 청중으로부터 기립 박수를 받았으며, 특히 듣는 이들의 심금을 울리는 그의 애끓는 창법은 좌중을 압도하는 강력한 카리스마를 발휘하기도 했다.

한편, 임재범의 이복동생 손지창은 TV 탤런트와 가수 활동을 병행했는데, 부모의 뛰어난 외모를 물려받아 맑고 청순한 이미지로 인기 스타가 되었다. 하지만 배우 오연수와 결혼해 두 아들을 낳은 후 일찌감치 연기생활을 접고 개인사업에만 전념했다. 비록 그 자신은 연기생활이 적성에 맞지 않아 그만두었다고 했지만, 어려서부터 자신의 집안 내력에 분노와 열등감을 동시에 느끼고 항상 자신의 존재를 숨기고 살았던 그로서는 계속 대중 앞에 나서는 일이 몹시 부담이 되었을 것으로 보인다. 물론 그런 성향은 이복형인 임재범도 마찬가지였을 것이다. 특히 원만한 대인관계와 현실 적응 문제에 많은 어려움을 겪었던 임재범은 지금까지도 공개적인 자리에 참석하는 일에 큰 부담을 느끼는 듯이 보인다. 그럼에도 불구하고 이들 형제는 불행한 과거를 딛고 일어서 자신의 영역에서 최선을 다하고 있으며, 현재는 형제의 우애를 다지고 있으니 그나마 다행이 아니겠는가.

에필로그

　지금까지 우리는 좋든 싫든 역사적으로 이름이 남겨진 인물들에 대해 알아보았다. 그중에는 악명 높은 폭군이나 독재자, 범죄자도 있고 성인의 반열에 오른 위대한 스승이 있는가 하면 온갖 음란한 행실로 사회적 지탄을 받은 여인도 있다. 그들이 몸담은 분야도 실로 다양해서 정치, 종교, 철학, 사상, 예술, 교육, 과학, 의학, 영화, 스포츠, 기업 등을 총망라하고 있다. 이처럼 다양한 분야에 몸담고 활동하며 역사에 그 이름이 남겨지기까지 그들이 살아온 삶의 궤적을 살펴볼 때 나름대로 공통분모를 굳이 찾아본다면 그것은 곧 '아버지'라는 핵심단어와 마주치게 된다는 것이다. 물론 이미 흘러간 역사에는 '만약'이라는 말이 통하지 않는다고 하지만, 시간을 되돌려 그들의 부자관계를 다시 조정할 수만 있다면 개인의 역사뿐 아니라 더 나아가 인류역사의 흐름 자체도 크게 달라질 수 있었다는 점에서 아쉬움이 너무도 크기 때문에 그저 한번 해보는 말이다.

　이 책에서 소개한 인물들은 한결같이 아버지라는 존재로 인해 상처받고 불우한 성장기를 겪은 사람들이다. 정신분석적 차원에서 볼 때 남아에게 아버지는 어머니를 차지하는 일에 가장 큰 걸림돌인 동시에 경쟁자이기 때문에 아버지로부터 가해질지도 모르는 보복조치의 일부로 거세위협에 시달리기도 하지만, 결국에는 일종의 타협책으로 아버지를 동일시하는 과정을 밟게 된다는 것이 프로이드가 말한 고전적인 견해다. 이와는 달리 여아의 경우는 어머니 대신 아버지를 사랑의 대상으로 선택함으로써 어머니와 일시적인 경쟁관계에 들어가지만 여아 역시 결국에는 어머니를 동일시하는 과정을 거치면서 여성다움을 확립하게 된다는 것이다.

하지만 이와 같은 시나리오는 정상적인 부모-자식 관계에서 이루어지는 현상으로 그렇지 못한 상황에서는 긍정적인 동일시 현상이 아니라 부정적인 방향으로 나타날 수 있는데, 적대적 동일시나 병적 동일시가 바로 그렇다. 단적인 예로, 폭력적인 주정뱅이 아버지를 증오하면서 자신은 절대로 이다음에 커서 그런 주정뱅이가 되지 않겠다고 맹세한 아이가 나중에 아버지와 똑같은 알코올 중독자가 되는 경우가 적대적 동일시에 해당된다. 더군다나 아버지가 일찍 사망했거나 가출한 경우에는 바람직한 동일시 대상을 얻지 못함으로써 도덕성 확립에 실패하거나 또는 버릇없는 아이로 자랄 수 있는데, 물론 바람직한 어머니가 그런 핸디캡을 보완해 줄 수도 있지만, 그렇지 못한 경우에는 그야말로 제멋대로인 문제아가 되기 십상이며, 그런 사람일수록 아버지를 대신해서 카리스마적인 권력을 행사하는 인물을 동일시함으로써 집단적 광기에 휘말릴 가능성이 매우 높다고 할 수 있다.

물론 훌륭한 아버지를 둔다는 것도 일종의 행운이라 할 수 있지만, 세상에는 그렇지 못한 경우가 더 많아서 어린 자식의 가슴에 본의든 아니든 간에 상처를 남기는 수가 결코 적지 않다. 그것은 잔혹한 폭력과 학대의 형태로 나타나 일찍부터 증오심을 키워 주거나 자식을 내버리는 무책임한 행동을 통해 극심한 가난과 시련을 남겨 주기도 하며 때로는 파렴치하고도 비양심적인 처신으로 인해 오히려 자식에게 엄청난 죄의식을 느끼게 할 수도 있다.

　어쨌든 이 책에 등장하는 사람들 모두가 그렇게 뭔가 정상적이지 못한 부자관계로 인해 상처받은 인물들이라는 점에서 주목할 필요가 있으며, 그럼에도 불구하고 그런 아픔과 시련을 극복하고 더욱 분발해서 위대한 사상가나 예술가로 거듭난 모습을 통해 우리 모두가 나름대로 교훈을 얻었으면 하는 바람이다. 그리고 그런 인물들과는 달리 적절한 승화에 실패한 경우를 통해서는 일종의 반면교사로 삼아 우리의 미래를 걸머질 청소년들에게 건전한 인물과의 동일시가 얼마나 중요한지 일깨워 줄 수 있는 기회가 되었으면 한다.

정신분석 용어 해설

가족환상(family romance): 자신의 출신 배경을 부정하고 명문가에 속한다고 믿는 환상을 말하며, 망상으로 진행될 경우에는 족보망상, 또는 미뇽 망상(Mignon delusion)으로 불리기도 하는데, 이는 괴테의 소설 주인공 이름에서 따온 용어로 자신의 비참한 현실을 부정하고 스스로 고귀한 신분의 가문 출신이라고 믿는 망상의 일종이다. 정신분열증 환자에게서 볼 수 있는 증상으로 고통스러운 열등감을 망상적 세계에서 보상받고자 하는 동기에서 비롯된다.

거세공포(castration fear): 프로이트에 의해 확립된 개념으로, 아동기 시절에 남자아이는 어머니에 대한 근친상간적 욕망과 환상을 품기 마련이지만, 그런 욕망을 지녔다는 이유로 자신의 강력한 라이벌인 아버지의 보복을 두려워하기 쉬운데, 물론 그런 보복은 거세당하지나 않을까 하는 공포심을 불러일으키고 결국에는 그런 두려움을 극복하기 위한 방편으로 아버지의 남자다운 특성을 동일시하게 된다는 것이다. 반면에 여아의 경우는 자신에게 남근이 없다는 사실로 인해 남근선망(penis envy)의 태도를 지니게 되고 남성들과 경쟁하는 모습으로 발전하기도 한다.

격리(isolation): 사고와 감정을 따로 분리하는 과정으로, 의식에서 용납될 수 없는 고통스럽고 부도덕한 감정에서 회피하기 위한 수단으로 오로지 생각에만 의지해 살아가는 강박적인 사람들이 특히 자주 동원하는 방어기제의 하나다.

구강기 좌절(oral frustration): 생후 초기 엄마 젖을 빨며 충분한 쾌감과 만족감을 얻으며 성장한 사람들과는 달리 여러 가지 이유 때문에 모유 수유가 갑자기 중단되거나 엄마의 관심과 애정을 충분히 받지 못한 경우 좌절과 분노를 느낀 아기는 매우 공격적인 성향을 띠거나 반대로 매우 소심하고 의존적인 경향을 보이게 된다. 이시기에 좌절을 겪은 사람은 엄지손가락 빨기나 손톱 물어뜯기, 또는 입을 통한 욕구불만의 해소를 시도하기 쉬운데, 알코올 중독, 과도한 흡연, 폭식, 욕설 등이 그런 경우에 속한다.

구원환상(rescue fantasy): 아동기 시절에 남자아이는 어머니를 가운데 두고 아버지와 치열한 경쟁을 벌이기 쉬운데, 특히 폭군적인 아버지에게 시달리는 희생적인 어머니를 자신이 구원해야만 한다는 환상에 사로잡혀 아버지를 상대로 내면적인 투쟁을 벌이기도 한다.

근친상간욕구(incestuous wish): 이성인 부모에게 지니는 아이의 감정과 태도를 말하는 것으로, 반드시 성적인 의미로 사용하는 용어는 아니다. 남아는 어머니에게, 그리고 여아는 아버지에게 더욱 친밀감을 느끼고 접근하는데, 경우에 따라서는 오히려 부모 쪽에서 그런 태도를 조장하기도 한다.

나르시시즘(narcissism): 자기애(自己愛)로 번역된다. 인간은 누구나 다 자기를 사랑하기 마련이지만, 특히 젖먹이 시절에는 전적으로 나르시시즘 상태에 빠져 있다고 보는데, 그런 점에서 자기애는 지나친 자기 사랑, 또는 매우 자기중심적인 성향을 지칭하는 것으로 매우 미숙한 형태의 심리상태를 뜻한다고 할 수 있다. 따라서 나르시시즘 경향이 두드러진 사람은 타인에게는 관심이 없으며, 오로지 자신의 이익을 위해 타인을 이용만 할 뿐 건전한 대인관계를 이루지 못하는 약점을 지닌다. 이들의 가장 중요한 결함 가운데 하나는 타인의 입장을 이해하지 못하는 공감 능력의 결여라 할 수 있으며, 그래서 매우 냉담하고 이기적이며 정이 없는 사람으로 보이기 쉽다.

남근선망(penis envy): 아동기 시절 여아는 남아에게만 있는 남근이 자신에게 없다는 사실에 놀라워하며 그 이유에 대해 궁금해하는 동시에 남근을 가진 남아를 부러워하고 질투할 수 있는데, 자신에게 남근이 없는 사실에 대해 어머니를 원망하기도 한다. 그런 남근선망은 성인이 되어서도 모든 남성들과의 경쟁심으로 나타나기 쉽다. 물론 프로이트의 남근선망 이론은 오랜 기간 페미니스트들의 가장 주된 공격 대상이 되어 온 주제였다.

네크로필리아(necrophila): 성변태의 일종으로 시체에 대한 성적 집착이나 접촉을 통해 쾌감을 얻는 현상을 가리킨다. 시체기호증 또는 시간증(屍姦症)이라고도 한다. 이들은 정상적인 성관계에서는 만족을 느끼지 못한다. 그러나 에리히 프롬은 변태적인 차원을 넘어서 도덕적 차원에서 죽음지향적인 인간에 대해서도 이런 용어를 사용했는데, 가장 대표적인 인물로 아돌프 히틀러를 꼽았다. 이와는 반대로 삶에 애착을 보이는 경우를 바이오필리아(biophilia)라고 지칭했다.

늑대인간 증례(the Wolf Man case): 프로이트의 환자였던 늑대인간은 러시아의 망명 귀족 세르게이 판케예프에게 붙여진 별명으로, 그의 꿈 가운데 특히 늑대가 나타난 꿈을 중심으로 분석했기 때문에 그런 별명이 붙여졌다. 프로이트는 늑대인간의 분석을 통해 그동안 자신이 충분히 다루지 못했던 유아기의 성적 환상에 대해 소상히 밝혔는데, 그가 보였던 우울증, 강박증, 공포증 등 다양한 증세의 원인이 어린 시절 겪었던 성적인 환상에서 비롯된 결과임을 입증해 보였으며, 특히 유아기에 목격했던 부모의 성관계 장면에서 그 단서를 찾기도 했다.

대상관계이론(object relation theory): 영국의 정신분석가 멜라니 클라인에 의해 발전된 대상관계이론의 핵심은 생의 가장 초기에 형성되는 모자관계에서 벌어지는 심리적 경험이라 할 수 있는데, 어머니의 젖가슴만을 상대하는 부분 대상(part object)과 어머니를 총체적인 한 인간으로 인식하는 전체 대상(whole object)의 과정을 거치며 심리적 성숙을 이루어 나간다고 본다. 그렇게 형성된 대상과의 심리적 경험은 아이의 내면에 계속 간직되어 중요한 내적 대상(internal object)으로 자리 잡게 되며, 그런 내적 대상과의 관계는 일생 동안 유지될 뿐만 아니라 다른 인물들과의 대인관계에도 영향을 주기 마련이다.

도덕적 사도마조히즘(moral sadomasochism): 사디즘과 마조히즘은 쾌락적인 만족을 얻기 위해 반드시 상대를 필요로 하는 만큼 단독으로 존립할 수 없는 성도착증이기 때문에 흔히 사도마조히즘(가학-피학증)으로 지칭하지만, 프로이트는 성도착 차원뿐 아니라 도덕적 차원의 사도마조히즘에 대해서도 관심을 기울이고 정신적으로 가학적, 피학적인 태도를 취하는 경우를 도덕적 사도마조히즘이라고 불렀다. 모진 학대를 가하는 남자와 그런 고통을 기꺼이 감수하며 사는 여자의 기묘한 결합에서 그런 성향을 찾아볼 수 있는데, 그런 남녀의 경우 도덕적 사도마조히즘적 관계라고 부르기도 한다.

동일시(identification): 건전한 인격발달 과정에서 가장 중요한 정신방어기제에 속하는 것으로, 남아는 아버지의 특성을, 그리고 여아는 어머니의 특성을 자신의 내면에 받아들여 제각기 남성다움과 여성다움의 특징을 형성하게 되는데, 이런 과정은 가장 바람직한 형태로 간주되지만, 경우에 따라서는 병적 동일시, 적대적 동일시, 나르시시즘적 동일시처럼 미숙한 형태로 발전하기도 한다. 무능력한 부모 대신 카리스마적인 지도자를 동일시하는 경우는 병적 동일시(pathological identification)에 속하며, 포악한 술주정뱅이 아버지를 증오하면서도 그런 아버지를 동일시해 그 자신이 아버지처럼 똑같이 술주정뱅이 폭군이 되거나 처자식을 버리고 가출한 아버지처럼 그 자신도 나중에 똑같은 짓을 벌이는 경우는 적대적 동일시(hostile identification)라고 한다.

만성 자살(chronic suicide): 미국의 정신의학자 칼 메닝거가 말한 용어로 충동적인 결단에 의한 자살과는 달리 자신을 죽음으로 서서히 몰고 가는 경우를 말하는데, 마약이나 알코올, 담배 등에 중독된 상태나 반복적으로 당하는 사고, 또는 스스로 위험한 상황을 찾아 죽음의 고비를 자주 넘기는 등 자신을 해치는 경향의 행위를 장기간에 걸쳐 반복하는 사람에게서 발견할 수 있는 현상이다.

반동형성(reaction formation): 정신방어기제의 하나로 내면에 감추고 있는 감정과 정반대의 태도를 겉으로 취하는 경우를 말하는데, 예를 들어 내면적으로는 항상 성적인 유혹에 시달리는 사람이 겉으로는 성에 대해 매우 혐오적인 태도를 취하는 경우 반동형성의 기제를 동원한 것으로 본다. 겉으로는 열렬한 동물보호 운동을 벌이는 사람이 자신의 내면에는 동물학대 감정을 숨기고 있는 경우도 마찬가지다.

부친살해욕구(patricidal wish): 아동기 시절 특히 어머니를 사이에 두고 아버지와 치열한 경합을 벌이는 남아에서 발견할 수 있는 강한 적개심으로 실제로 아버지를 죽이려고 하는 욕구라기보다는 경쟁자인 아버지가 눈앞에서 사라져 줬으면 하는 바람으로 이해하는 게 더욱 적절할 것으로 본다.

분리불안(separation anxiety): 이별불안이라고도 부른다. 아기가 엄마에게서 떨어질 때 느끼는 강한 불안 심리를 가리킨다. 특히 강한 애착관계에 있거나 의존성이 심한 경우 일종의 공포반응에 가까운 극심한 분리불안을 겪기 쉽다. 이유기에 가짜 젖꼭지를 물려 주는 것도 아기의 분리불안을 가라앉히기 위한 방편에 속한다.

수동-공격적 태도(passive-aggressive attitude): 공격성의 직접적인 표출이 곤란한 경우 매우 간접적이고도 우회적인 방식으로 공격성을 드러내는 태도를 말한다. 예를 들어, 항상 지각을 한다거나 일을 마무리하지 못하고 지연하는 등 손쉽게 드러나지 않는 교묘한 수단을 동원해 자신의 불만을 나타내는 경우가 이에 속한다.

승화(sublimation): 가장 건전한 방어기제의 하나로 꼽히는 승화는 의식에서 용납될 수 없는 부도덕한 욕망이나 환상을 사회적으로 용인될 수 있는 형태로 변형해 발산하는 것을 말한다. 예를 들어, 누군가를 죽이고 싶도록 미운 감정을 권투나 격투기로 해소하거나 용솟음치는 성적 욕망을 예술적 창작활동을 통해 분출하는 행위 등이 승화의 기제에 속한다. 집단적으로는 국가 간의 전쟁보다 국가 대항 축구시합을 통해 부분적으로 적개심을 해소하는 것도 승화의 한 형태로 볼 수 있다.

양가감정(ambivalence): 동일한 대상에 대해 서로 공존하기 힘든 상반된 감정이 동시에 존재하는 상태를 말한다. 예를 들어, 사랑과 미움의 감정이 동시에 공존하는 경우가 이에 속한다. 이런 감정의 기원은 어린 시절 경험에서 비롯되기 쉬운데, 예를 들어, 애정과 체벌을 동시에 보여 준 부모에 대한 상반된 감정경험 등이 단적인 예라 할 수 있다. 그런 태도는 정신분석 과정에서도 나타나기 마련인데, 자신을 돕기 위해 애쓰는 치료자에 대해서도 친밀감과 적대감을 동시에 느낄 수가 있다.

역공포 반응(counterphobic reaction): 자신의 공포증을 극복하기 위해 오히려 공포의 대상을 찾아 도전하는 경우를 말한다. 예를 들어, 고소공포증 환자가 암벽타기 운동을 통해 두려움을 극복한다거나 폐쇄공포증 환자가 밀실 근무를 자청하는 경우가 이에 해당된다. 학습이론에 따르면, 그런 단계적 탈감작(desensitization)을 통해 불안을 경감해 나갈 수 있다고 본다.

오이디푸스 콤플렉스(Oedipus complex): 이성의 부모에게 이끌리고 동성의 부모에게 경쟁심을 갖게 되는 아동기 시절의 갈등상황을 가리키는 용어로, 프로이트는 이러한 갈등적 삼각관계에 빠진 시기를 오이디푸스 단계로 부르고 인류 보편적인 현상이라고 했으나 말리노프스키 등 인류학자들은 그런 주장에 반기를 들기도 했다.

의존성 우울증(anaclitic depression): 어머니로부터 아기가 장기간 떨어졌을 때 나타내는 반응으로, 이런 경우 아기는 울다 지친 나머지 점차 사람들의 접근에도 아무런 반응을 드러내지 않고 무표정한 상태로 혼자 지내려 하거나 먹을 것을 찾지도 않아 체중도 빠지고 시름시름 앓게 된다. 물론 단기간에 어머니와 재결합이 이루어지게 되면 그런 우울상태에서 회복이 가능하지만, 6개월 이상 장기화되면 지능 발달이나 심신 발달에 지장을 초래하기 쉽다.

이중구속(double bind): 영국의 인류학자 그레고리 베잇슨이 주장한 이론으로, 상호 모순되는 메시지를 동시에 전달하는 경우를 말한다. 예를 들어, 엄마가 아들에게 싸우지 말라고 하면서 동시에 비겁하게 살아서는 안 된다고 말하거나, 또는 딸에게 세상 남자들은 모두 늑대들이니 조심하라고 하면서 언제 시집갈 거냐고 다그치는 등 서로 앞뒤가 맞지 않는 말을 동시에 강요하는 경우가 이에 속한다. 어려서부터 이처럼 갈피를 잡을 수 없는 메시지에 계속 노출된 아동은 가치판단에 어려움을 보여 정신병에 걸리거나 사회적응에 실패할 확률이 매우 높다는 것이 베잇슨의 주장이지만 의학계에서는 인정하지 않고 있다.

이타주의(altruism): 승화와 마찬가지로 가장 건전한 방어기제의 하나다. 예를 들어, 자신의 불운을 남의 탓으로 돌리거나 세상을 원망하는 쪽으로 해소하는 게 아니라 오히려 역으로 남을 이롭게 하는 행위를 통해 해소하는 경우가 이에 속한다.

이행기(transitional stage): 영국의 정신분석가 도날드 위니콧이 사용한 용어로 아기가 어머니의 품에서 벗어나 홀로서기의 단계로 접어드는 시기를 말한다. 평소에 어머니로부터 충분한 애정을 받은 아기는 별다른 어려움 없이 이 시기를 극복해 나가지만, 그렇지 못한 아기는 극심한 분리불안 반응을 보이기 쉽다. 울고 보채는 아기에게 가짜 젖꼭지를 물려 주는 것도 그런 불안반응을 가라앉혀 주기 위한 일종의 방편으로, 이처럼 아기의 불안을 대신 가라앉혀 주는 것을 이행기 대상(transitional object)이라고 하며, 그런 시기에 아기가 갖게 되는 환상을 이행기 환상이라고 한다. 그리고 어머니와 아기 사이에 형성되는 특이한 심리적 공간을 이행기 공간(transitional space)이라고 부른다.

초자아(super-ego): 프로이트는 인격의 구조를 자아와 이드, 초자아로 구분한 후기 구조이론에서 이드는 무의식적 욕망과 충동을 말하며, 초자아는 도덕적인 양심을 이루는 부분으로 자아에게 끊임없이 압력을 행사하는 것으로 설명했다. 자아는 그런 이드와 초자아 사이에서 적절한 균형을 이루기 위해 타협을 모색하는 의식세계의 주체라 할 수 있는데, 현실과의 타협도 추구한다. 다만 초자아가 지나치게 강하면 완고한 도덕주의에 빠지는 반면에 초자아의 발달이 너무 약하고 느슨해질 경우에는 반도덕적인 성향이 두드러진다.

전이와 역전이(transference, countertransference): 정신분석과정에서 나타나는 매우 특이한 현상으로, 환자의 과거에 의미 있는 관계를 맺었던 인물에 대한 감정적 태도가 분석가에게 향해져 나타나는 경우를 전이라 하며, 분석가 역시 동일한 기전에 의해 환자에게 향해지는 특이한 감정적 태도를 경험하는데 그것을 역전이라 부른다. 물론 분석가는 자신의 그런 감정을 적절히 통제하며 중립성을 유지하는 것이 원칙이다. 예를 들어, 두려운 아버지 밑에서 자란 환자가 분석가에게서도 동일한 두려움을 갖게 되는 경우를 말한다. 정신분석에서는 이런 전이적 반응의 해석을 가장 중요한 핵심 과제로 간주한다.

전치(displacement): 부정적인 감정이나 긴장감을 상대적으로 위험하지 않은 대상으로 옮겨 자신의 심리적 균형을 유지하고자 하는 정신방어기제의 하나다. "종로에서 뺨 맞고 한강 가서 눈 흘긴다."라는 속담이나 화난 김에 돌멩이를 걷어차는 행동 등은 전치의 기제를 가리키는 것이다. 엉뚱한 대상에 화풀이하는 대부분의 행동은 전치에 해당된다. 하지만 반드시 나쁜 감정만이 아니라 좋은 감정도 전치될 수 있다.

정체성 혼란(identity confusion): 미국의 정신분석가 에릭 에릭슨이 소개한 개념으로 그는 이것이 청소년기에 마주치고 해결해야 할 가장 중요한 심리적 과제라고 설명했다. 자기 자신의 정체가 과연 무엇인지에 대해 혼란을 일으키며 정신적 방황을 겪는 시기가 청소년기라는 점에서 이런 개념을 소개한 것이다. 하지만 남성다움과 여성다움을 발휘하는 데 매우 중요한 성별 구분의 차원에서 정체성의 혼란을 느끼는 경우도 있다.

중립성(neutrality): 환자에 대한 정신분석가의 기본자세를 말하며, 환자의 그 어떤 말과 행동에도 엄정 중립을 지켜야 함을 의미한다. 도덕적 판단이나 비난과 동조, 또는 옳고 그름 등의 시비를 떠나 치료자의 개인적 감정을 배제한 매우 객관적인 접근을 말한다. 따라서 정신분석가는 자신의 사적인 면을 환자에게 드러내지 않는 것이 원칙이다.

퇴행(regression): 예기치 못한 위기나 곤경에 처했을 때 자신을 스스로 방어하기 위해 심리적으로 마치 어린아이처럼 행동하는 경우를 말하는데, 더 이상 앞으로 나아가지 못하고 어린 시절로 되돌아가기 때문에 퇴행이라고 부른다. 가장 전형적인 경우는 정신병 환자에게서 볼 수 있으나 정상인에서도 흔히 나타나는 방어기제로, 예를 들어 술에 취해 어린아이처럼 굴거나 연인끼리 사랑을 나눌 때도 퇴행적인 모습을 보이기 쉽다.

페도필리아(pedophilia): 소아기호증이라고 번역되는 성도착 증세로 성인과는 정상적인 성관계를 맺지 못하는 사람이 소아에게서 성적인 매력을 느끼고 행동으로 옮기는 경우를 말한다. 영국의 아동문학가 루이스 캐롤이 페도필리아 경향을 지닌 인물로 알려져 있는데, 나보코프의 소설 〈롤리타〉에서 유래된 롤리타 증후군으로 불리기도 한다.

편집증(paranoia): 기본적으로 사람을 믿지 못하고 의심하며 매우 경직된 사고와 감정의 특성을 보이는 성격을 편집성 인격이라 부르는데, 이들은 자신의 결함을 남의 탓으로 돌리기 쉬우며, 항상 타인들이 자신을 음해하려 들지도 모른다는 피해의식을 갖기 쉽다. 그러나 그런 피해의식이 깊어지면 망상단계로까지 진전되어 피해망상에 사로잡히게 되는데, 그런 경우를 편집증 상태라고 부른다.

합리화(rationalization): 자신의 개인적 결함을 정당화하기 위해 그럴듯하게 꾸며 대는 이유와 핑계를 가리키는 것으로 매우 건전치 못한 방어기제의 하나다. 합리화를 통해 본인은 자신의 자존심을 유지하고 죄의식이나 자기혐오에서 벗어날 수 있으며, 동시에 타인의 비난으로부터 자신을 보호하게 된다. 툭 하면 이런저런 핑계를 둘러대며 곤경에서 벗어나려는 사람들은 투사나 일반화의 기제를 함께 동원하기도 한다. 예를 들어 "이 세상에 죄를 안 짓고 사는 사람 본 적이 있나요?"라든가 "사람은 누구나 실수를 하는 법"이라며 자신의 과오를 희석하기도 한다.

항문기 고착(anal fixation): 프로이트는 리비도의 발달단계를 구순기, 항문기, 남근기, 성
기기로 구분했는데, 부득이한 사정으로 퇴행이 일어날 경우 항문기에 정신 에너지
가 집중적으로 고착되어 더 이상의 진전을 거부하는 경우를 말한다. 고착 지점의
결정은 대부분 욕구의 과도한 충족이나 결여가 있었던 단계로 퇴행하는 것이 상례
이다.

참고문헌

강준만(2006). 한국현대사산책. 서울: 인물과사상사.

권혁건(1997). 일본 근대 작가의 이해. 대구: 학사원.

김상운(2005). 세계를 뒤흔든 광기의 권력자들. 서울: 자음과모음.

김일엽(2002). 청춘을 불사르고. 서울: 김영사.

김재영(1998). 조선의 인물 뒤집어 읽기. 서울: 삼인.

김창현(2006). 신돈과 그의 시대. 서울: 푸른역사.

김학준(1996). 해방공간의 주역들. 서울: 동아일보사.

김 향(2005). 악녀의 세계사. 서울: 가람기획.

박병화(1995). 카프카. 서울: 건국대학교 출판부.

박혜경(1999). 관무량수경 강설. 서울: 집문당.

신복룡(2001). 한국사 새로보기. 서울: 풀빛.

안재성(2009). 박헌영 평전. 서울: 실천문학사.

윤덕한(1999). 이완용 평전. 서울: 도서출판 중심.

윤범모(2005). 화가 나혜석. 서울: 현암사.

윤치영(1991). 윤치영의 20세기: 동산회고록. 서울: 삼성출판사.

이규동(1985). 위대한 콤플렉스. 서울: 대학문화사.

이남희(2016). 청년 우장춘. 서울: 실천문학사.

이덕일(1998). 사도세자의 고백. 서울: 푸른역사.

이덕일(2003). 여인열전. 서울: 김영사.

이병욱(2012). 정신분석을 통해 본 욕망과 환상의 세계. 서울: 학지사.

이병욱(2013). 정신분석으로 본 한국인과 한국문화. 서울: 소울메이트.

이병욱(2014). 세상을 놀라게 한 의사들의 발자취. 서울: 학지사.

이병욱(2014). 프로이트와 함께하는 세계문학일주. 서울: 학지사.

이병욱(2015). 카우치에 누운 시인들의 삶과 노래. 서울: 학지사.

이이화(2006). 녹두장군 전봉준. 서울: 중심.

이중오(2000). 이광수를 위한 변명. 서울: 중앙M&B.

임종국(1993). 친일문학론. 서울: 평화출판사.

정종진(1991). 한국 작가의 생태학. 서울: 우리문학사.

조영래(1983). 전태일 평전: 어느 청년 노동자의 삶과 죽음. 파주: 돌베개.

혜 문(2009). 조선을 죽이다. 서울: 동국대학교출판부.

황 현(2005). 매천야록. 서울: 문학과지성사.

Aung Zaw(2014). *The Face of Resistance: Aung San Suu Kyi and Burma's Fight for Freedom*. Chiang Mai: Mekong Press.

Benson M(1986). *Nelson Mandela*. Harmondsworth: Penguin Books.

Bergman I(2007). *The Magic Lantern: An Autobiography*. Chicago: University of Chicago Press.

Bona D(2001). *Romain Gary*. Paris: Gallimard.

Bradley JR(2000). *Henry James's Permanent Adolescence*. London: Palgrave Macmillan.

Bragg M(1988). *Richard Burton: A Life*. Boston: Little, Brown and Company.

Brenot P(1997). *Le Genie et La Folie: en peinture, musique et litterature*. Paris: PLON. 김웅권 역(1997). 천재와 광기. 서울: 동문선.

Brown F(1995). *Zola: A Life*. New York City: Farrar, Straus and Giroux.

Caputi A(1988). *Pirandello and the Crisis of Modern Consciousness*. Champaign: University of Illinois Press.

Clinton WJ(2004). *My Life*. New York: Alfred A Knopf.

Doubek K(1999). *Das Intime Lexikon*. Frankfurt: Eichborn Verlag AG. 남문희 역(2001). 은밀한 사전. 서울: 청년사.

Erikson E(1962). *Young Man Luther: A Study in Psychoanalysis and History*. New York : W. W. Norton & Company.

Erikson EH(1969). *Gandhi's Truth: On the Origins of Militant Nonvilolence*. New York: W. W. Norton & Co.

Fest JC(1974). *Hitler*. New York: Harcourt Trade Publishers.

Fraser N, Navarro M(1996). *Evita: The Real Life of Eva Perón*. New York: W. W. Norton & Company.

Fromm E(1973). *The Anatomy of Human Destructiveness*. New York: Holt, Rinehart & Winston.

Gollaher D(1995). *Voice for the Mad: The Life of Dorothea Dix*, New York: Free Press.

Gutman, Robert W(1990). *Richard Wagner: The Man, his Mind and his Music*. New York: Harcourt, Brace and Jovanovich.

Hamilton I(1988). *In Search of J. D. Salinger*. New York: Random House.

Hitchens C(1995). *The Missionary Position: Mother Teresa in Theory and Practice*. London: Verso.

Hogwood C(1984). *Handel*. London: Thames and Hudson.

Hunt T(2009). *The Frock-Coated Communist: The Revolutionary Life of Friedrich Engels*. London: Allen Lane.

Isenberg S(2010). *Muriel's War: An American Heiress in the Nazi Resistance*. New York: St. Martin's Press.

Kaplan LJ(1989). *The Family Romance of the Impostor-poet Thomas Chatterton*. Los Angeles: University of California Press.

Kaufmann W(1975). *Nietzsche: Philosopher, Psychologist, Antichrist*. Princeton NJ: Princeton University Press.

Kerr J(1993). *A Most Dangerous Method: The Story of Jung, Freud, and Spielrein*. New York: Knopf.

Klagge JC(2001). *Wittgenstein: Biography and Philosophy*. Cambridge: Cambridge University Press.

Lacroix A(2001). *Se noyer dans l'alcool?*. Paris: PUF. 백선희 역(2002). 알코올과 예술가. 서울: 마음산책.

Langdon H(1999). *Caravaggio: A Life*. New York: Farrar, Straus and Giroux.

Langer WC(1972). *The Mind of Adolf Hitler: The Secret Wartime Report*. New York: Basic Books.

Leamer L(1986). *As Time Goes By: The Life of Ingrid Bergman*. New York: Harper & Row.

Levy A(2006). *Nazi Hunter: The Wiesenthal File*. London: Constable & Robinson.

Lifton BJ(1988). *The King of Children: The Life and Death of Janusz Korczak*. New York: Collins Publishers.

Malcolm J(1995). *The Silent Woman: Sylvia Plath and Ted Hughes*. New York: Vintage.

Menninger KA(1973). *Man Against Himself*. New York: Harcourt.

Meyers J(1985). *Hemingway: A Biography*. New York: Macmillan.

Mills S(2003). *Michel Foucault*. London: Routledge.

Moore E(1995). *The Story of George Washington Carver*. New York: Scholastic.

Moritz T(2001). *The World's Most Dangerous Woman: A New Biography of Emma Goldman*. Vancouver: Subway Books.

Radzinsky E(1996). *Stalin*. New York: Doubleday.

Roberts C(2014). *Michael Jackson: The King of Pop*. London: Carlton Books.

Rolka G(1994). *100 Women Who Shaped World History*. San Mateo, CA: Bluewood Books.

Rousseau JJ(2005). *The Confessions*. London & New York: Penguin Books. 이용철 역 (2012). 고백록. 파주: 나남.

Sartre JP(1981). *The Words: The Autobiography of Jean-Paul Sartre*. New York: Vintage Books.

Schinder S, Schwartz A(2007). *Icons of Rock: An Encyclopedia of the Legends Who Changed Music Forever*. Westport, CT: Greenwood Press.

Schweitzer O(1986). *Pasolini*. Hamburg : Rowohlt Taschenbuch Verlag GmbH. 안미현 역 (2000). 파솔리니. 서울: 한길사.

Scott D(2005). *A Revolution of Love: The Meaning of Mother Teresa*. Chicago: Loyola Press.

Service R(2000). *Lenin*: A Biography. London : Macmillan Publishers. 정승현, 홍민표 역 (2001): 레닌. 서울: 시학사.

Sterba R, Sterba E(1954). *Beethoven and His Nephew: A Psychoanalytic Study of their Relationship*. New York: Pantheon Books.

Swinney CL(2016). *Monster: The True Story of Serial Killer Peter Kürten*. Toronto: RJ Parker Publishing.

Williams JS(2008). *Jean Cocteau*. London: Reaktion.

Wolfenstein EV(1967). *The Revolutionary Personality: Lenin, Trotsky, Gandhi*. Princeton, NJ: Princeton University Press.

Wolfenstein EV(1989). *The Victims of Democracy: Malcolm X and the Black Revolution*. London: Free Association Books.

Zacks R(1994). *History Laid Bare*. New York: HarperCollins.

저자소개

이병욱(Lee, Byung-Wook)

서울 출생으로 고려대학교 의과대학을 졸업하고 동 대학에서 박사학위를 받았다. 한림대학교 정신건강의학과 교수로 재직하면서 정신치료와 정신분석에 주된 관심을 기울여 121편의 논문을 발표하였으며, 대한신경정신의학회 학술부장, 한국정신분석학회 간행위원장과 회장을 역임하고, 제1회 한국정신분석학회 학술상을 받았다. 현재는 한빛마음연구소를 개설하여 인간심리 연구 및 저술 활동에 전념하고 있다.

⟨저서⟩
프로이트, 인생에 답하다(소울메이트, 2012)
마음의 상처, 영화로 힐링하기(소울메이트, 2012)
정신분석을 통해 본 욕망과 환상의 세계(학지사, 2012)
정신분석으로 본 한국인과 한국문화(소울메이트, 2013)
세상을 놀라게 한 의사들의 발자취(학지사, 2014)
프로이트와 함께하는 세계문학일주(학지사, 2014)
위대한 환자들의 정신병리(학지사, 2015)
카우치에 누운 시인들의 삶과 노래(학지사, 2015)
영원한 맞수와 적수들의 세계(학지사, 2017)
자살의 역사(학지사, 2017)
어머니는 살아있다(학지사, 2018)

아버지는 살아있다
아버지가 남긴 상처의 흔적을 찾아서

Father is Alive Forever

2018년 7월 10일 1판 1쇄 인쇄
2018년 7월 20일 1판 1쇄 발행

지은이 • 이병욱
펴낸이 • 김진환
펴낸곳 • (주) **학지사**
　　　　04031 서울특별시 마포구 양화로 15길 20 마인드월드빌딩
대표전화 • 02)330-5114　　　팩스 • 02)324-2345
등록번호 • 제313-2006-000265호

홈페이지 • http://www.hakjisa.co.kr
페이스북 • https://www.facebook.com/hakjisa

ISBN 978-89-997-1576-1 03180

정가 17,000원

이 도서의 국립중앙도서관 출판시도서목록(CIP)은 서지정보유통지
원시스템 홈페이지(http://seoji.nl.go.kr)와 국가자료공동목록시스템
(http://www.nl.go.kr/kolisnet)에서 이용하실 수 있습니다.
(CIP 제어번호: CIP2018020423)

교육문화출판미디어그룹 **학지사**

심리검사연구소 **인싸이트** www.inpsyt.co.kr
원격교육연수원 **카운피아** www.counpia.com
학술논문서비스 **뉴논문** www.newnonmun.com
간호보건의학출판사 **정답미디어** www.jdmpub.com